Inhalt

W0105094

Antike

Die Wiege unserer Kultur

■ Mit der frühgriechischen Einwanderung in Hellas, die im 2. Jahrtausend v. Chr. ihren Lauf nahm, nahm die Epoche der Antike ihren Anfang. Das Interessante an dieser Epoche ist, dass ihre Einheit weniger auf politischer Kontinuität als vielmehr auf einem durchgehenden kulturellen Traditionsbewusstsein beruht. Dabei bilden die griechische, hellenistische und römische Geschichte den zeitlichen Rahmen, in dem sich im Mittelmeerraum die Antike abspielte. Einige Historiker zählen auch die parallelen Entwicklungen in der orientalischen Geschichte zur Antike, da diese bisweilen entscheidenden Einfluss auf die mitteleuropäischen Geschicke genommen hat.

Griechische Geschichte

Auch wenn die Ursprünge der Antike wesentlich älter sind, wird die Geschichte erst im frühen 8. Jahrhundert v. Chr. richtig spannend. In dieser Zeit breiteten sich die Griechen nämlich erstmals nennenswert im Mittelmeerraum, an der nördlichen Ägäis und am Schwarzen Meer aus. In dieser Zeit bildete sich auch das System der griechischen Stadtsaaten (die sogenannten Poleis) heraus. Eine herausragende Bedeutung erlangten dabei Sparta und Athen.

Der Militärstaat Sparta im Süden der Peloponnes unterwarf zwischen 720–600 v. Chr. Messenien und kontrollierte damit den gesamten südwestlichen Teil der Halbinsel. Sparta gilt mit seiner oligarchischen Verfassung als erstes Beispiel für die Polis-Struktur, die fortan den griechischen Herrschaftsbereich dominieren sollte. Daneben kam es aber auch immer wieder vor, das Tyrannen die Herrschaft an sich rissen. In Athen bildete sich unter wechselnden Voraussetzungen schließlich ein demokratisches System, die attische Demokratie, heraus.

Die Geschichte Athens wurde in dieser Zeit maßgeblich durch die 200 Jahre andauernden Perserkriege gekennzeichnet. Nach deren erfolgreicher Beendigung setzte gegen 477 v. Chr. eine 50-jährige Blütezeit Athens ein. Danach mündete aber die Rivalität zwischen der Seemacht Athen und der Landmacht Sparta in den fast 30 Jahre währenden Peloponnesischen Krieg, der mit der vollständigen Niederlage Athens endete. In der Folgezeit kam es immer wieder zu Kämpfen unter allen griechischen Städten, die erst 228 v. Chr. gewaltsam von Philipp II. beendet wurden.

Blick auf die Akropolis von Athen

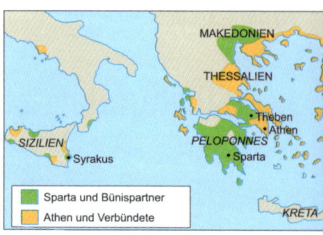

Sparta und Athen während des Peloponnesischen Krieges

Hellenistische Geschichte

Zwei Jahre darauf wurde Philipp ermordet, und sein Sohn Alexander der Große übernahm das Regieren. Innerhalb weniger Jahre eroberte er das gesamte Perserreich und bahnte der griechischen Kultur im ganzen damals bekannten Orient den Weg, von Ägypten über Mesopotamien und Persien bis zu den Grenzen Indiens. In den folgenden Jahrhunderten bildete der Hellenismus in allen diesen Gebieten die prägende Kultur.

Nach dem Tod Alexanders im Jahr 323 v. Chr. erhoben sich seine führenden Generäle, die sogenannten Diadochen, zu lokalen Machthabern und führten blutige Kämpfe um die Vorherrschaft im ehemals geeinten Reich. Die sogenannten Diadochenkriege um Alexanders Erbe endeten schließlich 281 v. Chr. nach insgesamt sechs Auseinandersetzungen. Doch schon bald darauf begann sich Rom für die Gebiete zu interessieren, die Tage des Hellenismus waren gezählt.

146 v. Chr. unterstellte das Römische Reich die Mitglieder des unterlegenen Achaiischen Bundes der Provinz Macedonia, bald darauf wurden die Überreste des Seleukidenreiches beseitigt, und als letzter Nachfolgestaat des Alexanderreichs wurde im Jahre 30 v. Chr. das ptolemäische Ägypten ins Römische Reich eingegliedert.

Römische Geschichte

Bereits 500 v. Chr. konnten sich die Römer vom etruskischen Stadtkönigtum befreien und in der Folgezeit – zunächst noch recht behutsam – ein eigenes Hoheitsgebiet aufbauen. Auch entstanden die ersten zivil-, straf- und prozessrechtlichen Normen des römischen Rechts. Die Verfassung, die man sich gab, schrieb die drei Institutionen Senat, Magistrat und Volksversammlung und achtete streng darauf, dass sie sich gegenseitig in ihrer Macht beschränkten. Allerdings war dies alles graue Theorie, denn faktisch beherrschten die Patrizier das Römische Reich.

Bis zum Jahr 272 v. Chr. machten sich die Römer ganz Italien südlich der Poebene untertan. Danach folgten die Punischen Kriege gegen Karthago, die Rom endgültig zur Weltmacht werden ließen. Von nun an sollte das Römische Reich für einige Jahrhunderte den Mittelmeerraum beherrschen. Und jetzt wurde es auch Zeit, sich die kläglichen Überreste des hellenistischen Reichs einzuverleiben.

Aber es war nicht alles Gold, was im Römischen Reich glänzte. War man auch nach außen hin die erfolgreiche Großmacht, gab es im Inneren Unstimmigkeiten. Es zeigte sich alsbald, dass sich die Republik nach römischem Vorbild nicht würde halten können, und so wandelte sich Rom in eine Monarchie (allenfalls mit republikanischem Anstrich) um. Bereits Julius Caesar hatte als Diktator auf Lebenszeit eine monarchische Stellung erlangt. Als erster römischer Kaiser gilt jedoch sein Großneffe und Erbe Augustus.

Zunächst einmal wuchs das Imperium auch unter den römischen Kaisern weiter, bis es etwa in der ersten Hälfte des zweiten Jahrhunderts eine größte Ausdehnung erreicht hatte. Doch nun wurde das Römische Reich von vielen Seiten bedrängt und begann langsam zu zerbröckeln. Ende des dritten Jahrhunderts folgte noch einmal eine kurze Phase der Stabilisierung, aber das endgültige Aus für das Imperium ließ sich nicht mehr aufhalten. Mit dem Untergang des Weströmischen Reichs 476 ging auch die Antike zu Ende.

Blick auf das Forum Romanum in Rom

Die Diadochenreiche

Hammurapi

Herr der Gesetze

* 1792 v. Chr.
† 1750 v. Chr. in Babylon

Hammurapi vor dem Sonnengott Schamasch. Oberteil des Gesetzescodex aus Susa, 18. Jh. v. Chr.

■ Hammurapi war nicht nur einer der mächtigsten Herrscher Babyloniens, auf ihn geht auch die älteste bekannte Gesetzessammlung zurück.

Älteste Sammlung von Gesetzestexten

„Auge um Auge, Zahn um Zahn" – dieser alttestamentarische Grundsatz, den wir heute für überholt halten, war unter König Hammurapi von Babylon Gesetz. So hieß es beispielsweise in § 196 seiner umfangreichen Gesetzessammlung, dem *Kodex Hammurapi*, der immerhin 282 Gesetzesparagrafen enthält: Wenn ein Bürger das Auge eines Bürgers zerstöre, solle man auch sein Auge zerstören. Auch darüber hinaus ist das Werk nicht zimperlich. In § 3 liest man: Wenn ein Bürger als Zeuge auftrete und seine Worte nicht beweisen könne, so solle er, wenn es eine Rechtssache um Leben und Tod sei, selber sterben. Hammurapi ist heute noch bekannt, weil er der Nachwelt nicht nur dieses Gesetz, sondern auch ausgeklügelte Gesetzestexte hinterlassen hat. Diese sind nicht deshalb berühmt, weil sie als besonders fortschrittlich gelten, sondern weil der *Kodex Hammurapi* die älteste uns erhaltene Sammlung von Gesetzestexten darstellt und sprachlich für besonders wertvoll gehalten wird. Hammurapi ließ seine 282 Paragrafen in sogenannte Stelen, über zwei Meter lange Pfeiler aus dunklem Stein, schlagen. Das Original kann man noch im Pariser Louvre bewundern, und eine Kopie ist im Pergamonmuseum in Berlin ausgestellt.

Heilender Vater und gestrenger Feldherr

Nun ließe sich vermuten, dass es sich bei einem Herrscher, der so viele Gesetze erlassen hat, um einen besonders strengen Zeitgenossen handelte. Dem war aber wahrscheinlich nicht so, denn schließlich gab seine Familie sich mit Hammurapi (etwa „heilender Vater seines Volkes") einen Namen, der Friedfertigkeit und Fürsorge verspricht.

Weniger väterlich verhielt er sich jedoch gegenüber anderen Völkern und seinen Feinden. Er war ein taktisch denkender Herrscher, der viele Spione und Diplomaten für sich arbeiten ließ. Außerdem verfügte er über ein recht großes Heer von ca. 30.000 Mann, das er dazu nutzte, sein zunächst kleines Herrschaftsgebiet im Laufe seiner Regentschaft stetig zu vergrößern.

Das Königreich Babylonien im sogenannten Zweistromland, das auch als Wiege unserer heutigen Kultur gilt, findet unter Hammurapi erstmals Erwähnung. Er, der sechste König seiner Dynastie, war wahrscheinlich der mächtigste Herrscher des Königreiches. Seinem Sohn und Nachfolger Samsuiluna gelang es nicht, diese Vormachtstellung zu verteidigen, er musste sich Eindringlingen von außen geschlagen geben, und so zerbrach das große Reich relativ schnell wieder.

Amenophis IV.

Ägyptens Sonnenkönig

* ca. 1364 v. Chr.
† ca. 1334 v. Chr.

■ Amenophis IV. ist als Pharao Echnaton von Ägypten in die Geschichte eingegangen. Er machte sich vor allem als religiöser Reformer, der den Sonnengott Aton als einzige Gottheit verehrte, einen Namen.

Religiöser Reformer und Führer

Echnaton, dessen Herrschaft etwa von 1351–34 v. Chr. dauerte, erklärte die Sonnenscheibe zum einzig herrschenden Gott Aton und reformierte damit die religiöse Auffassung seines Volkes entscheidend. Echnaton sah sich selbst in erster Linie als religiöser Führer seines Volkes, sein Interesse galt zunächst der Verehrung Atons. Auf der anderen Seite war es ihm aber auch sehr wichtig, von seinen Untertanen selbst wie ein Gott verehrt zu werden. Niemand durfte direkt zu Aton beten, alle waren von Echnatons Fürbitten abhängig. Nur seine Gattin Nofretete durfte als Hohepriesterin den Pharao vertreten.

Der Innenpolitiker

Insgesamt war Pharao Echnaton ein Herrscher, dessen Hauptaugenmerk nach innen gerichtet war, auch als Politiker legte er hier seinen Schwerpunkt. Man vermutet, dass er sich kaum um außenpolitische Belange gekümmert und diesen wichtigen Bereich ganz seiner Mutter Teje überlassen hat.

Mehr Ansehen für die Frauen

Besonders war auch, dass er seiner Hauptfrau Nofretete so viel Geltung verschaffte. Nofretete galt als besonders schön, ihr Name bedeutet „Die Schöne ist gekommen". Durch ihre herausragende Stellung wurde die Stellung der Frau bei den Ägyptern auch allgemein weiter aufgewertet. Nofretete ging wahrscheinlich sehr jung die Ehe mit Echnaton ein und lebte sehr lange – wahrscheinlich bis zu seinem Tode – an seiner Seite. Die beiden hatten sechs gemeinsame Töchter und machten ihr Familienleben sehr öffentlich. Lange wurde diskutiert, ob Nofretete vielleicht auch Echnatons direkte Nachfolgerin war, heute geht man aber nicht mehr davon aus. Sicher ist jedoch, dass sie mit sehr viel Macht ausgestattet war. Auf alten Reliefen ist sie wie sonst nur die Pharaonen in kriegerischen Szenen dargestellt.

1912 wurde die berühmte Büste der schönen Königin Nofretete ausgegraben, die heute im Alten Museum auf der Berliner Museumsinsel zu bewundern ist.

Nofretete

EINE NEUE HAUPTSTADT

Echnaton behielt auch deshalb rückblickend seine große Bedeutung, weil er eine eigene Stadt (Achet-Aton) plante, mit enormem Aufwand bauen ließ und mitsamt seinem Hofstaat bezog. Er selbst suchte auf einer Exkursion am Ufer des Nils die Stelle aus, an der die neue Hauptstadt entstehen sollte.

Echnaton mit Familie und der Gott Aton in Form einer Sonnenscheibe

Moses

Prophet und Führer der Israeliten

 um 1300–1200 v. Chr.

Moses von Michelangelo

■ Moses ist eine der zentralen Figuren jüdischen und christlichen Glaubens. Er führte die Israeliten aus ägyptischer Gefangenschaft und empfing nach biblischer Überlieferung die Zehn Gebote am Berg Sinai.

Gefangenschaft

Zum Zeitpunkt seiner Geburt lebte das israelitische Volk unter ägyptischer Herrschaft. Der regierende Pharao hatte ein Gesetz erlassen, nach dem alle Söhne der Israeliten getötet werden sollten. Daher übergaben seine Eltern Moses nach der Geburt in einem Weidenkorb den Fluten des Nils. Gefunden wurde Moses von der Tochter des Pharaos, in dessen Palast er fortan aufwuchs. Trotz seiner Erziehung im Hause des Pharaos war der junge Moses entsetzt über die Unterdrückung der Israeliten. Als er einen Sklavenaufseher erschlug, der einen Israeliten misshandelte, musste er fliehen. Moses zog sich vermutlich in das Gebiet des heutigen Saudi-Arabien zurück, wo er sich einige Zeit versteckt hielt.

Auszug aus Ägypten

Auf seiner Flucht sprach laut Überliefe-

rung des Alten Testaments Gott durch einen brennenden Dornbusch zu ihm und beauftragte ihn, die Israeliten aus der Gefangenschaft zu führen. Daher kehrte Moses nach Ägypten zurück und forderte die Freilassung seines Volkes. Der Pharao verweigerte jedoch die Befreiung, woraufhin Ägypten von den zehn biblischen Plagen heimgesucht wurde. Der Pharao musste nachgeben und ließ Moses und die Israeliten ziehen. Nach dieser göttlichen Machtdemonstration der Israeliten zog Moses mit seinem Volk aus Ägypten aus. Als Truppen des Pharaos die Verfolgung aufnahmen, floh Moses mit seiner Gefolgschaft durch das Schilfmeer, in dem die ihm folgenden Truppen ertranken.

Zehn Gebote

Die lange Flucht der Israeliten durch die Wüste führte Moses auch an den Berg Sinai. Dort wurden ihm laut Überlieferung von Gott die Zehn Gebote übergeben, die im Alten Testament zu finden sind. Die Übergabe der Gebote kam zeitlich genau richtig, denn unter Moses' Gefolgschaft hatte sich Unmut über die lange Wanderzeit ausgebreitet. Mit den neuen Gesetzen ließ sich nun die Weiterreise ruhiger antreten. Während der zukünftige Weg die Israeliten nach Palästina führte, starb Moses, ohne das Gelobte Land zu betreten. Kurz vor der Überquerung des Jordans endete Moses' Lebensweg am Berg Nebo.

Moses' Bedeutung als historische Person ist in der Wissenschaft umstritten. Als gesichert gilt lediglich seine Bedeutung als Gesetzgeber der israelitischen Stämme. Auch der monotheistische Jahweglaube geht auf ihn zurück.

David

Legendärer König Israels

 ca. 1000 v. Chr.

■ David lebte ungefähr 1000 Jahre vor Christi Geburt und soll König von Israel und Juda gewesen sein. Er war der Nachfolger von König Saul, wenn auch nicht sein Sohn. Es gibt in der Bibel unterschiedliche Berichte darüber, wie David an den Königshof zu Saul kam. Einmal wird berichtet, David sei geholt worden, um den König mit seinem Harfenspiel zu erfreuen, ein anderes Mal nig gesalbt. Unter ihm wurde Israel geeint, und er machte Jerusalem nicht nur zur Hauptstadt, sondern auch zum religiösen Zentrum, indem er die Bundeslade nach Jerusalem holte. Auch außenpolitisch war er sehr erfolgreich und vergrößerte Israel stetig.

Nachdem David bereits mit drei Frauen verheiratet war, darunter auch Töchtern von Saul, verliebte er sich in

Für das Florenz der Renaissance hatte die Sage von David und Goliath eine besonders große Bedeutung, wovon auch Michelangelos kolossale Davidstatue zeugt. David symbolisierte politische Unabhängigkeit, und sein marmornes Abbild ist bis heute das wohl bekannteste Wahrzeichen der Stadt Florenz.

wird erzählt, dass ein kleiner Hirtenjunge namens David sich gegen den riesenhaften Goliath habe durchsetzen können und so die Aufmerksamkeit Sauls auf sich zog.

eine Offiziersfrau namens Batseba. Er sorgte dafür, dass ihr Mann im Krieg fiel, damit er sie heiraten konnte. Salomo, das zweite Kind, das er mit Batseba hatte, wurde Davids Nachfolger.

David von Michelangelo

Gefeiert und gejagt

Am Hofe König Sauls wurde er angeblich als Held gefeiert, sodass Saul schließlich eifersüchtig wurde und ihm nach dem Leben trachtete. Gewarnt von seiner Frau, einer Tochter Sauls, und unterstützt von seinem besten Freund, dem Königssohn Jonathan, gelang ihm die Flucht. Als Saul schließlich gemeinsam mit seinem Sohn im Kampf gegen die Philister fiel, wurde David zum Kö-

Königliche Lichtgestalt

David ging als eine Art Lichtgestalt in die Geschichte ein. Vom Stamme Davids zu sein, war lange von allergrößter Bedeutung und damit gleichzusetzen, von Gott geliebt zu werden. Nicht nur Jesus soll von ihm abstammen, sondern auch die schottischen Könige und die armenischen sowie die georgischen Königsdynastien führen ihre Abstammung auf David zurück.

David und Goliath

Homer

Der erste große Dichter

Lebte vermutlich im 8. Jahrhundert v. Chr. in Kleinasien

Büste von Homer

Blick auf die Ausgrabungen in Troja

■ Von Homer glaubte man lange Zeit, dass es sich um eine fiktive Person handle. Die heutige Forschung geht jedoch davon aus, dass Homer als historische Persönlichkeit existiert hat. Die Lebensdaten von Homer bleiben allerdings umstritten. Vermutlich lebte er im 8. Jahrhundert v. Chr. in Kleinasien. Manche Forscher meinen jedoch, dass er möglicherweise auch Mitte des 9. Jahrhunderts gelebt haben könnte. Viele Städte im ionischen Kleinasien, darunter Chios und Smyrna, beanspruchen, der Geburtsort des großen Dichters der Griechen zu sein.

rend der Antike bei Festspielen vorgetragen und Kindern zum Auswendiglernen aufgetragen.

Ilias

Die in Hexametern verfasste Heldendichtung erzählt in Form von 24 Gesängen die Geschichte des Trojanischen Krieges. Genau genommen wird ein Ausschnitt von vier Tagen gegen Ende des Krieges dargestellt. Aus Zorn über die Entführung seiner Dienerin durch Agamemnon zieht sich Achilles als größter griechischer Held vom Kampf zu-

Die *Odyssee* schildert die letzten Wochen der zehn Jahre dauernden Heimkehr des Odysseus.

Die verborgenen Wurzeln von *Ilias* und *Odyssee*

Homer war der Legende nach blind und soll die beiden großen griechischen Epen *Ilias* und *Odyssee* verfasst haben. Ob er tatsächlich der Verfasser beider Werke ist, bleibt ebenfalls umstritten. In der Literaturwissenschaft wird die Frage nach der Urheberschaft der beiden Werke auch als „Homerische Frage" bezeichnet. Beide Epen sind aller Wahrscheinlichkeit nach im 8. Jahrhundert aus zahlreichen mündlichen Überlieferungen entstanden. Sie wurden wäh-

rück. Erst als die Trojaner in das griechische Lager eindringen, gestattet Achilles seinem Freund Patroklos, den Myrmidonen den Befehl zum Kampf zu geben. Nach der Tötung des Patroklos durch Hektor kommt es anschließend zur Aussöhnung zwischen Achilles und Agamemnon. Achilles begibt sich in den Kampf, vertreibt die Trojaner und rächt Patroklos, indem er Hektor tötet. In diesen grundsätzlichen Handlungsfaden verwebt Homer noch zusätzliche Handlungsebenen. Er berichtet von der Vorgeschichte des Krieges, den Kriegsvorbereitungen, den Heldentaten der Griechen und Trojaner und vor allem von der antiken Mythen- und Götterwelt.

Odysseus mit den Sirenen

Odyssee

Die *Odyssee* zeigt einen ähnlichen Handlungsaufbau wie die *Ilias*. Sie schildert die letzten Wochen der zehn Jahre dauernden Heimkehr des Odysseus. Als Rahmen für die Erzählungen dient ein Festmahl, bei dem Odysseus von seinen Heldentaten berichtet, die er während seiner langen Irrfahrten auf dem Rückweg von Troja nach Ithaka vollbracht hat. In der Literaturwissenschaft wird die *Odyssee* heute als der erste große Roman der Weltliteratur betrachtet. James Joyce, einer der Gründerväter der modernen Literatur, schätzte den künstlerischen Wert der *Odyssee* höher ein als denjenigen von Shakespeares *Hamlet*, Cervantes' *Don Quijote* oder Goethes *Faust*.

DIE HOMERISCHE FRAGE

Ob Homer mit der *Ilias* und der *Odyssee* die frühesten Epen der Weltliteratur tatsächlich selbst geschrieben hat, ist nicht mit letzter Sicherheit geklärt. Die sprachliche Analyse der Texte zeigt zumindest, dass beide Werke, die im ionischen Dialekt abgefasst sind, aus dem griechischen Kleinasien stammen müssen.

Hymnen

Homer werden außerdem noch die 23 erhalten gebliebenen *Homerischen Hymnen* zugeschrieben. Es handelt sich um Bitt- und Lobgesänge an die Götter, die eine Vielzahl von mythologischen Bezügen enthalten. Einige von ihnen sind die Hymnen an Demeter, Hermes und Apollo, wobei letzteres Werk vermutlich von dem Homeriden-Dichter Kynaithos verfasst wurde.

Nachwirkung

Die Wirkung Homers auf die nachfolgenden Generationen war enorm. Schon im antiken Griechenland verhalfen seine Epen den zersplitterten griechischen Volksstämmen zur Ausbildung einer gemeinsamen kulturellen Identität. Später haben Homers Werke vor allem auf die Klassik einen zentralen Einfluss ausgeübt. Sein Volks- und Naturbegriff wurde so interpretiert, dass das Volk eine eigene, natürliche Autorität besitze, da die Natur gewissermaßen selbst aus ihm spreche. Homerische Ideen und Themen sind in der europäischen bildenden Kunst bis auf den heutigen Tag allgegenwärtig.

Theater der Antike

Das Theater im alten Griechenland spielte sich unter freiem Himmel ab. Zunächst in improvisierten Spielstätten am Hang des Hügels, auf dem der Tempel des Dionysos stand. Später entstanden grandiose Amphitheater, die mehr als 15.000 Zuschauern Platz boten. Gespielt wurde zunächst nur einmal im Jahr an den drei Tagen des großen Dionysosfestes. Später fanden die Spiele zweimal jährlich statt. Die Aufführungen erstreckten sich über den ganzen Tag und hatten den Charakter eines Dichterwettbewerbs, an dessen Ende ein Sieger gekürt wurde.

DICHTUNG UND WAHRHEIT

Homer erhob mit seiner Dichtkunst Anspruch auf Verkündigung der Wahrheit. In der *Theogonia* dichtete er den Göttern eine positive und den Menschen eine negative Entwicklungsgeschichte an. Er lobte den Wert der Arbeit, des Rechtes und der Gerechtigkeit. Diese Werte wurden von den griechischen Zeitgenossen zunächst abgelehnt. Sie fanden jedoch bald Eingang in politische Programme und wurden somit zu fundamentalen Leitideen für den griechischen Stadtstaat der Polis.

Theater in Epidauros

Solon

Staatsmann und Künstler

* um 640 v. Chr. in Athen
† um 560 v. Chr. in Athen

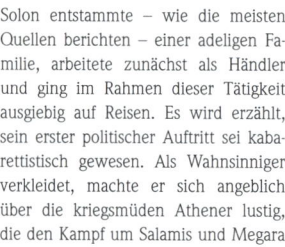

Büste von Solon

Theater und Apollon-Tempel in Delphi

■ Solon gilt als ein bedeutender Staatsmann und Künstler. Viele Menschen zählen ihn zu den sieben Weisen Griechenlands.

Auf dem Kriegsfuß

Solon entstammte – wie die meisten Quellen berichten – einer adeligen Familie, arbeitete zunächst als Händler und ging im Rahmen dieser Tätigkeit ausgiebig auf Reisen. Es wird erzählt, sein erster politischer Auftritt sei kabarettistisch gewesen. Als Wahnsinniger verkleidet, machte er sich angeblich über die kriegsmüden Athener lustig, die den Kampf um Salamis und Megara aufgeben wollten. Sie waren dabei sogar so weit gegangen, ein Gesetz zu erlassen, das jedem mit dem Tod drohte, der die Kämpfe neu aufflammen lassen wollte. Solon schaffte es, die Athener mit seiner bizarren Aufführung zu motivieren, sich weiter streitbar für ihre Interessen einzusetzen. Kurze Zeit später wurde sein Wirken von Erfolg gekrönt, und Megara gehörte wieder zu Athen. Solon scheint sich politisch zunächst ausschließlich kämpferisch engagiert zu

haben, denn er veranlasste auch den ersten Heiligen Krieg zur Verteidigung des Heiligtums von Delphi.

Innenpolitisch wirkte er jedoch Frieden stiftend. Das innenpolitische Gleichgewicht schien bedroht, weil die Parteien sich unversöhnlich gegenüberstanden. Solon bemühte den Weisen Epimenides um Vermittlung und erreichte so das Fortbestehen des Stadtstaats Athen. Außerdem setzte er sich dafür ein, dass die reiche Oberschicht weniger anmaßend lebte und versuchte, die Lebensbedingungen der armen Unterschicht zu verbessern, indem er einen allgemeinen Schuldenerlass bewirkte und so viele Menschen vor der Sklaverei rettete.

Der erste Heilige Krieg richtete sich gegen die Bewohner der Stadt Krissa. Diese hatten nämlich ein gutes Geschäft gewittert und von griechischen Pilgern einen Wegezoll auf ihrem Weg nach Delphi eingetrieben.

Eine neue Verfassung für Athen

Als hoher Beamter sorgte er dann dafür, dass Athen eine neue Verfassung bekam. Er versuchte, die Herrschaft so zu regeln, dass alle mit ihrer Position im staatlichen Gefüge einverstanden waren. Dazu gehörte aber auch, die Reichen nicht dadurch zu entwürdigen, dass man ihnen genauso viel bzw. weniger Macht gab als den Armen. Solon verbot die Schuldknechtschaft und kaufte bereits verkaufte Sklaven – pikanterweise mit dem Geld des Adels – zurück.

Er setzte eine erste Form der Timokratie (Herrschaft der Besitzenden) ein. Das mag sich nach heutigem Verständnis nicht sehr fortschrittlich anhören, gewährleistet, aber zur damaligen Zeit sozialen Frieden, und das war Solon, dem an der sittlichen und geistigen Reifung der Menschen gelegen war, sehr wichtig. Er wollte, dass die Menschen ihr Schicksal selbst in die Hand nahmen, sich bildeten und Verantwortung übernahmen. Das ist wiederum auch aus heutiger Sicht sehr modern und bedeutete in der Antike einen ersten Schritt in Richtung der Abschaffung der Sklaverei. Auch wenn „Herrschaft der Besitzenden" zunächst sehr ungerecht klingt, hatte die Timokratie auch durchaus ihre positiven Züge. Es war nun zumindest nicht mehr die Abstammung, die bei der Einordnung eines Menschen in die Hierarchie Athens den Ausschlag gab, sondern der Besitz, und diesen konnte wenigstens theoretisch jeder erwerben, während eine mindere Abstammung durch nichts rückgängig zu machen ist. Somit kann man Solon wohl als einen der ersten Liberalen bezeichnen.

Ein demokratischer Tyrann

Leider zeigten Solons Reformen nicht allzu lange Erfolge. Noch vor seinem Tod musste er miterleben, wie der Despot Peisistratos durch einen bewaffneten Staatsstreich Tyrann von Athen wurde. Nachdem Solon Athen verlassen hatte (565 v. Chr.), trat Peisistratos seine Nachfolge an. Jener stürmte 560 v. Chr. mit einem Trupp von bewaffneten Anhängern die Akropolis und ließ sich zum Tyrannen ausrufen.

Da jedoch auf Solon die Bildung der

Das antike Athen mit der Akropolis

400 Mann umfassenden Bule (Rat) zurückzuführen ist, die Entscheidungen traf und langfristig den viel kleineren Rat der Älteren (Areopag) ablöste, bezeichnet man ihn rückblickend als einen der Begründer der athenischen Demokratie. Aus heutiger Sicht ist interessant, auf welchem Weg Solon versuchte, die Bürger Athens von der Notwendigkeit seiner Reformen zu überzeugen: Er schrieb Gedichte. Mithilfe der Lyrik versuchte er, die Menschen zu überzeugen und auf seine Seite zu ziehen. Viele dieser Gedichte sind bis heute erhalten. In einem, das das Wesen der Timokratie beschreibt, heißt es:

So viel Teil an der Macht, als genug ist, gab ich dem Volke,
nahm an Berechtigung ihm nichts,
noch gewährt' ich zu viel.
Für die Gewaltigen auch und die reicher Begüterten sorg' ich,
dass man ihr Ansehen nicht schädige wider Gebühr.
Also stand ich mit mächtigem Schild und schützte sie beide,
doch vor beiden zugleich schützt' ich das heilige Recht.

Pythagoras von Samos

Philosoph der Zahlen

* um 570 v. Chr. in Samos
† um 480 v. Chr. in Metapont

Pythagoras (rechts) und Thales von Milet

■ Pythagoras von Samos gilt als einer der Einflussgeber von Platon und Aristoteles. Auf langen Reisen durch Mesopotamien und Ägypten studierte der Grieche die Mathematik und Philosophie der Antike.

Exil

Nach etwa zwei Jahrzehnten der Wanderschaft kehrte Pythagoras 532 v. Chr. von seinen Studienreisen nach Samos zurück. Doch schon bald musste er erneut seiner Heimat den Rücken zukehren. Seine Kritik an dem amtierenden Tyrannen Polykrates zwang ihn zur Flucht. Pythagoras wandte sich nach Westen und reiste nach Süditalien. Nach seiner Ankunft im italienischen Kroton gründete er eine Schule, an der er zahlreiche Anhänger unterrichtete. Unterstützung fand er bei dem reichen Mäzen Milon. Sein Finanzier war als erfolgreicher Olympionike zu Ansehen, Wohlstand und politischem Einfluss gekommen. Da er Interesse an den Arbeiten des Pythagoras hatte, ermöglichte er ihm und seinen Anhängern, den Pythagoreern, das Studium der Mathematik und Philosophie. Er stellte ihnen ein Haus als Schulgebäude zur Verfügung. Dieses Haus spielte 570 v. Chr. eine tragische Rolle. Als es nach einem Kriegserfolg in der Stadt zu Streitigkeiten um die Siegesbeute ging, brachen Tumulte aus. Pythagoras und seinen Anhängern wurde unterstellt, sich an der Beute bereichern zu wollen. Banden entzündeten das Haus der Pythagoreer. Der Philosoph fand in den Flammen den Tod.

Lehren

Von Pythagoras' Werken ist kein einziges direkt schriftlich überliefert. Die Kenntnisse über seine Theorien fußen einzig auf Überlieferungen späterer Autoren. Dies macht es schwierig, seine Einflüsse von denen seiner Schüler zu unterscheiden. Dennoch lassen sich Aussagen über sein philosophisches Wirken treffen. Zentrale Grundlage seiner Philosophie ist die Annahme einer göttlichen Ordnung, die sich in mathematischen Regeln widerspiegelt. Um diese Ordnung zu erkennen, übte sich Pythagoras in Askese und körperlicher Ertüchtigung. Die Suche nach Harmonie in mathematischen Systemen führte zu Erkenntnissen über Tonleitern, zu geometrischen Gesetzen und zu neuen Einblicken in die Astronomie. Die Pythagoreer beschränkten sich jedoch nicht auf Fragen der Ästhetik. Sie leiteten vielmehr aus ihrem Wissen Regeln für politisches Handeln ab. Diese Kenntnisse hielten sie für so bedeutend, dass sie strikte Geheimhaltung wahrten.

Der sogenannte Satz des Pythagoras ist wohl der bekannteste Lehrsatz des Philosophen. Er beschreibt das Verhältnis der Quadrate über den Seiten eines rechtwinkligen Dreiecks als $a^2 + b^2 = c^2$.

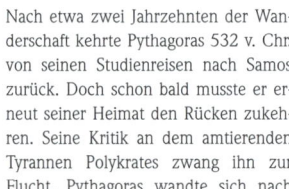

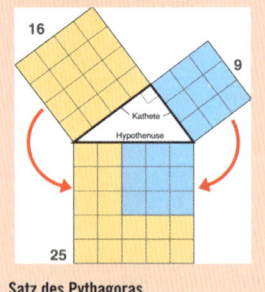

Satz des Pythagoras

Buddha

Begründer des Buddhismus

eigentlich: Siddhartha Gautama
* um 560 v. Chr. Kapilavastu
† um 480 v. Chr. bei Kusinara

■ Buddha ist eigentlich eine Auszeichnung und bedeutet so viel wie „der Erleuchtete". In der Regel wird mit Buddha aber der Adlige Siddhartha Gautama gleichgesetzt, der die in Asien weitverbreitete Weltreligion des Buddhismus begründete.

Goldener Käfig

Im heutigen Grenzgebiet zwischen Nepal und Indien wurde Buddha als Sohn des shakyanischen Königs geboren. Gemäß der Überlieferung deutete sich schon vor seiner Geburt das Kommen eines zukünftigen Erleuchteten an. So träumte seine Mutter in der Nacht vor der Geburt von der Begegnung mit einem großen weißen Elefanten. Den Eltern soll die Bedeutung ihres Sohnes also durchaus bewusst gewesen sein. Besonders der Vater verehrte seinen Sohn, fürchtete aber, dass dieser sie verlassen könnte, wenn er das Leid der Welt erkennt. Daher wurde der Prinz weitgehend von der Außenwelt abgeschirmt. Im Palast wurde ihm jeder erdenkliche Luxus zuteil. So selten wie möglich sollte er das Gelände verlassen.

Erleuchtung

Dennoch zog es Prinz Siddhartha in das Umland hinaus. Er unternahm Ausflüge und beobachtete aufmerksam das Leben außerhalb der Palastmauern. So wurden die Befürchtungen des Vaters wahr. Tatsächlich brach Prinz Siddhartha als Wanderer von zu Hause auf. Die zuvor auf seinen Ausflügen gewonnenen Eindrücke von Krankheit, Alter und Tod sowie die Begegnung mit einem Asketen sollen ihn zum Aufbruch verleitet haben. Die folgenden Jahre verbrachte der Bodhisattva (zukünftiger Buddha) auf Wanderschaft. Dabei übte er sich in strenger Askese und zahlreichen meditativen Übungen, ohne Rücksicht auf seinen Gesundheitszustand zu nehmen. Die asketischen Übungen führten ihn nahe an den Tod. Im Alter von 35 Jahren soll dem Prinzen dann unter einem Feigenbaum die Erleuchtung zuteilgeworden sein. Die Jahre nach seiner Erleuchtung verbrachte Buddha damit, seine Erkenntnisse weiterzuverbreiten. Dabei unterrichtete er jeden, der interessiert war, ohne Rücksicht auf dessen soziale Herkunft zu nehmen. Das in Indien verbreitete Kastenwesen erkannte er nicht an. Der Verbreitung seines Wissens widmete er sich bis zu seinem Tode im Alter von 80 Jahren. Seine Leiche wurde verbrannt und aufgeteilt. In Indien gibt es zahlreiche Reliquien Buddhas.

Buddha-Statue in Kamakura

Buddha werden zahlreiche an Wunder grenzende Fähigkeiten zugeschrieben. Er selbst sah das Erklären der Wahrheit als größtes Wunder an und verbot daher seinen Schülern das Wirken von anderen Wundern.

Konfuzius

Chinas bekanntester Philosoph

eigentlich Kung Fug Tse

* 551 v. Chr. in Lu

† 479 v. Chr. in Lu

Konfuzius-Statue in den „Gärten der Welt" in Berlin

■ Konfuzius beeinflusste mit seinen Lehren die chinesische Geschichte bis in die Gegenwart. Bis zum Ende des Kaisertums war die Philosophie des Konfuzianismus Staatsdoktrin. Neben dem Taoismus und Buddhismus gründete Konfuzius damit die dritte große philosophische Richtung Asiens.

Vom Schüler zum Lehrer

Geboren wurde der chinesische Gelehrte im Süden der chinesischen Provinz Schantung. Als Sohn eines verarmten chinesischen Adligen wurde Konfuzius schon in seiner Kindheit eine dezidierte Ausbildung in chinesischen Sitten und Bräuchen zuteil. Der Unterricht seiner Mutter fand Fortsetzung in Studien der Rituale und der Musik. Wer genau Konfuzius im Weiteren unterrichtete, ist nicht überliefert. Doch offenbar war Konfuzius ein sehr gelehriger Schüler. Schon bald brachte er es in den klassischen chinesischen Künsten zur Meisterschaft. Kalligrafie, Arithmetik, Bo-

Konfuzius war stets um einen praktischen Bezug seiner Lehren bemüht. Er selbst war auch als Lehrer politisch aktiv und beriet den Alleinherrscher seiner Heimatprovinz. Er war kurze Zeit als Justizminister tätig und begleitete den Herrscher auf diplomatischen Reisen.

genschießen, Streitwagenfahren, Musik und das Durchführen von Zeremonien und Ritualen beherrschte er perfekt. Daher wandte sich Konfuzius nach einer kurzen Karriere als Staatsdiener vollständig der Kunst und Wissenschaft zu und begann selbst zu lehren.

Philosophie

Der Konfuzianismus ist eine moralisch-praktische Lehre. In moralischem Handeln sieht Konfuzius die Basis eines jeden Individuums und aller sozialer Gruppen. Ohne Moral ist für ihn keine intakte Familie oder ein funktionierendes Staatswesen denkbar. Zu tugendhaftem Leben gehört laut Konfuzius auch eine strikte Unterordnung unter Autoritäten. So soll der Sohn dem Vater gehorchen wie die Frau dem Mann und die Untertanen dem Herrscher. Die Richtlinien seiner Philosophie schrieb Konfuzius in fünf Büchern nieder. Diese sind allerdings nicht mehr in originaler Überlieferung erhalten. Einzig ein reicher Schatz an Sprichwörtern gibt über seine Lehren Auskunft. Die Grundlagen des Konfuzianismus waren ein fester Bestandteil der kaiserlichen Beamtenausbildung in China. Für Konfuzius war es eine Selbstverständlichkeit, dass Lernen zwar zur eigenen Selbsterkenntnis und Selbstverwirklichung dient, aber genauso müsse jeder seine erlangten Fähigkeiten in den Dienst der Gemeinschaft stellen.

Aischylos

Der erste große Tragiker

* um 525 v. Chr. in Eleusis, Attika
† um 456 v. Chr. in Gela, Sizilien

■ Der Ruhm, Begründer der griechischen Tragödie zu sein, wurde Aischylos bereits zu Lebzeiten zuteil. Er verwandelte die ursprüngliche Form der Tragödie, bei der es nur einen Schauspieler gab, in ein echtes Drama, indem er einen zweiten Darsteller sowie den Einsatz eines Chors einführte.
Als Sohn des adeligen Gutsbesitzers Euphonion erlebte der Dichter den Bürgerkrieg und die Etablierung der Demokratie in Athen. Er nahm aktiv an den Schlachten von Marathon, Salamis und Plätää teil und unternahm mehrere Reisen nach Sizilien. Dementsprechend wurde auch am Hof von Syrakus einige seiner Werke aufgeführt.

Die lebendige Tragödie

Die große Leistung Aischylos' bestand darin, die Tragödie zu einer lebendigen Kunstform zu machen. Insgesamt sind von ihm 79 Stücke überliefert, wobei jedoch nur sieben Tragödien vollständig erhalten geblieben sind. Das zentrale Thema seiner Tragödien ist die menschliche Hybris (Übermut), die zu seinem Untergang führt. Wer sich als Mensch gegen den Willen der Götter auflehnt, muss scheitern. Zu den neuen Elementen, die Aischylos einführte, gehörte neben dem Chor und einem zweiten Schauspieler die dreiteilige Form der Tragödie. Neu war auch, dass der dem Untergang geweihte Held auf die Gnade der Götter hoffen durfte und somit eventuell doch noch Erlösung finden konnte.

Optimistisches Weltbild

Dem Menschen konnte in den Tragödien des Aischylos göttliche Gnade zuteilwerden. Dies zeugt von einem letztlich optimistischen Weltbild des Dichters, das vermutlich seinen Ursprung darin hat, dass sein Leben und Werk in die Zeit des Aufstiegs von Athen zur politischen und kulturellen Großmacht fiel. Die jährlich stattfindenden Theaterfeste dienten nicht mehr nur zur Ehrung des Dionysos, sondern bald auch als Möglichkeit, die athenische Vormachtstellung in Griechenland öffentlichkeitswirksam zu präsentieren.

Aischylos

Aischylos mit Tragödienmaske

DAS SATYRSPIEL

Das Satyrspiel wurde von Aischylos als heiterer Kontrast zur tragischen Aufführungspraxis eingeführt. Seinen Namen bezog das Satyrspiel von seinen Protagonisten, dem Chor der Satyrn. Bei diesen handelt es sich um wilde Fruchtbarkeitsdämonen im Gefolge des Dionysos. Der Schauplatz der Handlung ist zumeist ein einsamer Wald. Die Satyrn irren durch den Wald und sind von ihren Göttern getrennt. Auf der Suche nach den Göttern müssen sie zahlreiche spannende Abenteuer bestehen, die das Publikum in ihren Bann zogen. Die Handlung des Satyrspiels wurde für gewöhnlich von komisch-absurden Tänzen und obszönen Gesten begleitet, die nicht unwesentlich zur Erheiterung des Publikums beitrugen. Satyrspiele blieben bis in die römische Zeit üblich. Später gab Horaz in seiner *Dichtkunst* genaue Anweisungen zur korrekten Durchführung dieser besonderen Form der theatralischen Aufführungspraxis.

Xerxes

König mit Ambitionen

* ca. 519 v. Chr.
† ca. 465 v. Chr. in Susa

■ Xerxes stand während der Perserkriege dem persischen Heer vor und wurde für seine Eigenwilligkeit als Herrscher und Kriegsherr berühmt.

Baumeister ohne Kriegsglück

Der altpersische König Xerxes wird im Alten Testament im Buch Esther auch Ahasver genannt. Sein Name bedeutet übersetzt „Herrschend über Helden". Er schlug Aufstände in Ägypten und Babylonien nieder. Sein Versuch, Griechenland zu erobern, endete trotz des Aufgebots aller verfügbaren Machtmittel mit den Niederlagen bei Salamis und Platää (480 und 479 v. Chr.).

„Tor der Nationen" in Persepolis, erbaut unter Xerxes I.

Sagenumwoben und eigenartig

Xerxes scheint ein eigenwilliger Zeitgenosse gewesen zu sein. Er kämpfte nie selbst und ließ sich auf seinen Feldzügen immer von erfahrenen Strategen vertreten. Sein Heer soll sagenhafte zwei Millionen Menschen gezählt haben. Darunter, heißt es, seien viele Frauen, Eunuchen und unterschiedliche Bedienstete gewesen. Heute gehen Historiker jedoch davon aus, dass es sich bei dieser gigantischen Zahl um einen Übertragungsfehler handeln muss, denn ein derartig großes Heer wäre zu der damaligen Zeit weder rekrutierbar noch zu versorgen gewesen.

Legendär war nicht nur die Kriegsführung des Herrschers, sondern auch seine Bautätigkeit. Aus Angst vor Schiffsreisen, insbesondere vor der Umrundung der Halbinsel Athos, soll Xerxes einen für damalige Verhältnisse unglaublichen Kanal gebaut haben, um den Weg nach Athen sicherer zu machen. In drei Jahren ließ Xerxes einen zwei Kilometer langen, vier Meter tiefen und am Grund 30 Meter breiten Kanal quer durch die Halbinsel graben. Heute weiß man, dass es diesen Kanal wirklich gegeben hat und dass er tatsächlich nur für eine einmalige Nutzung gebaut wurde.

Xerxes wurde Opfer einer Palastintrige mit bösen Folgen: Ein Gardeoffizier ermordete ihn und lenkte den Verdacht auf Xerxes' ältesten Sohn. Sein jüngerer Sohn Artaxerxes wollte seinen Vater rächen, ermordete seinen Bruder und wurde dadurch König.

HIEBE FÜR DIE SEE

Sein Misserfolg in der Seeschlacht bei Salamis wird darauf zurückgeführt, dass er hitzköpfig und unbesonnen war. Einige merkwürdige Einzelaktionen werden ihm in diesem Zusammenhang nachgesagt. So soll er zum Beispiel nach einem fehlgeschlagenen Brückenschlag über die Dardanellen den Befehl gegeben haben, das Meer auszupeitschen.

Sokrates

Griechischer Philosoph und Lehrer Platons

* um 470 v. Chr. in Athen
† um 399 v. Chr. in Athen

■ Sokrates ist der älteste der drei großen antiken Philosophen Sokrates, Platon und Aristoteles, die maßgeblich die Geschichte der europäischen Philosophie bestimmten. Seine Lehre des Erkenntnisgewinns richtet sich gegen Naturphilosophen und Sophisten. Das Leben des Sokrates ist nur aus Überlieferungen Platons und Xenophons bekannt. Aufzeichnungen des Philosophen gibt es keine.

In Athen

Sokrates war durch und durch Athener. Seinen Geburtsort verließ er nur, um an Feldzügen im Peloponnesischen Krieg teilzunehmen. Seine Wirkungsstätte war die Stadt am Fuße der Akropolis. Dort suchte er die Begegnung mit seinen Mitbewohnern. Auf Märkten, Straßen und vor allem im Gymnasium (das antike Gymnasium bezeichnet weniger eine Stätte geistiger als vielmehr körperlicher Ertüchtigung) diskutierte er und ließ dabei seine Themen aus, egal ob Kunst, Politik oder Religion. Mit seinen Gesprächen wollte er eine Aussage des Orakels von Delphi auf die Probe stellen. Dieses hatte behauptet, er sei der weiseste Mann seiner Zeit. Sokrates richtete sein Leben ganz auf die Philosophie aus und lebte in materieller Armut.

Giftbecher

Doch seine Diskussionen und seine Bemühungen, Ignoranz und Irrtum aufzu-

decken, brachten ihm nicht nur den Ruf des weisesten Mannes Athens ein. Seine Kritik an der attischen Demokratie und seine Freundschaft zu einigen Gegnern der Demokratie führten zu dem Vorwurf, er würde die Jugend Athens aufwiegeln. Das Ergebnis zunehmender Anfeindungen war ein Prozess gegen ihn. Da er sich wider von seinen Aussagen lossagte und einen Kompromiss ablehnte, wurde er zum Tode verurteilt. Er starb durch Schierlingsgift.

Hebammenkunst

Sokrates bezeichnet seine Lehren in Anlehnung an den Beruf seiner Mutter als Hebammenkunst (Mäeutik – Fragemethode des Sokrates). Durch geschicktes Fragen stellte Sokrates die Unwissenheit seines Gesprächspartners bloß und wies ihn durch weiteres Fragen zu neuer Erkenntnis. Infolge dieses Prozesses würde das in jedem Menschen vorhandene Wissen „geboren". Dieses Wissen war für Sokrates gleichbedeutend mit richtigem und damit tugendhaftem Handeln. In der Moderne wird diese Vorgehensweise der Wahrheitssuche auch als Sokratischer Dialog bezeichnet. In Platons Werken über Sokrates wird er zum dramatischen Trick, um den Monolog des Philosophen aufzulockern.

Sokrates

Sokrates trinkt
das Schierlingsgift

Beinah so bekannt wie Sokrates ist dessen Ehefrau Xanthippe, die Sokrates drei Kinder gebar. Bekannt wurde Xanthippe jedoch wegen ihres aufbrausenden Gemüts, von dem der Geschichtsschreiber Xenophon berichtet und das mittlerweile sprichwörtlich ist.

Hippokrates

Bekanntester Arzt des Altertums

* ca. 460 v. Chr. auf Kos
† ca. 377 v. Chr. in Larissa, Thessalien

Hippokrates

■ Der Mediziner Hippokrates gilt als „Vater der Medizin", vor allem als Begründer der wissenschaftlichen Schulmedizin. Seine medizinischen Lehren sind in rund 60 Schriften überliefert.

Leben

Nur wenig Zuverlässiges ist über das Leben des griechischen Arztes bekannt. Schriftliche Zeugnisse über sein Leben finden sich in den Schriften seines Zeitgenossen Platon. Dieser berichtet über den Arzt auf Kos als Mitglied einer berühmten Physikerfamilie, den Asklepiaden. Neben Platon gibt es eine weitere schriftliche Quelle über Hippokrates' Leben. Es ist die Biografie des griechischen Physikers Soranus, der im 2. Jahrhundert n. Chr. lebte. Allerdings sind diese Schilderungen idealisiert und aufgrund der zeitlichen Distanz wohl überwiegend fiktiv. Als gesichert gilt allerdings, dass Hippokrates durch Griechenland und Vorderasien reiste. Unterwegs lehrte er Medizin, hielt sich jedoch zumeist an der Schule von Kos auf.

Werke

Die gesammelten Werke über die medizinischen Theorien des Hippokrates füllen mehr als 60 Schriften. Die Arbeiten richten sich an Ärzte, Schüler und Laien und geben Ratschläge zur Diagnose und Behandlung von Krankheiten. Sie enthalten Beschreibungen von Krankheiten

Platon, Hippokrates und Dioscurus

sowie medizinphilosophische Gedanken, Medikamentenbeschreibungen und Angaben zu chirurgischen Eingriffen. Die Sammlung der Schriften, der sogenannte *Corpus Hippocraticum*, war vermutlich der Grundstock der medizinischen Schule von Kos. Diese vertrat eine medizinische Lehre, die sich von übernatürlichen Annahmen verabschiedete. Hippokrates versuchte, die Medizin auf eine rationalere Fundierung zu stellen. Er ging davon aus, dass Krankheiten des Menschen auf ein Ungleichgewicht im Körper des Kranken zurückzuführen seien. Aufgrund des hohen Bekanntheitsgrads des griechischen Arztes fanden die Schriften im 2. Jahrhundert v. Chr. den Weg in die Bibliothek von Alexandria. Dort wurden sie vervielfältigt und verbreiteten sich in der Welt der Antike.

Aristoteles

Griechischer Philosoph und Lehrer Alexanders

* 384 v. Chr. in Stagira
† 322 v. Chr. bei Chalkis

■ Die Einflüsse Aristoteles' auf die moderne Wissenschaft, aber auch von ihm geprägte Begriffe der Alltagssprache aufzuzählen, muss an ihrer Vielfalt scheitern. Kaum ein anderer Denker hat sowohl das christliche, das jüdische als auch das arabische Denken in einem solch nachhaltigen Maße geprägt wie Aristoteles. Herausragend ist seine Philosophie der Logik, die Syllogistik.

Makedonien

Aristoteles wurde als Sohn des königlichen makedonischen Leibarztes geboren. Entsprechend wurde ihm eine biologisch-medizinische Ausbildung zuteil. Seine Interessen für andere Fachbereiche führten ihn 367 v. Chr. nach Athen an die Akademie Platons. Dort studierte er 20 Jahre und eignete sich Kenntnisse in unterschiedlichsten Fächern an. Als 348 v. Chr. makedonische Truppen einen griechischen Stadtstaat besetzten, kam es zu Spannungen zwischen Athenern und Makedonen. Diese veranlass-

ten Aristoteles, Athen zu verlassen und nach Assos in Kleinasien zu reisen. Auch dort hielt er sich an einer Philosophenschule auf, studierte und lehrte. Nach drei Jahren reiste Aristoteles dann nach Lesbos, wo er sich mit zoologischen Studien befasste. Erst um 342 v. Chr. verließ er die Insel und folgte einer Einladung an den Hof des makedonischen Königs. Dort unterrichtete Aristoteles den 13 Jahre alten Alexander. Nachdem seine Tätigkeit als Erzieher Alexanders des Großen beendet war, kehrte er nach Athen zurück. Hier gründete er nun seine eigene Schule sowie eine Bibliothek und widmete sich wieder ganz den Studien.

Aristoteles

Syllogistik

Aristoteles sah in der Philosophie der Logik die Grundlage für alle Wissenschaften. Er formuliert daher Regeln, wie aus zwei Prämissen eine logische Schlussfolgerung abgeleitet werden muss (Syllogistik). Das wohl bekannteste Beispiel eines solchen logischen Schlusses ist die Ableitung der Sterblichkeit aller Griechen aus den zwei Prämissen, dass alle Griechen Menschen und alle Menschen sterblich seien. Um allgemeingültige wahre Prämissen zu finden, erarbeitet Aristoteles Begriffspaare wie z. B. Stoff und Form. Viele der von ihm erstmals klar definierten Begriffe finden sich auch noch heute im Sprachgebrauch (z. B. Kategorie, Substanz, Abstraktion).

Aristoteles hat auch das Theater nachhaltig beeinflusst. Seine Beschreibungen des attischen Theaters galten über das Mittelalter hinaus als Maßstab. Seine Katharsislehre, wonach der Zuschauer durch das Erleben von Furcht und Mitleid eine Reinigung erfahre, bestimmte lange das Drama.

Platon

Schüler von Sokrates und Begründer der Ideenlehre

* um 428 v. Chr. in Athen oder Ägina
† um 348 v. Chr. in Athen

Platon

Nicht nur Platon hatte eine Akademie in Athen. Zeitgleich leitete Isokrates eine bekannte Schule, die in direkter Konkurrenz zu der Platonischen Akademie stand. Hier wurde jedoch überwiegend Rhetorik gelehrt. Die Schule des Isokrates blieb weit weniger einflussreich.

■ Platon stand Sokrates sowohl persönlich als auch philosophisch sehr nahe. Ausgehend von dessen Lehren entwickelte Platon eine Philosophie der rationalistischen Ethik. Von ihm sind zahlreiche Schriften überliefert, die nicht nur Rückschlüsse auf seine Philosophie zulassen, sondern auch Auskunft über seine Lehrzeit bei Sokrates geben. Da er Sokrates als Figur in seinen Werken auftreten ließ, sind die Lehren der beiden Philosophen oftmals nur schwer zu unterscheiden.

Jugendzeit

Die Eltern und Verwandten des Philosophen, vor allem auf mütterlicher Seite, waren wohlhabende und angesehene

aktiver Politik fernzuhalten. Als 399 v. Chr. Sokrates der Prozess gemacht wurde und sein Lehrer durch den Giftbecher starb, ging Platon ins Exil. Er reiste nach Megara, wanderte durch Italien, Ägypten und Griechenland. Auf seinen Reisen lernte er in Süditalien die Pythagoreer kennen und beschäftigte sich mit ihren Lehren. Auch Euklid traf er auf seinen Reisen. Etwa um 387 v. Chr. kehrte er dann wieder nach Athen zurück.

Platonische Akademie

Wieder in seiner Geburtsstadt angekommen, gründete Platon eine Akademie. Dort unterrichtete er in den folgenden

Die Akademie Platons blieb mehrere Jahrhunderte bestehen und wurde erst 529 n. Chr. aufgelöst.

Platon in der Akademie

Athener. So wuchs Platon umgeben von Verfechtern einer oligarchischen Politik (Oligarchie bezeichnet die Herrschaft einer kleinen Gruppe) auf und erlebte in seiner Jugend den Kampf um die attische Demokratie mit. Die damit verbundenen Gewalttaten schreckten ihn ab und stärkten ihn in dem Beschluss, sich von

Jahren und förderte Philosophie und Forschung auf allen Gebieten. Besonders intensiv beschäftigten sich die Mitglieder der Akademie mit Rhetorik und Mathematik. So stammen so gut wie alle bedeutenden mathematischen Werke aus der Epoche von Mitgliedern der Akademie. Platon selbst stand der Akademie bis zu seinem Lebensende als Leiter vor. Darin sah er seine wichtigste Lebensleistung.

Syrakus

Doch Platon beschränkte sein Wirken nicht auf die Leitung der Akademie. Seine Philosophie verstand er als Anleitung zu besserem politischen und sozialen Handeln. Unter diesem Aspekt muss wohl die kurioseste politische Aktivität Platons betrachtet werden. Als um 367 v. Chr. einer der berüchtigsten Tyrannen seiner Zeit, Dionysius I., starb, reiste Platon auf Einladung von dessen Schwiegersohn nach Syrakus auf Sizilien. Er sollte den neuen Herrscher Dionysius II. ausbilden. Doch das Machtstreben und Misstrauen des Thronfolgers verurteilten diese Pläne zum Scheitern. Platon musste die Versuche, seine philosophischen Ideen in einem Feldexperiment umzusetzen, einstellen.

Ideenlehre

Der zentrale Gedanke in Platons Philosophie ist die Vorstellung, dass sich hinter der Welt der sinnhaften Wahrnehmung eine Welt der Ideen und Formen verbirgt. So werden schöne Dinge als schön wahrgenommen, weil sie an der Idee des Schönen teilhaben. Während die Sinne Täuschungen erliegen können und das Wahrgenommene veränderlich ist, sind die Ideen wahrhaftig. Diese Ideen und Formen können nur durch theoretische Überlegungen erkannt werden. Dafür sind auf diese Weise gewonnene Erkenntnisse dauerhaftes und wirkliches Wissen.

Höhlengleichnis

Die Ideenlehre verdeutlichte Platon in seinen Schriften mit dem berühmten „Höhlengleichnis". In diesem Gleichnis erzählt Platon von Menschen, die in einer Höhle an Stühlen gefesselt sind und mit dem Rücken zum Eingang sitzen.

Sie blicken auf die Höhlenwand, auf der sie die Schatten von Gegenständen sehen, die in ihrem Rücken stehen. Die Schatten an der Wand symbolisieren Sinneswahrnehmungen, während sich die wahren Formen und Ideen der Dinge im Rücken der Sitzenden befinden. Das Lösen der Fesseln und das Austreten aus der Höhle steht für die Möglichkeit, sich auf den Weg zu wahrhaftiger Erkenntnis zu machen. Platon hielt diesen Weg für schmerzhaft, da der Einblick in die Wahrheit gleichsam dem blendenden Sonnenlicht ungewohnt sei. Er hielt es sogar für vorstellbar, dass sich Menschen wieder freiwillig in die Höhle begeben und ihren Grad der Erkenntnis selbst wählen würden.

Philosophenkönig

Aus seinen Erkenntnistheorien leitete Platon Ratschläge für das Staatswesen ab. In seinem Werk *Politeia I.* entwarf er die Utopie eines gerechten Staates, an dessen Spitze ein Philosophenkönig steht. Der Staat ist in drei Stände geteilt. Der erste und herrschende Stand setzt sich aus rationalen Erziehern und politischen Entscheidern zusammen. Der zweite Stand besteht aus mutigen Kriegern, die Entscheidungen des ersten Standes umsetzen. Den dritten Stand stellen die begehrenden Handwerker und Bauern dar. Dieser müsse den ersten beiden Ständen Folge leisten. Die Dreiteilung der Stände orientiert sich an Platons Vorstellung von drei Seelenteilen. Jedem Seelenteil und damit jedem Stand ordnete er jeweils eine Tugend zu: Einsicht, Tapferkeit und Mäßigung. Vor dem Hintergrund dieser Staatslehre ist auch die Einmischung Platons in die Politik auf Sizilien zu sehen.

Platon und Sokrates

Von Platon sollen alle seine Schriften überliefert sein. Die wohl bedeutendste seiner Schriften, wenn nicht sogar eines der bedeutendsten Werke abendländischer Philosophie überhaupt, ist die *Politea I.* In diesem zweiteiligen Buch befasst sich Platon mit der Frage, was Gerechtigkeit sei.

Die Schule von Athen von Raffael. In der Mitte: Platon und Sokrates

Alexander der Große

Diplomat und Feldherr

* 356 v. Chr. in Pella
† 323 v. Chr. in Babylon

Alexander der Große

■ Zur Zeit Alexanders galten die Makedonier als den Griechen kulturell unterlegen – und Alexander war Makedonier. Aber schon sein Vater Phillip II. hatte es der Welt gezeigt und Eroberungen in Griechenland bewerkstelligt und viele Bündnisse mit griechischen Stadtstaaten geschlossen.

Auf dem Weg nach oben

Somit hatte der Königssohn Alexander die besten Voraussetzungen, einmal ein

der Ermordung von Phillip II. wurden Stimmen laut, die Alexander der Mitwisserschaft bezichtigten. Es wurde sogar von einer Beteiligung gemunkelt, was sich jedoch nie nachweisen ließ. Trotz alledem wurde Alexander schließlich König von Makedonien.

Geschickter Diplomat

Schnell machte er sich auf, sein Reich zu vergrößern. Hierbei setzte er Pläne um, die schon sein Vater gefasst hatte, um angeblich den persischen Einfall in Grie-

> Noch heute steht die Wendung „Den Gordischen Knoten durchschlagen" für das Lösen eines schwerwiegenden Problems.

ganz Großer zu werden. Er genoss eine fabelhafte Ausbildung und wurde unter anderem von Aristoteles unterrichtet. Außerdem erlebte er die Militärreform seines Vaters aktiv mit und erwarb so Grundlagen in einer neuen Kriegsführung mit Unterstützung der Reiterei, die sich als äußerst erfolgreich herausstellte.

Alexander hatte jedoch trotz aller Förderung, die er von seinem Vater erhielt, auch einige familiäre Probleme. So befürchtete er lange, enterbt oder aber von einem Sohn aus einer anderen Beziehung seines Vaters verdrängt zu werden. Er erlebte seinen Vater, den erfolgreichen Kriegsherrn, als unzuverlässigen Trunkenbold und Schürzenjäger. Nach

chenland 150 Jahre zuvor zu rächen. Alexanders riesiges Heer schlug sich geschickt, profitierte aber auch davon, dass sich viele kleinere Städte sofort ergaben. Alexander agierte diplomatisch und demütigte die besiegten Völker nicht. So erreichte er, dass nirgends allzu böser Groll entstand und es ihm so deutlich leichter fiel, die eroberten Gebiete auch zu halten.

Schließlich erreichte er Gordion, die Hauptstadt der persischen Satrapie Phrygien, wo er – wie die Legende sagt – den Gordischen Knoten durchschlug.

Die Legende besagte, dass derjenige, der es schaffe, den Knoten am Streitwagen von König Gordios von Phrygien zu durchschlagen, die Herrschaft über Asien erlangen würde. Das war aber nicht so einfach, wie es sich anhört, denn die Götter selbst sollen den Knoten gebunden haben, um die Deichsel des dem Zeus geweihten Wagens untrennbar mit dem Zugjoch zu verbinden. Im Frühjahr 333 v. Chr. löste Alexander den Knoten und führte anschließend einen erfolgreichen Feldzug durch Asien.

Alexander der Große

333 – bei Issos Keilerei

Besonders wichtig war Alexanders Sieg im Jahr 333 v. Chr. bei Issos. Hier bot er dem zahlenmäßig überlegenen Dareios III. von Persien die Stirn und besiegte ihn. Er ließ den Fliehenden bis Damaskus verfolgen und erbeutete dort wertvolle Schätze, mit denen er wiederum seine Soldaten motivieren konnte.

Mit gestärktem Selbstbewusstsein und kluger Taktik ließen sich weitere Gebiete und wichtige Hafenstädte Richtung Ägypten erobern. Er begann Städte zu gründen, denen er seinen Namen gab und in denen er seine Leute ansiedelte. Als Eroberer gebärdete sich Alexander unterschiedlich. Wie er sich den Eroberten gegenüber betrug, hing davon ab, was für einen Empfang man ihm bereitete. Gaben die Menschen schnell nach, erwies er sich als milde. Städte, die sich widersetzten, mussten jedoch leiden.

Von Ägypten nach Persien

Nachdem er sich Ägypten einverleibt hatte, gelang ihm auch die Eroberung Persiens. Während sich die Ägypter jedoch nur in geringem Maße gegen Alexander gesträubt hatten, bereiteten die Perser Probleme, weshalb sich Alexander dazu genötigt sah, diplomatisch zu arbeiten und den persischen Adel für sich zu gewinnen, um seine Vormachtstellung zu sichern. Eine seiner Methoden, sich zu etablieren, war für eine Durchmischung der Völker zu sorgen, indem er Massenhochzeiten veranstaltete, bei denen seine griechischen Soldaten mit persischen Frauen verheiratet wurden. Er selbst heiratete auch zwei Perserinnen. Eine davon war die Tochter seines Widersachers Dareios, den er in Persien endgültig besiegt hatte.

323 v. Chr. bereitete sich Alexander auf weitere Feldzüge Richtung Arabien und Rom vor, bevor er erkrankte. Was genau sein Problem war, bleibt im Dunkeln. Es wird diskutiert, dass er geschwächt durch übermäßigen Alkoholkonsum am Nilfieber erkrankte. Nicht ganz im Widerspruch dazu steht die Theorie, er sei letztlich einem Behandlungsfehler seiner Ärzte erlegen, die ihn in bester Absicht mit einem Mittel, das Durchfall und Erbrechen auslöst, fahrlässig getötet hätten. Sein Leichnam soll in Honig gelegt worden sein, um ihn zu konservieren. Bis heute suchen Forscher nach dem Grab Alexanders.

Alexander hinterließ ein riesiges Reich und unzählige nach ihm benannte Städte.

Albrecht Altdorfer:
Alexanderschlacht

Mit dem Auftauchen Alexanders kann man vom **Beginn des Hellenismus** sprechen, womit eine gegenseitige Beeinflussung der griechischen und der persischen Kultur gemeint ist. Sie zeigte sich zum Beispiel darin, dass in vielen Städten Persiens noch bis ins Mittelalter Griechisch gesprochen wurde.

Archimedes

Mathematiker und Erfinder

* ca. 290 v. Chr. in Syrakus
† ca. 212 v. Chr. in Syrakus

Archimedes

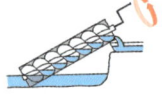

Archimedische Schraube

■ Archimedes gilt als der berühmteste der antiken Mathematiker und Erfinder. Seine Beteiligung an der Verteidigung von Syrakus unter Verwendung seiner Maschinen machte ihn als Mathematiker mit Sinn fürs Praktische bekannt.

Leben

Über das Leben des griechischen Mathematikers ist deutlich mehr bekannt als über das anderer Wissenschaftler der Antike. Entsprechend der Überlieferungen verbrachte Archimedes die meiste Zeit seines Lebens in dem griechischen Stadtstaat Syrakus auf Sizilien. Der angesehene Wissenschaftler verkehrte im Herrscherhaus und unterhielt engen, ja freundschaftlichen Kontakt zu Hieron II. Seinen guten Ruf verdankt Archimedes vor allem seinen Ingenieursleistungen.

Auch wenn der Mathematiker seine praktische Veranlagung nicht besonders hoch schätzte, scheint sie ihm zu mancher neuer Erkenntnis verholfen zu haben. Auch

SPEZIFISCHES GEWICHT

Es gibt zahlreiche Anekdoten über Alltagsbeobachtungen, die Archimedes mathematisch aufbereitete. Eine dieser Legenden erzählt, dass Archimedes während eines Bades erkannte, dass durch das verdrängte Wasser das Volumen eines Körpers gemessen werden kann. Angeblich rannte der nackte Wissenschaftler auf die Straße und rief: „Heureka!" – (griech., „Ich habe es gefunden!")

kam ihm das Talent des Tüftlers zugute, als 213 v. Chr. römische Truppen Syrakus belagerten. Archimedes konstruierte eine Vielzahl von Verteidigungsmaschinen, die den Sieg der Römer lange hinauszögerten. Dennoch starb er bei der Eroberung der Stadt.

Arbeiten

Der Mathematiker pflegte den regen Austausch mit anderen Mathematikern und veröffentlichte seine Arbeiten in Form von Briefwechseln. Von den Schriften des Archimedes überdauerten neun Stück die Jahrhunderte. In den Fragmenten seiner Arbeiten finden sich u. a. Berechnungen zu Oberfläche und Volumen von Kugeln und Zylindern, Ableitungen der Kreiszahl Pi, Berechnungen von Schwerpunkten sowie zahlreiche andere Abhandlungen. Überragend sind auch seine Abhandlungen und Berechnungen zur Hydrostatik. Darin begründet Archimedes die Berechnung des Verhaltens von Körpern in Flüssigkeiten. Diese Kenntnisse sind Grundlage einer jeden Schiffskonstruktion. Auch physikalische Gesetze wie das der kommunizierenden Röhren oder die Hebelwirkung entdeckte Archimedes.

Neben seinen theoretischen Arbeiten gehen einige bekannte Erfindungen auf ihn zurück. So entwickelte er z. B. die archimedische Schraube, mit der sich Wasser über Höhenunterschiede heben lässt.

Hannibal

Die Laus im Pelz der Römer

* um 247 v. Chr. in Karthago
† 183 v. Chr. in Bithynien

■ Der Name Hannibals ist für die meisten wohl unmittelbar mit seiner berühmten Überquerung der Alpen auf Elefanten verbunden.

Sagenumwobener Feldherr

Hannibal stammte aus Karthago im heutigen Tunesien und kämpfte gegen das Römische Reich, das er zwar nicht bezwingen wollte, dem er aber beachtlichen Schaden zufügen konnte.

Bereits als junger Mann fiel er durch Stärke und Tüchtigkeit im Kampf auf. Ersten Ärger mit Rom bekam Hannibal, als er die Stadt Sagunt im heutigen Spanien erobern wollte. Diese lag zwar zunächst nicht im Einzugsbereich der Römer, aber die Sagunter schlossen noch schnell ein Bündnis mit Rom, als sie von ihm belagert wurden. Hannibal ließ sich jedoch nicht beeindrucken und eroberte die Stadt. Die Römer fühlten sich in ihrer Ehre verletzt und verlangten die Auslieferung Hannibals. Karthargo dachte nicht daran, seinen bedeutenden Feldherrn auszuliefern, und so kam es zum Zweiten Punischen Krieg.

Angriff auf Rom

Weil Hannibal verhindern wollte, dass die Römer nach Spanien einmarschierten, zog er ihnen mit seinem Heer über die Alpen entgegen. Dabei erlitt er zwar fürchterliche Verluste, kam aber in Kampfesstärke im heutigen Italien an. Von strategisch günstigen Stellen aus gelang es ihm immer wieder, den angreifenden Römern zu trotzen. Sein Ziel war es, möglichst viele römische Städte auf seine Seite zu ziehen und so das römische Bündnissystem zu schwächen. Die Stadt Rom wollte er ursprünglich nicht angreifen, tat es dann aber doch, um die Römer von einer Belagerung der Stadt Capua abzubringen, die auf seiner Seite stand. Seine erste wirkliche Niederlage gegen die Römer erlitt er erst knapp zehn Jahre später in der Schlacht bei Zama.

Nicht nur als Kriegsherr wirkte Hannibal in beeindruckender Weise, er tat sich später auch als innenpolitischer Reformator hervor. Er sorgte dafür, dass politische Ämter einer breiteren Bevölkerungsschicht zugänglich wurden und beschnitt damit den Einflussbereich des Adels. Außerdem setzte er sich gegen die Korruption in seiner Stadt ein, womit er sich bei einigen einflussreichen Menschen so unbeliebt machte, dass er flüchten musste. Seinem Leben setzte er selbst mit Gift ein Ende, als er nicht mehr wusste, wie er sich anders einer drohenden Auslieferung entziehen sollte.

Hannibal

HANNIBAL ANTE PORTAS

Der Ausspruch „Hannibal ante portas" zählt zum festen Repertoire eines jeden Zeitgenossen, der auch nur oberflächlich der lateinischen Sprache mächtig ist. Ursprünglich stammt er von Cicero und geht auf Hannibals Scheinangriff auf Rom zurück.

Hannibals Elefanten

Gaius Julius Caesar

Imperator und Diktator

* 110 v. Chr. in Rom
† 44 v. Chr. in Rom

■ Gaius Julius Caesar dürfte wohl eine der berühmtesten Gestalten des Altertums sein. Seine zahlreichen Feldzüge sind ebenso legendär wie sein innenpolitisches Geschick, das ihn schließlich zum Diktator machte.

Feldherr, nicht Literat

Alle Menschen, die als Schüler Latein gelernt haben, wurden genötigt, zumindest einen Teil von Caesars *De Bello Gallico* zu übersetzen. Dieses Werk wird nicht zwingend deshalb als Lektüre ausgewählt, weil es literarisch oder sprachlich so beeindruckend wäre, sondern weil es einigermaßen leicht zu übertragen ist und einem relativ frühen Lernstadium entspricht. Caesar bediente sich immer wieder sehr ähnlichen sprachlichen Wendungen, sodass auch der weniger begabte Schüler nachvollziehen kann, was Caesar mit den Germanen anstellte. Caesar war kein Literat, er war Feldherr und dokumentierte sein Vorgehen und vor allem natürlich seine Erfolge, um Eindruck bei den Römern schinden zu können, denn an deren Anerkennung war dem machthungrigen Caesar sehr gelegen.

Caesar ging nicht nur in die Geschichte ein, weil er als Feldherr ganz Gallien bis an den Rhein eroberte und

Gaius Julius Caesar

sich von dort aus den Germanen zu nähern versuchte, sondern auch weil er die Republik in Rom beendete und sich zum Alleinherrscher erklärte. Die späteren Herrscherbezeichnungen „Kaiser" oder „Zar" wurden vom Namen „Caesar" abgeleitet. Auch seine direkten Nachfolger in Rom führten den Namen Caesar als Titel.

Caesar entstammte einer sehr einflussreichen römischen Familie und arbeitete von Anbeginn an sehr ehrgeizig an seiner Karriere. Dazu gehörte es, sich sowohl als Kriegsherr hervorzutun als auch an den rhetorischen Fähigkeiten zu feilen. Darüber hinaus war es unumgänglich, wichtige Beziehungen zu knüpfen und zu festigen, indem man geschickt Ehen schloss, und auch ansonsten keine Chance zu verpassen, Bündnisse mit einflussreichen Menschen zu schließen. Die Zuneigung der Bevölkerung sicherte er sich damit, dass er keine Kosten und Mühen scheute und aufwendige Spiele für das Volk organisierte. Caesar soll das erste Triumvirat, ein Bündnis dreier mächtiger Männer, geschlossen haben, indem er, der berühmte Politiker, sich mit dem reichsten und dem militärisch einflussreichsten Mann zusammenschloss. So erreichte er seine Wahl zum Konsul.

Nach seiner fünfjährigen Amtszeit, in der er sich durch weitreichende Reformen nicht nur Freunde machte, entging er weiterem Ärger, indem er sich als Prokonsul in Gallien einsetzen ließ. Das

DAS ERSTE TRIUMVIRAT

Das erste Triumvirat wurde im Jahr 60 v. Chr. von Gaius Julius Caesar, Gnaeus Pompeius Magnus und Marcus Licinius Crassus ins Leben gerufen und vier Jahre später noch einmal auf Caesars Initiative hin erneuert.

war ein kluger Schachzug, denn so konnte sich Caesar nicht nur erneut als Feldherr hervortun, sondern auch Heere aufstellen, die persönlich auf ihn eingeschworen waren. Das wiederum bedeutete auch einen Zuwachs an Macht in Rom.

Jeden Anlass, kriegerisch tätig zu werden, nahm er bereitwillig an und schlug alle aufmüpfigen gallischen Stämme nieder. Auch die Germanen drängte er hinter den Rhein zurück, von wo sie das Römische Reich nicht weiter gefährden konnten. Caesar war außerordentlich erfolgreich, überschritt sogar den Rhein und überquerte den Ärmelkanal nach Britannien, was seinem Ruf in Rom sehr zuträglich war.

Römische Silbermünze

Diktator auf Lebenszeit

Auch innenpolitisch wirkte Caesar in beeindruckender Weise. Er reformierte die Gesetze, legte eine umfassende Bibliothek an und betätigte sich als Bauherr. Er ließ sich zum Diktator auf Lebenszeit ernennen und wurde somit zwar nicht König aber königsgleich. Während er noch einen alles übertreffenden Feldzug Richtung Osten plante, um das Römische Reich noch weiter zu vergrößern, bildete sich um Marcus Iunius Brutus, der möglicherweise Caesars leiblicher Sohn war, eine Gruppe von Verschwörern in Rom, die Caesar schließlich ermordete.

Weil Caesar beim Volk durchaus beliebt war, kam es nach seiner Ermordung zu Tumulten und Lynchjagden. Brutus und seine Verbündeten hatten ursprünglich damit gerechnet, als Befreier der Republik gefeiert zu werden. Nun aber mussten sie Rom verlassen. Nach eini-

Statue von Gaius Julius Caesar

Caesar übte in Gallien eine grausame Herrschaft. Wahrscheinlich verloren Millionen Menschen ihr Leben oder wurden versklavt.

Weil der Senat ihm nach zehn Jahren als Prokonsul die Wiederwahl zum Konsul verweigerte, holte er sich militärische Hilfe und marschierte gegen Rom. Auch hierbei war er erfolgreich und erzwang somit eine zweite Amtszeit als Konsul. Während er seine Feinde und Widersacher verfolgte, eroberte er weitere Gebiete und wurde zum Alleinherrscher im gesamten Mittelmeerraum.

Eine ebenfalls wichtige Episode aus Caesars Leben ist seine sagenumwobene Liebesbeziehung zur ägyptischen Königin Cleopatra, auf die er traf, als er in Alexandria in die dortigen politischen Streitigkeiten verwickelt wurde.

gen Wirren und bürgerkriegsähnlichen Zuständen wurde Caesars Adoptivsohn Oktavian, der spätere Kaiser Augustus, sein Nachfolger. Auch er herrschte allein, nachdem er sich mit den Triumvirn Antonius und Lepidus überworfen hatte, nannte sich aber zurückhaltend „princeps" (erster Bürger) und vermied es somit auch, sich als König aufzuspielen. Tatsächlich aber ist es Augustus' Regentschaft gewesen, während der die Republik Stück für Stück in die Monarchie überführt wurde. Caesar wurde nach seinem Tod allerdings eine noch größere Ehre zuteil, er wurde nämlich zur Gottheit erhoben.

Cleopatra

Marcus Tullius Cicero

Römischer Staatsmann und Philosoph

* 3. Januar 106 v. Chr. in Arpinum
† 7. Dezember 43 v. Chr. bei Gaeta

Cicero

■ Ciceros politische Karriere war vor allem durch sein energisches Eintreten für die Verfassung der römischen Republik bestimmt. Seine philosophische Leistung ist in seiner schriftstellerischen Arbeit zu sehen. Seine Bezugnahme auf griechische Philosophen verbreiteten deren Gedankengut in der römischen Welt.

Staatsmann

Cicero wuchs in wohlhabenden Verhältnissen auf und gehörte dem römischen Ritterstand an. Seine Politikerlaufbahn verlief überraschend erfolgreich. Nach seiner Ausbildung in Rom und Griechenland absolvierte Cicero den Militärdienst und begann sich als Gerichtsredner zu profilieren. Seine rhetorischen Fähigkeiten brachten ihm Anhänger und das Amt eines Finanzbeamten ein. Der nächste Schritt seines Aufstiegs war die Stelle eines Justizbeamten. Auch das höchste politische Amt blieb ihm nicht verschlossen. Cicero wurde 63 v. Chr. mit Unterstützung der konservativen Optimaten zum Konsul gewählt. Dies war für einen Römer aus dem Ritterstand ungewöhnlich. Normalerweise blieb das höchste politische Amt in Rom Mitgliedern der alten Patrizierfamilien vorbehalten. Obwohl seine Blitzkarriere ihn zu einem sogenannten „Homo novus", einem Neuling, machte, stand Cicero fest hinter der Politik der Konservativen. Auch als sich die Krise der Republik zuspitzte und Caesar mit dem Überschreiten des Rubikon 49 v. Chr. den Bürgerkrieg eröffnete, stand Cicero auf Seiten der Bewahrer der republikanischen Tradition. Seine Parteinahme brachte ihm letztendlich den Tod. Auf der Flucht vor Caesars politischen Erben wurde er ermordet.

Ciceros Konsulat bestimmte die Auseinandersetzung mit Catilina, dessen Verschwörungspläne gegen die Republik Cicero aufdeckte. Seine *Catilinarischen Reden* sind eindrucksvolles Zeugnis des Zerfalls der Republik und von Ciceros Redekunst.

Stoiker

Der Zerfall der politischen Ordnung bestimmt auch Ciceros Schriften. In seinen Werken *De re publica* und *De legibus* beschreibt er unterschiedliche Staatsformen und den idealen Politiker. In Tradition der Stoiker hält er eine moralische Fundierung von Staat und Politik für notwendig. Frei von persönlichen Motiven müsse jeder Staatsmann für das Gemeinwohl handeln. Um das zu gewährleisten, propagierte Cicero eine Erziehung zur Tugendhaftigkeit. Damit war er einer der Ideengeber der Humanisten der Renaissance. Seine Werke bestechen noch heute durch ihre ausgefeilten Formulierungen. Daher sind seine Texte auch heute noch wesentlicher Bestandteil vieler Schulbücher für den Lateinunterricht.

Cicero spricht vor dem römischen Senat

Vergil

Der Dichter des römischen Nationalepos

* 15. Oktober 70 v. Chr. in Andes, Mantua
† 21. September 19 v. Chr. in Brundisium

■ Vergil gilt als einer der bedeutendsten Dichter des Römischen Reiches. Er erhielt nicht nur eine schöngeistige Ausbildung, sondern auch eine Unterweisung in allen wichtigen Wissensgebieten seiner Zeit. Die Werke des Dichterkreises der Neoteriker regten Vergil schließlich dazu an, sich intensiv der Dichtkunst zuzuwenden. Er gehörte dem literarischen Kreis um Maecenas (70–8 v. Chr.) an und lebte ansonsten einsam und zurückgezogen in Neapel oder auf Sizilien.

Frühe Werke

Das früheste Werk Vergils ist die Gedichtsammlung *Catalepton*. Ersten literarischen Ruhm gewann der Dichter mit einer Sammlung von zehn Hirtengedichten, die unter dem Titel *Bucolica* erschien. Neben Lobliedern auf Zeitgenossen wie Asinius Pollio und Cornelius Gallus umschließen die Hirtengedichte in symbolischer Form auch das Leben des Dichters. In der vierten Ekloge ist die berühmte Prophezeiung auf ein goldenes Zeitalter, das durch die Geburt eines göttlichen Kindes eingeleitet wird, zu finden.

Während seiner Zeit im Kreis des Maecenas, in den er auch den Dichterfreund Horaz (65–8 v. Chr.) einführte, beschäftigte sich Vergil mit der landwirtschaftlichen Arbeitswelt, wobei

zahlreiche zeitgeschichtliche Bezüge auf Oktavian als Retter der Welt hinweisen.

Wirkung auf die Nachwelt

Schon zu Lebzeiten berühmt, wurde Vergil zum Vorbild für die gesamte antike Dichtkunst. Im Mittelalter galt Vergil als wichtigster römischer Dichter. Während in den romanischen Ländern die Verehrung Vergils bis auf den heutigen Tag anhält, bevorzugte die deutsche Klassik Homer als künstlerisches Vorbild. Im Verlauf des 20. Jahrhunderts erfolgte auch in Deutschland in Malerei, Oper und Drama wieder eine verstärkte Zuwendung zu Vergil.

Vergil mit seinem Förderer Maecenas

Vergil

Horaz

Lehrmeister der Dichtkunst

 * 8. Dezember 65 v. Chr.
† 27. November 8 v. Chr.

Horaz

■ Horaz avancierte mit seinen Werken zum Klassiker des Goldenen Zeitalters der römischen Literatur und zum anerkannten Lehrmeister der Dichtkunst. Er kam als Knabe nach Rom und genoss dort und in Athen eine vorzügliche Ausbildung. Nach der Ermordung Caesars schloss er sich Brutus an und wurde Militärtribun in seinem Heer. Nach der Niederlage von Philippi 42 v. Chr. kehrte er nach Rom zurück und schlug sich eine Zeit lang als Schreiber durch, bis er 38 v. Chr. von Varus und Vergil in den Kreis des Maecenas eingeführt wurde.

Lyrisches Werk

Horaz' Werk ist vollständig erhalten geblieben. Durch seine lyrischen Werke wurde er zum Inbegriff eines Dichters. Jedes Gedicht kann einer bestimmten Thematik wie zum Beispiel Landschaftsbildern, Politik oder Darstellungen wichtiger Persönlichkeiten zugeordnet werden. In seinen *Episteln* (Briefen) vollendete Horaz die Form des Kunstbriefes an einen fiktiven Adressaten. Zudem führte Horaz mit der Satire eine gänzlich neue Kunstform ein, die nicht auf die Griechen zurückgeht.

Lehrmeister der Dichtkunst

In seinem Werk *Von der Dichtkunst* beschäftigt sich Horaz mit den grundsätzlichen Anforderungen, die ein dichterisches Werk erfüllen muss, um als Kunst anerkannt zu werden. Seine grundsätzliche Forderung lautet, dass jedes dichterische Werk einheitlich und geschlossen sein soll. Eine ähnliche Forderung wurde zuvor bereits von Aristoteles im Rahmen seiner Poetik erhoben. Der Dichter soll laut Horaz ein „kundiger Nachahmer" der Wirklichkeit sein. Nicht nur der Inhalt, sondern auch der Stil muss dem jeweiligen Gegenstand oder Menschen angemessen sein. Am Beispiel des Dramas zeigte Horaz, dass der Stil nicht nur der jeweiligen Gattung wie Komödie oder Tragödie, sondern auch den Stoffen, Figuren und Handlungen innerhalb eines Dramas entsprechen muss. Horaz' wichtigste Forderung lautet, dass der Dichter mit seinem Werk entweder nützen oder erfreuen soll. Gefühl und Verstand werden somit erstmalig bei Horaz als Kriterien der Dichtkunst miteinander verbunden.

Augustus

Der erste römische Kaiser

 * 63 v. Chr. in Rom
† 14 n. Chr. in Nola

Augustus

■ Nach Caesars Tode musste sich Augustus den Weg zum Thron mühsam erkämpfen. Dort angekommen, konnte er das Römische Reich aber noch weiter vergrößern.

Skrupellos und weise

Caesars Adoptivsohn und Nachfolger Oktavian, der unter dem Namen Augustus in die Geschichte einging, muss in seinem Leben eine beeindruckende Entwicklung durchlaufen haben. Skrupellos und mitunter grausam bemächtigte er sich der erstrebten Position als junger Mann und herrschte dann mehr als 40 Jahre lang weise und friedvoll.

Erst nach Caesars Tod erfuhr Oktavian, dass er als Erbe seines Onkels eingesetzt worden war. In der folgenden Zeit musste er mit harten Bandagen um sein Erbe und die Anerkennung seiner Person kämpfen. Im Zuge dessen bildete er gemeinsam mit Marcus Antonius und Marcus Lepidus nach dem Vorbild seines Ziehvaters ein Triumvirat. Zusammen verfügten sie über große militärische Macht und jagten die Verschwörer.

Endlich Frieden in Rom

Nach vielen kriegerischen Auseinandersetzungen wurde 27 v. Chr. in Rom der Frieden mit einem Staatsakt begangen, bei dem der Senat Oktavian den Ehrentitel Augustus verlieh und ihn zum „princeps", zum ersten Bürger Roms, ernannte. Dies war die endgültige Wende zur Monarchie, denn Augustus herrschte nun alleine, und er setzte nach Belieben Senatoren ab oder ein. Bei den Bauern und Bürgern machte er sich beliebt, indem er sie freigiebig mit Land und Geld bedachte.

Während der Herrschaft von Augustus vergrößerte sich das Römische Reich zwar weiter, aber in einer weniger kriegerischen Art und Weise als zuvor. Nur im Norden, Richtung Germanien, mussten Schlachten geschlagen werden, um die Reichsgrenze bis zur Donau zu verschieben.

Weil Augustus nur eine leibliche Tochter hatte, war seine Nachfolgeregelung sehr schwierig. Die Arme musste hintereinander mehrere Nachfolgekandidaten heiraten, der Richtige war aber nicht dabei. Schließlich blieb nur noch Tiberius, der Sohn seiner Frau Livia aus erster Ehe, übrig, der Augustus' Erbe schließlich antrat und die Monarchie fortführte.

Die *Gemma Augustea*, der berühmteste Halbedelstein der Antike

Augustus von Prima Porta

Jesus Christus

Prophet und Religionsstifter

auch Jesus von Nazareth

* um 6 v. Chr. in Judäa

† 30 n. Chr. in Jerusalem

Die Anbetung der Hirten **von Hugo van der Goes**

Das Wirken Jesu war gegen bestehende jüdische Riten gerichtet. So kritisierte er den Opferkult im Tempel und vertrieb Händler und Geldwechsler aus dem Vorhof des Tempels. Diese hatten dort Opfergaben verkauft. Jesus ging sogar noch weiter und prophezeite die Zerstörung des Tempels in Jerusalem.

Madonna im Grünen **von Raffael**

■ Jesus gilt Juden und Moslems als Prophet, Buddhisten als Bodhisattva. In der christlichen Religion nimmt er die Rolle des Religionsgründers ein. Erkenntnisse über die Person Jesu stützen sich überwiegend auf das Neue Testament der Bibel. In anderen, nicht religiösen Quellen wird Jesus nur selten erwähnt. Daher ist das Wissen über die historische Person ausgesprochen begrenzt.

Evangelien

Die Evangelisten Markus, Matthäus, Lukas und Johannes liefern die Hauptinformationen über das Leben Jesu Christi. Allerdings war es nicht ihre Intention, eine Biografie über Jesus zu schreiben. Vielmehr sind die Schriften, die 30 Jahre und später nach dem Tode Jesu entstanden, Zeugnis der Verehrung. So ergeben dann auch Vergleiche der verschiedenen Evangelien Widersprüche. Der Text von Markus scheint von Lukas und Matthäus als Quelle herangezogen worden zu sein. Diese zogen wiederum eine weitere unbekannte Schrift zurate. Das Johannesevangelium ist hingegen auf Basis ganz anderer Quellen geschrieben worden, die sich nicht in den drei anderen Evangelien finden. Ein geschlossenes Jesusbild ergeben die Texte der vier Evangelisten nicht. Eines haben die Autoren jedoch gemeinsam: Sie waren keine Augenzeugen des Lebens Jesu. Ihre Schriften sind Ausdruck ihres Glaubens.

Geburt

Entsprechend ist schon die Überlieferung der Geburt Jesu symbolgeladen. Ein Stern soll die Entbindung seiner Mutter Maria angekündigt haben. Angeblich erblickte Jesus in einem Stall in Bethlehem das Licht der Welt. Über die Geburt hinaus ist seitens der Evangelisten nichts über die Kindheit und Jugend Jesu bekannt. Erst mit 30 Jahren setzt die Überlieferung wieder ein. Das Neue Testament beschreibt das weitere Wirken Jesu als Wanderleben, das er mit einer wachsenden Schar von Anhängern verbrachte. Dabei wirkte er zahlreiche Wunder und wendete sich vor allem den Ausgestoßenen der Gesellschaft zu. So soll er mit Prostituierten, Zöllnern und Leprakranken verkehrt und diesen geholfen haben.

Bergpredigt

Auf seinen Reisen hielt Jesus laut Matthäus die wohl bekannteste seiner Reden, die Bergpredigt. Der Name lässt sowohl auf den Ort als auch die grundsätzliche Bedeutung des Ereignisses schließen. Während im Neuen Testament von Lehren die Rede ist, wurde diese Lehrstunde von christlicher Seite als so zentral empfunden, dass sie fortan als Predigt bezeichnet wurde. Inhaltlich setzt sich Jesus mit jüdischen Gesetzen der Pharisäer auseinander und stellt diesen seine Glaubensgrundsätze entgegen.

Diese Regeln seien zu befolgen, um für das kommende Jüngste Gericht gewappnet zu sein. Die Vielzahl an Regeln sollte dabei die Abhängigkeit von der Gnade Gottes betonen. Die Bergpredigt ist für gläubige Christen einer der zentralen Texte des Neuen Testaments.

Kreuzigung

Eine der wenigen historisch gesicherten Fakten über das Leben Jesu ist seine Hinrichtung. Diese fand zur Zeit des Pontius Pilatus statt, der von 26–36 die Provinz Judäa verwaltete. Der jüdische Hohe Rat sah in Jesus vermutlich eine Gefährdung seiner Autorität, denn dieser hatte sich mehrmals gegen alte jüdische Bräuche ausgesprochen. Der Rat übergab daher den jungen Wanderprediger der römischen Besatzungsmacht. Die Anklage dürfte auf Gotteslästerung gelautet haben, wobei Pontius Pilatus sicherlich eher eine Gefährdung der öffentlichen Ordnung im Aufruhr um Jesus gesehen ha-

Auferstehung Christi vom Isenheimer Altar von Matthias Grünewald

Der Beginn unserer Zeitrechnung stimmt nicht mit Jesu Geburt überein, sondern beruht auf einem Rechenfehler.

ben wird. Laut Neuem Testament soll er als „König der Juden", also als Aufrührer gegen die römische Besatzung, verurteilt worden sein. Der Überlieferung zufolge wurde Jesus am Kreuz hingerichtet. Noch vor Ende des Hinrichtungstages starb er. Daraufhin wurde er beerdigt. Für die Entstehung der christlichen Religion ist entscheidend, dass Jesus danach noch von mehreren Personen lebend gesehen worden sein soll. Die im Neuen Testament geschilderte Auferstehung nimmt symbolisch die Verheißung des Lebens nach dem Tode vorweg. Die Auferstehung von den Toten wird seitdem von den Christen mit dem Osterfest gefeiert.

Gottes Sohn

Mit der Auferstehung war für die frühen Anhänger Jesu seine herausragende Bedeutung als Messias bestätigt. Doch was genau verbirgt sich hinter diesem Begriff? War Jesus ein Messias in jüdischer Tradition, also ein sterblicher Mensch, oder war er der leibhaftige Sohn Gottes und damit auch göttlich? Wie konnte er sowohl Mensch als auch Teil Gottes sein? Die Frage nach dem Wesen Jesu führte zur Abgrenzung der Christen von der jüdischen Glaubensgemeinschaft und sollte noch jahrhundertelang ein zentrales theologisches Problem bleiben.

Die Kreuzigung war eine äußerst grausame Art der Hinrichtung. Im Römischen Reich war es die übliche Strafe für Aufständische. Die Kreuzigung Jesu sollte abschrecken. Sie wurde jedoch nicht wie üblich durchgeführt. So war es unüblich, Gekreuzigte zu beerdigen, Jesus wurde jedoch laut Überlieferung ordentlich bestattet.

Konstantin der Große

Freund und Förderer des Christentums

* ca. 280 in Naissus
† 337 bei Nikomedia

Kopf einer Kolossalstatue Konstantins

Statue Konstantins des Großen

■ Es passiert nicht oft, dass weltliche Herrscher vonseiten der Religionen wie Heilige verehrt werden. Ausgerechnet Konstantin, einem römischen Cäsaren, wurde diese Ehre zuteil.

Förderer des Christentums

Flavius Valerius Constantinus war in der Zeit von 306 bis 337 Kaiser des Römischen Reiches, herrschte aber einen Großteil dieser Zeit nicht von Rom aus, sondern verlegte den Kaisersitz in die von ihm gegründete Stadt Konstantinopel, die zunächst Nova Roma genannt wurde.

und geschützten Glaubensgemeinschaft entwickeln. Konstantin bekannte sich zwar nie offen zum Christentum, unterstützte die Christen aber beispielsweise durch zahlreiche Kirchenbauten, ließ Bibelabschriften anfertigen und stärkte die Stellung der Bischöfe.

Nachfolgekämpfe

Konstantin der Große war Sohn von Constantius Chlorus, Unterkaiser unter Diokletian, und einer Stallwirtin. Konstantin hatte sechs Halbgeschwister, deren Mutter aber eine hochwohlgeborene Stieftochter des Kaisers Maximian war. Wegen seiner Abstammung mütterli-

Der Sage nach soll Konstantin am Vorabend der Schlacht eine Kreuzvision bzw. Christuserscheinung gehabt haben und später der festen Überzeugung gewesen sein, Gott habe ihm zum Sieg verholfen.

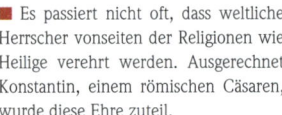

Konstantin ist vor allem deswegen in die Geschichte eingegangen, weil sich unter seiner Regentschaft die Situation der Christen entscheidend änderte. Er versprach mit dem Toleranzedikt von Mailand Religionsfreiheit für jedermann und bewies damit eine Freiheit des Denkens, die es so zuvor noch nicht gegeben hatte. Von einer verfolgten und geächteten Religionsgemeinschaft konnten sich die Christen nun zu einer anerkannten

cherseits musste Konstantin sicherlich gegen Vorbehalte gegen seine Person kämpfen. Er lebte aber mit am Hof von Kaiser Diokletian. Schon früh lernte er die Christengemeinschaft kennen, vertrat selbst auch eine monotheistische Gottesauffassung und verehrte wie sein Vater den Sonnengott Sol invictus. Schließlich reiste er seinem Vater nach Britannien nach, unterstützte ihn in einer gefährlichen Schlacht und erlangte

Der Konstantinsbogen in Rom

Heldenstatus. Nachdem sein Vater umgekommen war, riefen die begeisterten Truppen ihn zum Augustus, zum obersten Kaiser, aus. Man billigte ihm letzten Endes jedoch nur den Rang eines Cäsars (= Unterkaiser) zu, den auch schon sein Vater gehabt hatte. Konstantin ließ sich aber in seinem Streben nach Macht nicht beirren und suchte zunächst seine Herrschaft in Britannien, Gallien und Spanien auszubauen.

Nach einer Weile riss er gemeinsam mit Licinius die Macht an sich. In diesem Zusammenhang kam es zu der berühmten Schlacht an der Milvischen Brücke, die Konstantin für sich entscheiden konnte, obwohl er über viel weniger Soldaten verfügte als sein Gegner.

Nun konnte Konstantin triumphieren und wurde selbst zum ranghöchsten Augustus erhoben, womit er Herr über den Westen war, während Licinius im Osten herrschte. Konstantin regierte folglich zunächst nicht alleine, sondern gemeinsam mit Licinius und musste sich mit weiteren Menschen auseinandersetzen, die Macht haben wollten.

Sein Mitherrscher Licinius begann trotz des Ediktes von Mailand 320 mit neuen Christenverfolgungen. In Auseinandersetzungen um den Einfluss auf den Balkan kam es 324 zum Krieg zwischen Konstantin und Licinius. Konstantin siegte und ließ seinen Rivalen töten. Damit war Konstantin Alleinherrscher über das Römische Reich.

Konstantin als Alleinherrscher

Als solcher förderte er nun zunehmend das Christentum und ließ viele Kirchen errichten; auf Konstantin gehen die Erbauung der früheren Peterskirche in Rom im Jahr 325, die Grabeskirche in Jerusalem und die Geburtskirche in Bethlehem zurück.

Er trat im heidnischen Westen des Reiches nie offen als Christ auf. Kurz vor seinem Tod ließ er sich allerdings taufen. Eine viel aktivere Christin war dagegen seine Mutter Helena, die selbst ins Heilige Land reiste und u. a. das Kreuz Christi suchen ließ.

Konstantinopel, das heutige Istanbul, wurde schließlich zur neuen Hauptstadt des Reiches geweiht, und Rom verlor seinen Status als Nabel der Welt.

Konstantin starb in der kaiserlichen Villa von Ankyrona bei Nikomedia (heutiges Izmir/Türkei).

Die katholische Kirche zeigt sich ihm noch heute sehr verbunden. Sie verehrt ihn aber im Gegensatz zur orthoxen Kirche nicht als Heiligen.

Die andere Seite des Kaisers

Konstantin hatte offensichtlich noch eine andere Seite, und dieses brauchte er auch, sonst hätte er nicht diese enorme Macht in sich vereinen und sie 31 Jahre lang halten können. Schließlich waren seine Startbedingungen nicht optimal, und er hatte durch seine Herkunft auch kaum Beziehungen. Er konnte sich durchsetzen, weil er ein guter Krieger war und es verstand, die Menschen von sich zu überzeugen. Bei seinem Marsch auf Rom fackelte er dagegen nicht lange und machte eine oberitalienische Stadt nach der anderen rücksichtslos dem Erdboden gleich. Trotz solch gelegentlich aufflackernden Mangels an Nächstenliebe dankte die christliche Kirche Konstantin seinen Einsatz für ihre Sache: Er wurde als 13. Apostel geehrt und in der Apostelkirche zu Konstantinopel beigesetzt.

Nach Konstantins Tod wurde das Reich unter seinen Söhnen Konstantin II., Constantius II. und Constans aufgeteilt.

Als so ganz und gar nicht christlich präsentiert sich Konstantins Familienleben: 326 tötete er erst seinen ältesten Sohn Crispus und danach seine Frau Fausta. Wie es zu dieser Tragödie kam, ist bis dato ungeklärt. Geschichten, die sich um den Vorfall ranken, bieten als Erklärung an, dass Crispus seiner Mutter nachgestellt haben soll.

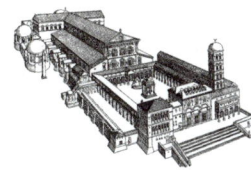

Alt-St. Peter in Rom

Hadrian

Kaiserlicher Humanist

 * 76 in Italica
† 138 in Baiae

Hadrian

■ Kaiser Hadrian kennen viele heute nur noch als Erbauer des berühmten Hadrianswalls in England und der Engelsburg in Rom. Letztere diente ihm als Mausoleum und vielen Päpsten als Zufluchtsort, wenn Feinde in den Vatikan eindrangen.

Baumeister und Humanist

Neben den oben genannten Bauwerken gehen auch viele andere auf Hadrian zurück, so zum Beispiel das Hadrianeum, in dem heute die römische Börse sitzt. Darüber hinaus vollendete er auch das Olympieion, den gewaltigen Tempel des olympischen Zeus in Athen, und ebenso erhielt das Pantheon in Rom unter seiner Regie die Gestalt, die wir heute kennen.

Hadrian ist aber viel mehr als nur ein berühmter Baumeister gewesen. Vor allen Dingen machte er sich als Gelehrter und Humanist einen Namen. Bevor er Kaiser wurde, hatte er Griechisch, Philosophie und Mathematik studiert und als Rechtsgelehrter im Römischen Reich gearbeitet.

Kluger und besonnener Außenpolitiker

Auf dessen Sterbebett wurde Hadrian von Trajan adoptiert. Da er Befehlsgewalt über ein riesiges Heer hatte, konnte

er sich umgehend zum Kaiser ausrufen lassen, ohne Widerspruch erwarten zu müssen. Als Kaiser handelte er weise und besonnen. Die Rechtsverwaltung lag ihm besonders am Herzen. Er organisierte sie neu und machte die obersten Richter der Rechtsbezirke sogar zu Prokonsuln, wodurch sie eine große Aufwertung erfuhren. Außenpolitisch trat er eher als Sicherer denn als Eroberer auf. Er inspizierte seine Truppen häufig, marschierte sogar gemeinsam zu Fuß mit ihnen, um ihre Moral zu stärken, baute Befestigungen und sorgte dafür, dass die Soldaten gut ausgebildet und fit waren. Er lehnte es aber ab, sich für Landstriche einzusetzen, die gegen die feindliche Übermacht nicht zu verteidigen waren, und zog sich in solchen Fällen eher zurück.

Hadrian soll bisexuell gewesen sein und eine lange intensive Beziehung zu einem jungen Mann namens Antinoos gehabt haben. Als dieser zu Tode kam, war er untröstlich und bemühte sich

sogar darum, seinen geliebten Freund zum Gott erklären zu lassen.

Statue des Antinoos

Attila

„Geißel Gottes" oder kluger Machtpolitiker?

* ca. 400
† 453

■ Attila genießt auch heute einen Ruf als wilder Kriegerfürst. Ironischerweise bedeutet sein gotischer Name auf Deutsch so viel wie „Väterchen".

Aufstieg der Hunnen

Die Hunnen herrschten etwa 450 n. Chr. im gesamten mittleren und östlichen Europa. Es handelte sich eigentlich um ein in Zentralasien ansässiges nomadisches Reitervolk, das seinen Wirkungskreis im Laufe der Zeit immer weiter nach Westen verlegte. Die Grenze zwischen dem Reich der Hunnen und dem der Römer bildete die Donau.

Attila übernahm gemeinsam mit seinem Bruder Bleda 434 n. Chr. die Herrschaft über die westlichen Hunnen, die zuvor nie zu einem so großen Volk geeint waren. Etwa zehn Jahre teilten sie die Macht, dann tötete Attila Bleda und herrschte alleine von seinem Sitz an der Theiß aus, der im heutigen Ungarn liegt, wo er in einem riesigen Holzpalast residierte.

Tribut aus Rom

Sein Problem war, dass aus dem riesigen Land, über das er herrschte, wenige Güter bezogen werden konnten. Aus diesem Grund ließ er sich die Erhaltung des Friedens vom Oströmischen Reich bezahlen. Als der oströmische Kaiser 444 n. Chr. die Zahlungen einstellte, griff Attila dessen Reich an und drang bis zu

den Thermophylen im heutigen Griechenland vor. Attilas Feldzug war außerordentlich grausam und entsprechend erfolgreich, sodass das Oströmische Reich wieder begann, an den Hunnenkönig zu zahlen.

Als 450 n. Chr. die Zahlungen wieder aussetzten, orientierte sich Attila um. Ein Heiratsangebot von Honoria, der Schwester des weströmischen Kaisers Valentinian, kam ihm sehr gelegen. Honoria, die ein uneheliches Kind erwartete, war in Ungnade gefallen und erhoffte sich einen stattlichen und streitbaren Ehemann.

Attila willigte ein und verlangte kurzerhand als Mitgift fast die Hälfte des Weströmischen Reichs. Honoria wurde daraufhin schnell mit einem anderen verheiratet. So wollte Attila sich aber nicht behandeln lassen und blies zum Kampf. Er versuchte Gallien zu erobern, wurde aber zurückgeschlagen. 452 fiel er dann in Italien ein, wo seine Truppen zunächst viele Städte eroberten, vor Rom aber so dezimiert und geschwächt waren, dass Attila den Rückzug antreten musste.

Sein großes Reich zerfranste schnell nach seinem Tod, weil es zu Nachfolgekämpfen kam und mehrere Völker, die sich unterdrückt fühlten, aus dem Bund mit den Hunnen ausstiegen.

Attila auf einem Gemälde von Eugène Delacroix

TOD IN DER HOCHZEITSNACHT

Nach seinem Rückzug aus Italien heiratete Attila die Gotin Ildiko. Das Liebesglück währte nicht lange, denn Attila verstarb in der Hochzeitsnacht. Heute spekuliert man, ob seine strapazierte Gesundheit einen Blutsturz auslöste oder ob ihn Ildiko im Auftrag Roms vergiftete.

Attila und Papst Leo I. in Mantua

Augustinus von Hippo

Weströmischer Bischof und Kirchenlehrer

* 13. November 354 in Tagaste
† 28. August 430 in Hippo Regius

Augustinus in der Schreibstube

Ein großer Teil des heutigen Wissens über das Leben des Augustinus von Hippo fußt auf seinen eigenen Schriften. In dem Buch *Confessiones* setzte er sich mit theologischen Fragen auseinander und ließ diese in die Beschreibung seines Lebens einfließen. Mit entsprechender Vorsicht sind seine Selbstdarstellungen zu lesen.

■ Augustinus gilt als einer der lateinischen Kirchenväter. Seine theologischen Schriften, in die Ideen von Platon einflossen, beeinflussten sowohl den Katholizismus als auch den Protestantismus. Als Bischof von Hippo leitete Augustinus die christliche Kirche in Numidien. Er wird von der katholischen Kirche als Heiliger verehrt.

Lehrjahre

In seiner Geburtsstadt Tagaste verbrachte Augustinus die ersten Jahre seines Studiums. Doch nach wenigen Jahren verließ er die ruhige römische Stadt und zog nach Karthago. Hier konnte er seine rhetorischen Fähigkeiten verbessern und schon bald andere unterrichten. Als Lehrer war er sowohl in Tagaste als auch in Karthago tätig. Um seiner Karriere einen weiteren Schub zu geben, kehrte Augustinus aber auch dieser römischen Metropole den Rücken zu und zog nach Mailand. Dort lag zu Augustinus' Zeiten die Residenz des weströmischen Kaisers. Für jeden, der politische Karriere machen wollte, war Mailand damit ein idealer Anlaufpunkt. Doch musste Augustinus nach anfänglichen Erfolgen als Rhetoriklehrer erfahren, dass seine Hoffnungen auf eine Stelle als Provinzverwalter keine Erfüllung finden würden. Als Konsequenz zog er 389 wieder nach Numidien in die Stadt seiner Geburt zurück. Dort verwaltete er die Familienbesitztümer und widmete sich der Erziehung seines Sohnes.

Kirchliche Karriere

Doch das Ende seiner Karrierepläne scheint Augustinus zu einer vermehrten Beschäftigung mit religiösen Themen bewegt zu haben. Als wenig später sein Sohn starb – seine Frau hatte ihn schon früher verlassen – wendete sich Augustinus ganz der Kirche zu. Mit 36 Jahren trat er das Amt eines Pfarrers an und zog nach Hippo. Als Mann der Kirche machte er schon bald durch seine brillanten theologischen Schriften und Reden auf sich aufmerksam. Dabei gab sich Augustinus nicht nur redegewandt, sondern auch streitlustig. Er veröffentlichte mehrere Schriften gegen die religiöse Sekte des Manichäismus. Sein theologisches Wirken blieb nicht unbemerkt. So wurde Augustinus bald eine neue Stelle als Bischof von Hippo zugewiesen. Die Bischofswürde wurde ihm 391 zuteil. In der afrikanischen Handelsstadt Hippo wirkte er bis zu dem Ende seines Lebens. Zu Tode kam Augustinus von Hippo 430 während einer Belagerung der Stadt durch die Vandalen.

Sünde und Erlösung

Während seiner Zeit als Bischof schrieb Augustinus mehrere theologische Werke, die alle bis heute erhalten sind. In diesen Schriften griff er griechische Philosophen auf. So finden sich bei ihm Gegensätze, die auch in Platons Werken eine große Rolle spielen. Zentral ist z. B.

der Dualismus von Geist und Materie. Dieser Gegensatz findet sich auch in Augustinus' Buch *Confessiones*, in dem der Bischof auf Sünde und Erlösung eingeht. In beeindruckender sprachlicher Kunstfertigkeit kommt Augustinus zur Erkenntnis menschlicher Fehlbarkeit und der Abhängigkeit von Gott. Später arbeitete Augustinus seine theologischen Ansichten weiter aus und ergänzte sie um das Konzept von Himmel und Hölle. Möglicherweise geht auch die Lehre vom Fegefeuer auf ihn zurück. Seiner Vorstellung nach, sei der Mensch aufgrund der Erbsünde zum ewigen Leiden in der Hölle verdammt. Nur das Bekenntnis zu Gott und das Ausrichten des Lebens nach der Bibel könnten den menschlichen Sünder retten. Als Konsequenz bleibe nach Augustinus nur der Weg zur Kirche.

Vom Gottesstaat

Eine der anderen bedeutenden Schriften Augustinus' ist das Buch *De civitate Dei*, das er um 420 schrieb. In diesem besonders im Mittelalter viel gelesenen Buch beschreibt Augustinus den Kampf des Gottesstaates gegen den irdischen Staat.

einanderbrechenden Römischen Reiches nieder. Im Jahr 410 war es germanischen Stämmen gelungen, Italien anzugreifen und Rom vorübergehend zu erobern. Als Folge dessen wuchs unter Augustinus' Zeitgenossen der Zweifel an dem Gott der Christen, der einen Sieg der Heiden zugelassen hatte. Sein Buch *De civitate Dei* sollte eine geschichtsphilosophische Erklärung für den Verfall des Reiches liefern und den Glauben an Gott stärken.

Illustration zu *De civitate Dei*

Mittelalter

Auch Augustinus von Hippo gehört zu den historischen Persönlichkeiten, denen nach ihrem Tod verstärkte Aufmerk-

Trotz seines unbestrittenen theologischen Einflusses blieb Augustinus in der orthodoxen Kirche weitgehend unbekannt.

Die Abfolge von sechs verschiedenen Phasen des Konfliktes der beiden Staaten gipfelt im Jüngsten Gericht. Auch nach dem Ende der irdischen Welt bestehe diese Trennung in zwei Reiche weiter. Nach Augustinus Meinung findet dieser Gegensatz in Himmel und Hölle seine Fortsetzung. Die umfangreichen Schriften über den Gottesstaat schrieb Augustinus unter dem Eindruck des aus-

samkeit zuteilwurde. Zwar waren seine Schriften auch zu Lebzeiten weitverbreitet, doch sein Bekanntheitsgrad wuchs mit den Jahren. Im Mittelalter gehörte er zu den meistgelesenen und damit auch zu den am meisten kopierten Theologen. Seine Ideen von Körper und Seele sowie von Hölle und Himmel lieferten die theoretische Unterfütterung für die orthodoxen Lehren dieser Zeit.

Älteste bekannte Darstellung des Augustinus aus der Lateranbasilika

Mittelalter
Zeit des Auf- und Umbruchs

Taufe König Chlodwigs

■ Tapfere Recken, holde Burgfräuleins und strenge Burgherren: Das sind die Zutaten, aus denen nach heutzutage häufig anzutreffender Vorstellung das Mittelalter bestand. Das alles gab es natürlich auch, doch hatte diese Epoche noch einiges mehr zu bieten.

Finstere Epoche?

Lange Zeit galt das Mittelalter ein wenig als Stiefkind unter den zeitgeschichtlichen Epochen. Gerne wurde auch vom „finsteren Mittelalter" gesprochen, in dem die lateinische Sprache und Bildung langsam verfielen und die Barbarei Einzug hielt. Natürlich hatte das Mittelalter auch seine dunklen Seiten, aber insgesamt ist diese Epoche von einigen grundlegenden Umwälzungen und Weiterentwicklungen geprägt.

Das Mittelalter erstreckt sich ungefähr vom Ende der Völkerwanderung (375–568) bzw. vom Untergang des weströmischen Kaisertums 476 zum Zeitalter der Renaissance ab Mitte des 15. Jahrhunderts bzw. bis zum Beginn des 16. Jahrhunderts. Hier sind die Grenzen fließend und werden von den Historikern unterschiedlich festgelegt, je nachdem, welcher Aspekt der Geschichte bei den Betrachtungen im Vordergrund steht. Um einen allgemeinen Überblick über die Epoche zu bekommen, hat sich eine Einteilung in Frühmittelalter, Hochmittelalter und Spätmittelalter bewährt.

Frühmittelalter

Das Frühmittelalter, das mit dem Ende der Völkerwanderung einsetzt, kann bereits mit einer Reihe von einschneidenden Entwicklungen aufwarten. Hier wurden die Weichen für viele historische Ereignisse von weitreichender Bedeutung gestellt.

Die Christianisierung Europas wurde bis zum Jahr 600 weitgehend abgeschlossen. Besonders erwähnenswert ist in diesem Zusammenhang König Chlodwig, der ca. 500 mit seinem ganzen Volk zum Christentum übergetreten war, was als Initialzündung interpretiert werden kann. Chlodwig ist aber aus einem weiteren Grund für das Mittelalter wichtig: Mit ihm begann nämlich der Aufstieg des Fränkischen Reiches, das sehr bald auf den Überresten des Weströmischen Reiches und der Reiche der anderen germanischen Völker seine Vorherrschaft in West- und Mitteleuropa begründete. Mit der Krönung Karls des Großen erreichte das Reich seine absolute Blütezeit, nach seinem Tod begann es zu zerfallen. Aus seiner westlichen Hälfte entstand das spätere Frankreich, während sich aus der Osthälfte das Heilige Römische Reich Deutscher Nation entwickelte.

Durch die Pippinsche Schenkung im Jahr 754 erhielt nun auch der Papst – neben seiner bereits vorhandenen geistlichen Macht – weitreichende weltliche Befugnisse. Dies sollte in der Folgezeit die Ursache für einige Konflikte zwischen diversen Königen und den jeweiligen Päpsten darstellen.

Hochmittelalter

Seit etwa 900 setzte das Hochmittelalter ein. In dieser Zeit gewannen die europäischen Staaten immer mehr Macht. Die Bevölkerung begann zu wachsen, Handwerk und Handel wurden gefördert, und auch die Bildung war nun nicht länger ausschließlich ein Privileg des Klerus. Um den gestiegenen Nahrungsbedarf der Bevölkerung zu decken, wurden verbesserte Anbau- und Arbeitsmethoden entwickelt und neue Anbauflächen durch Neusiedlung und Rodung erschlossen. Die hierdurch ausgelöste wirtschaftliche Dynamik erfasste neben dem Agrarbereich auch Handwerk, Gewerbe und Handel. Das führte wiederum zum Aufschwung der Geldwirtschaft wie auch zur Entstehung eines dichten Netzes von Märkten und Städten. Das Rittertum, der Minnesang und das Lehnswesen erlebten nun ihre große Blütezeit. Viele berühmte Werke der alt- und mittelhochdeutschen Dichtung entstanden in dieser Zeit, als die Kultur an den Höfen besonders gefördert wurde. Von einem „dunklen Zeitalter" kann nicht im Geringsten die Rede sein. In diese Zeit fallen auch – als wichtigste und bekannteste Ereignisse – die Kreuzzüge.

Ritter

Während der Kreuzzüge zogen immer wieder Heere aus West- und Mitteleuropa in den Nahen Osten, um die Stätten des Neuen Testamentes von den Moslems zu „befreien", doch es gelang den Europäern nicht, sich dauerhaft dort festzusetzen. Dies zeigt auch, welchen Einfluss die Kirche bereits auf die Politik gewonnen hatte.

Im Hochmittelalter bildeten sich auch eine Reihe ganz neuer Königreiche, wie England, Norwegen, Dänemark, Polen, Ungarn und Böhmen und im Osten das Byzantinische Reich.

Spätmittelalter

Das Spätmittelalter war eine von schweren Krisen gekennzeichnete Zeit und verdient vielleicht wirklich das Attribut „dunkel". Die schlimmste Katastrophe in dieser Periode war die Pest – der sogenannte „Schwarze Tod" –, die 1347 von Südrussland kommend die Länder Europas verheerte und fast der Hälfte der europäischen Bevölkerung das Leben kostete. Diese Entvölkerung führte zu Aufständen und zu einer Schwächung des Rittertums zugunsten des Bürgertums. Auch die Autorität des Papstes schwand langsam. Ungefähr um dieselbe Zeit begann aufgrund von Erbstreitigkeiten um die französische Krone der Hundertjährige Krieg zwischen Frankreich und England, den Frankreich schließlich für sich entscheiden konnte. Kunst und Wissenschaften erlebten allerdings trotz der Krisen im Spätmittelalter eine Phase des Aufbruchs. Erste Universitäten wurden gegründet, Philosophie und Naturwissenschaften erlebten einen regelrechten Aufschwung. Auch die Wirtschaft befand sich auf dem aufsteigenden Ast – alles in allem stellte das Mittelalter also vielmehr eine Phase des Auf- und Umbruchs als eine finstere Epoche dar.

Pesttote werden vor der Stadt begraben

Mohammed

Prophet und Begründer des Islam

eigtl. Abul Kasim Muhammad Ibn Abd Allah
* um 570 in Mekka
† 8. Juni 632 in Medina

Mohammed empfängt die göttliche Botschaft vom Erzengel Gabriel

■ Mohammed wirkte als politischer und religiöser Führer in Medina und Mekka. Er einigte die arabischen Stämme und etablierte den Islam als alleinigen Glauben im arabischen Raum. Mohammed sah sich als letzter Prophet Gottes.

Händler und Prophet

Der in Mekka geborene Mohammed war verwandt mit einem der einflussreichsten Stammesführer der Haschemiten. Sein Onkel Abu Talib stand dem Stamm als Führer vor. Für diesen reiste er als Händler durch Syrien. Auf einer dieser Reisen lernte er mit 25 Jahren seine erste Ehefrau kennen. Die Heirat machte Mohammed nicht nur zum Vater, sondern auch zu einem reichen Mann, da seine Frau ebenfalls Händlerin

und ausgesprochen wohlhabend war. Sie schenkte ihm neben materiellem Wohlstand zwei Söhne und vier Töchter. Doch Mohammed verbrachte seine Zeit nicht nur mit seiner Familie oder geschäftlichen Dingen. Er meditierte oft in den Hügeln um Mekka und verbrachte zeitweise ganze Nächte in einer Höhle. Dort soll er nach eigener Aussage Visionen und göttliche Botschaften empfangen haben. Eine erhabene Gestalt soll ihm erschienen sein, und Stimmen sollen zu ihm gesprochen haben, die ihn veranlassten, im heidnischen Mekka zu predigen. So wurde Mohammed zum Verkünder eines neuen Glaubens und Fürsprecher der Verehrung eines einzelnen Gottes, Allah. Damit hob er sich deutlich von der in Mekka vorherrschenden Vielgötterei ab.

Der Koran

Mit dem Auszug aus Mekka im Jahr 622 beginnt die Zeitrechnung des Islam.

Medina

Mit zunehmender Anhängerschaft und wachsendem Einfluss in Mekka wuchs der Widerstand gegen Mohammed. Andere Stämme boykottierten den Handel mit dem Haschemiten-Clan. Als Mohammeds Fürsprecher starben, entzog ihm der Clan den Schutz und drängte ihn so zur Flucht. Mohammed bereitete

seine Flucht nach Medina sorgfältig vor. Er entsandte eine kleine Gruppe von zwölf Anhängern nach Medina, die dort positive Berichte über ihn verbreiteten. Im September 622 folgte Mohammed dann mit seinen Anhängern heimlich in kleinen Gruppen. In Medina herrschte Streit zwischen den heimischen Stämmen, der vier Jahre zuvor sogar in blutigen Kämpfen ausgetragen worden war.

Mohammed gelang es, die in Medina ansässigen Stämme zu einen und Frieden zu schließen. Mohammed und seine Anhänger standen dieser Föderation voran. Die jüdischen Gruppen in der Stadt, die sich nicht bekehren ließen, wurden von den Anhängern Mohammeds vertrieben, einige getötet.

Sieg über Mekka

Die Jahre in Medina waren von Streitigkeiten mit Mekka geprägt. Mit Mohammeds Einverständnis, teilweise unter seiner Führung, überfielen Krieger aus Medina Karawanen aus Mekka. Während Mohammed in Medina durch geschickte Heiratspolitik seine Position unter den Stämmen stärken konnte, blieb der außenpolitische Konflikt fünf Jahre ungelöst. Erst als Mohammed 627 eine Belagerung der Truppen aus Mekka zurückschlug, war sein Sieg sicher. Mekka hingegen verlor zusehends an Einfluss. Bedeutende Händler und Stammesführer zogen nach Medina und bekannten sich zum Islam. Aus dieser Position der Stärke entschied sich Mohammed gegen einen weiteren Konfrontationskurs. Er wollte auch die Bevölkerung Mekkas für den Islam gewinnen. Daher versuchte er, mit seinen Anhängern in Mekka einzuziehen. Im Januar 630 zog Mohammed mit 10.000 Anhängern zu seiner Geburtsstadt. Sein triumphaler Einmarsch vergrößerte dann auch seine Anhängerschaft unter den Bewohnern der Stadt. Die meisten bekannten sich zum neuen Glauben und zerstörten die heidnischen Götzen, die sie zuvor verehrt hatten. Auch der Kaaba, in der zuvor Götzenbilder standen, wurde von Mohammed eine neue Bedeutung zugewiesen. Das ehemalige Heiligtum der Götzenverehrung wurde zum zentralen Bestandteil einer jeden islamischen Wallfahrt. Neben religiösen Belangen organisierte Moham-

Mohammed, Fatima, Ali und Enkel

med in Mekka vermutlich auch die Verwaltung des neuen arabischen Reiches. Nach einem knappen Monat verließ er dann seinen Geburtsort wieder und kehrte nach Medina zurück. Im Jahr 632 führte er noch mal eine Wallfahrt nach Mekka durch, obwohl er gesundheitlich in schlechter Verfassung war. Wenige Monate nach seiner Rückkehr starb Mohammed in Medina.

Einigung Arabiens

Die militärischen Erfolge der Anhänger Mohammeds, sein überzeugendes Auftreten und seine versöhnende Heiratspolitik waren Grundsteine für die Einigung der arabischen Stämme. Allerdings profitierte Mohammed auch von der Zerschlagung des Persischen Reiches durch das byzantinische Imperium im Jahr 628. Arabische Stämme, die zuvor Persien unterstützt hatten, schlugen sich nun auf die Seite Medinas. Das Ergebnis von Mohammeds Wirken war auf jeden Fall ein geeintes Arabien unter dessen politischer und religiöser Führung.

Fatima ist die bekannteste Tochter aus Mohammeds erster Ehe. Ihr wird von den Schiiten Verehrung als Heilige zuteil. Aus ihrer Ehe mit dem Cousin Mohammeds und vierten Kalifen Ali Ibn Abi Talib gingen die einzigen männlichen Nachfolger Mohammeds hervor.

Karl der Große

Der „Vater Europas"

* 747 wahrscheinlich in Prüm
† 814 in Aachen

■ Viele Legenden ranken sich um Karl den Großen, er soll der erste Europäer gewesen sein, der große Beschützer des Christentums und zudem ein weit gereister und umtriebiger Mann.

Karl der Große

Der Legende nach soll Karl der Große sowohl in Jerusalem als auch in Santiago de Compostela gewesen sein, um die beiden heiligen Orte von den Heiden zu befreien. Beides stimmt aber wohl nicht, auch wenn Karl als Beschützer der Christen so hochgelobt war, dass er einige Reliquien aus dem Heiligen Grab überreicht bekam.

König in schwierigen Zeiten

Karl der Große wurde 742 an einem unbekannten Ort geboren und übernahm gemeinsam mit seinem Bruder Karlmann im Alter von 24 Jahren die Königskrone von seinem Vater Pippin. Karlmann verstarb bald, und Karl übernahm die alleinige Verantwortung für das Frankenreich, das in einer sehr schwierigen Situation steckte. An allen Ecken und Enden des Reiches gab es Krisenherde, und Karl arbeitete sie alle ab. 774 zog er auf Ersuchen des Papstes auf eine Heerfahrt nach Italien und besiegte dort Desiderius. Das brachte ihm zusätzlich die Königskrone der Langobarden und den Titel „rex Francorum et Langobardorum" ein. 778 gliederte er auch das bis dahin weitgehend selbstständige Bayern in sein Reich ein und verbannte den Stammesherzog Tassilo III. 788 in ein Kloster. Auch in Spanien sorgte Karl für Ordnung. Am längsten aber, nämlich über 30 Jahre, schlug er sich mit den Sachsen östlich seines Hoheitsgebietes herum. Diese hielten nämlich an ihrem heidnischen Glauben fest, und das konnte Karl als christlicher Herrscher nicht akzeptieren. Daher ging er in aller Brutalität gegen sie vor, er unternahm sogar regelrechte Kreuzzüge gegen seine östlichen Nachbarn. Solche fanatischen Feldzüge mögen in der Rückschau zu dem viel bewunderten „Vater Europas" gar nicht so recht passen.

Zwei Kaiserreiche im Streit

Im Jahr 800 wurde er am Weihnachtstag von Papst Leo III. zum Kaiser gekrönt und damit als legitimer Nachfolger der römischen Kaiser vom Papst und den Menschen in Rom anerkannt. Der byzantinische Kaiser im ehemaligen Oströmischen Reich Nikephoros dachte allerdings gar nicht daran, Karl als irgendetwas oder jemanden anzuerkennen. Wenn überhaupt wollte er als gleichberechtigter Herrscher gelten, und so legte er sich zunächst einmal mit Karl an. Erst Nikephoros' Nachfolger, Michael I., strebte ein friedliches Miteinander der großen Reiche an und lenkte ein.

Außerdem wurde das Christentum zur offiziellen Staatsreligion, was auch beinhaltete, dass niemand den christlichen Glauben öffentlich angreifen oder den Papst hinterfragen durfte. Aber Karl verband nicht nur römische und christliche Traditionen miteinander, er fühlte sich auch als Germane und brachte in „seine" Kultur auch einige Elemente aus der germanischen Tradition ein. So ließ er sich zum Beispiel seine Muttersprache nicht nehmen.

Ordnung und Stabilität

Karl ordnete sein unübersichtliches Reich, das sich vom Mittelmeer bis zur Nordsee und vom Atlantik bis zur Elbe zog, indem er einen neuen Dienstadel einführte, das große Land in Grafschaften unterteilte und von Grafen verwalten und richten ließ.

Hierbei bevorzugte er altadelige Familien, womit er sich deren Loyalität sicherte. Eine wichtige neue Institution zur Gewährleistung der Regierbarkeit des unüberschaubaren Fränkischen Reichs waren die Königsboten, die überallhin entsandt wurden, um des Königs Willen zu vollstrecken. Auch die von Karl beschützte christliche Kirche stabilisierte das Land von innen. Der Kaiser

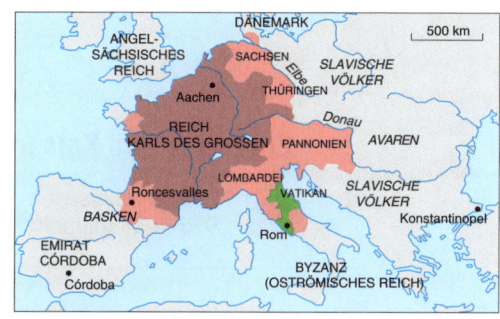

Reich Karls des Großen

Kultur und Bildung

Eine wirtschaftlich sehr wichtige Neuerung war die Geldreform: Im ganzen Reich sollte nun mit der gleichen Währung, dem Silberdenar, bezahlt werden.

Der fränkische Adlige Einhard, Lehrer an der Hofschule in Aachen, beschrieb die Krönung Karls in seinem Buch Vita Caroli Magni, der ersten überlieferten Herrscherbiografie des Mittelalters.

teilte die Bistümer neu ein, gründete Klöster, setzte selbst Bischöfe ein und sorgte dafür, dass die Kirchenvertreter mithilfe von Steuergeldern gut leben konnten. Auch dadurch gewann er Loyalität und Einfluss.

Trotz dieser klugen Maßnahmen war das große Reich nur schwer zu regieren, deshalb gab es keine Hauptstadt, sondern viele verschiedene Königspfalzen, die er bewohnte, während er seine Regierungsgeschäfte im ganzen Land erledigte. Erst später verließ er Aachen nur noch selten und residierte hier, wie man es von einem Kaiser erwartet, etwas prächtiger in einem Steinpalast. Für seine Kapelle ließ er sogar antike Marmorsäulen aus Rom und Ravenna nach Aachen bringen.

Auch kulturell betätigte sich Karl der Große. Er ließ Heldenlieder aufschreiben und sammeln, richtete eine Hofschule ein, für die er bedeutende Gelehrte seiner Zeit als Lehrer gewann, er ließ eine Buchschrift aus Kleinbuchstaben entwickeln, eine Grammatik seiner Muttersprache schreiben und übersetzte viele Bezeichnungen aus dem Lateinischen ins Fränkische. Der Wissenschaft dienten langfristig die vielen neu gegründeten Klöster, die sich zu Zentren der Forschung und Dokumentation entwickelten. Hier saßen die Mönche und schrieben Bücher ab, lehrten an Klosterschulen und erforschten die Natur.

Karls Nachfolger wurde Ludwig der Fromme, Karls einziger Sohn, der ihn überlebte.

Leo III. krönt Karl den Großen zum Kaiser

Otto der Große

Erneuerer des Kaisertums

 * 912 in Wallhausen
† 973 in Memleben

Kaiserkrone Ottos I.

Der Historiker und Zeitgenosse Ottos Widukind von Corvey beschreibt den Herrscher so: „Der Bart wallte voll herab, ganz wider die alte Sitte. Die Brust war wie mit einer Löwenmähne bedeckt, der Bauch nicht zu stattlich, der Schritt einst rasch, jetzt gemessener. Seine Tracht war die heimische, die er nie mit fremder vertauschte."

■ Unter Otto I. änderte sich die Stellung des Kaisers im Reich. Nicht mehr er allein stand im Mittelpunkt des Interesses, sondern die gesamte Herrscherfamilie.

Familienfehde um den Thron

Das Große Fränkische Reich Karls des Großen hielt sich nicht lange. Schon unter seinen drei Enkeln wurde es aufgeteilt, bis Karls Nachfahren schließlich ganz ausstarben, sodass ein Sachse, nämlich Heinrich I., die Herrschaft übernahm. Als dieser starb, wurde dessen Sohn Otto 936 von den Bischöfen und Herzögen zum König gewählt. Otto hatte zunächst einen schweren Stand, weil die Herzöge viel lieber nach ihrem Gutdünken regieren wollten. Zudem wollte seine eigene Mutter lieber ihren jüngeren Sohn Heinrich als neuen König sehen. So kam es zum familiären Zerwürfnis und zu vielen Intrigen unter den Brüdern und dem alteingesessenen Adel, die sich je nachdem, wer ihnen mehr Vorteile versprach, auf die eine oder andere Seite schlugen.

Nur eine feste Einbindung der Kirche und eine Verstrickung von geistlicher und weltlicher Macht konnten Abhilfe schaffen. Otto wertete die Bischöfe und Äbte weiter auf, gestand ihnen größere Ländereien und mehr Macht zu, verlangte im Gegenzug aber Loyalität und die Erfüllung von Verwaltungsaufgaben. Eine große Stütze war sein jüngerer Bruder Brun, der Bischof von Köln war und gleichzeitig Ottos Kanzler. Sehr dienlich war auch der Umstand, dass die Geistlichen keine (legitimen) Nachfahren hatten und somit Erben ausblieben, sodass sich keine neuen Dynastien unterhalb des Königshauses bilden konnten. Otto konnte, wenn ein Würdenträger verstorben war, jemanden aussuchen, der ihm besonders zuverlässig erschien, und damit dann seine eigene Macht festigen.

Nun stand einer Kaiserwürde, wie sie Karl der Große getragen hatte, nichts mehr im Weg.

Otto heiratete die Halbschwester des englischen Königs, Editha, mit der er zwei Kinder hatte. Als diese 946 starb, kam es zu erneuten Familienstreitigkeiten. Diese erreichten in den Jahren 953 und 954 mit einem Aufstand seines Sohnes Liudolf ihren Höhepunkt, der im Fall einer erneuten Hochzeit des Vaters um sein Erbe fürchtete. Dieser Aufstand schwächte Otto erheblich. Die Ungarn nutzten die Gelegenheit, um ins Reich einzufallen. Das Ausmaß dieser Krise stürzte Otto fast ins Verderben, doch obwohl der Regent wankte, stürzte er nicht. Am 10. August 955 konnte er die Ungarn auf dem Lechfeld bei Augsburg entscheidend schlagen und in der Folgezeit sein Reich wieder fest in den Griff bekommen.

Querelen mit dem Klerus

Otto wollte sein Reich unbedingt in Richtung Osten erweitern und eroberte und missionierte die Gebiete östlich der Elbe. Dann zog es ihn nach Süden. Er setzte sich mit den Ungarn auseinander und fiel schließlich in Italien ein. Diesen Feldzug unternahm er einerseits, um sein Reich weiter zu vergrößern, andererseits aber auch, um als Held die Witwe des Langobardenkönigs, Adelheid, die in Oberitalien gefangen gehalten wurde, zu befreien und zu heiraten. Dieser Plan gelang.

962 ließ er sich in Rom von Papst Johannes XII. zum Kaiser krönen. Im Gegenzug versprach Otto dem Papst Schutz. Er legte seine Befugnisse aber so weit aus, dass niemand nach Johannes XII. zum Papst ernannt werden durfte, der ihm nicht genehm war. Zu dieser Machtfülle wollte es Johannes XII. wiederum nicht kommen lassen, und er begann, gegen Otto zu intrigieren. Dieser

Otto I. und Adelheid, Figuren am Meißener Dom

fackelte nicht lange, ließ Johannes absetzen und Leo VIII. „wählen" und einsetzen. Aber damit war die Machtprobe noch nicht ausgestanden. Der Klerus rund um Rom versuchte, sich gegen Otto und seine Bevormundung zur Wehr zu setzen und einen eigenen Kandidaten auf den Stuhl Petri zu setzen. Aber Otto machte gewaltsam klar, wer in dieser Frage zu entscheiden hatte, und so wurde wieder Leo Papst.

Frieden mit Byzanz

Bei all den Querelen kam es wenigstens zur Entspannung mit dem Kaiser von Byzanz: Mit Johannes Tzimiskes kam ein milderer Kaiser an die Macht, Otto I. veranlasste die Hochzeit seines Sohnes Otto II. mit Theophanu, einer Nichte des byzantinischen Kaisers, und stiftete damit langfristig Frieden zwischen den großen Kaiserhäusern. Um auch seine Nachfolge fest zu regeln, ließ er seinen Sohn und seine Schwiegertochter gleich vom Papst salben, sodass es nach dem Tod Ottos I. nicht zu Nachfolgestreitigkeiten kam.

Unter Otto I. stand erstmals nicht der Herrscher alleine im Mittelpunkt aller Überlegungen, sondern die gesamte Herrscherfamilie. Der Kaiser selbst repräsentierte zwar die Herrscherfamilie, in erster Linie ging es aber um deren Anerkennung und Erhalt. Deshalb wich man auch von der gängigen Praxis ab, das Reich unter den Söhnen des Kaisers aufzuteilen. Die Regel war nun einfacher: Eine Familie, die von einem Kaiser repräsentiert wurde, beherrschte ein Reich. Daher hatte auch die Heiratspolitik eine so große Bedeutung, alle wichtigen Funktionsträger sollten durch familiäre Beziehungen an die Herrscherfamilie gebunden sein. Andersherum wurden Verwandte mit wichtigen Positionen betraut.

Avicenna

Philosoph und Arzt

* um 980 in Afschana bei Buchara
† 1037 in Hamadan

Avicenna

■ Avicenna war einer der bekanntesten persischen Philosophen des Mittelalters. Bis zum Beginn der modernen Medizin galten seine medizinischen Schriften als Standardwerk.

Studium

Schon früh fiel Avicenna in Buchara durch seine intellektuellen Leistungen auf. Mit zehn Jahren konnte er nicht nur zahlreiche arabische Gedichte, sondern sogar den ganzen Koran auswendig. Schon bald sahen sich seine Lehrer nicht mehr in der Lage, ihm noch weiter neues Wissen beizubringen. Avicenna hatte seine Lehrer überflügelt. Daher musste er im Selbststudium seine Kenntnisse in Logik und Metaphysik weiter ausbauen. Dabei konnte er auf die umfangreiche königliche Bibliothek der Samaniden zugreifen. Das Privileg der Bibliotheksbenutzung hatte er erhalten, nachdem er den samanidischen Regenten von schwerer Krankheit geheilt hatte. Als mit dem Einmarsch der Türken in den Iran die samanidische Herrschaft endete, verließ Avicenna Buchara und wanderte durch den heutigen Iran und Irak. Doch auf seinen Reisen fand er keinen Ort, der ihm als neue Heimat angemessen schien. In Hamadan ließ er sich letztlich nieder und arbeitete am Hofe des dortigen Emirs. Auch dessen Vertrauen erwarb sich Avicenna durch seine Heilkünste: Er hatte den Emir von einer Kolik geheilt und wurde daraufhin von ihm zum Großwesir ernannt. Als der Emir 1022 starb, floh Avicenna aufgrund einiger Intrigen seiner Neider nach Isfahan, wo er im Alter von 58 Jahren starb.

Werke

Trotz seiner Arbeit am Hofe vernachlässigte Avicenna seine Studien keineswegs. Er veröffentlichte Bücher über Physik und Metaphysik, wovon die umfangreiche Schrift *Kitab al-Shifa* das bekannteste ist. Darin stellte Avicenna seine rationalistische Philosophie mit deutlicher Anlehnung an Aristoteles und den Neuplatonismus vor. Neben den philosophischen Werken ist sein *Kanon der Medizin* Grundstock für seinen Ruhm. In dem aus fünf Büchern bestehenden *al-Qanun al-Tibb* fasste Avicenna das medizinische Wissen seiner Zeit zusammen. Über Krankheiten, den menschlichen Körper und Heilmittel findet sich hier alles, was die Medizin bis zum damaligen Zeitpunkt an Wissen hervorgebracht hatte. Bis ins 17. Jahrhundert war diese Arbeit Avicennas das zentrale Werk für Heiler und Ärzte.

BEDEUTENDSTE ENTDECKUNG

Sein Ruhm reicht sogar noch in die zeitgenössische Literatur hinein. Im Roman *Der Medicus* von Noah Gordon trifft der Hauptdarsteller des Buchs auf Avicenna.

Wilhelm der Eroberer

Der Held von Hastings

* 1027 in Falaise
† 1087 im Kloster Saint Gervais bei Rouen

■ Der aus der Normandie stammende Wilhelm schuf eine Verbindung der normannischen Feudalmonarchie mit den volksrechtlichen Traditionen des angelsächsischen Königtums und damit die Grundlage für eine dauerhafte Monarchie in England.

Turbulente Jugend

Wilhelm wurde 1027/28 als uneheliches Kind des Herzogs Robert I., genannt „der Teufel von der Normandie" (später aber auch „der Prächtige"), geboren. Als sein Vater zu einer Pilgerreise nach Jerusalem aufbrechen wollte, setzte er ihn als rechtmäßigen Erben ein. Dass Wilhelm seine Jugend überhaupt überlebte, grenzt an ein Wunder, so viele Menschen trachteten ihm nach dem Leben. Protegiert von König Heinrich von Frankreich, wuchs er auf und entwickelte sich zum selbstbewussten und durchsetzungsstarken Herzog. Er musste zahlreiche Aufstände niederschlagen und sich schließlich sogar gegen den König selber behaupten.

Er machte die Normandie zu einem starken unabhängigen Reich, reformierte die Verwaltung und verbesserte die Stellung der Kirche. Als innenpolitisch endlich eine stabile Lage erreicht war, spielte Wilhelm mit dem Gedanken, sein Reich zu vergrößern. In England regierte König Edward, ein Cousin seines Vaters, und orientierte sich in seiner Reformtätigkeit an Wilhelms Wirken

in der Normandie. Beide statteten sich gegenseitig Besuche ab.

Kampf um England

Als Edward 1066 starb, beanspruchte Wilhelm die britische Krone mit der Begründung, Edward hätte ihn als Erben eingesetzt. Außer ihm erhoben aber auch noch Harold Godwinson, einer der wichtigsten Männer in England, und König Harald von Norwegen Anspruch auf den Thron. Im Kampf beider Truppen kam der norwegische König um. Kurz nach der gewonnenen Schlacht hörte Harold Godwinson von Wilhelms Ankunft in Südengland. Er eilte nach Süden und schickte seine völlig übermüdeten Männer in die Schlacht bei Hastings, die Wilhelm für sich entscheiden konnte. Damit war für ihn der Weg frei, sich in Westminster zum König krönen zu lassen. Wilhelm herrschte als starker König 21 Jahre lang, und noch weitere 200 Jahre lang saßen seine Nachkommen auf dem britischen Thron.

Eroberung Englands auf dem *Teppich von Bayeux*

Heinrich IV.

Der Büßerkönig

* 1050 in Goslar
† 1106 in Lüttich

Heinrich IV.

Der Ton zwischen Heinrich und dem Vatikan war mehr als nur frostig. In einem Brief des Herrschers an Gregor heißt es: „Heinrich, nicht durch Anmaßung, sondern durch Gottes gerechte Anordnung König, an Hildebrand, nicht mehr den Papst, sondern den falschen Mönch … So steige du denn, der du durch diesen Fluch und das Urteil aller unserer Bischöfe und unser eigenes verdammt bist, herab, verlasse den apostolischen Stuhl, den du dir angemaßt hast."

■ Heinrich IV. wurde als Sohn des Kaisers Heinrich III. 1050 geboren, wurde 1056 zum König ernannt und 1084 der Nachfolger seines Vaters als Oberhaupt des Heiligen Römischen Reiches.

Der Gang nach Canossa

Die Person Heinrich IV. ist in der Rückschau fest verbunden mit dem sprichwörtlich gewordenen Gang nach Canossa. Wofür musste Heinrich Abbitte tun? Im 11. und 12. Jahrhundert stritten

keine Rechte mehr hatte und für alle geächtet war. Natürlich verfügte Heinrich über erhebliche weltliche Macht, und für Untergebene wäre es nur möglich gewesen, sich ihm zu widersetzen, wenn sie sich in den Einflussbereich des Papstes gerettet hätten. Trotzdem war es auch für Heinrich ungemütlich, von der Kirche geächtet zu sein, weil er kein Sakrament mehr empfangen und somit auch nicht mehr heiraten durfte, wenn das notwendig geworden wäre. Auch konnte er nicht mehr damit argumentieren, dass sein Königtum von Gott beru-

Der Streit zwischen dem Papsttum und den weltlichen Herrschern um die Einsetzung von kirchlichen Würdenträgern wurde unter dem Namen „Investiturstreit" bekannt.

weltliche Herrscher und Papst häufig und auf vielen Ebenen um die Macht. Insbesondere ging es darum, zu entscheiden, wer das Recht habe, Bischöfe und Äbte zu ernennen. Die Kirche war der Meinung, dass man auf keinen Fall Laien (Menschen, die nicht geweiht worden waren) solche Befugnisse zugestehen sollte.

Als Heinrich klarmachte, dass er das ganz anders sah und den Papst mehr oder weniger direkt zum Rücktritt bewegen wollte, belegte dieser ihn kurzerhand mit dem Kirchenbann. Das bedeutete zur damaligen Zeit, dass man quasi

fen sei. Zudem gab es unter den Adligen zahlreiche, die versuchten, ihr Lehen zu kleinen Dynastien auszubauen, in denen sie autonom herrschten. Je mehr Heinrich öffentlich hinterfragt wurde, desto größer wurde die Freiheit und auch die Autorität der Grafen und Herzöge.

Als Heinrich sich daher entschloss, beim Papst Abbitte zu tun, verstellten ihm auch einige Herzöge, denen es offensichtlich mit einem gebannten Heinrich besser ging, den Weg, sodass er einen längeren und mühevolleren Weg über Burgund nehmen musste. Er traf den Papst schließlich in der Burg Canossa. Dort musste er der Überlieferung nach vier Tage im Büßerhemd fasten und wurde dann durch den Papst vom Bann losgesprochen.

Das half ihm aber zunächst politisch nichts, denn die Fürsten hatten bereits beschlossen, Rudolf von Rheinfelden zum Gegenkönig zu wählen. Er hatte ihnen zuvor versichern müssen, dass er seine Königswürde nicht vererben würde, sondern dass die Fürsten das Recht bekämen, ihren jeweiligen König zu wählen. Heinrich ließ das jedoch nicht auf sich sitzen und zog – letztlich erfolgreich – gegen Rudolf zu Felde.

Erneuter Streit mit dem Vatikan

Als Heinrich erneut Schwierigkeiten mit Papst Gregor bekam, drehte er den Spieß um und ließ einen Gegenpapst wählen, marschierte gegen Rom, nahm die Stadt ein und setzte seinen Gegenpapst Clemens ein, während Papst Gregor sich in der Engelsburg verschanzte. Clemens krönte Heinrich nach dessen Wunsch zum Kaiser. Es ergab sich eine verwirrende Situation, so als könne sich jeder Papst seine Könige auswählen und jeder König seinen Papst.

So hatte Heinrich vordergründig eine für sich gute Situation geschaffen. Leider kamen zu den politischen und kirchenpolitischen Schwierigkeiten auch noch private hinzu, denn sein Sohn Konrad, den er zum Mitkönig hatte krönen lassen, und seine zweite Frau Adelheid verließen ihn und wechselten zur feindlichen Papstpartei.

Heinrich verzweifelte fast, ließ sich aber nicht unterkriegen und versuchte, seine Position wieder zu stärken, setzte sich nun verstärkt für den Frieden in seinem Land ein und plante sogar eine Pilgerfahrt nach Jerusalem, um seinen letzten Bann – inzwischen bereits den vierten – loszuwerden. Auch verzichtete er nach dem Tod seines Gegenpapstes Clemens auf die Ernennung eines weiteren Gegenpapstes, was ihm aber auch keinen Frieden mit Rom brachte. Er setzte nun seinen zweiten Sohn Heinrich V. zum Mitkönig ein. Alles hätte gut werden können, wenn nicht auch dieser sich von ihm abgewandt hätte und ihm in den Rücken gefallen wäre.

Heinrich V.

Heinrich V., vom Papst unterstützt, zwang seinen Vater mit Gewalt dazu abzudanken und übernahm die Kaiserwürde. Heinrich IV. floh, erkrankte und schickte zum Zeichen seines Versöhnungsstrebens die letzten Zeichen seiner weltlichen Macht, einen Ring und ein Schwert, seinem Sohn. Er starb 1106. Heinrich V. fühlte sich seinem Vater nun doch wieder verpflichtet und bemühte sich darum, nach dessen Tod den Kirchenbann aufheben zu lassen, damit er seinen Vater im Dom zu Speyer neben seinen Vorfahren beisetzen konnte. Bis es endgültig dazu kam, musste Heinrich nun auch als Verstorbener noch zahlreiche Schwierigkeiten erdulden und wurde insgesamt dreimal an verschiedenen Orten wieder ausgegraben, bis er endlich in Speyer beigesetzt wurde, wie es seinem Wunsch entsprach.

Gang nach Canossa

Heinrichs IV. letzte Ruhestätte: der Dom zu Speyer

Hildegard von Bingen

Deutsche Mystikerin

* 1098 in Böckelheim
† 17. September 1179 bei Bingen

Hildegard von Bingen

■ Hildegard von Bingen ist aufgrund ihrer zahlreichen Visionen, die sie niederschrieb, eine der bekanntesten Mystikerinnen. Sie zeichnete sich durch ungewöhnliches Selbstbewusstsein und besondere Glaubensfestigkeit aus. So war sie die erste Nonne, die öffentlich predigte. Auch schriftstellerisch war Hildegard von Bingen tätig. Die Äbtissin befasste sich neben theologischen Fragen mit der Musik und der Medizin. Sie wird als katholische Heilige verehrt.

Leben

Die Tochter eines Adligen wurde im Kloster Disibodenberg von Benediktinern erzogen. Als die Oberste des Klosters starb, trat Hildegard 1136 deren Nachfolge an und übernahm die Leitung. Ihre Erfahrungen als Leiterin eines Klosters ließen in ihr den Plan reifen, ein eigenes Kloster zu gründen. Die Wahl des Ortes fiel auf Bingen. Um den von ihr verehrten heiligen Rupert von Bingen zu ehren, veranlasste Hildegard dort 1150 die Gründung des neuen Klosters Rupertsberg. Trotz Widerstand ihres Abtes gegen die Gründung konnte sich Hildegard beim Erzbischof durchsetzen und die Gründung kirchenrechtlich besiegeln. Der hohe Bekanntheits- und Beliebtheitsgrad Hildegards ließen auch das Kloster bei Bingen schnell in aller Munde sein. Ihrem Ruf verdankte Hildegard von Bingen zahlreiche Schenkungen, die das Kloster vergrößerten. So gründete sie 1165 ein weiteres Kloster in Eibingen, das eine Außenstelle des Bingener Klosters wurde. Als Hildegard von Bingen im Jahr 1179 starb, verloren die Klöster rasch an Einfluss. Genauso schnell wie sie gewachsen waren, versanken sie wieder in der Bedeutungslosigkeit.

Visionen

Schon als kleines Mädchen hatte Hildegard Visionen der Apokalypse, die sie jedoch geheim hielt. Im Alter von 43 Jahren brach sie ihr Schweigen. Eine theologische Kommission prüfte ihre Visionen und bestätigte deren Echtheit. Daraufhin schrieb Hildegard von Bingen ihre Visionen sowie theologische Gedanken dazu in lateinischer Sprache nieder. Die Visionen sind kunstvoll illustriert und als *Liber Scivias Domini* (Wisse die Wege des Herrn) überliefert. Daneben verfasste Hildegard von Bingen ein naturkundliches Kompendium und komponierte 70 Lieder mit geistlichen Texten.

HEILIGE ODER NICHT?

Hildegard von Bingen wurde schon zu Lebzeiten als Heilige verehrt. Doch bis heute ist sie nicht heiliggesprochen worden. Dennoch steht sie seit dem 16. Jahrhundert im Heiligenverzeichnis der katholischen Kirche, dem Martyrologium.

Friedrich I. Barbarossa

König Rotbart

 * 1122 in Waiblingen
† 1190 im Fluss Saleph

Friedrich Barbarossa

■ Friedrich Barbarossa galt als vorbildlicher Vertreter ritterlicher Gesinnung und als Reichserneuerer.

Versöhnung der Staufer und Welfen

Friedrich war bis 1152 Herzog von Schwaben und wurde dann nach dem Tod seines Onkels, König Konrads III., von den deutschen Fürsten zum König gewählt. Er erhielt das Votum vor allem, weil er sowohl staufische, als auch welfische Wurzeln hatte und man sich erhoffte, dass er die beiden verfeindeten Fürstenhäuser wieder versöhnen würde. Diese Erwartung erfüllte er, indem er seinem Vetter, Heinrich dem Löwen, der den Welfen angehörte, zusätzliche Gebiete zusprach.

Als Barbarossa sich jedoch intensiv um seine Gebiete in Italien kümmerte, gab es zu Hause wieder Ärger. Heinrich sah nicht ein, ihn weiter zu unterstützen, ohne dafür eine Gegenleistung zu bekommen. Friedrich I. wiederum hatte kein Verständnis für den ewig quengelnden Verwandten und setzte ihn kurzerhand ab, worüber sich die anderen Fürsten freuten, da Sachsen und Bayern nun unter ihnen aufgeteilt wurden.

Barbarossa widmete sich wieder ganz seiner Italienpolitik und bekam prompt Schwierigkeiten mit Papst Alexander III. Um diese zu beenden, versuchte er einen Gegenpapst zu etablieren, scheiterte aber nachhaltig, weil Alexander III. sich eng an die oberitalienischen Städte anschloss. Gegen diese Übermacht konnte Barbarossa nichts ausrichten und entschied sich, Frieden zu schließen.

Immerhin gelang es ihm, eine Ehe seines Sohnes Heinrich VI. mit Konstanze von Sizilien zu arrangieren, was den Staufern eine Herrschaft in ganz Italien in Aussicht stellte. Jetzt musste er nur noch Heinrich VI. zum König, folglich zu seinem Nachfolger wählen lassen und die Dynastie der Staufer saß auf Jahre fest im Sattel.

Seinen Beinamen erhielt Friedrich I. in Italien wegen seines rötlich blonden Barts, der besonders bei den dunkelhaarigen Italienern als bemerkenswert auffiel.

Verhängnisvoller Kreuzzug

Barbarossa war mit seinen Regierungsergebnissen recht zufrieden und wollte sein Lebenswerk nun noch mit der Befreiung Jerusalems von den Arabern krönen. 1189 brach er mit einem großen Heer zum Kreuzzug auf, kam aber nie in Jerusalem an, weil er unterwegs in Anatolien ertrank. Es ist nicht geklärt, ob er beim Bad einen Herzinfarkt erlitt oder von seinem scheuenden Pferd abgeworfen wurde und ertrank.

Der Sage nach lebt Barbarossa noch, schläft tief und fest und wird wieder aufwachen, wenn das Reich ihn braucht.

Dschingis Khan

Mongolischer Eroberer

* 1162 am Onon
† 1227 vor Ningxia

Dschingis Khan

■ Als vaterloser Niemand startete Dschingis Khan seine „Laufbahn", die ihn schließlich zum legendären Begründer des mongolischen Weltreichs machte.

Raue Sitten

Schon früh lernten die Kinder der Steppe die rauen Gesetze des Überlebens kennen. Das Recht des Stärkeren wurde gnadenlos umgesetzt. Reiten, Jagen und Kämpfen gehörte sozusagen zu den Grundvoraussetzungen, um überhaupt erwachsen zu werden.

Dschingis' Vater wurde Opfer einer Vergiftung, ohne angesehenes Oberhaupt war die Familie jedoch schutzlos und arm. Obwohl Dschingis noch klein war und eine denkbar schlechte Ausgangsposition hatte, wurde er wegen seiner edlen Abstammung beargwöhnt und man fürchtete, dass er einmal mächtig werden würde. Dschingis blieb nichts anderes übrig, als sich mächtige Verbündete zu suchen; dies blieb sein Erfolgsrezept: Verbünde dich mit deinen Feinden oder bring sie um.

Nachdem Dschingis Khan die Stämme der heutigen Mongolei geeint hatte, zog er aus, die Welt zu erobern, und kam dabei sehr weit. Zunächst eroberte er nur die benachbarten Gebiete, dann zog es ihn Richtung Osten bis zum Japanischen Meer und Richtung Westen bis zum Kaspischen Meer. Damit beherrschte er den größten Teil Zentralasiens.

Nicht nur brutal

Es eilte ihm ein grausiger Ruf voraus, und auch Europa soll vor ihm und seinen brutalen Reitern gezittert haben. Das wird seiner Person und seiner Wirkung wohl aber nur zum Teil gerecht. Denn er hat sich auch bemüht, sein großes Reich angemessen zu führen, dafür ließ der Analphabet Dschingis Khan beispielsweise eine eigene Schrift entwickeln, erließ Gesetze, die er in der sogenannten Jassa sammelte, er berief schließlich eine Art Reichstag ein, wo alle Stammesfürsten und Schamanen zusammenkommen und beraten sollten. Allerdings diente diese Versammlung auch dazu, ihn zum Großkhan aller Mongolen zu ernennen. Um eine feste Residenz zu haben, gründete er die Stadt Karakorum.

Dschingis Khan soll bei einem Reitunfall gestorben sein. Zu dieser Zeit war sein Reich fast 20 Millionen Quadratkilometer groß, was ungefähr der doppelten Größe von China entspricht. Es wurde unter seinen vier Söhnen aufgeteilt.

DER SCHLÄCHTER ALS GROSSHERZIGER VATER

Zu seinen eigenen Kindern kamen eine große Anzahl Adoptivkinder, die er seiner Frau und seiner Mutter von den Feldzügen mitbrachte. Sie wuchsen trotz ihrer fremden Abstammung wie seine Kinder in der Familie auf.

Richard I.

Richard Löwenherz

* 1157 in Oxford
† 1199 in Chinon

■ Jedes Kind kennt Richard Löwenherz als den König, auf den Robin Hood wartet, damit England wieder gerecht regiert werde. Er soll das Schwert Excalibur des mythischen Königs Artus getragen haben, soll mutig und großherzig gewesen sein.

Ein kämpferisches Leben

Der reale Richard war nicht so erfolgreich, wie er in der Rückschau dargestellt wird. Eigentlich verbrachte er sein ganzes Leben mit Kampf und Krieg. Gemeinsam mit seinen Brüdern kämpfte er zunächst gegen seinen Vater Heinrich II., mit dessen Regierung sie nicht mehr einverstanden waren. Besonders pikant war, dass sie dabei von ihrer Mutter Eleonore unterstützt wurden. Sie kam für diesen Familienaufstand insgesamt 17 Jahre in Haft, während der Vater den Söhnen schnell verzieh.

Kreuzzug mit Folgen

Weil seine beiden älteren Brüder früh starben, wurde Richard schließlich der Nachfolger seines Vaters. Kaum war er an der Macht, sammelte sich in Europa alles von Rang und Namen, um Jerusalem von den Moslems zu befreien.

Während des Kreuzzuges hatte Richard sich mit seinem ehemaligen Verbündeten Philipp von Frankreich überworfen, was in seiner Heimat für Ärger sorgte. Leider machte sich Richard noch mehr Feinde. Herzog Leopold von Österreich fühlte sich von ihm gedemütigt und als Richard an Wien vorbei nach Hause reisen wollte, setzte der nach Rache sinnende Leopold ihn kurzerhand fest. Auch Kaiser Heinrich VI. von Deutschland war Richard nicht wohlgesinnt, weil dieser immer zu den Welfen hielt. Und so geriet Richard zunächst in Gefangenschaft.

In England kam dies seinem Bruder Johann gelegen: Er wollte nichts lieber als endlich selbst König werden und Richards Verlobte Alice heiraten. Aber die Königinmutter ließ das nicht zu. Sie war Richards treueste Anhängerin und setzte sich für ihn ein, wann immer sie konnte – auch gegen ihre anderen Söhne.

Zurück in der Heimat setzte Richard I. zunächst eine unterhaltsame Idee durch und führte zur Freude der jugendlichen Ritter die Ritterturniere ein. Zu viel mehr Regierungsarbeit kam er nicht, denn schon musste er wieder ernsthaft kämpfen. Philipp von Frankreich beanspruchte die Normandie für sich. Richard I. schlug ihn zwar zurück, musste aber nun noch die aufständigen Adligen in Aquitanien zur Ordnung rufen. Unglücklich von einem Pfeil getroffen, starb er aber während dieser letzten Expedition an Tetanus.

Grabmal von Richard Löwenherz

Seinen Namen „Löwenherz" verdankte er der Eroberung von Akkon. Nicht besonders großherzig erscheint dabei, dass er in einem nahe gelegenen Tal im Juli 1191 ca. 3000 Frauen, Alte und Kinder töten ließ.

Saladin

Held der moslemischen Welt

* 1138 in Tikrit
† 1193 in Damaskus

Symbolhafte Darstellung des Kampfes zwischen Saladin und Richard Löwenherz

Die vielen Sklaven, die Saladin auf den Markt mit Menschen brachte, ließen den Sklavenpreis angeblich so sehr fallen, dass man einen christlichen Sklaven schon im Tausch gegen ein Paar Sandalen bekam.

■ Vor allem wegen seiner Rückeroberung Jerusalems von den Christen 1187 wurde Saladin zu einem der größten Helden der moslemischen Welt.

Zielstrebig zur Macht

Saladin stammte aus einer kurdischen Familie. Sein Vater diente Nur ad-Din, dem damaligen Herrscher in Syrien. Auf seine Vermittlung erhielt Saladin eine Offiziersstelle. 1163 kam es zur ersten Bewährungsprobe für Saladin, als er gemeinsam mit seinem Onkel zu einem Feldzug nach Ägypten aufbrach. Ägypten wurde erobert, und Saladin erhielt 1169 den Oberbefehl über das Land. Als

Hart und herzlich

Gefangene Kreuzritter ließ er umbringen oder als Sklaven verkaufen, genauso verfuhr er mit den christlichen Einwohnern Jerusalems. Wer sich nicht freikaufen konnte, musste Sklave werden. Eher herzliche Kontakte soll Saladin indes zu Richard Löwenherz, dem König von England, gepflegt haben. Die Legende berichtet, er habe ihm einen Jagdfalken geschenkt und auch einmal einen Arzt vorbeigeschickt, als Richard sich im Kampf verletzt hatte. Saladin seinerseits erhielt von Richard ein neues Pferd, als sein eigenes im Kampfgetümmel getötet wurde. Auch zu Friedrich Barbarossa pflegte er diplomatische Kontakte, es

> Saladin starb 1193, und sein Reich zerfiel schnell, da seine 17 Söhne, 35 Neffen und die Gatten seiner Töchter sich um das Erbe stritten.

sein ehemaliger Oberbefehlshaber Nur ad-Din starb, übernahm er gegen den Willen seiner Erben auch die Herrschaft über Syrien.

Die Krönung seiner Eroberungen stellte die Zurückgewinnung Jerusalems 1187 dar. Die Stadt hatte sich zuvor 88 Jahre lang in christlicher Hand befunden. Er hielt Jerusalem auch gegen die Kreuzritter. Der Sage nach soll er sogar mit Richard Löwenherz Waffenstillstandsverhandlungen geführt haben, die aber nirgends verbrieft sind.

geht sogar das Gerücht, er habe für seinen Sohn um die Hand von Barbarossas Tochter angehalten.

Nicht nur in der moslemischen Welt galt Saladin als Held, auch im Abendland genoss er große Achtung. Lessing nimmt Saladin als Beispiel für den Sultan im berühmtesten Drama der Aufklärung *Nathan der Weise* und spricht ihm Toleranz und Weisheit zu. Vielen heutigen Moslems gilt der Moslems als Vorbild und als Freiheitsheld. Saladin starb 1193 in Damaskus.

Franz von Assisi

Gründer der Franziskaner

eigentlich: Giovanni Bernardone
* 1181 in Assisi
† 3. Oktober 1226 in Assisi

■ Franz von Assisi ist Gründer des Franziskanerordens. Seine Anhänger stellen heute die größte Ordensbewegung der katholischen Kirche. Sein Bekenntnis zur Armut bestimmt noch heute das Leben der Franziskaner. 1228 wurde er heiliggesprochen.

Bekehrung

Der Vater von Franz war ein reicher Tuchhändler. Er ließ seinen Sohn auf eine Schule in Assisi gehen, wo dieser Latein und Französisch lernte. Als junger Mann nahm Franz an Kämpfen gegen Perugia teil. Dabei wurde er gefangen genommen. Nach einem Jahr Haft kehrte Franz schwer krank nach Assisi zurück. Diese Erfahrungen führten vermutlich zu seiner Bekehrung. Franz begann zu meditieren und hatte Träume religiösen Inhalts. Auf dem Weg zu einem neuen Kriegszug träumte er von einem Auftrag, der ihn in Assisi erwarten würde. Franz interpretierte dies als göttliche Botschaft und kehrte um. Kaum war er in Assisi angekommen, verkaufte er den Besitz des Vaters. Das Geld, das er für die Tuchwaren erhielt, gab er einem Priester. Dieser sollte damit eine Kirche reparieren. Als der Vater von einer Handelsreise nach Hause kam und die fehlenden Waren bemerkte, kam es zum Streit. Der Vater versuchte sogar, einen Prozess gegen seinen Sohn zu eröff-

nen, doch Franz erschien nicht. Erst als der Vater den Fall vor den Bischof brachte, kam Franz zu der Verhandlung. Noch bevor der Streitfall zur Diskussion kam, zog Franz seine Kleider aus und erklärte, dass er nun einen neuen Vater im Himmel habe. Der Bischof war so erstaunt, dass er Franz eine Kutte gab und ihn ziehen ließ. Nach diesem Streit mit seinem Vater flüchtete Franz von Assisi in die Einsiedelei.

Orden

Als armer, naturverbundener Wanderprediger reparierte er fortan Kirchen und trat als Laienprediger auf. So konnte Franz von Assisi eine wachsende Anhängerschaft gewinnen. Seinen Anhängern trug er auf, das Leben Jesu nachzuleben. Im Jahr 1210 ließ Franz von Assisi seine Bewegung als Büßerbewegung vom Papst anerkennen. Die weiteren Wanderjahre führten den Prediger bis in den Nahen Osten, wo er 1219 bei Damietta die Belagerung der Sarazener miterlebte. Seine Predigt im Lager der Moslems brachte ihm den Respekt des Sultans und die Erlaubnis, Jerusalem zu bereisen, ein. Franz von Assisi kehrte 1220 in seinen Geburtsort zurück, um seinen wachsenden Orden zu organisieren. Wenige Jahre später starb er.

Franz von Assisi

Franz von Assisi soll bei seiner Beerdigung die Wundmale eines Gekreuzigten aufgewiesen haben. Angeblich stammten sie von einer Vision aus dem Jahre 1224, in der er den gekreuzigten Jesus gesehen haben soll.

Friedrich II. von Staufen

Der Gelehrte auf dem Thron

* 1194 in Jesi
† 1250 in Castel Fiorentino

Friedrich II.

■ Friedrich II. galt vor allem wegen seiner großen Bildung als außergewöhnlicher Herrscher. Er sprach mehrere Sprachen und interessierte sich für Mathematik, Naturwissenschaften und Philosophie. Friedrich stand bei seinen Studien auch mit arabischen Gelehrten in Kontakt.

Der junge König

Bereits seine Regentschaft als König von Sizilien begann spektakulär, da seine

prägt, Friedrichs Einfluss weiter auszubauen. So wurde er 1211 zum Gegenkönig in Deutschland gewählt, konnte kurz darauf die süddeutschen Fürsten auf seine Seite bringen und ließ sich 1215 in Aachen abermals zum deutschen König krönen. Bei all diesen Fortschritten hatte auch Papst Innozenz III. seine Finger im Spiel. Der ließ sich für seine Hilfe mit Teilen Mittelitaliens „bezahlen". 1220 schließlich wurde Friedrich in Italien zum Kaiser gekrönt.

Als Kaiser trachtete er weiterhin danach, seinen Einfluss auszubauen und eine wirkungsvolle Kaiserherrschaft aufzubauen.

Mutter Konstanze ihn im zarten Alter von vier Jahren bereits krönen ließ. Außerdem stellte sie ihren Sohn zunächst unter die Vormundschaft von Papst Innozenz III. Politisch und kulturell unruhige Zeiten verschlugen den kindlichen König jedoch bald nach Palermo, wo er ohne seinen Vormund zurechtkommen musste. Palermo war zu der Zeit eine kosmopolitische Stadt, wo Christen, Juden und Moslems aus allen Ländern des Mittelmeerbeckens und Deutschlands lebten. Diese Erfahrung prägte Friedrichs Bildung nachhaltig.

Auf dem Weg zum Kaiserthron

Die folgenden Jahre waren von den – häufig erfolgreichen – Versuchen ge-

Er sicherte das Königtum Böhmen-Mähren, ordnete das Verhältnis zwischen Königtum, Fürsten und Städten und festigte die so entstandenen Territorien. Er söhnte sich mit den Welfen aus und versuchte, die Reichsgewalt in Deutschland zu straffen. Bei all dem blieb ihm noch Zeit, in den Jahren 1228 und 1229 den fünften Kreuzzug zu unternehmen, wie er es bei seiner Krönung in Aachen versprochen hatte. Dennoch brach ein schwelender Konflikt mit dem Vatikan immer wieder auf und brachte Friedrich mit schöner Regelmäßigkeit neues Ungemach. So wurde Friedrich mit päpstlichen Bannen belegt, exkommuniziert und es wurden Gegenkönige ausgerufen. Trotz allem konnte der Staufer sich behaupten und gilt als der letzte mächtige Kaiser für eine lange Zeit.

STUPOR MUNDI

Wegen seiner außerordentlichen Bildung erhielt Friedrich II. auch den Beinamen „Stupor Mundi", was so viel wie „das Erstaunen der Welt" bedeutet.

Thomas von Aquin

Italienischer Scholastiker

* um 1225 bei Aquino
† 7. März 1274 in Fossanova

■ Thomas von Aquin stellte die mittelalterliche Theologie auf die rationale Basis der Lehren Aristoteles. Er gilt damit als der Hauptvertreter der Scholastik. Damit führte er die Philosophie seines Lehrers Albertus Magnus fort. Sein Wirken für den katholischen Glauben wurde mit seiner Heiligsprechung gewürdigt.

Studium

Anders als sein Lehrer blieb Thomas von Aquin Kirchenämtern fern und widmete sich ausschließlich seinem Studium. Seine ersten Lehrstunden wurden ihm im Kloster Monte Cassino zuteil. Sein Studium setzte er 1239 an der Universität von Neapel fort, wo er auch dem Orden der Dominikaner beitrat. Für seinen Orden besuchte er 1245 den Konvent in Paris, wo er Albertus Magnus kennenlernte. Dieser unterwies ihn in den Lehren Aristoteles. Als Albertus Magnus nach Köln ging, folgte ihm Thomas von Aquin. Er kehrte 1252 nach Paris zurück, beendete seine Studien und unterrichtete danach selber. Als Lehrer wanderte er nach Italien und unterrichtete in Orvieto, Oterbo, Rom und Neapel. Seit 1259 war er als theologischer Berater der päpstlichen Kurie tätig. Thomas von Aquin starb 1274 auf einer Reise zu einem Konvent in Lyon.

Theologe

Die Bedeutung Thomas von Aquins liegt in seiner systematischen Verbindung von aristotelischer Logik und Glaubensfragen. Seiner Auffassung nach widersprechen sich Logik und Glauben nicht. Vielmehr würden sich beide ergänzen. Damit ist Thomas von Aquin der Begründer einer wissenschaftlichen Theologie. In seinem Hauptwerk *Summa Theologica* argumentiert er für die Existenz Gottes. Er versteht diese Argumente jedoch nicht als Gottesbeweise, sondern als Beispiele für einen rationalen Ansatz in der Theologie. Diese Philosophie findet sich auch in Thomas von Aquins Überlegungen zum Abendmahl in der katholischen Kirche. Er greift dabei auf Aristoteles' Idee vom Wesen der Dinge zurück und behauptet, dass sich während der Eucharistie das Wesen von Brot und Wein veränderte und zum Leib und Blut Christi werde. Die Materie bleibt von diesem Wandel unberührt. So kann der Leib und das Blut wahrhaftig anwesend sein, ohne dass sich der Wandel beobachten ließe. Diese Vorstellung bestimmt noch heute die Rolle des Abendmahls in der katholischen Kirche.

Thomas von Aquin

Aristoteles' Rationalismus wurde von konservativen Theologen vehement bekämpft. Als 1277 die Arbeiten des spanisch-arabischen Philosophen Averroës verboten wurden, waren kurzzeitig auch die Werke Thomas von Aquins betroffen.

Marco Polo

Venezianischer Kaufmann ohne Grenzen

 * 1254 in Venedig
† 1324 in Venedig

Marco Polo und seine Reisegefährten bei Kublai Khan

■ Marco Polo bereiste als Kaufmann ganz Asien und prägte mit seinen Berichten das Asienbild des mittelalterlichen Europas. Dabei sprengte er nicht nur die Grenzen der damals bekannten Welt, sondern geriet auch zwischen die Fronten der konkurrierenden großen Handelsstädte Venedig und Genua, wobei er in Gefangenschaft seine Reiseberichte niederschreiben ließ.

Kublai, der Herrscher der Mongolen, nahm ihn freundlich auf und betraute ihn mit zahlreichen interessanten Aufgaben, die ihn bis in die entlegensten Winkel des großen Reichs führen sollten.

MARCO POLO ALS WERBETRÄGER

Heute noch lassen sich mit seinem Namen Geschäfte machen: Reiseunternehmen, Reiseführer und Modefirmen haben sich nach dem berühmten Handlungsreisenden des Mittelalters benannt.

Marco Polos Motivation

Die Kaufleute in Venedig profitierten von ihren Kontakten zu den Mongolen in Asien, mit denen sie regen Handel betrieben. Marcos Vater Niccolò Polo war einer der großen und bedeutenden Kaufleute Venedigs, dessen Handelsreisen ihn bis nach Peking führten. 1271 nahm er seinen Sohn Marco auf eine seiner Handelsreisen mit.

Marco Polos Routen

Seine Reise führte ihn von Venedig über das heutige Israel in den Iran, vom Persischen Golf an den Rand der Wüste Gobi und schließlich nach Nordchina in die Residenz des Großkhans Kublai Khan.

Zurück reiste er mit dem Schiff entlang der Küsten von Vietnam, Malaysia, Sumatra, Indien und dann auf dem Landweg durch den Iran und Armenien über Istanbul nach Venedig. Insgesamt war er 24 Jahre unterwegs, machte allerdings mit dieser langen Handels- und Missionsreise enormen Gewinn und erlangte großes Ansehen.

Zeit, über das Erlebte nachzudenken

1298 wurde Marco Polos Schiff in ein Scharmützel mit Genua verwickelt, das in ewiger Handelskonkurrenz mit Venedig stand. Er geriet in Gefangenschaft, wo er endlich Zeit fand, seine Erinnerungen festzuhalten. Er diktierte seine umfangreichen Reiseberichte, die in zahlreichen Abschriften verbreitet wurden und große Popularität erlangten.

Dichtung und Wahrheit

In seinen Reiseberichten behauptet Marco Polo, China intensiv bereist zu haben. Schon damals konnten die Zeitgenossen einige Berichte kaum glauben. Auch heute wird dieser Teil des Reiseberichts angezweifelt. Verwunderlich ist nämlich, dass Marco Polo einige wichtige Fakten, die ihn eigentlich beeindruckt haben müssten, nicht erwähnt. So fehlt zum Beispiel die Erwähnung der unübersehbaren Chinesischen Mauer. Auch ist Marco Polo in chinesischen Quellen nicht erwähnt.

Meister Eckhart

Deutscher Theologe und Mystiker

eigentlich: Johannes Eckhart
* 1260 in Hochheim
† um 1327 in Avignon

■ Meister Eckhart schrieb als Dominikanermönch vier bekannte theologische Traktate. In kunstvoller deutscher Sprache befasste er sich mit dem Verhältnis von Gott und Mensch. Dabei entwarf er eine neue Interpretation des Christentums.

Dominikaner

Der junge Eckhart wuchs als Sohn des Ritters Eckhart von Hochheim in adligem Umfeld auf. Mit 15 Jahren trat er den Dominikanern in Erfurt bei und wurde auf verschiedenen Konventen u. a. in Köln ausgebildet. Danach lehrte er um 1302 Theologie an der Universität von Paris. In seinem Orden nahm Meister Eckhart in dieser Zeit unterschiedliche leitende Aufgaben wahr. So stand er um 1294 als Vikar der Ordensprovinz Thüringen vor. Nach seiner Lehrzeit in Paris wurde er in Erfurt zum Leiter der Ordensprovinz Saxonia gewählt, wenig später Böhmen. Doch schon 1311 nahm er erneut das Studium in Paris auf und machte dort seinen zweiten Magisterabschluss. Dies war bisher nur von Thomas von Aquin erreicht worden. Seine ungewöhnlichen Studienerfolge brachten ihm dann auch die Leitung des Studium Generale in Köln ein. Von 1322 bis zu seinem Tod stand er der Schule vor und organisierte sie bis zu seinem Lebensende.

Theologie

In seinen Werken beschreibt Meister Eckhart die Einheit von Gott und der menschlichen Seele. Durch Einsatz des Intellekts könne und müsse der Mensch diese Einheit aufdecken. Anders als die Scholastik sieht Eckhart im menschlichen Geist kein unvollständiges Ebenbild Gottes. Für ihn ist die menschliche Ratio die Wiedergeburt Gottes. Durch das Aufgeben von weltlichen Bindungen und die Hinwendung zum Geistigen könne der Mensch Gott in sich selbst finden. Dies könne er selbstständig tun, wenn er die nötige Gelassenheit mit sich bringe. Er müsse nur in sich gehen. Durch diese innere Schau würde dem nach Gott Suchenden die Verinnerlichung des Göttlichen bewusst werden. Aus dieser Erkenntnis leitete Meister Eckhart eine Ethik der Nächstenliebe und der Gerechtigkeit ab. Seiner Meinung nach würde die Einsicht in die Einigkeit mit Gott und das Erkennen der Bedeutungslosigkeit alles anderen ethische Konsequenzen haben. Jeder Mensch, der dies erkannt habe, würde nämlich in Zukunft uneigennützig handeln und selbstlos anderen helfen.

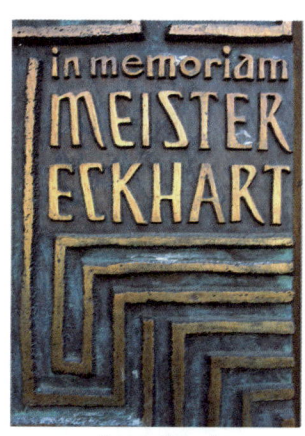

Bronzerelief an der Predigerkirche in Erfurt

Die Lehren Meister Eckharts waren revolutionär. So revolutionär, dass sie ihm 1325 den Vorwurf der Ketzerei einbrachten. Um dem Scheiterhaufen zu entgehen, widerrief Eckhart seine Aussagen. Kurz nach seinem Tod wurden einige seiner Aussagen von der päpstlichen Kurie verurteilt.

Dante Alighieri

Schöpfer der *Göttlichen Komödie*

* 1265 in Florenz
† 14. September 1321 in Ravenna

Dante Alighieri

**Seite aus der
*Göttlichen Komödie***

■ Dante Alighieri gilt nicht nur als der größte europäische Dichter des Mittelalters, sondern leistete auch einen maßgeblichen Beitrag zur Entwicklung der heutigen, modernen Form der italienischen Sprache. Dante wurde in Florenz als Sohn eines Kleinadligen geboren und genoss eine umfassende Ausbildung. In den Machtkämpfen, die nach der Vertreibung der kaiserfreundlichen Ghibellinen in Florenz ausbrachen, schloss er sich der Partei der für den Kaiser kämpfenden „weißen" Guelfen an, die in Opposition zu den kaiserfeindlichen „schwarzen" Guelfen standen. Nach dem Tod seiner Jugendliebe Beatrice 1290 wandte er sich intensiv dem Studium der Philosophie zu. Als Papst Bonifaz III. 1301 Karl Valois als Schlichter des Guelfenstreits nach Florenz sandte, wurden die weißen Guelfen entmachtet und ihre Führer, unter denen sich auch Dante befand, der Stadt verwiesen. Seine letzten Lebensjahre verbrachte Dante daraufhin in Ravenna, wo auch sein Meisterwerk, die in Volkssprache verfasste *Göttliche Komödie* entstand.

Die Göttliche Komödie

In seiner *Göttlichen Komödie*, die bis heute das Hauptwerk der italienischen Literatur ist, schildert der Dichter seine Reise durch die Hölle und das Fegefeuer bis hin zum Paradies. Die Reise wird notwendig, weil der Reisende „den rechten Weg" verloren hat. Sie dient somit der Läuterung und stellt auch eine große Gnade dar, da Dante schließlich als Lebender das Privileg erhält, in die Welt der Toten gelassen zu werden. Mit dem römischen Dichter Vergil als Führer durchwandert Dante zunächst die Hölle, angefangen vom Limbus, wo sich weitere antike Dichter und Denker aufhalten, bis zur innersten Hölle, wo Luzifer die drei Erzverräter Judas, Brutus und Cassius zwischen den Zähnen zermalmt.

Anschließend gelangen die Reisenden mit dem Läuterungsberg zum zweiten jenseitigen Reich. Die Toten mit den größten Vergehen befinden sich am Fuß des Berges. Je höher die Wanderer hinaufsteigen, desto edler werden die Personen, die sie beim Heraufsteigen treffen. Auf dem Gipfel des Läuterungsberges trifft Dante auf Beatrice, eine engelsartige Gestalt, die ihn durch das Paradies führt, wo er schließlich die Trinität und Gott selbst erahnen darf.

Die neun Kreise der Hölle

Die Hölle befindet sich im Erdinnern als ungeheurer, sich verengender Trichter. Je tiefer es hinuntergeht, desto kleiner werden die Kreise. Im ersten Höllenkreis befinden sich die Dichter und Denker des Altertums. Im zweiten Kreis sind die Sünder aus Leidenschaft zu finden. Sie werden von furchtbaren Orkanen gepeinigt. Unter ihnen sind Kleopatra, Helena, Achill, Paris und Tristan. Der dritte Höllenkreis wird von ewigem kaltem Regen heimgesucht. In ihm schleppen sich die Schlemmer, deren Gott der eigene Leib war, durch ihren eigenen Kot. Im vierten Kreis wälzen Geizige und ihnen noch die göttliche Gnade zuteil werden kann. Auf dem Gipfel angekommen, reicht die Kenntnis Vergils als nicht erlöster Führer nicht mehr aus. Nach seinem Verschwinden taucht ein engelhaftes Wesen auf, das die weitere Führung ins Paradies übernimmt.

Die Göttliche Komödie ist bis heute das Hauptwerk der italienischen Literatur. In ihr schildert der Dichter seine Reise durch die Hölle, das Fegefeuer und das Paradies.

Verschwender heulend Steinlasten. Auf ihn folgt als fünfter Kreis der Stygische Sumpf, wo die Zornigen sich gegenseitig zerfleischen.

Mit dem sechsten Kreis beginnt die untere Hölle. Während in der oberen Hälfte die passiven Sünder büßen, sind im unteren Bereich die aktiv Bösen zu finden. In feurigen Grüften liegen Ketzer wie Friedrich II. oder auch Papst Anastasius II. Der siebte Kreis der Hölle zeigt die von blutigen Wassern umschlossenen Tyrannen, Mörder und Straßenräuber sowie den düsteren Wald der Selbstmörder. Im achten Kreis befindet sich ein buntes Sammelsurium von Kupplern und Verführern, bestechlichen Beamten, Heuchlern, Dieben, Fälschern und ähnlichen Sündern, wobei jede Kategorie unter einer speziellen, grausamen Marter zu leiden hat. Der neunte Kreis ist schließlich eine Eishölle, die voll von gefrorenen und erstarrten Körpern ist.

Das Fegefeuer

Das Fegefeuer besitzt die Form eines umgekehrten Trichters. Innerhalb von sieben Kreisen verbüßen die Stolzen, Neidischen, Trägen, Geizigen und Wollüstigen ihre Sünden. Sie glauben, dass

Das Paradies

Die engelsgleiche Beatrice schwebt herbei und fliegt gemeinsam mit Dante durch den Himmel, der wie die Hölle in neun Sphären aufgeteilt ist. Über der neunten Sphäre schwebt der Feuerhimmel, das Empyreum, als ein Himmel, der in die Unendlichkeit hineinragt. Auf seinem Flug durch die Himmelssphären trifft Dante die großen Kirchenväter und die Apostel. Den krönenden Abschluss seiner Reise durch das Paradies bildet ein großes, feierliches Gebet, das Dante gemeinsam mit Beatrice und allen Heiligen abhält. Dante hebt seinen Blick zu den leuchtenden Kreisen des Urlichts, das Gott verkörpert. In diesem mystischen Augenblick vereinigt sich seine Seele mit der Gottheit, und alle irdische Sehnsucht fällt von ihm ab.

Dante vor Szenen aus der *Göttlichen Komödie*

Giotto di Bondone

Befreier der Malerei

 * um 1266 in Colle di Vespignano, Florenz
† 8. Januar 1337 in Florenz

Giotto di Bondone

Beweinung Christi, Fresko in der Scrovegni-Kapelle

■ Die kunstgeschichtliche Bedeutung Giotto di Bondones liegt in der Befreiung der Malerei von dem starren Schematismus der byzantinischen Kunst, die ausschließlich biblische Ereignisse zum Inhalt hatte. Durch sein Wirken in Padua, Rom, Florenz, Mailand und Assisi übte der Sohn eines Schmiedes, der in der Nähe von Florenz aufwuchs, einen nachhaltigen Einfluss auf die italienische Malerei aus. Laut den Künstlergeschichten Lorenzo Ghibertis soll Giotto in ärmlichen Verhältnissen aufgewachsen sein. Er soll als Junge so naturgetreue Zeichnungen von Ameisen angefertigt haben, dass selbst die erfahrenen Künstler höchst erstaunt von seinem Talent gewesen seien. Auch Dante erwähnt Giotto lobend im Rahmen seiner *Göttlichen Komödie*.

Altarbilder

Mit seinen Altarbildern schuf Giotto unvergängliche Meisterwerke. Zu den wichtigsten gehört das Bild *Thronende Madonna* mit Engeln und Heiligen, das vom Künstler zwischen 1300 und 1310 für die Kirche Allerheiligen in Florenz angefertigt wurde. Die abgebildeten Heiligen sind zwar einerseits noch der irdischen Sphäre entrückt, da sie vor einem goldenen Hintergrund gezeigt werden. Doch andererseits bringt Maria mit einem Lächeln ihr mütterliches Glück auf durchaus menschliche Art und Weise zum Ausdruck.

Das *Triptychon Stefaneschi*

Das *Triptychon Stefaneschi* bezieht seinen Namen von Kardinal Jacopo Caetani degli Stefaneschi (1270–1343). Das Gemälde entstand 1315–20. Um sowohl vom Priester als auch von den Gläubigen betrachtet werden zu können, ist es

> Giotto befreite die Malerei vom starren Schematismus der byzantinischen Kunst, die ausschließlich auf biblische Ereignisse fixiert war.

beidseitig bemalt. Auf der Vorderseite sind Christus auf dem Thron mit Engeln und Kardinal Stefaneschi zwischen der Kreuzigung des heiligen Petrus links und dem Martyrium des heiligen Paulus rechts zu sehen. Auf der Predella ist die Muttergottes mit Kind auf dem Thron zwischen zwei Engeln und den zwölf Aposteln dargestellt. Die Rückseite zeigt den heiligen Petrus auf dem Thron mit Kardinal Stefaneschi, der ein Modell des Triptychons in Händen hält. Im Zentrum erscheint Papst Coelestinus

I., während an den Seiten die Heiligen Jakobus und Paulus links und der heilige Johannes der Evangelist und der heilige Andreas rechts zu sehen sind.

Kunst und Wissenschaft

Eine der wichtigsten Wirkungen der Renaissance auf die Kunst ist die Einführung der Perspektive in die Malerei. Mithilfe von parallelen Fluchtlinien begannen die Künstler der Renaissancezeit, dreidimensionale Räume auf eine zweidimensionale Bildfläche zu übertragen. Bei der Zentralperspektive treffen die Fluchtlinien in einem Punkt, welcher sich im Zentrum der Bildfläche befindet, zusammen.

San Francesco von Assisi

Mit seinem Lehrer Cimabue (1240–1301) gestaltete Giotto um 1296 für die Oberkirche der gotischen Grabkirche San Francesco in Assisi an den Seitenwänden eine Bildreihe mit Szenen aus der Franziskus-Legende, wobei Giottos innovativer Stil dem weltoffenen Geist der franziskanischen Lehre entsprach. Die Basilika San Francesco befindet sich am Ende der Ortschaft Assisi, direkt am Hang des Gebirgszuges Monte Subasio. Mit dem Bau der Basilika wurde 1228 begonnen, dem Jahr der Heiligsprechung von Franziskus durch Papst Gregor IX., der auch den Grundstein legte.

Dombaumeister

Giotto war nicht nur als Maler, sondern gegen Ende seines Lebens auch als Architekt tätig. Zu seinen wichtigsten Bauwerken gehört der Campanile des Doms von Florenz. Giotto wurde 1334 zum Dombaumeister ernannt, um die zum

Stillstand gekommenen Arbeiten am Dom fortzusetzen. Mit einer Länge von 153 Metern und einer Breite von 38 Metern ist der Florentiner Dom nach der Peterskirche in Rom, der Londoner Saint Paul's Cathedral und dem Mailänder Dom die viertgrößte Kirche der Christenheit. Mit der Verbindung von Längs- und Zentralbau nimmt der Florentiner Dom bereits ein wichtiges Bauprinzip der barocken Architektur vorweg.

Fresko aus der Basilika San Francesco

Renaissance

Zeitalter des Humanismus

■ Zeitlich lässt sich die Renaissance – die Wiederentdeckung des klassischen Altertums – ungefähr zwischen dem 14. und 16. Jahrhundert verorten. Sie stellt also ein Bindeglied zwischen dem Mittelalter und der Neuzeit dar. Insbesondere kulturell und wissenschaftlich ist die Renaissance aber wesentlich mehr als ein „Lückenbüßer" zwischen den Epochen. Die Künste erlebten hier eine wirkliche Blüte.

Dogenpalast in Venedig

Anfang in Italien

Das Italien des 15. Jahrhunderts war maßgeblich von reichen Fürstenhäusern (wie den Medicis) und Stadtrepubliken (beispielsweise Venedig) geprägt. Hier waren die Menschen wesentlich freiheitlicher gesinnt als in den feudalistischen Reichen anderswo in Europa. Auch der Einfluss des Vatikans reichte nicht so weit, und so konnte sich in diesen Städten relativ ungestört ein neuer Geist entwickeln. Zudem unterhielten die italienischen Handelszentren weitreichende Handelsbeziehungen und bildeten eine weltoffene Kultur aus, von der nach und nach auch die anderen europäischen Gesellschaften angesteckt wurden. Der Wohlstand, der durch den Handel entstand, machte es möglich, große öffentliche und private Kunstprojekte in Auftrag zu geben. Außerdem konnte mehr Zeit für Bildung aufgewendet werden.

Die Renaissance blieb nicht auf die Stadtstaaten Italiens beschränkt, sondern erstreckte sich mit zeitlicher Verzögerung über große Teile Europas. Außerdem war diese Epoche von großen geografischen Entdeckungen geprägt, wie sie u. a. Christoph Kolumbus oder Vasco da Gama machten. Natürlich beeinflussten die Erfahrungen der Entdecker und die kulturellen Errungenschaften der „neuen Welten" wiederum auch die Renaissance. Ökonomisch kam es in der Renaissance zur Durchbrechung des mittelalterlichen Zinsverbots und zur Abschaffung der mittelalterlichen Währung. Dies ermöglichte einerseits den Aufstieg der frühneuzeitlichen Bankhäuser wie die der Fugger oder der Medici, andererseits bedeutete das für viele – insbesondere für die Landbevölkerung – einen beträchtlichen sozialen Abstieg.

Das Weltbild der Renaissance

Die mittelalterliche Angst des Menschen vor Fegefeuer und Hölle hatte dafür gesorgt, dass er sich im Prinzip um nichts anderes kümmern konnte als um sein Seelenheil. Dem Klerus kam eine solche Einstellung in seinem eigenen Machtstreben natürlich nur entgegen, und so bemühte man sich von dieser Seite, die Ängste möglichst noch zu schüren.

In der Renaissance konzentrierte man sich wieder stärker auf das Irdische statt auf Spiritualität und Jenseits. Dem theozentrischen, auf Gott bezogenen Weltbild wurde ein anthropozentrisches, auf den Menschen bezogenes, entgegengestellt. Der Mensch der Renaissance wurde sich seiner Freiheit und seiner schöpferischen Möglichkeiten bewusst, ja entdeckte sich erstmals als Individuum. Dieser Wandel machte sich auch in den Wissenschaften bemerkbar. Hier vollzog sich eine Trennung der Philosophie von der Theologie. Zudem griffen Kultur und Wissenschaft wieder gezielt und vermehrt auf die Traditionen und Erkenntnisse der Antike zurück. Die daraus resultierende Geisteshaltung ist unter dem Begriff „Humanismus" bekannt geworden. Als Humanisten galten zunächst die Männer, die sich wissenschaftlich mit der Kultur und vor allem den Sprachen der Antike (zunächst dem Lateinischen, später auch dem Griechischen) beschäftigten. Eine verstärkte Hinwendung zur Naturwissenschaft und die (häufig satirische) Kritik an kirchlichen Dogmen charakterisieren die Schriften vieler Humanisten. Besonders in der Kunst fanden die Ideen der Renaissance ihren Ausdruck.

Proportionsstudie von Leonardo da Vinci

Literatur in der Renaissance

Wahrscheinlich hätte die Literatur in der Renaissance nicht einen solchen Aufschwung erlebt, hätte Johannes Gutenberg nicht Mitte des 15. Jahrhunderts den Buchdruck mit bewegten Lettern entdeckt. Als Wegbereiter der Renaissance in der Literatur gelten Dante Alighieri mit seiner *Göttlichen Komödie* (*La Divina Commedia*, 1307–21), aber auch Francesco Petrarcas Briefe und Traktate und Gedichte.

Malerei in der Renaissance

Die Mehrzahl der Gemälde der Renaissancekunst sind Altarbilder und Fresken religiösen Inhalts, die für Kirchen gemalt wurden. Die religiösen Gestalten wurden jedoch vermenschlicht dargestellt, indem sie in einer irdischen Umgebung abgebildet wurden. Zudem erfreuten sich auch Themen aus der Sagenwelt und Mythologie großer Beliebtheit. Als Folge des Mäzenatentums entstanden viele Bildnisse zeitgenössischer Persönlichkeiten.

Leonardo da Vinci, der auch durch seine wissenschaftlichen Arbeiten berühmt wurde, Michelangelo, Raffael, Giotto di Bondone und Donatello sind nur einige der bildenden Künstler der Renaissance, deren Werke auch heute noch häufig bestaunt werden und dem Betrachter Hochachtung abnötigen.

Architektur in der Renaissance

Die Architektur in der Renaissance lässt sich in drei Richtungen einteilen.

Viele italienische Renaissancebauten wurden klar, überschaubar und harmonisch ausgewogen konzipiert. Hier erkennt man die klassische Strenge der antiken Architektur wieder. Eine weitere Stilrichtung in der Architektur bestand darin, die klassischen Konzepte als Grundlage zu nehmen und mit neuen Elementen zu verbinden. Diese Baukunst orientierte sich also nicht mehr an allzu strengen Regeln. Schließlich erfreuten sich auch gotische Elemente – vor allem beim Bau von Kirchen – wieder großer Beliebtheit.

Prominentes Beispiel für Renaissance-Architektur: Die Kuppel von St. Peter in Rom

Francesco Petrarca

Unsterblicher Dichter und Humanist

* 20. Juli 1304 in Arezzo
† 19. Juli 1374 in Arquà, Padua

Francesco Petrarca

■ Durch die Begegnung mit einer verheirateten Frau, die er zeitlebens verehrte, wurde Petrarca zu einem der größten Dichter Italiens. Zudem gilt Petrarca als einer der Mitbegründer des Humanismus. Petrarca lebte in einer Zeit des Umbruchs. An der Schwelle zur Renaissance rückte der Mensch anstelle von Gott in den Mittelpunkt von Literatur, Kunst und Architektur. Im Alter von sechs Jahren zog Petrarca mit seinem Vater, einem in Florenz tätigen Anwalt, nach Avignon, das seit 1307 Sitz der Päpste war. Er erhielt dort italienischen Sprachunterricht und studierte in Montpellier und Bologna Jura sowie später Literatur. 1326 kehrte er wieder nach Avignon zurück, wo er bis 1349 lebte. In Rom wurde Petrarca 1341 zum Dichter gekrönt. Seine letzten Lebensjahre verbrachte er in Venedig und Arquà.

Die Begegnung mit Laura

Die für das Leben des Dichters schicksalhafte Begegnung mit einer verheirateten Frau, die er Laura nannte, fand am 6. April 1327 statt. Ob die Begegnung tatsächlich oder nur in Petrarcas Fantasie stattgefunden hat, ist bis heute ungewiss. Petrarca widmet der unbekannten Schönen auf jeden Fall seine berühmte Sammlung von Sonetten, Canzonen und Balladen, den *Canzioniere*. Er besingt in ihr seine unerfüllte Liebe zu Laura, die 1348 an der Pest stirbt.

Ein neues Schönheitsideal

Mit seinen sinnlichen Beschreibungen Lauras schuf Petrarca ein neues Schönheitsideal, das dem Zeitalter der Renaissance entsprach. Die neue Form der Liebesdichtung, die den Minnesang ablöst, wird von der Literaturwissenschaft als Petrarkismus bezeichnet. Petrarca versucht zudem im Rahmen seiner Dichtung die antike Philosophie mit der christlichen Ideologie zu verbinden. In seinem *Dialog Secretum* richtete er sich an den Kirchenvater Augustinus, um mit ihm über das Verhältnis von Glauben und Dichtung zu sprechen.

KOPFLOS

Vor einigen Jahren machten italienische Wissenschaftler eine merkwürdige Entdeckung. Bei der Untersuchung des Grabes Petrarcas stellte sich heraus, dass der Kopf nicht zum übrigen Körper gehört. Eine Analyse des Erbguts ergab, dass es sich um einen Frauenkopf handelte, während der übrige Körper vermutlich zu Petrarca gehört. Das Skelett weist eine Beinverletzung auf, die der Dichter sich 1350 zugezogen haben soll. Ob der gefundene Schädel eventuell von Petrarcas Muse Laura stammt, konnte von den Wissenschaftlern bisher nicht eindeutig geklärt werden.

Filippo Brunelleschi

Kühner Baumeister

* 1377 in Florenz
† 16. April 1446 in Florenz

■ Brunelleschi wurde als Baumeister berühmt durch die kühne Idee, die große Kuppel des Doms von Florenz freitragend einzuwölben. Die Domkuppel von Florenz wurde als herausragende architektonische Leistung zu einem epochalen Werk.

Begründer des Humanismus

Mit Brunelleschi begann die große Periode des Humanismus in der Baukunst, die typischer Ausdruck des modernen Bürgertums war und ihren Niederschlag auch im literarischen Werk Boccaccios und Petrarcas findet. Brunelleschi betätigte sich zunächst als Goldschmied und Bildhauer, bevor er durch seine architektonischen Werke große Berühmtheit erlangte. Zur Architektur gelangte er eher zufällig. Sein Interesse an der römischen Baukunst entsprang eher technischen als ästhetischen Bewegungen. Brunelleschi war ein Praktiker, der instinktiv Ideen aufnahm, die später von seinen Nachfolgern weiterentwickelt wurden. Sein größtes Verdienst bestand darin, dass er die Architektur der Frührenaissance davor bewahrte, sich in bloßer pedantischer Imitation zu erschöpfen.

Die Domkuppel von Florenz

Für die Domkuppel von Florenz entwickelte Brunelleschi eine Methode, um

Kassettendecke in San Lorenzo von Brunelleschi

die Kuppel selbsttragend einzuwölben, die er zuvor bereits an zwei anderen Kuppeln erfolgreich erprobt hatte. Die Kuppel zeigt mit ihren elegant geschwungenen hellen Rippen noch gewisse gotische Züge, gehört jedoch bautechnisch bereits der Renaissance an. Der Rohbau wurde 1436 fertiggestellt. Die anschließende Ausschreibung für die Laterne konnte Brunelleschi ebenfalls für sich entscheiden. Sein Vorschlag war ein Marmoroktogon, das im doppelten Sinne zur Krönung der architektonischen Gesamtkomposition wurde.

Weitere Werke

Weitere Architekturwerke von großer Bedeutung, die das Stadtbild von Florenz prägen, sind der Bogengang des Ospedale degli Innocenti, die Basilika von San Lorenzo, die Cappella dei Pazzi in Santa Croce und die Heilig-Geist-Basilika in Oltrarno.

Brunelleschi war zudem als Ingenieur und Erfinder von verschiedenen Maschinen und Apparaten für das wohlhabende Bürgertum tätig. Über seine architektonischen Leistungen hinaus ist der Name Brunelleschi auch untrennbar mit der Entdeckung und theoretischen Begründung der Gesetze der linearen Zentralperspektive verbunden: eine neue Errungenschaft der Renaissance, die es erlaubte, ein räumliches Gebilde auf eine zweidimensionale Bildfläche zu projizieren, um so schon im Planungsstadium die räumliche Wirkung architektonischer Entwürfe nachvollziehen zu können.

Johannes Gutenberg

Erfinder der Druckerpresse

eigentlich: Johannes Gensfleisch

* um 1400 in Mainz
† 3. Februar 1468 in Mainz

Johannes Gutenberg

Das Geburtsdatum Johannes Gutenbergs ist unbekannt. Vermutlich lag es gegen Ende des 14. Jahrhunderts. Die Gutenberg-Gesellschaft legte schließlich das Geburtsjahr auf 1400 fest, um 1900 den 500. Geburtstag Gutenbergs feiern zu können.

■ Der Mainzer Handwerker erfand eine Methode, um mit beweglichen Lettern drucken zu können. Seine Art des Bruchdrucks fand bis ins 20. Jahrhundert Verwendung und revolutionierte die Medienlandschaft der frühen Neuzeit.

Leben

Johannes Gutenberg war der Sohn eines wohlhabenden Mainzer Patriziers. Der handwerklich geschickte Tüftler verstand sich gut auf Metallarbeiten. Doch mehr ist über seine ersten Jahre nicht bekannt. Als es 1430 in Mainz zu Streitigkeiten zwischen den städtischen Gilden und den Patriziern kam, verließ Gutenberg seinen Geburtsort und zog nach Straßburg. Dort arbeitete er als Handwerker, lernte das Schneiden von Edelsteinen und bildete sogar Schüler aus. Doch sein Hauptaugenmerk galt schon zu diesem Zeitpunkt einem Geheimnis.

In einem Hinterzimmer seiner Werkstatt arbeitete er an einer Druckmaschine. Dafür hatte Gutenberg Finanziers gefunden, die ihm zwar genug Geld, aber auch rechtliche Schwierigkeiten verschafften. Als einer der Finanziers starb, wollten dessen Erben an dem Geheimnis teilhaben. Ein Gerichtsurteil sprach jedoch Gutenberg Recht zu. Die Erben wurden ausgezahlt.

Rückkehr

Um 1444 kehrte Gutenberg wieder nach Mainz zurück. Der Streit zwischen den Gilden und Patriziern war beigelegt. Noch immer waren seine geheimen Arbeiten nicht abgeschlossen, und mehr Geld wurde benötigt. Doch der Fortschritt an seiner Erfindung war schon klar zu erkennen. So gelang es Gutenberg, problemlos eine größere Menge Geld einzuwerben. Doch der Geldgeber Johann Fust wollte schnelle Einkünfte. Für Gutenbergs Perfektionismus hatte er kein Verständnis, die neue Maschine sollte endlich zum finanziellen Erfolg werden. Es kam 1455 wieder zu einem Gerichtsverfahren. Diesmal verlor Gutenberg und musste über 2000 Gulden auszahlen. Außerdem erhielt Fust die Drucktypen der bisher schon fertiggestellten Bücher, darunter auch die Gutenberg-Bibel. Im Folgenden wurde die Gutenberg-Druckerei von Fust und des-

Gutenberg-Bibel

Druckerei zu Gutenbergs Zeiten

sen Stiefsohn geleitet. Daher trägt auch das erste in Europa gedruckte Buch, in dem der Name des Druckers zu finden ist, den Verweis auf Fust. Dennoch verbrachte Johannes Gutenberg den Rest seines Lebens nicht in Armut. Der Bischof von Mainz zahlte ihm eine Pension in Form von Lebensmitteln und erließ ihm die Steuern.

Drucktechnik

Gutenbergs Erfindung unterschied sich gravierend von bisherigen Druckverfahren. Bis zur Vollendung seiner Druckmaschine wurden Bücher mit Druckvorlagen erstellt, die jeweils eine ganze Buchseite enthielten. Auf großen Platten aus Holz wurden die Texte wie beim Holzschnitt geschnitzt. Die Produktion dieser Druckplatten war aufwendig. Wenn beim Druck ein Buchstabe beschädigt wurde, musste eine ganze Platte neu erstellt werden. Gutenberg führte den Druck mit beweglichen Lettern ein: Nun wurden einzelne Buchstaben als Druckvorlagen gefertigt und diese Metallstempeln ähnliche Blöcke aneinandergefügt. Aus den einzelnen Buchstaben ließen sich die Buchseiten schneller zusammenstellen. Auch konnten nun defekte Buchstaben einzeln ausgetauscht werden. Damit ließen sich große Mengen drucken, denn es konnte nicht mehr die ganze Druckvorlage unbrauchbar werden. Zudem waren die im Hochdruck hergestellten Erzeugnisse aus der Druckerei Gutenberg von gleichmäßigerem Schriftbild und höherer Qualität als bisherige Buchdrucke.

Gutenberg-Galaxis

Die Bedeutung der neuen Buchdrucktechnik kann gar nicht überschätzt werden. Durch die neue Produktionstechnik wurden Bücher nun in großer Menge und gleichbleibender hoher Qualität produziert. Statt Handabschriften zu lesen, die von Kopie zu Kopie verfälscht wurden, konnte nun das Original studiert werden. Damit erhielt der Autor eine größere Bedeutung, als dies zuvor der Fall war. Da Bücher nun breiten Bevölkerungsschichten verfügbar wurden, gewannen Lesekenntnisse an Bedeutung. Die Alphabetisierung wurde vorangetrieben. Durch einheitliche Buchver-

Um 1454 waren rund 180 Exemplare der Gutenberg-Bibel gedruckt. Heute existieren noch 48 Bibeln.

sionen wurde eine allgemeingültige Schriftsprache verbreitet und in der Folge Dialekte zurückgedrängt. Die größere Verfügbarkeit von Wissen in gedruckter Form förderte den wissenschaftlichen Diskurs und die Meinungsbildung breiter Bevölkerungsschichten. All diese Aspekte verdeutlichen den Einfluss des von Johannes Gutenberg erfundenen Drucks mit beweglichen Lettern. Der Medienwissenschaftler Marshall McLuhan brachte diese Einflüsse des Mainzer Handwerkers auf den Punkt und prägte 1962 den Begriff der „Gutenberg-Galaxis".

GUTENBERG-BIBEL

Selbst nach einem halben Jahrtausend sind die Gutenberg-Bibeln noch gut erhalten. Dies liegt an dem hochwertigen Papier und Pergament, das verwendet wurde. Die Bibel besteht aus Druckseiten mit 42 Zeilen im Blocksatz, daher wird die Bibel auch als B42 bezeichnet.

Gutenberg ließ seine Drucklettern aus einem Gemisch aus Blei und Zinn gießen. Die spezielle Mischung erkaltete schnell und war sehr stabil. Damit konnten die Buchseiten unter hohem Druck hergestellt werden, ohne dass die Lettern oft getauscht werden mussten. So wurden große Druckmengen mit einem Satz möglich.

Jeanne d'Arc

Französische Nationalheilige
auch: Jungfrau von Orléans

 * 6. Januar 1412 in Domrémy
† 30. April 1431 in Rouen

**Jeanne d'Arc wird auf dem
Scheiterhaufen verbrannt**

■ Jeanne d'Arc leitete im Hundertjährigen Krieg ein französisches Heer gegen England. Unter ihrer militärischen Führung wurde das belagerte Orléans befreit. Da sie behauptete, von göttlicher Stimme zum Kampf angeleitet worden zu sein, wird sie als Heilige verehrt.

Berufung

Schon als junges Bauernmädchen von 14 Jahren soll Jeanne d'Arc erste Erscheinungen gehabt haben. In diesen Visionen sollen der Erzengel Michael und andere Heilige zu ihr gesprochen haben. Aus diesen Erscheinungen leitete Jeanne d'Arc einen Auftrag ab. Sie müsse die englischen Besatzungstruppen aus Frankreich vertreiben und deren burgundische Verbündete bekämpfen. Mit 16 Jahren unternahm sie mehrere Anläufe, um bei dem Kommandanten einer nahen Festung vorgelassen zu werden. Als sie schließlich erfolgreich war, überzeugte sie den Kommandanten, der sie mit einer Eskorte zu dem französischen Kronprinzen Karl VII. entsandte. Auf dem königlichen Empfang versteckte sich der Kronprinz in der Menge, um Jeanne d'Arc auf die Probe zu stellen. Doch diese ging ohne Zögern auf ihn zu und bestand damit seine Prüfung. Auch die Tests und Befragungen einer geistlichen Prüfungskommission konnte sie erfolgreich meistern.

Krieg

Beeindruckt von der jungen Französin und überzeugt von deren göttlichem Auftrag, vertraute ihr Karl VII. den Befehl über einen Versorgungstrupp an. Diesen führte Jeanne d'Arc in die belagerte Stadt Orléans. Ihr Erfolg weckte den Widerstandswillen der Verteidiger, die sich zu einem Ausfall entschlossen. Der Kampfesmut der jungen Jeanne d'Arc beeindruckte die französischen Soldaten. Selbst als sie in der Schlacht verwundet wurde, kämpfte sie weiter. So gelang es am 7. Mai 1429, die Belagerung zu beenden. Doch Jeanne wollte auch Paris befreien. Sie unternahm einen Versuch im September 1429, der jedoch scheiterte. Daraufhin entschied sich Karl VII. für eine diplomatische Lösung und entzog Jeanne ihr Kommando. Nach Verhandlungen kam es dann zum Friedensschluss. Doch die bei dem Kampf um Paris verwundete Jeanne d'Arc wurde von burgundischen Soldaten verraten und an die Engländer verkauft. Diese übergaben sie einem katholischen Gericht in Rouen, das sie der Ketzerei verurteilte. Jeanne d'Arc wurde auf dem Scheiterhaufen verbrannt.

> **Jeanne d'Arc wurde zum Stoff zahlreicher literarischer Werke. Shakespeare lässt sie im Stück *Heinrich VI.* auftreten. Schiller widmete ihr das Drama *Die Jungfrau von Orléans*.**

Lorenzo de' Medici

Stadtherr von Florenz und Mäzen

* 1. Januar 1449 in Florenz
† 9. April 1492 in Careggi bei Florenz

■ Lorenzo de' Medici war das bekannteste Mitglied der Medici-Familie. Der Staatsmann beeinflusste von 1469–92 die Politik der Stadt Florenz und förderte zahlreiche Künstler und Wissenschaftler.

Politiker

Lorenzo de' Medici entstammte einer der wohlhabendsten Familien aus Florenz. Er beherrschte mit seinem Bruder Giuliano die Politik der Stadt, indem sie durch Einsatz ihrer Gelder Einfluss nahmen. Ohne ein politisches Amt innezuhaben, trafen sie seit dem Tod ihres Vaters 1469 die politischen Entscheidungen. Doch ihre Machtfülle brachte Konflikte mit sich. Mitglieder der Familie Pazzi schmiedeten einen Komplott und versuchten, die beiden Brüder 1478 zu ermorden. Während der Ostermesse wurde Giuliano erstochen, Lorenzo entkam in die Sakristei. Die folgenden Tage herrschte in Florenz das Chaos. Mitglieder der Pazzi-Familie sowie der an der Verschwörung beteiligte Erzbischof wurden getötet. Der Mordversuch erschütterte ganz Italien, denn auch der Papst war eingeweiht. Dieser überzeugte Ferdinand I. von Neapel, gegen Florenz in den Krieg zu ziehen. Doch durch diplomatisches Geschick beendete Lorenzo, der persönlich nach Neapel reiste, die Auseinandersetzung. Sein persönlicher Einsatz für Florenz festigte seine politische Stellung bis zu seinem Tod.

Medici-Bank

Grundlage der politischen Machtfülle der Medici war ihr Bankenimperium. Lorenzos Großvater Cosimo hatte das Bankennetzwerk aufgebaut. Seine enge Freundschaft zum damaligen Papst hatte die Medici-Bank zum Geldhaus der Kurie gemacht. Mit dem Segen des Papstes gründete Cosimo daraufhin überall in Europa Filialen, deren Leitung er zuverlässigen Familienmitgliedern übertrug. Um das kirchliche Verbot von verzinsten Krediten zu umgehen, verliehen die Banken Geld gegen Wechsel, die in einer anderen Filiale und einer anderen Währung zurückgezahlt werden mussten. Auf die Wechsel wurde ein Risikozuschlag gegen Wechselkursschwankungen erhoben. Damit konnten Kredite verzinst werden, ohne als Wucher zu zählen. Die Medici-Bank war damit ein internationaler Konzern von enormem Einfluss. Doch die Blütezeit des Imperiums währte nicht lange. Unter Lorenzos Leitung schlossen die Filialen in London, Brügge und Lyon.

Lorenzo de' Medici

Christoph Kolumbus

Mister Amerika

* 1451 in Genua
† 1506 in Valladolid

Christoph Kolumbus

Das Leben Kolumbus' bot Stoff für viele Romane und Verfilmungen. Eine der bekanntesten *1492 – Die Eroberung des Paradieses* kam 1992 in die Kinos und zeigte Gerard Depardieu als Kolumbus. Auch die Filmmusik von Vangelis wurde zu einem Hit.

■ Bei dem Versuch, eine westliche Schifffahrtsroute nach Indien zu finden, entdeckte Christoph Kolumbus „zufällig" Amerika – und wurde einer der berühmtesten Seefahrer und Entdecker überhaupt.

Ein Leben für die Seefahrt

Bereits in jungen Jahren entdeckte Christoph Kolumbus seine Liebe zur Seefahrt. Wie es heißt, ist er schon mit 14 Jahren zur See gefahren. Damals ist er als Korsar im Erbfolgekrieg um Süditalien aktiv gewesen. Er selbst führte dabei einen Auftrag für den Grafen der

bus nach Portugal retten. In Lissabon schlüpfte er zunächst bei seinem Bruder, der dort als Kartograf arbeitete, unter. Aber schon bald packte ihn wieder das Heimweh nach der See, und so war er 1477 schon wieder unterwegs. Er nahm an einer Fahrt in den Nordatlantik teil, die ihn angeblich bis zu 100 Seemeilen über Island hinausführte. Weitere Seereisen brachten ihn schließlich bis nach Guinea.

Eine Idee wird geboren

Indien und China waren für Europa wichtige Handelspartner für wertvolle

So gelangte Kolumbus zu der Überzeugung, dass es möglich sein müsse, die Westroute nach Indien zu finden.

Kolumbus-Statue in Lissabon

Provence, René von Anjou, gegen Ferdinand von Aragón aus.

In der ersten Hälfte der 1470er-Jahre gelangte Kolumbus auf seinen Fahrten ins östliche Mittelmeer bis zur griechischen Insel Chios. 1476 segelte der junge Seemann dann im Atlantischen Ozean. Vor dem Kap St. Vincent/Portugal sollen die Schiffe, mit denen er unterwegs war, in eine Seeschlacht verwickelt und versenkt worden sein. Da sie sich aber nah genug an der Küste befanden, konnte sich Kolum-

Güter wie Seide und Gewürze. Wer größere Mengen dieser Güter nach Europa einführen konnte, war ein gemachter Mann. Seit Mitte des 14. Jahrhunderts standen die Landwege nach Süd- und Ostasien allerdings nicht mehr zur Verfügung, und so begannen die Seefahrernationen einen schnellen Seeweg zu suchen. Schon 1418 hatten Portugiesen auf Veranlassung von Heinrich dem Seefahrer damit begonnen, eine Seeroute nach Indien südostwärts um Afrika herum zu suchen, und dabei große Teile der afrikanischen Küste erkundet. Um 1480 entdeckte Kolumbus für sich dann die Idee einer Westroute nach Indien. Gestützt wurde sie durch Überlegungen, die bereits Aristoteles angestellt hatte und die von zeitgenössischen Gelehrten durchaus unterstützt wurden. Auch die Kugelgestalt der Erde war zu Kolumbus' Zeiten übrigens eine allgemein anerkannte Tatsache, sodass keine Seefahrer sich mehr davor fürchteten, von der Erdscheibe zu fallen, wenn sie sich zu weit in unbekanntes Seegebiet vorwagten.

Zur Durchführung seines Plans benötigte Kolumbus die Unterstützung eines Staates oder Staatsoberhauptes, denn allein konnte er die Kosten einer solchen Expedition nicht aufbringen. Um 1484 stellte er daher dem portugiesischen König Johann II. detailliert ausgearbeitete Pläne einer Expeditionsfahrt vor. Experten des Königs lehnten die Pläne aber ab. Daher begab sich Kolumbus 1485 nach Spanien, wo er mächtige Fürsprecher fand, aber von Isabella und Ferdinand II. bis zur Beendigung des Krieges gegen Granada noch hingehalten wurde. Doch dann konnten endlich die konkreten Planungen beginnen.

Vier Entdeckungsfahrten

Zu seiner ersten Fahrt brach Kolumbus Anfang 1492 mit den drei Schiffen *Nina*, *Pinta* und *Santa Maria* auf. Im Oktober landete er entweder auf San Salvador oder Samana Cay, das ist nicht geklärt. Am 27. Oktober entdeckte er Kuba und am 6. Dezember Haiti, wo er eine Niederlassung gründete.

Seine zweite Fahrt trat er mit 17 Schiffen und 1500 Mann Besatzung an. Diesmal entdeckte Kolumbus im November 1493 die Kleinen Antillen und Puerto Rico sowie 1494 Jamaika und be-

Kolumbus landet in Amerika

suchte Haiti. Unstimmigkeiten zwischen den Siedlern auf Haiti und seinen Begleitern zwangen den Entdecker zur vorzeitigen Heimkehr.

Auf der dritten Fahrt zwischen 1498 und 1500 erreichte Kolumbus mit sechs Schiffen das nördliche Küstengebiet Südamerikas. Auch hier gab es wieder Unstimmigkeiten mit den Siedlern, die dazu führten, dass er in Ketten gelegt nach Spanien zurückgebracht wurde. Er konnte sich vor Isabella allerdings rechtfertigen und erhielt die Erlaubnis für eine weitere Reise. Diesmal berührte Kolumbus auf der Suche nach einer Meeresstraße zum indischen Festland mit vier Schiffen die Küste Zentralamerikas und kam über Kuba nach Jamaika. Eine Durchfahrt nach Westen fand er wiederum nicht, und zu allem Überfluss musste er die beiden ihm verbliebenen, stark beschädigten Schiffe auf den Strand von Jamaika auflaufen lassen.

1504 traf er, stark geschwächt, wieder in Spanien ein und starb verbittert zwei Jahre später.

Leonardo da Vinci

Universalgenie der Renaissancezeit

* 15. April 1452 in Anchiano bei Vinci
† 2. Mai 1519 auf Schloss Clos Lucé

Leonardo da Vinci

■ Leonardo da Vinci gilt als der Inbegriff des vielseitig begabten, kreativen Renaissancemenschen.

Leben für die Kunst

Das spätere Universalgenie wuchs als der uneheliche Sohn eines Notars und eines Bauernmädchens auf. Um 1470 begann er eine Lehre bei dem Künstler Andrea del Verrocchio. Nach seiner Aufnahme in die Malerzunft 1472 blieb er zunächst noch einige Jahre in Florenz. Anschließend war er am Hofe von Herzog Ludovico Sforza in Mailand tätig. Dort entstand eines seiner Meisterwerke, das Fresko des *Abendmahls* im Kloster Santa Maria delle Grazie. Nach dem Sturz der Sforza kehrte er 1499 nach Florenz zurück, wo er 1503 das Porträt der rätselhaft lächelnden *Mona Lisa* malte, deren genaue Identität bis heute unklar ist. Zwischen 1506 und 1513 wohnte da Vinci hauptsächlich in Mailand. Ein anschließender dreijähriger Aufenthalt in Rom verlief enttäuschend, da die erhofften päpstlichen Aufträge ausblieben. Eine glückliche Fügung war somit für da Vinci die Einladung des jungen Königs Franz I. nach Frankreich, wo er in dem kleinen Schloss Cloux bei Amboise den Rest seines Lebens verbrachte.

Das Abendmahl

Das Abendmahl ist Leonardo da Vincis Hauptwerk und zugleich eines der berühmtesten Gemälde der Welt. Es entstand innerhalb von zwei Jahren in der Zeit von 1495 bis 1497 und befindet sich im Speisesaal des Klosters Santa Maria delle Grazie in Mailand. Das Gemälde zeigt Jesus gemeinsam mit den zwölf Aposteln. Die Wirkung des Bildes auf nachfolgende Künstlergenerationen war enorm, da es über eine zentralperspektivische Tiefe verfügt. Die strenge Symmetrie des Bildes stellt den Rahmen für die eindrucksvolle Darstellung der Gesichtszüge der Apostel dar, die von Jesus erfahren, dass einer von ihnen ein Verräter sein wird.

Die Geschichte des Gemäldes ist äu-

DIE *MONA LISA*

Porträts von Frauen nehmen einen bedeutenden Anteil im Rahmen von da Vincis Gesamtwerk ein. Das ohne Zweifel berühmteste Porträt namens *Mona*

***Lisa* zeigt vermutlich die Frau des Kaufmannes Francesco Giocondo. Es ist im Louvre in Paris zu sehen. Die bis heute ungebrochene Faszination der *Mona Lisa* geht von ihrem geheimnisvollen Lächeln aus. Der Künstler brauchte laut eigener Aussage rund vier Jahre für die Anfertigung des Porträts. Während der einzelnen Sitzungen ließ da Vinci Musik erklingen, damit sein Modell seinen geheimnisvoll charmanten Gesichtsausdruck beibehielt.**

Die *Mona Lisa*

ßerst bewegt. Wegen der Verwendung von wenig haltbaren Farben kam es schon zu Lebzeiten des Künstlers zu Schäden an dem Gemälde, das sich zudem auf einer feuchten Mauerwand befand. Später erhielt die Wand eine Tür, der die Füße von Jesus weichen mussten. Die napoleonischen Besatzungstruppen nutzten den Raum, in dem das Gemälde war, zeitweise sogar als Pferdestall. Während des Zweiten Weltkrieges wäre das Kloster beinahe einem Bombenangriff zum Opfer gefallen. In der Folgezeit wurde das Bild mehrfach mit großer Sorgfalt restauriert. Es wurde 1999 zum Welterbe erklärt und kann heute wieder öffentlich besichtigt werden.

Das Abendmahl

hauerische Werk sind zwei in zahlreichen Skizzen vorbereitete, jedoch nicht ausgeführte Reiterstandbilder. Das Sforza-Reiterstandbild, an dem der Künstler seit 1483 16 Jahre lang arbeitete, sollte ursprünglich ein sich wild aufbäumen-

Das rastlose Leben Leonardos ist vollkommen bestimmt vom neuzeitlichen Entdeckungs- und Erkenntnisdrang.

Weitere Werke in Kunst und Wissenschaft

Leonardo da Vinci sah sich selbst vor allem als Maler. Es sind jedoch nur wenige vollendete Gemälde von ihm erhalten geblieben. Sein Ruhm beruht mindestens ebenso auf seinen zeichnerischen und bildhauerischen Werken und den in seinen Notizbüchern festgehaltenen technischen und naturwissenschaftlichen Studien. Ein großes Interesse entwickelte Leonardo da Vinci für die menschliche Anatomie. Seiner Ansicht nach konnte nur derjenige ein guter Maler sein, der auch den inneren Bau des Menschen genau kannte. Das architektonische Werk beschränkt sich auf theoretische Studien wie zum Beispiel für die Kuppel des Mailänder Doms. Die wichtigsten Beispiele für das ebenfalls auf theoretischer Ebene angesiedelte bild-

des Pferd zeigen. Später sollte das Pferd dagegen stolz dahinschreiten. Es kam zwar zur Anfertigung eines Tonmodells, doch das Denkmal wurde niemals in Bronze gegossen. Im Laufe der Jahre orientierte sich der Künstler immer stärker in Richtung wissenschaftlicher Studien. An der Malerei verlor er dagegen zunehmend das Interesse. Während seiner letzten Lebensjahre stand neben anatomischen Studien die intensive Auseinandersetzung mit Problemen der Aerodynamik im Vordergrund, die schließlich zu dem Versuch führte, einen Flugapparat zu konstruieren.

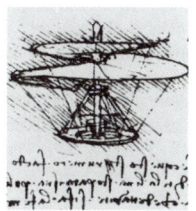

Flugapparat von da Vinci

Isabella von Kastilien und Ferdinand von Aragón

Katholische Könige

* 1451 in Madrigal de las Altas Torres
† 1504 in Medina del Campo
* 1452 in Sos
† 23. Januar 1516 in Madrigalejo

Isabella von Kastilien

Ferdinand von Aragón

■ Isabella von Kastilien und Ferdinand von Aragon regierten gemeinsam Kastilien und Aragón, somit das Gebiet, das heute noch zum spanischen Königreich gehört. Ihre Regentschaft ist vor allem für die katholische Kirche bedeutsam, weil sie Juden und Muslime den Kampf ansagten und nur das Christentum akzeptierten. Aus diesem Grund verlieh der Papst ihnen den Titel „Katholische Könige".

Machtkonzentration

Durch ihre Eheschließung erreichten Isabella und Ferdinand die Bildung eines großen Königreiches. Nachdem sie sich gegen eine Halbschwester Isabellas durchgesetzt hatten, gestalteten sie ihr Königreich nach ihren Vorstellungen und scheuten auch nicht davor zurück, den Adel zumindest teilweise zu entmachten. So gründeten sie zum Beispiel die „Heilige Bruderschaft", eine Art Geheimpolizei. Außerdem führten sie die Inquisition in Spanien ein. Ihre Herrschaft war insgesamt nach einem übermäßig streng ausgelegten Katholizismus ausgerichtet: Der Heilige Stuhl in Rom fand allerdings an dieser Regentschaft durchaus Gefallen.

Die spanischen Kolonien

Isabella unterstützte den genuesischen Seefahrer Christoph Kolumbus, als dieser zu einer Entdeckungsexpedition aufbrechen wollte. Aus diesem Grund segelte Kolumbus unter der Flagge des spanischen Königshauses und entdeckte Lateinamerika für ebendiese, sodass daraus später die spanischen Kolonien entstehen konnten.

Nach Isabellas Tod

Nachdem Isabella gestorben war, kam es auch rechtlich zur Vereinigung der beiden Königreiche Kastilien und Aragón zu Gesamtspanien. Ferdinand heiratete nun eine Nichte des französischen Königs und versuchte, durch geschickte Diplomatie und Eroberungen seinen Herrschaftsbereich zu erweitern. Er erkämpfte sich erfolgreich das Königreich Navarra südlich der Pyrenäen. Sein größtes Bestreben, durch eine geschickte Vermählung seiner ältesten Tochter mit dem portugiesischen König zu einer Vereinigung mit Portugal zu kommen, gelang jedoch nicht, weil Tochter und Enkel zu schnell starben.

Jakob Fugger II.

Händler und Bankier

 * 6. März 1459 in Augsburg
† 30. Dezember 1525 in Augsburg

■ Jakob Fugger II. war einer der wohlhabendsten und einflussreichsten Händler und Bankiers des 15. und 16. Jahrhunderts. Sein Handelsimperium kontrollierte große Teile des europäischen Kupferhandels. Mit seinem Vermögen beeinflusste er die Kaiserwahl von 1519.

erhielt dafür Rechte am Silberbergbau. Auch als der Herzog hoch verschuldet seine Ländereien und seinen Titel an den Habsburger Erzherzog Maximilian überschreiben musste, blieb Jakob Fugger im Geschäft. Nun war er Geldgeber des Kaiserhauses.

Jakob Fugger der Reiche

Aufstieg

Jakob war der siebte Sohn des wohlhabenden Händlers Jakob Fugger I. Da sein Vater für die älteren Brüder von ihm die Kaufmannslaufbahn vorsah, schickte er den jungen Jakob in eine Klosterschule. Seine älteren Brüder leiteten die Geschäfte des Vaters. Doch den Brüdern von Jakob war kein langes Leben beschieden. Als vier seiner Brüder starben, schlug Jakob 1485 eine weltliche Karriere ein. Mit Georg und Ulrich Fugger leitete er fortan die Geschäfte der Familie. Als ihm 1485 die Leitung der Geschäftsstelle in Innsbruck übertragen wurde, konnte er sich endlich beweisen. Jakob gelang es schnell, gute Kontakte zum Herzog von Tirol aufzubauen. Er lieh dem Adligen Geld und

Blüte

Mittlerweile war Jakob der erfolgreichste der Fugger-Brüder. Unter dem Schutz der Habsburger Dynastie erhielt er weitere Handelsprivilegien. Zu dem Silberbergbau gesellten sich nun auch der Handel mit Silber und das Prägen von Silbermünzen in Tirol. Auch konnte Jakob Fugger die Rechte über Kupferminen in Ungarn erhalten. So kontrollierten die Fugger einige Jahre den Kupferhandel in Europa. In Italien hatte die Familie Filialen. Das Familienunternehmen war um die Jahrhundertwende eine Gesellschaft mit mehreren Teilhabern. So konnte Jakob Fugger über sehr große Summen verfügen. Als 1519 sein politischer Partner Maximilian I. starb, sah sich Jakob Fugger vor ein Problem gestellt. Er musste einem Habsburger auf den Kaiserthron helfen, um die Rückzahlung seiner Schulden und seine Privilegien zu sichern. Also bestach er mit mehr als 850.000 Gulden die wahlberechtigten Fürsten. Und er hatte Erfolg: Karl V. von Habsburg wurde neuer Kaiser. Unter dessen politischem Schutz baute Jakob Fugger II. das Imperium bis zu seinem Tode weiter aus.

PAPST

Auch zur päpstlichen Kurie unterhielt Jakob Fugger ein enges Verhältnis. Die Familie verkaufte neben ihren zahlreichen anderen Geschäften auch Ablässe für die katholische Kirche.

Erasmus von Rotterdam

Bedeutender Humanist und Philologe
auch: Desiderius Erasmus

* 27. Oktober 1469 in Rotterdam
† 12. Juli 1536 in Basel

Erasmus von Rotterdam

■ Erasmus von Rotterdam gilt als der bedeutendste Humanist Europas. Seine Schriften gegen weltliche Tendenzen in der katholischen Kirche machten ihn zu einem Wegbegleiter der Reformation. In philosophischen Fragen sprach er sich für den Gebrauch des eigenen Verstandes aus und wandte sich gegen autoritäre Dogmen.

Kosmopolit

Als Sohn eines Priesters wurde Erasmus eine kirchliche Ausbildung zuteil. Er ging in Deventer und s'Hertogenbosch zur Schule, wo er erstmals mit humanistischen Ideen in Berührung kam. Um 1485 trat Erasmus dem Augustinerorden bei und begann eine Priesterausbildung in Steyn. Nach seiner Ausbildung arbeitete er als Sekretär für den Bischof von Cambrai. Doch dieser schickte Erasmus schon nach kurzer Zeit zum Studium der Theologie nach Paris. Erasmus beendete seinen Aufenthalt in Paris im Jahr 1499 und folgte einer Einladung nach England. Dort hielt er sich mehrere Jahre auf und reiste dann nach Italien,

wo er um 1506 seine Studien wieder aufnahm. In Bologna und Venedig widmete er sich der Theologie und beendete eine Promotion. Aber auch sein Aufenthalt in Italien stillte Erasmus' Reiselust nicht. Es zog ihn 1509 wieder nach England. Dort lebte er lange Zeit im Hause von Thomas Morus, dem englischen Staatsmann. Auch in Cambridge war der Kosmopolit als Lehrer tätig. Erst 1515 kehrte Erasmus von Rotterdam auf den Kontinent zurück. In seinen letzten Lebensjahren setzte er sich in Basel und Freiburg mit der Reformation auseinander und lieferte sich eine theologische Auseinandersetzung mit Luther.

Lob der Torheit

In seinen Schriften wandte sich Erasmus von Rotterdam gegen weitverbreitete menschliche Laster und Irrtümer, so auch in seinem 1509 verfassten Werk *Lob der Torheit*. In diesem schilderte er ironisch die Herrschaft der Torheit über die Welt. Sein Einsatz für Menschlichkeit und Toleranz zieht sich dabei wie ein roter Faden durch seine Werke. Er findet sich in seinen erzieherischen Schriften und der Auseinandersetzung mit Kirche und Reformation. Im Kirchenstreit sprach sich Erasmus sowohl gegen die Autorität der verweltlichten Kirche als auch gegen für damals extreme Standpunkte der Reformation aus.

KING-JAMES-BIBEL

Erasmus von Rotterdam verfasste 1516 eine neue Edition des griechischen Neuen Testaments mit einer lateinischen Übersetzung. Diese diente als Grundlage für die King-James-Bibel, die bedeutendste englische Bibelübersetzung.

Niccolò Machiavelli

Der erste Politikwissenschaftler

* 1469 in Florenz
† 1527 in Florenz

■ Niccolò Machiavelli stammte aus einer gebildeten, aber nicht vermögenden florentinischen Familie, die sehr sparsam lebte, um Bücher kaufen zu können, denn man legte im Hause Machiavelli großen Wert auf Bildung. Sie bildete den Grundstock für Machiavellis staatstheoretische Schriften.

In der Praxis gescheitert

1498 wurde Girolamo Savonarola, der seit der Vertreibung der Medicis eine zunehmend zweifelhafte Herrschaft in Florenz ausübte, abgesetzt und hingerichtet. Nur wenige Tage nach seiner Hinrichtung ernannte man Machiavelli zum Sekretär der zweiten Kanzlei von Florenz. Zu seinen politischen Aufgaben gehörten die Organisation des Heereswesens sowie die Teilnahme an diplomatischen Missionen. Neben dieser Tätigkeit befasste sich Machiavelli mit militärischen Überlegungen, wie es sein Amt vorsah. Ab 1505 baute er eine florentinische Bürgermiliz auf. Allerdings scheiterte sie bereits bei ihrem ersten ernsthaften Einsatz im Jahr 1512 kläglich. Sie unterlag gegen die spanische Miliz, die Florenz schließlich einnahm und auch den

Medicis wieder zur Macht verhalf. Machiavellis politische Karriere war damit nach 14 Jahren beendet.

In der Theorie ein Klassiker

Fortan entweder zur Untätigkeit gezwungen oder mit niederen Aufgaben betraut, fand Machiavelli viel Zeit zum Denken und Schreiben. Neben einigen Komödien, Novellen und Gedichten entstanden die staatstheoretischen Schriften *Il Principe (Der Fürst)* und *Discorsi sopra la prima deca di Tito Livio (Abhandlungen über die ersten zehn Bücher des Livius)*. Vor allem *Il Principe*, in dem er die Frage nach den Bedingungen für erfolgreiche Politik stellte, brachte Machiavelli den Ruf ein, eine Ausgeburt an Skrupellosigkeit gewesen zu sein: Ein Fürst müsse lernen, schlecht zu sein, wenn er sich halten wolle, und davon je nach Bedarf Gebrauch machen. Machiavelli untersuchte in seiner Theorie die Politik unabhängig von der Moral und betrachtete sie als einen Mechanismus, der nach eigenen Gesetzen funktioniert. Das erste Streben eines Herrschers sollte es demnach sein, den Staat zu erhalten. Um dieses Ziel zu erreichen, müsse er sich von ethischen Normen befreien.

Niccolò Machiavelli

MACHIAVELLISMUS

Aufgrund derartiger Überlegungen entstand später der Begriff „Machiavellismus", der ein Verhalten kennzeichnet, das auf den Erhalt und Ausbau der eigenen Macht konzentriert ist, ohne auf moralische oder sittliche Gesichtspunkte zu achten.

Vasco da Gama

Admiral des Indischen Meeres

* ca. 1469 in Sines
† 1524 in Cochin

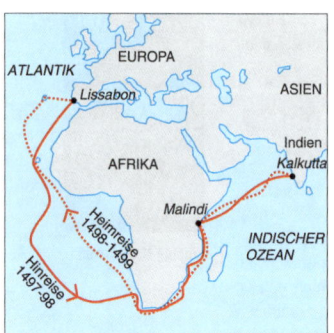

Da Gamas erste Reise nach Indien

Auf seinem Weg von Afrika nach Indien benahm sich da Gama auch nicht gerade zimperlich. Unterwegs lauerte er mehreren Pilgerschiffen auf, die sich auf dem Weg nach Mekka befanden. Zur Abschreckung enterte er eines der Schiffe und brachte die 200 Pilger an Bord um.

■ Abgesehen von der Tatsache, dass er aus einer reichen Adelsfamilie stammte, ist nicht viel über Vasco da Gamas Kindheit und Jugend bekannt. Vasco da Gamas späterer Ruhm als größter Entdecker neben Christoph Kolumbus ließ möglicherweise ein Interesse an seinen jungen Jahren gar nicht erst aufkommen.

Auf dem Weg nach Indien

Und so beginnt Vasco da Gamas eigentliche Geschichte erst 1497. Am 8. Juli des Jahres verließ er im Auftrag des portugiesischen Königs Emanuel I. mit vier Schiffen den Hafen Rastello bei Lissabon, um eine östliche Seeroute nach Indien zu finden. Vor ihm hatten das bereits seine Landsleute Diogo Cão (1482) und Bartolomeu Diaz (1488) versucht und waren beide schon recht weit gekommen. Da Gama jedoch schaffte es und erreichte im April 1498 wirklich bei Calicut die indische Küste. Die Portugiesen wurden dort zwar nicht mit offenen Armen empfangen, aber nach einigem Säbelrasseln ließen sich doch recht ordentliche Geschäfte machen. Mitte September 1499 landete da Gama wieder in Lissabon.

Die zweite Indienreise

In den folgenden Jahren versuchte Portugal, seine Vormachtstellung in Indien zu festigen. 1502 stach da Gama abermals – diesmal mit einer Kriegsflotte – in See. Wer mit einer solchen militärischen Macht im Rücken unterwegs ist, benimmt sich nicht wie ein Forschungsreisender, und so machte da Gama bereits unterwegs mehrfach Halt, um mit Kanonendonner verschiedene Herrscher davon zu überzeugen, dass es gesünder wäre, einen jährlichen Tribut an Portugal zu entrichten.

Auch in Indien angekommen setzte Vasco da Gama seine harte und kompromisslose Gangart fort. Mitte Oktober 1503 erreichte er nach einer wirtschaftlich äußerst erfolgreichen Reise wieder Portugal.

Die letzte Fahrt

1505 wurde da Gama ein letztes Mal nach Indien geschickt, diesmal mit dem Auftrag, unter seinen dort lebenden Landsleuten für Ordnung zu sorgen, denn es herrschte Korruption und Chaos. Am 9. September 1524 erreichte er Indien und schuf mit drakonischen Strafen Ordnung. Allerdings schwächten Reise und Strafaktion den schon betagten da Gama so sehr, dass er in der Nacht vom 24. auf den 25. Dezember starb.

Albrecht Dürer

Meister der Grafikkunst

* 21. Mai 1471 in Nürnberg
† 22. April 1528 in Nürnberg

■ Das große Verdienst Dürers besteht darin, dass er die Grafik hinsichtlich der Tiefe des künstlerischen Ausdrucks dem Gemälde ebenbürtig machte. Dürer absolvierte zunächst eine Lehre als Goldschmied und begab sich 1490–94 auf Wanderschaft an den Oberrhein. Einen großen Einfluss übten auf ihn auch weitere Reisen nach Italien aus, die sein Interesse an der Kunst des Quattrocento (Frührenaissance) weckten. Ein Aufenthalt in Venedig (1505–07) führte bei Dürer zu einer verstärkten Beschäftigung mit den Gesetzmäßigkeiten der menschlichen Proportionen. Seine letzten Lebensjahre widmete er hauptsächlich theoretischen Studien auf diesem Gebiet. Dürer hinterließ ein äußerst umfangreiches Werk. Es umfasst rund 70 Gemälde, 100 Kupferstiche, 350 Holzschnitte und 900 Handzeichnungen.

Holzschnitte

In seiner Holzschnittfolge *Apokalypse* (1498) kombinierte Dürer den an die Antike angelehnten Stil der Frührenaissance mit einer für die Reformationszeit charakteristischen expressiven Ausdrucksweise. Die souveräne Beherrschung des grafischen Kunsthandwerks zeigt sich auch in seinen Holzschnittfolgen *Große Passion* (1500–11), *Marineleben* (1501–11) und *Kupferstichpassion* (1507–13). Absolute Gipfelpunkte seiner Kunst sind die berühmten Stiche *Ritter, Tod und Teufel* (1513), *Hierony-* *mus im Gehäus* (1514) und *Melancholie I* (1514).

Technische Meisterschaft

Dürer benutzte besonders ausdrucksstarke Ölfarben, die auf Holz gemalt wurden. Er war ein Meister der wirklichkeitsgetreuen Darstellung von Figuren und Landschaften. Auch als Aktkünstler verfügte Albrecht Dürer über herausragende Fähigkeiten, wie zum Beispiel die beiden in Lebensgröße dargestellten Aktfiguren *Adam und Eva* (1507) beweisen.

Albrecht Dürer

Wirkung

Kennzeichnend für Dürer sind sein niemals ermüdender Entdeckerdrang sowie das Bemühen um eine stetige Vervollkommnung seiner Kunst. Die Bedeutung Dürers liegt einerseits in der meisterhaften Beherrschung der Technik der Grafikkunst und andererseits in der Kombination der Traditionen der deutschen Kunst mit den humanistischen Bestrebungen der Renaissance.

TRAKTATE

Dürer hat sich als erster deutscher Künstler um eine Theorie der bildenden Kunst bemüht. In zahlreichen Schriften beschäftigte er sich mit den Gesetzmäßigkeiten der ästhetischen Gestaltung. Er war mit den bedeutendsten Geistern seiner Zeit befreundet. Für Kaiser Maximilian, von dem er begünstigt wurde, schuf er zudem zahlreiche grafische Arbeiten.

Nikolaus Kopernikus

Polnischer Astronom

* 19. Februar 1473 in Thorn
† 24. Mai 1543 in Frauenburg

Nikolaus Kopernikus

■ Der polnische Wissenschaftler revolutionierte die Astronomie mit seiner Annahme, dass sich die Erde um die Sonne dreht. Die nach ihm benannte „kopernikanische Wende" begründete ein neues Weltbild und läutete das Ende des Mittelalters ein.

Studienjahre

Der junge Nikolaus Kopernikus wuchs als jüngster Sohn eines Kaufmanns auf,

Domkapitel

Um 1500 verließ Nikolaus Kopernikus Bologna. Er hielt sich erst in Rom und Frauenburg auf, bevor er anschließend nach Padua zog. Dort studierte er drei Jahre Medizin und den vermeintlichen Einfluss der Sterne auf die menschliche Gesundheit. Während seines Aufenthalts in Padua erhielt der polnische Astronom die Doktorwürde. Kopernikus entschied sich nach Erhalt der Doktor-

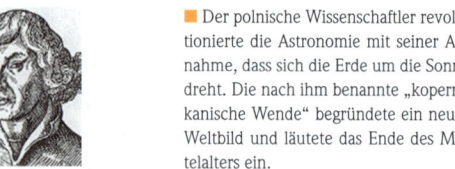

Zu Beginn des 16. Jahrhunderts waren Medizin und Astronomie zwei eng verbundene Wissenschaften.

wurde jedoch nach dem Tod seines Vaters um 1483 von seinem Onkel aufgenommen. Dieser war Bischof von Ermland und sah entsprechend für Nikolaus Kopernikus eine kirchliche Karriere vor. Nach Ende der Schulzeit, die er in der Obhut seines Onkels verbrachte, begann Kopernikus, in Krakau zu studieren. Nachdem er 1491–94 in der polnischen Metropole studiert hatte, wechselte Kopernikus nach Bologna. Dort setzte er sein Studium fort. Während der fünf Jahre in Italien wohnte Kopernikus mit dem führenden Astronomen der Universität zusammen. Dieser erstellte jährliche Horoskope für die Stadt und deren Bewohner. Nikolaus Kopernikus half ihm bei seinen Beobachtungen der Gestirne und erhielt von ihm Anregungen zu astronomischen Theorien.

würde 1503, nach Polen zurückzukehren. Wieder in Polen verschaffte sein Onkel ihm eine Stelle am Domkapitel. Dort führte Nikolaus Kopernikus Verwaltungstätigkeiten aus und betätigte sich politisch. So nahm er an verschiedenen preußischen Ständeversammlungen und Landtagen teil. Neben diesen Arbeiten praktizierte Kopernikus als Mediziner. Seine Aktivitäten als Astronom führte er in seiner freien Zeit fort. Kopernikus wurde 1510 zum ersten Mal zum Kanzler des Domkapitels gewählt. Diese Leitungsposition hatte er bis zu seinem Tod noch drei weitere Jahre inne.

Astronomie

Die Kunde der Sterne und Planeten hatte seit Beginn seines Studiums einen

Platz in Kopernikus' Leben. Auch wenn wegen der Studien von Medizin und Kirchenrecht und der späteren Arbeit die Astronomie zeitweise nur ein Hobby war, waren es seine astronomischen Arbeiten, die ihm einen Platz in den Geschichtsbüchern einbrachten. Die erste seiner Arbeiten war eine Gemeinschaftsproduktion, die er mit dem befreundeten Astronomen Georg Joachim Rheticus publizierte. Diese erste Erzählung wurde 1540 unter dem Namen Rheticus veröffentlicht, enthielt aber schon die Grundidee des kopernikanischen Weltbildes. Kopernikus vertrat die Auffassung, dass die Erde und die anderen Planeten um die Sonne kreisen. Er ordnete die Planeten Saturn, Jupiter, Mars, Erde, Venus und Merkur auf Umlaufbahnen um die Sonne und beseitigte damit die bis dahin vorhandene Unsicherheit über die Anordnung der Planeten.

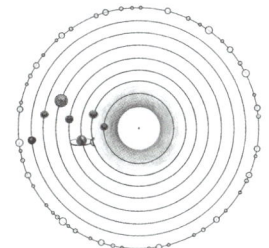

Kopernikanisches Weltbild

Hauptwerk

Die erste Schrift Kopernikus' war eine Art Versuchsballon. Der Astronom wollte mit seinem Kollegen Rheticus testen, ob die Zunft der Astronomen, Astrologen und Mathematiker bereit für seine revolutionären Thesen war. Zwar baute Kopernikus sein Weltbild auf den Arbeiten anderer kritischer Astronomen auf und versuchte, Klarheit in einige Fragen bezüglich der Ordnung des Sonnensystems zu bringen, dennoch ließ auch Kopernikus einige wichtige Fragen offen. So blieb ungeklärt, wieso fallende Gegenstände auf einer sich bewegenden Erde nicht seitlich abgelenkt werden. Trotz der Kritik an der ersten Veröffentlichung entschieden sich Kopernikus und Rheticus drei Jahre später, das Hauptwerk des Astronomen aus Thorn zu veröffentlichen. Rheticus brachte das Buch *De Revolutionibus Orbium Coelestium* nach Nürnberg. Der dort ansässige Ver-

leger versah das Werk mit einem Vorwort. Danach sei das Buch lediglich theoretisch und ohne Anspruch auf Wahrheit. Kopernikus und Rheticus waren über das nicht abgestimmte Vorwort sehr verärgert, doch verhinderte es eine sofortige Ablehnung durch die damalige Wissenschaft. Stattdessen wurde es im Folgenden als mathematische Arbeit gewürdigt. Und tatsächlich war nach der ersten Veröffentlichung das Hauptwerk von Kopernikus vor allem eine mathematische Stütze des kopernikanischen Weltbildes.

PTOLEMÄISCHES WELTBILD

Kopernikus führte in seiner Hauptschrift nicht nur mathematische Betrachtungsweisen des heliozentrischen Weltbildes an, sondern argumentierte auch auf eine neue Art und Weise. Er versuchte nicht, einen endgültigen Beweis zu führen, vielmehr wollte er aufzeigen, welche Phänomene bisherige Theorien nicht erklären konnten.

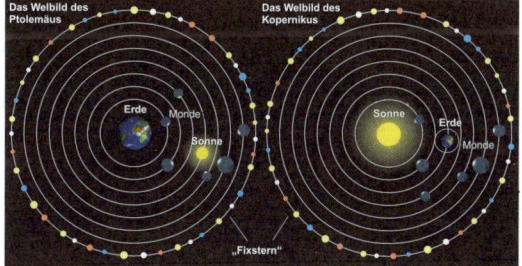

Michelangelo Buonarroti

Wegbereiter des Barock

 * 6. März 1475 in Caprese, Toskana
† 18. Februar 1564 in Rom

Michelangelo Buonarroti

■ In einem von rastloser Arbeit erfüllten Leben brachte Michelangelo die Stilrichtung der Hochrenaissance zur vollen Reife und wurde zum herausragenden Wegbereiter des Barockstils. Michelangelo verbrachte zunächst eine kurze Lehrzeit als Freskomaler in Florenz. Kurz darauf zeigte sich bereits 1489 seine Berufung zum Bildhauer, als er Studien nach Skulpturen der Antikensammlung im mediceischen Garten betrieb. 1490–92 war Michelangelo Hausgast der Medici und erhielt das Privileg, in der Kunstschule studieren zu dürfen, die unter der Schirmherrschaft der Medici stand. Während dieser Phase des Studierens konnte sich sein bildhauerisches Talent vollends entfalten. Zudem kam Michelangelo durch die am Hof der Medici anwesenden Dichter, Philosophen und Gelehrten mit den Ideen des Neuplatonismus in Berührung.

Rastloser Geist

Nach dem Tod seines Gönners Lorenzo il Magnifico ging Michelangelo 1494 zunächst nach Venedig und später nach Bologna und Florenz, um anschließend eine längere Zeit in Rom zu bleiben (1496–1501). Nach weiteren Stationen kehrte Michelangelo 1505 erneut nach Rom zurück, da er von Papst Julius II. den Auftrag erhielt, dessen Grabmal zu schaffen – ein Projekt, das sich über 40 Jahre erstrecken sollte (1505–40) und im Laufe der Zeit immer mehr reduziert

wurde. Aufgrund der ihm eigenen Unruhe und häufig auch wegen Unstimmigkeiten mit den Auftraggebern blieb ein großer Teil der Arbeiten Michelangelos unvollendet.

Skulpturen

Herausragende Skulpturen Michelangelos sind *Madonna an der Treppe* (um 1491), *Bacchus* (1497), *David* (1501–

David

04), *Heiliger Matthäus* (1505–06), *Moses* (1513–16) und ab 1519 der *Gefesselte Sklave* sowie der *Sterbende Sklave* für das monumental geplante, jedoch nicht fertiggestellte Grabmal von Julius II.

Zeichnungen und Gemälde

Auch die Zeichnungen und Gemälde Michelangelos haben einen äußerst plastischen Charakter. Das wohl berühmteste Beispiel ist die Ausmalung der Sixtinischen Kapelle im Vatikan. 1508–12 entstanden die gewaltig wirkenden Deckenfresken mit Darstellungen aus dem ersten Buch Mose und zahlreichen weiteren Propheten und Symbolträgern in den Nebenfeldern. Ein grandioses Kunstwerk zum Thema Erlösung und Verdammnis schuf Michelangelo auch mit dem *Jüngsten Gericht* (1533–41) auf dem 391 Gestalten abgebildet sind.

rühmt. Die Skulpturen weisen ebenso wie die Bilder als unverkennbares Merk-

Michelangelo wurde mit seinen meisterhaften Gemälden, Skulpturen und Bauwerken zum herausragenden Wegbereiter des Barockstils.

Das Jüngste Gericht

Im Auftrag von Papst Klemens VII. vervollständigte Michelangelo 1533–41 seine Dekorationen der Sixtinischen Kapelle, indem er die große Frontwand über dem Altar neu bemalte, die bis dahin mit Fresken von Perugino ausgeschmückt war.

1534 ließ sich Michelangelo zugleich auch endgültig in der Stadt Rom nieder. Nach dem Tod von Papst Klemens wurde Paul III. Michelangelos Auftraggeber. Er forderte von Michelangelo, alle anderen Aufgaben zugunsten seines Dekorationsauftrages für die Sixtinische Kapelle zurückzustellen. Sieben Jahre lang war Michelangelo fast ausschließlich mit den Arbeiten an der Ausgestaltung des *Jüngsten Gerichts* beschäftigt. Nach der Fertigstellung 1541 wurde er aufgefordert, für die neu erbaute Cappella Paolina zwei weitere Fresken anzufertigen. So entstand, ein weiteres Fresko über die Konversion des Paulus und eines über das Martyrium des Petrus. Das mit Abstand berühmteste Fresko Michelangelos ist jedoch *Das Jüngste Gericht* in der Sixtinischen Kapelle.

Gemeinsamkeiten von Bildern und Skulpturen

Michelangelo wurde zunächst als Bildhauer und später auch als Maler be-

mal von Michelangelos Stil eine stark betonte Körperlichkeit auf. Die zeigt sich bereits beim frühen Rundbild *Die Heilige Familie* (1504). Das auf Holz gemalte Gemälde besitzt eine sehr intensive Farbgebung, die einen starken Hell-Dunkel-Kontrast bewirkt. Die Falten der Gewänder der abgebildeten Figuren erscheinen dadurch sehr plastisch. Die große farbige Brillanz ist auch ein wesentliches Merkmal der berühmten Wandgemälde Michelangelos.

Spätwerk

Um 1535 wandte sich Michelangelo erneut dem Thema Pietà zu, eine Arbeit, die er jedoch unvollendet beließ. 1555 begann er mit seinem letzten bildhauerischen Werk, der *Pietà Rondanini*, die in Mailand im Castello Sforzesco zu sehen ist. Beide Werke zeigen eine Reduktion der Körperlichkeit zur Zeichenhaftigkeit. Seine letzten Fresken, die *Bekehrung des Saulus* und die *Kreuzigung Petri*, im Vatikan entstanden 1541–50. In den beiden letzten Jahrzehnten seines Lebens widmete sich Michelangelo zunehmend auch architektonischen Aufgaben. 1546 übernahm er die Bauleitung der Peterskirche in Rom, deren gewaltige Kuppel seine größte Leistung als Baumeister ist.

PROTESTANTEN

Der Name der neuen Konfession entstammt einer Protestnote der evangelischen Fürsten auf dem zweiten Reichstag von Speyer 1529. Sie protestierten gegen den Versuch, die zuvor zugestandene Religionswahl wieder aufzuheben.

Martin Luther

ABLASSHANDEL

Durch den Kauf von Ablassbriefen sollte Sündern ihre Schuld erlassen werden. In Rom sollten so die Arbeiten am Petersdom finanziert werden. Nördlich der Alpen versuchte der Kardinal von Mainz, seine Schulden mit Ablasshandel zu begleichen.

Martin Luther

Theologe und protestantischer Reformator

* 10. November 1483 in Eisleben
† 18. Februar 1546 in Eisleben

■ Martin Luther sprach sich als Augustinermönch gegen den Ablasshandel der katholischen Kirche aus. An diesem Streitpunkt entzündete sich die Reformation. Damit ist Martin Luther Begründer des Protestantismus. Außerdem übersetzte er das Neue Testament ins Deutsche.

Jugend und Mönchszeit

Der spätere Reformer war das Kind einer Bergarbeiterfamilie aus Sachsen. Trotz seiner Herkunft aus einfachen Verhältnissen ging Martin Luther nach Erfurt an die Universität. Dort bestand er 1505 die Abschlussprüfung und wollte sich danach den Rechtswissenschaften zuwenden. Doch überraschenderweise ging er dann in das Augustinerkloster in Erfurt. Die genauen Gründe für diesen Sinneswandel sind ungeklärt. Eine Legende besagt, dass Luther während eines starken Gewitters um Schutz der heiligen Anna bat und eine Kirchenkarriere versprach, sollte er das Gewitter überleben. Was auch immer der Anlass gewesen sein mag, Luther fiel im Kloster durch seine besondere Frömmigkeit auf. So wurde er 1507 zum Priester geweiht.

Wittenberg

Ein Jahr nach seiner Priesterweihe entsandte ihn der Generalvikar seines Bischofs nach Wittenberg. Dort begann Martin Luther mit dem Studium klassischer theologischer Texte seiner Zeit. Im Jahr 1510 unterbrach er seine Arbeiten, um nach Rom zu reisen. Er wollte beim Papst gegen eine Zusammenlegung verschiedener Klöster protestieren. Doch seine Bedenken wurden abgewiesen. So kehrte er nach Wittenberg zurück. Er beendete sein Theologiestudium und begann als Dozent zu lehren. Die Erfahrungen seiner Romreise, auf der er den weltlichen Lebenswandel der Kirchenoberen erlebt hatte, und seine Furcht vor eigener Sündhaftigkeit schlugen sich bald in seinen Lehrreden nieder. Hier finden sich erste Anzeichen einer Auseinandersetzung mit der katholischen Kirche.

Reformator

Theologisch begann Luthers Wirken als Reformator mit seiner neuen Interpretation der Gnade Gottes. Nach seiner Auffassung kann jedem Menschen die Gerechtigkeit Gottes und dessen Gnade nur als Geschenk zuteil werden. Dieses Geschenk wird nicht durch bestimmte Handlungen erworben oder erzwungen. Aus dieser Auffassung heraus begann Martin Luther, Bußpraktiken der Kirche genauer zu betrachten. Den Handel mit Ablasspapieren kritisierte er und bewertete ihn als unchristlich. Als diese Praxis auch in Sachsen zunahm, veröffentlichte Luther mehrere Schriften. Sein bekanntestes Werk gegen den Ablasshandel waren die 95 Thesen aus dem Jahre

1517. An diesen und weiteren Schriften entzündete sich ein theologischer Streit zwischen Luther und dem Mainzer Kardinal, der den Ablasshandel gefördert hatte.

senach. Der Kurfürst von Sachsen unterstützte und versorgte ihn in seinem Versteck. Seine Zeit nutzte der Reformer zur Übersetzung des Neuen Testaments ins Deutsche. Es war zwar nicht die

Entgegen der Legende gilt es als unwahrscheinlich, dass Martin Luther seine 95 Thesen tatsächlich an die Kirchentür in Wittenberg nagelte.

Thesenanschlag Luthers

Reichstage

Der Streit eskalierte, als die Kurie aus Rom Luther 1518 den Prozess machen wollte. Der Reformer wurde im Oktober vor dem Augsburger Reichstag verhört. Doch statt einzulenken, sprach sich Luther nun auch gegen die Autorität des Konzils und der Bischöfe aus. Er weigerte sich zu widerrufen, solange niemand eine Bibelstelle gegen ihn vorbringen könne. Das Verfahren gegen Luther zog sich in die Länge, bis schließlich 1520 eine päpstliche Bulle gegen ihn erlassen wurde. Darin wurde er aufgefordert, sich innerhalb von 60 Tagen von seiner Kritik zu distanzieren. Doch stattdessen kam es zu einem neuen Eklat. Als Martin Luther am 10. Dezember 1520 die Bulle des Papstes und einige Bücher zum Kirchenrecht öffentlich verbrannte, war der Bruch mit der Kirche perfekt. Im April des Folgejahres wurde ein letzter Versuch der Versöhnung unternommen. Auf dem Reichstag von Worms trafen die beiden Parteien aufeinander, ohne jedoch zueinanderzufinden. Martin Luther wurde für vogelfrei erklärt.

Wartburg

Seine Zeit als Vogelfreier verbrachte Martin Luther in der Wartburg bei Ei-

erste deutsche Bibel, aber Luther verwendete als Erster neben lateinischen auch griechische und hebräische Texte. Seine Bibel gab also die Originaltexte genauer wieder und war zudem in einer allgemein verständlichen Sprache geschrieben. Die Lutherbibel trieb die Entwicklung des Hochdeutschen entscheidend voran.

Kirchenspaltung

Die Texte und Thesen Luthers hatten sich mittlerweile weiter im Reich verbreitet. Zahlreiche Anhänger setzten das Werk das untergetauchten Mönches fort. Sogar einige Fürsten stellten sich auf die Seite der Reformation. Diese setzten auf dem Reichstag von Speyer 1526 das landesherrliche Kirchenregiment durch. Damit konnten Fürsten ihren Glauben und damit auch den ihrer Untertanen frei wählen. Nun war die konfessionelle Spaltung der deutschen Fürsten besiegelt. Auch Luther konnte wenig später sein Versteck verlassen. Er heiratete und wirkte weiterhin als Theologe.

Die Wartburg

Raffael

Meister der Renaissancekunst

* 6. April 1483 in Urbino
† 6. April 1520 in Rom

Sixtinische Madonna

■ Raffael war einer der wichtigsten Künstler der Hochrenaissance. Er machte zunächst eine Lehre in der Werkstatt Peruginos und ging 1504 nach Florenz, wo er u. a. die Bekanntschaft Leonardo da Vincis und Michelangelos machte. Mit seinem Bildnis *Die Grablegung Christi* wagte der junge Raffael bereits mit dem heroischen Stil Michelangelos zu konkurrieren. 1508 erhielt Raffael ein Angebot vom französischen Hof. Er zog es jedoch vor, einem Ruf des Papstes nach Rom zu folgen, um dort (1508–17) bei der dekorativen Ausgestaltung der päpstlichen Gemächer mitzuwirken.

Monumentale Formate

1515 wurde Raffael von Papst Leo X. zum Bauleiter des Petersdoms und Konservator für die antiken Denkmäler und archäologischen Ausgrabungsstätten ernannt. Seine Kunst erhielt durch diese verantwortungsvolle Aufgabe weitere wertvolle Impulse. Raffael ging zu monumentalen Formaten über und kleidete seine Figuren in fließende Gewänder. In seinem letzten, unvollendet gebliebenen Werk *Verklärung Christi* (1517–20) nahm er bereits Grundzüge des Manierismus vorweg. Obwohl Raffael schon im Alter von 37 Jahren starb, hinterließ er ein äußerst umfangreiches künstlerisches Werk, das wie kein anderes die künstlerischen Ideale der Renaissance verwirklichte. Seine Kunstwerke setzten Maßstäbe für das neue Weltbild der Renaissance, das den Menschen in den Mittelpunkt des Universums stellte.

Die *Sixtinische Madonna*

Raffaels künstlerische Entwicklung fand ihren Gipfelpunkt in der *Sixtinischen Madonna*, die sich heute in der Dresdner Gemäldegalerie befindet. Das Bild zeigt die heilige Mutter Maria gemeinsam mit ihrem Kind auf einem Teppich aus Wolken schwebend. Flankiert wird sie auf der linken Seite von der heiligen Barbara und rechts von Papst Sixtus II. Am unteren Rand schließt eine Brüstung mit zwei sich aufstützenden Engeln das Bild ab. Der Raum hinter der Madonna wird durch einen fast durchsichtig scheinenden Chor aus kindlichen Engelsköpfen ausgefüllt. Raffaels Madonnenbild gehört zu den bedeutendsten Altarbildern der italienischen Hochrenaissance. In der Forschung besteht mittlerweile Einigkeit darüber, dass das Bild 1513 entstanden ist und für den Hochaltar der Kirche von San Sisto in der Provinz Piacenza bestimmt war. Es handelte sich um eine Schenkung des Papstes Julius II. zur Belohnung für Piacenzas Beitritt zum Kirchenstaat.

Hernán Cortés

Grausamer Eroberer

 * 1485 Medellín (Extremadura),
† 1547 Castilleja de la Cuesta (bei Sevilla)

■ Hernán Cortés war ein spanischer Konquistador, ein Entdecker und Eroberer, der äußerst erfolgreich war, aber auch besonders grausam seinen Weg von Kuba, über Mexiko und Südamerika bis zu den Philippinen ging.

Konquistadores

Entdecker und Eroberer konnte jeder werden, der genug wohlhabende Menschen fand, die in ihn investierten. Dann war es noch erforderlich, mit der spanischen Krone einen Vertrag zu schließen, der in der Hauptsache aussagte, dass der Eroberer alle Rechte über das eroberte Gebiet habe, wenn das Gebiet offiziell zum Königreich gehöre und ein Fünftel aller Einnahmen an die Krone abgeführt werde. Außerdem mussten die Konquistadores sich verpflichten, die einheimische Bevölkerung zum Christentum zu bekehren. Dies war aber nicht das vorrangige Ziel der Eroberer, sie wollten einfach nur reich werden. Nach Schätzungen sind in Lateinamerika ungefähr 50 Millionen Indios in Folge der europäischen Eroberung umgekommen. Viele davon wurden direkt gemeuchelt, andere starben an eingeschleppten Krankheiten.

Eroberung als Feldzug

Die Konquistadores kamen zumeist bewaffnet und gerüstet wie zu einer krie-

gerischen Auseinandersetzung. Ziel war die Unterwerfung der einheimischen Bevölkerung, um deren Gold- und Silberminen auszuschöpfen und Land zum Anbau heimischer Produkte wie z. B. Kaffee zu nutzen. Die ansässige Bevölkerung soll große Angst vor den Reitern und ihren wilden Kriegshunden gehabt haben, weil ihnen beides gänzlich unbekannt war.

Hernán Cortés war ein typischer Konquistador. Er entstammte einfachem, eher mittellosem Adel. Als studierter Jurist hatte er große Ambitionen, aber in Spanien nur relativ geringe Chancen zum sozialen Aufstieg. So nutzte er jede Chance, die sich ihm bot.

Kolonien

Als Konquistador nahm Hernán Cortés Gebiete ein, die große Gewinne versprachen, immer reicher und bedeutungsvoller ging er seinen Weg. Ihm eilte der Ruf voraus, brutal und ausbeuterisch zu sein. In Mexiko gründete er seine erste Kolonie und erweckte zunächst den Anschein, als wolle er mit dem Aztekenherrscher Montezuma zusammenarbeiten. Tatsächlich entmachtete er ihn aber, um die Vorherrschaft zu gewinnen und das Land auszubeuten.

Grausame Eroberung durch die Konquistadores

MONTEZUMAS RACHE

Noch heute wird eine sehr unangenehme Durchfallerkrankung, mit der sich viele Europäer in Lateinamerika anstecken, „Montezumas Rache" genannt, was an den unfairen Umgang der Europäer mit den Einheimischen erinnert.

Heinrich VIII.

Kirchengründer und vielfacher Gatte

* 1491 in Greenwich
† 1547 in Westminster

Heinrich VIII.

■ Heinrich VIII. galt vor allem auf humanistischem und theologischem Gebiet als hervorragend gebildet. Legendär wurde er als Gründer der anglikanischen Kirche und wegen seiner zahlreichen Ehefrauen.

Jugend und erste Ehe

Ursprünglich hatte Heinrich als zweitältester Sohn von Heinrich VII. und Elisabeth of York eine geistliche Laufbahn einschlagen sollen, sein älterer Bruder Arthur Tudor war der Thronfolger. Und so leiteten seine Eltern auch eine entsprechende Ausbildung ein, die allerdings nach dem Tode Arthurs im Jahr 1502 abgebrochen wurde, um nunmehr Heinrich auf das Regierungsamt vorzubereiten. Sieben Jahre später starb Heinrich VII. und die Regierungszeit für seinen spätberufenen zweitältesten Sohn begann.

In seinem Letzten Willen hatte Heinrich VII festgelegt, sein Sohn solle Katharina von Aragon heiraten, die Witwe seines Bruders, um das Bündnis mit Spanien zu festigen. So geschah es. Auf Drängen seines Schwiegervaters trat Heinrich 1511 der von Papst Julius II. ins Leben gerufenen Heiligenliga bei und zog zwei Jahre später gegen Frankreich in den Krieg. Die mit den Franzosen verbündeten Schotten sahen sich daraufhin genötigt, ihrerseits gegen England zu marschieren. Unter dem Oberbefehl Katharinas wurde die schottische Armee vernichtend geschlagen, auch Heinrich blieb auf seinen Schlachtfeldern siegreich.

1516 brachte Katharina, die vorher bereits einige Fehlgeburten hatte, ihre Tochter Maria zur Welt, die später als Maria I. den Thron besteigen sollte. Ein lebendiger männlicher Thronfolger wollte aber einfach nicht zur Welt kommen. Heinrich befürchtete, seine Ehe sei verflucht, und so verlangte er die Scheidung von seiner Gattin.

Eine neue Kirche

Papst Clemens VII., der damals für derartige Fragen zuständig war, verweigerte ihm diese Gunst jedoch. Um die Scheidung dennoch durchzusetzen, ließ sich Heinrich schließlich zum Oberhaupt der englischen Kirche ernennen und trennte sich von der katholischen Kirche in Rom. Jeder Untertan musste nun einen Eid auf die neue anglikanische Kirche und sein Oberhaupt, den englischen König, schwören. Wer dies nicht tat, wurde hingerichtet.

Viele neue Ehen

Nun war der Weg frei, die Scheidung mit Katharina zu erreichen. Der Erzbischof von Canterbury erklärte Heinrichs Ehe schließlich 1533 für nichtig, Katharina jedoch erkannte dies nie an und wurde von ihrem Gatten in weit entfernte Schlösser ins Exil geschickt. 1536 erlag sie schließlich einem Krebsleiden.

Heinrich hatte sich zwischenzeitlich mit verschiedenen Mätressen vergnügt und war auch Vater eines unehelichen Sohnes geworden, bevor er schließlich kurz nach seiner Scheidung Anne Boleyn heiratete. Bereits Ende desselben Jahres wurde Heinrich Vater einer weiteren Tochter, Elisabeth. Auch sie sollte (als Elisabeth I.) später den englischen

Anne Boleyn

Thron besteigen. Das Glück – vor allem der Ehefrau – währte nicht lange. 1536 ließ Heinrich Anne Boleyn wegen Ehebruch und Hochverrat enthaupten.

Nun war Platz für die nächste Gattin, Jane Seymour. Nur einen Tag nach der Enthauptung Boleyns feierte das neue königliche Paar Verlobung. Wenige Monate später fand die Hochzeit statt. 1537 wurde endlich Heinrichs Thronfolger, Edward, geboren. Heinrich soll am Kindbett vor Freude geweint haben, seine Gattin jedoch erkrankte schwer und starb kurz darauf. Dieser Verlust traf den englischen König, wie es heißt, sehr schwer, und er verfiel in eine Depression. Nur so lässt sich erklären, dass es bis zur nächsten Hochzeit fast drei Jahre dauerte. Doch dann war es so weit, Heinrich schloss – diesmal auf Betreiben seines Lordkanzlers Thomas Cromwell – mit Anna von Kleve seine Ehe Nummer vier. Politische

Jane Seymour

Gründe spielten hier die Hauptrolle. Nach einem halben Jahr hatte Heinrich aber bereits wieder die Nase voll, ließ sich erneut scheiden und seinen

Lordkanzler hinrichten.

Am Tag der Hinrichtung gab der englische König der jungen Catherine Howard sein Ja-Wort. Zwei Jahre später bezahlte auch sie einen angeblichen Seitensprung mit dem Leben. 1543 begab sich Heinrich schließlich zum sechsten Mal vor den Traualtar, die Auserwählte

Catherina Parr

war diesmal Catherine Parr. Sie verstand es geschickt, am Leben zu bleiben, und konnte sich auch einiger Intrigen am Hofe erwehren.

Politische Bedeutung

Berüchtigt wurde Heinrich VIII. wegen seiner vielen Ehen und der Gründung der anglikanischen Kirche, doch trotz der Turbulenzen in seinem Privatleben kam der Monarch auch noch zum Regieren. So musste er, um überhaupt die anglikanische Kirche gründen zu können, die verfassungspolitische Rolle des englischen Parlaments deutlich aufwerten, da das Parlament das entsprechende Gesetz zu verabschieden hatte. Heinrich VIII. legte zusammen mit Thomas Cromwell die Grundlagen für einen modernen, zentralistisch verwalteten englischen Staat. Darüber hinaus verstärkte er die englische Seemacht und gründete eine effiziente Marine.

ENGLISCHER ERZÄHLVERS

In Anlehnung an Heinrichs viele Ehen und deren bisweilen blutiges Ende gibt es in England einen Abzählvers: „Divorced, beheaded, died. Divorced, beheaded, survived." („Geschieden, geköpft, gestorben. Geschieden, geköpft, überlebt.")

NÄHE ZU DÜRER

Ab 1508 begann Tizian auch Holzschnitte anzufertigen, die eine enge Anlehnung an Albrecht Dürer, der sich 1506 in Venedig aufhielt, zeigen. Auch das Gemälde *Die Kirschenmadonna* (um 1516) wurde oft mit Dürers *Madonna mit dem Zeisig* (1506) verglichen. Tizians frühe Bildnisse wie *Mann in Blau* (1510) oder auch das spätere *Porträt Vincenzo Mosti* (1520) basieren auf Dürers Selbstbildnissen.

Madonna des Hauses Pesaro

Tizian

Vollender der venezianischen Hochrenaissance

eigentlich: Tiziano Vecellio

 * um 1477 oder 1490 in Pieve di Cadore

† 27. August 1576 in Venedig

■ Tizian beherrschte alle Themen und Techniken der Hochrenaissance. Indem er sie zur Vollendung brachte, wurde er zugleich zu einem wichtigen Wegbereiter des Barock. Seine Ausbildung erhielt Tizian in der Werkstatt Giovanni Bellinis, wo er die Bekanntschaft von Giorgione machte, dem er 1508 bei der Arbeit an den Fresken der Fassade des Fondaco dei Tedeschi in Venedig half. 1510 ging er nach Padua und kehrte 1512 jedoch wieder nach Venedig zurück. Nach dem frühen Tod Giorgiones (1510) und Bellinis (1516) stand ihm Venedig offen. Sein erster großer Erfolg in Venedig war das Altarbild *Assunta* für den Hochaltar S. Maria Gloriosa dei Frari (1516–18). In der gleichen Kirche findet sich auch die *Madonna des Hauses Pesaro* (1519–26). Während eines Aufenthaltes in Rom auf Einladung des Papstes (1545–46) traf Tizian mit Michelangelo zusammen. In seiner späten Schaffenszeit erhielt Tizian nicht mehr viele Aufträge und vereinsamte zunehmend. Er schuf in dieser Phase eine Reihe von mythologischen Gemälden und malte immer lockerer und skizzenhafter. Sein letztes Werk war die *Pietà* mit dem heiligen Hieronymus und Magdalena (1573–76).

Sakrale Werke

Ein sakrales Hauptwerk Tizians ist das Hochaltarblatt von S. Maria Gloriosa dei Frari mit der berühmten *Himmelfahrt Mariä* (1516–18). Der Aufbau des Werkes ist bestimmt durch ein spitzwinkliges Dreieck aus drei leuchtenden roten Gestalten: einem abgewendeten Apostel, Johannes und Maria. Der Schwung der hinaufschwebenden Maria wird von dem ebenfalls aufschwebenden Gottvater aufgehoben. Typisch für den Stil Tizians ist bei diesem Werk die Farbgebung mit Kaminrot und Ultramarin als den dominierenden Farben.

Sturm und Drang

In einer bis ungefähr 1530 reichenden Periode festigte Tizian seinen charakteristischen Stil, wobei eine Vielzahl von Bildern entstand, die sich durch eine große Dynamik und Dramatik auszeichnen. Die Statik seiner frühen Werke gab Tizian auf. In *Das Venusfest* (1518) tummeln sich zum Beispiel unter der antiken Statue der Göttin zahlreiche weitere erotische Figuren. Weitere Beispiele für dynamische Gemälde aus dieser Zeit sind das *Festmahl der Götter* (1514) sowie *Bacchus und Ariadne* (1523).

Süleiman II.

Krieger und Poet

* 1494 in Trapezunt
† 1566 vor Szigetvár

■ Süleiman II. (auch bisweilen als Süleiman I. bezeichnet) gilt als berühmtester Sultan der Osmanen. Er machte sich während seiner Herrschaft einerseits als Feldherr und Krieger, andererseits auch als weiser Gesetzgeber und Staatsmann einen Namen.

Geruhsamer Weg zur Macht

Für die damalige Zeit ging es ungewöhnlich ruhig zu, als Süleiman 1520 den Thron nach dem Tod seines Vaters Selim I übernahm. Brüder gab es nicht, und so musste er nicht lange um die Macht kämpfen. Außerdem befand er sich bei bester Gesundheit und im Vollbesitz seiner geistigen Kräfte, sodass auch sonst niemand Anspruch auf seinen Thron anmeldete. Süleiman war damals Statthalten von Magnesia (einer Stadt in der jetzigen Türkei), also keineswegs unerfahren im Regieren. Sein Vater hatte sich Ägypten untertan gemacht und ihm somit ein mächtiges osmanisches Reich hinterlassen.

Keine Freundschaft mit Ungarn

Trotzdem gab es schnell nach seiner Machtübernahme Ärger für Süleiman: Die Ungarn verweigerten ihm nämlich den damals üblichen Tribut. Der junge Herrscher zögerte nicht lange und begann seinen ersten Feldzug gegen die Ungarn. 1521 eroberte er zum ersten Mal Belgrad. Streitigkeiten mit Ungarn zogen sich fortan wie ein roter Faden durch Süleimans Regentschaft. Immer wieder kam es zu Feldzügen und kriegerischen Auseinandersetzungen.

Überhaupt war Süleiman nicht zimperlich, wenn es darum ging, neue Feldzüge zu unternehmen. Er eroberte Rhodos, nahm Bagdad ein und unterwarf Tunis. Dabei setzte er riesige Heere ein, deren bloßer Anblick seine Feinde bereits einschüchterte. Seine Flotte beherrschte das Mittelmeer und das Rote Meer. Nur die wehrhaften Wiener konnte er nicht in die Knie zwingen, eine Belagerung der Stadt gab Süleiman 1529 nach hohen Verlusten auf.

Der osmanische Herrscher tat sich aber nicht nur als Kriegsherr hervor, er förderte auch die Architektur und Poesie. Er selbst verfasste unter dem Namen „Muhibbi" ungefähr 3000 Gedichte. Auch gingen zahlreiche Gesetze, die Lücken in der Scharia ausfüllen sollten, auf seine Urheberschaft zurück.

Süleiman II.

Süleiman war seiner vierten Gattin hoffnungslos verfallen und tat alles, was sie wollte. Das nutzte die Dame geschickt aus, um ihre Söhne in der Thronfolge nach vorne zu bringen. So stiftete sie ihren Gatten dazu an, seine zweite Frau und deren Sohn umbringen und die erste Frau mit den Kindern verbannen zu lassen.

Karl V.

Karl V. und Klemens VII.

Karl V.

Der europäische Kaiser

* 1500 in Gent
† 1558 in San Gerónimo de Yuste

■ Kaiser Karl V. gilt als eine der bedeutendsten Herrscherpersönlichkeiten der europäischen Geschichte. Er versuchte erstmals, Europa in den Mittelpunkt eines Weltreichs zu stellen, war mit diesem Vorhaben allerdings nicht vollständig erfolgreich.

Reich des ewigen Sonnenscheins

Angeblich hat Karl einmal gesagt, in seinem Reich gehe die Sonne nie unter. Ob das Zitat wirklich von ihm stammt oder doch nur eine Erfindung darstellt, weiß man nicht. Tatsache ist jedoch, dass es der Wahrheit entspricht. Als König von Spanien, Neapel und Sizilien, Kaiser des Heiligen Römischen Reiches deutscher Nation, Herrscher in Flandern, den Niederlanden und über große Gebiete in Mittel- und Südamerika herrschte er über ein Gebiet, in dem tatsächlich die Sonne nicht unterging.

Kindheit und Erziehung

Geboren wurde Karl als Sohn von Philipp I. und Johanna von Kastilien (die auch den Beinamen „die Wahnsinnige" trug – ob zu Recht oder nicht, lässt sich heutzutage nicht mehr eindeutig klären). Er war Enkel von Ferdinand II. von Aragón und Isabella I. von Kastilien. Der Grundstein für sein späteres Reich wurde 1506 gelegt, als Philipp I. starb. Karl erbte mit sechs Jahren Teile von Burgund, Belgien und die Niederlande. Seine weitere Kindheit verlebte er in Brüssel, wo er u. a. von Adrian von Utrecht, dem späteren Papst Hadrian VI., in geistlichen Dingen erzogen wurde. Adrian fühlte sich den „Brüdern vom gemeinsamen Leben" geistig verwandt und verabscheute jeglichen religiösen Dogmatismus. Auch Karls Handeln sollte später von dieser Haltung geprägt sein.

Am 5. Januar 1515, wenige Tage nach dem Tod Ludwigs XII., wurde Karl von den frankophilen burgundischen Ständen für volljährig und regierungsfähig erklärt. Man hielt dies für einen guten Schachzug, da Karl noch jung und leicht zu beeinflussen war. Ein Jahr später starb Karls spanischer Großvater Ferdinand, und er wurde König von Aragonien. Seine Mutter regierte offiziell noch Kastilien, aber da ihr geistiger Zustand dies offenbar nicht zuließ, übernahm Karl de facto auch diese Aufgabe. Im Grunde genommen war er also bereits mit 16 Jahren zusätzlich spanischer König – wenngleich man das in Spanien nicht gern hörte. Zu seinem Herrschaftsbereich gehörten zudem das Königreich Navarra, Granada, Neapel, Sizilien, Sardinien und die spanischen Kolonien in Amerika. Für einen Jüngling ohne große Regierungserfahrung konzentrierte sich also schon eine Menge Macht in seinen Händen.

Karls Wirkungskreis vergrößert sich

Als 1519 sein Großvater Maximilian I. starb, erbte Karl auch die habsburgischen Lande im Heiligen Römischen Reich. Im selben Jahr wählten die Kurfürsten ihn zum König und gleichzeitig zum Erwählten Römischen Kaiser.

Am 24. Februar 1530 wurde Karl von Papst Klemens VII. zum Kaiser gekrönt. Nach ihm erfuhr kein Herrscher mehr diese Anerkennung durch den Vatikan. Die österreichischen Gebiete überließ er seinem Bruder Ferdinand I., der ihn auch während seiner häufigen Abwesenheit im Heiligen Römischen Reich vertrat. 1526 heiratete Karl Isabella von Portugal.

Streit mit Frankreich und Probleme mit den Protestanten

Das prägende Merkmal von Karls Außenpolitik war ein ständiger Streit mit Frankreich, der zu insgesamt vier Kriegen mit Franz I. führte. Karl konnte all diese Auseinandersetzungen für sich entscheiden, und schließlich erkannte auch Frankreich ihn als Herrscher in Italien und den Niederlanden an. Gegen die Türken agierte Karl indes weniger erfolgreich.

Innenpolitisch betätigte sich der Kaiser zunächst nicht, sodass hier für den streng katholischen Regenten eine ernsthafte Gefahr erstarkte: der Protestantismus. Zwar hatte Karl 1521 über Martin Luther und dessen Anhänger die Reichsacht verhängt, sich aber danach nicht weiter um die Angelegenheit gekümmert. Und so hatte 1530, als Karl sich wieder eingehender mit dem Reich beschäftigte, die Reformation weit um sich gegriffen. Daher kam er nicht umhin, den Protestanten im Nürnberger Religi-

Maximilian I. mit seinem Sohn Philipp dem Schönen, seiner Gattin Maria von Burgund, seinen Enkeln Ferdinand I., Karl V. und Eleonore von Österreich

onsfrieden 1532 zunächst eine zeitlich begrenzte Duldung zuzugestehen. Zwar konnte er die protestantischen Stände im Schmalkaldischen Krieg schließlich besiegen, musste aber auf dem Reichstag zu Augsburg gegen seinen Willen einen Kompromiss mit den Kräften der Reformation eingehen.

1556 legte Karl die Kaiserkrone nieder, überließ die spanischen Herrschaften seinem Sohn Philipp II. und zog sich in seine Villa nahe dem Kloster San Gerónimo de Yuste zurück. Die Geschäfte im Reich übernahm sein Bruder Ferdinand I. nun vollkommen.

Karl regierte in einer Zeit des Umbruchs zwischen Renaissance und Aufklärung. Die Spaltung der Einheit zwischen Staat und Kirche durch den Protestantismus sorgte für zusätzliche Unruhe. In dieser Situation gelang es Karl nicht immer, als souveräner Herrscher zu erscheinen.

DIE WIRTSCHAFT GREIFT EIN

Karl hatte seine Wahl zum König und Römischen Kaiser nicht zuletzt der massiven Intervention der Kaufmannsfamilie der Fugger zu verdanken. Sie finanzierten seinen Wahlkampf großzügig – und erwarteten im Gegenzug natürlich weitreichende Privilegien.

Nostradamus

Arzt und Astrologe

* 14. Dezember 1503 in Saint-Rémy
† 2. Juli 1566 in Salon

Michel Nostradamus

Noch heute werden die Zenturien des Nostradamus wieder und wieder neu interpretiert. Doch schon die Übersetzungen aus dem Französischen unterscheiden sich zum Teil erheblich. Kein Wunder, wollte Nostradamus doch schon das Original unverständlich halten.

■ Der Franzose aus der Provence mit dem bürgerlichen Namen Michel de Notredame machte in Frankreich während einiger Pestausbrüche als Arzt auf sich aufmerksam. Seinen hohen Bekanntheitsgrad als Nostradamus verdankt er seinen in Versform gehaltenen Prophezeiungen.

Sternenkunde

Schon als kleiner Junge befasste sich Nostradamus mit Astronomie. Als Kind und Jugendlicher wurde er von seinem Großvater unterrichtet. Neben Latein, Griechisch und Hebräisch lernte Nostradamus unter dessen Anleitung auch Grundkenntnisse in Mathematik und Sternenkunde. An den Unterricht in diesem familiären Umfeld schlossen sich ab 1518 Studiensemester in Avignon und

starben 1537 an Diphtherie. Damit war sein Ruf als Heiler vorerst ruiniert. Für Nostradamus begannen unstete Jahre des Reisens. Erst nach sieben Jahren ließ er sich erneut nieder; diesmal in Aix-en-Provence. Dort tobte 1544 die Pest, und so wurde Nostradamus wieder als Arzt tätig. Wieder war er sehr erfolgreich. Und bald stellte sich auch das familiäre Glück ein. Der Arzt aus der Provence heiratete eine wohlhabende Kaufmannswitwe und ließ sich in Salon nieder.

Prophezeiungen

Finanziell abgesichert wandte sich Nostradamus der Sterndeuterei zu. Seine Horoskope veröffentlichte er erstmals 1550. Seine pessimistischen Zukunftsvisionen schildern Tod, Verwüstung und Untergang, faszinierten jedoch zahlrei-

Seine Prophezeiungen waren stets von vagem Charakter. Es fehlten unverschlüsselte Orts- und Zeitangaben.

Montpellier an. Nostradamus befasste sich an dortigen Universitäten mit freien Künsten und Medizin.

Medizin

Nach seinem Studium begann er als Arzt zu praktizieren. Dies tat er sehr erfolgreich. Doch eine familiäre Tragödie setzte seiner Karriere ein Ende. Nostradamus erste Frau und seine zwei Kinder

che Zeitgenossen. Prominenteste Anhängerin des düsteren Sehers wurde Katharina von Medici, die spätere Königin von Frankreich. So erhielt Nostradamus Zugang zum französischen Hof.

Berühmt wurde Nostradamus mit einer Prophezeiung aus seinen seit 1555 veröffentlichen *Zenturien*. Ein Absatz davon wurden von den Zeitgenossen als Vorhersage des Todes Heinrichs II. interpretiert. Dieser starb tatsächlich wenig später.

Andrea Palladio

Begründer des Palladianismus

* 30. November 1508 in Vicenza
† 19. August 1580 in Vicenza

■ Als Schöpfer eines neuen klassizistischen Stils, des Palladianismus, übte Palladio über mehrere Jahrhunderte hinweg einen entscheidenden Einfluss auf die Architekturkunst aus. Der Sohn eines Müllers erlernte das Handwerk des Steinmetzes und arbeitete auf Baustellen, bis er im Alter von 41 Jahren erstmals einen eigenen architektonischen Entwurf anfertigte. Mit seinem Vorschlag für den Neubau des Rathauses in Vicenza, der späteren Basilica, setzte er sich gegen alle übrigen Konkurrenten durch. 1552 wurde Palladio, der sich seine architektonischen Inspirationen zuvor auf mehreren Romreisen geholt hatte, zum Stadtbaumeister von Vicenza ernannt. In der Folgezeit schuf er eine Vielzahl von Stadtplänen, Villen, Gärten und Brücken in Vicenza, Vicentino und Veneto. Ab 1560 war Palladio dann überwiegend in Venedig tätig, wo er sich in der Stadt fast überwiegend dem Sakralbau zuwandte und 1570 Staatsbaumeister wurde.

Römische Einflüsse

Römisch-antike Einflüsse sind erstmals am Palazzo Thiene in Vicenza deutlich wahrnehmbar – ein Bauwerk, das Palladio vermutlich unmittelbar nach der Rückkehr von seiner ersten Romreise (1541) errichtet hat. Die Auseinandersetzung mit der Baukunst Bramantes und seiner Schüler zeigt sich ebenfalls in diesem an antiken Vorbildern angelehnten Werk.

Sakrale Bauten

Unter den sakralen Bauten ist die Kirche von S. Giorgio Maggiore in Venedig (1566–79) als umfangreichstes Werk hervorzuheben. Ähnlich wie auch bei der Kirche Il Redentore in Venedig sind die antiken Vorbilder deutlich zu bemerken. Im Spätwerk Palladios ist dagegen eine gewisse Tendenz zur Verselbstständigung der Fassade bemerkbar.

S. Giorgio Maggiore

Johannes Calvin

Reformator und Begründer des Calvinismus

eigentlich: Jean Cauvin

* 10. Juli 1509 in Noyon
† 27. Mai 1564 in Genf

Johannes Calvin

■ Der aus Frankreich stammende Johannes Calvin gehörte der zweiten Generation der Reformatoren an. Er wirkte in der Schweiz, wo er in Genf versuchte, das öffentliche und private Stadtleben auf den Protestantismus auszurichten. Seine Interpretation der neuen Konfession beeinflusste den Protestantismus der Neuzeit nachhaltig.

Frankreich

Johannes Calvins Vater, der am Domkapitel von Noyon arbeitete, schickte seinen Sohn 1523 zum Theologiestudium nach Paris. Hier begann er Theologie zu studieren. Für einige Jahre unterbrach er sein Studium und widmete sich in Orléan und Bourges der Rechtswissenschaft. Als er dann wieder nach Paris zurückkehrte, lernte er die Gedanken der Reformation und des Humanismus kennen. Um ein besseres Verständnis des Konfessionsstreits zu erlangen, entschloss er sich, Hebräisch, Latein und Griechisch zu lernen. Seine Studien der Bibeltexte im Original gingen mit einer Annäherung an protestantische Positionen einher. Als 1533 in Paris die Verfolgung der Protestanten einsetzte, musste Calvin aus Frankreich fliehen.

Schweiz

Sein Weg führte ihn nach Basel. In diesem toleranteren Umfeld schrieb er sein theologisches Hauptwerk *Institutio Christianae Religionis*. Darin rechtfertigte er protestantische Positionen und fasste die neuen Glaubensgrundsätze zusammen. Diese Schrift sollte nach seiner Veröffentlichung in der endgültigen Fassung 1560 zu einem der Hauptwerke des Protestantismus werden. Doch schon die ersten Veröffentlichungen rückten Calvin in den Mittelpunkt des Konfessionsstreits. Dieser Aufmerksamkeit verdankte Calvin eine Einladung nach Genf, wo er die Protestanten unterstützen sollte. Calvin nahm diese Einladung an und widmete sich ab 1536 der Unterstützung der dortigen Protestantismus. Er begnügte sich aber nicht mit einer Umgestaltung der Kirche, sondern forderte eine Neuausrichtung des öffentlichen und privaten Lebens. Die von ihm geforderte Regulierung sämtlicher Lebensbereiche führte 1538 zu seiner Verbannung.

Doch schon 1541 wurde er zurückgerufen und konnte sein Werk fortsetzen. Er verband kirchliche und städtische Leitung und regelte so vom Gottesdienst über den Betrieb von Kneipen bis zum Tanzen und Fluchen alle Lebensbereiche. Calvins Lebensregeln und Vorschriften prägten den Protestantismus in Europa und später in Nordamerika. Puritaner und Presbyterianer trugen seine Ideen in die Welt. Nur in Deutschland dominierte die weniger radikale Lehre Luthers.

Katharina de' Medici

Friedliebende Regentin

* 1519 in Florenz
† 1589 in Blois

■ Der Name Katharina de' Medici wird häufig mit der sogenannten Bartholomäusnacht 1572 in Verbindung gebracht, einem Massaker an über 3000 Hugenotten allein in Paris. Ihre Rolle bei dieser Aktion ist allerdings durchaus umstritten.

Politische Vermählung

Kurz nach ihrer Geburt starben Katharinas Eltern, Lorenzo di Piero de' Medici und Madeleine de la Tour d'Auvergne, eine Verwandte des französischen Königs Franz I. Giulio de' Medici, der spätere Papst Klemens VII., wurde zu ihrem Vormund bestimmt. Seit sie sechs Jahre alt war, versuchte der Papst sie zu verheiraten, um selber an politischem Einfluss zu gewinnen. 1532 hatten diese Bemühungen schließlich Erfolg, und es wurde eine Hochzeit mit Henri II., dem zweiten Sohn des französischen Königs, vereinbart.

Obwohl Katharina dem Vernehmen nach ihren Gatten sehr liebte, kann man die Ehe nicht als glücklich bezeichnen. Schon früh nahm sich Henri eine Mätresse, im Laufe der kommenden 20 Jahre zeugte er mindestens drei uneheliche Kinder mit verschiedenen Partnerinnen. Nur bei Katharina wollte es mit dem Nachwuchs nicht so recht klappen. Als Henri schon mit dem Gedanken spielte, die Ehe annullieren zu lassen, erblickte 1544 Franz II. als Thronfolger das Licht der Welt.

Katharina, die Regentin

Nach dem Tod seines älteren Bruders wurde Henri 1536 zum Thronfolger und Katharina Königin von Frankreich. Henris Regentschaft dauerte bis 1559, dann erlag er einem Unfall, und sein ältester Sohn Franz II. bestieg den Thron. Nun begann ein tragischer Reigen im Königshaus. Nach nur einem Jahr starb Franz und der zehnjährige Karl IX. folgte ihm. Katharina übernahm de facto die Regierungsgeschäfte. Sie geriet in die Machtkämpfe zwischen den Adelshäusern der Bourbonen und der Guisen einerseits und den Katholiken und den Hugenotten andererseits, die in der Bartholomäusnacht gipfelten. Katharinas Plan war allerdings kein Gemetzel gewesen, sie wollte lediglich den Anführer der Hugenotten ermorden lassen, um so weiteres Blutvergießen zu vermeiden, als ihr die Ereignisse aus den Fingern glitten.

Eigentlich stand Katharinas Regentschaft nämlich (auch als ihre weiteren Söhne zu Königen gekrönt wurden) unter dem Zeichen des Friedens. Katharina hielt jeden Gegensatz für überbrückbar und jede Feindschaft für versöhnbar. Ihre Parole war: Kompromiss statt Bürgerkrieg.

Katharina de' Medici und Henri II. bei ihrer Vermählung

> Als der Bann gebrochen war, bekamen Henri und Katharina noch neun weitere Kinder innerhalb von zwölf Jahren.

Elisabeth I.

Die jungfräuliche Königin

* 1533 in Greenwich
† 1603 in Richmond upon Thames

Maria Tudor

Elisabeth wurde von Zeitgenossen als schlau, weltzugewandt, hart wie Stahl, eitel, zäh, trotzig, egozentrisch, sehr neugierig, geizig, launisch, ungeduldig, jähzornig, rachsüchtig, aber auch im richtigen Moment selbstbeherrscht beschrieben.

■ Die englische Königin Elisabeth I. gilt als eine der bedeutendsten Herrscherinnen der europäischen Geschichte. Nicht umsonst steht das Elisabethanische Zeitalter für eine besondere Phase der Blüte in der englischen Geschichte. Die lange Regentschaft von 44 Jahren und 127 Tagen zeugt von einer außerordentlichen Stabilität.

Exzellente Schülerin

Elisabeth wurde im Jahr 1533 als Tochter des englischen Königs Heinrich VIII. und seiner zweiten Frau Anne Boleyn geboren. Als sie nur drei Jahre alt war, ließ der König Elisabeths Mutter hinrichten, und es begann eine unerfreuliche und bisweilen sogar dramatische Kindheit. Nach der Geburt ihres Halbbruders Eduard VI. wurde sie nämlich offiziell für unehelich erklärt, aus der Thronfolge entfernt und geriet somit in Vergessenheit.

schen Muttersprache perfekt. Später lernte sie auch noch Latein und Griechisch. Außerdem zeigte sie großes Interesse an Politik und Philosophie.

1544 erinnerte sich das englische Parlament offenbar wieder an Elisabeth und reihte sie wieder in die Thronfolge ein, hinter ihren Halbgeschwistern Edward VI. und Maria der Katholischen. Heinrich VIII. starb 1547, und Edward folgte ihm auf den Thron. Nach sechsjähriger Herrschaft starb auch er; nun regierte Maria Tudor.

Intrigen im Königshaus

Jetzt sah die protestantische Opposition im Land ihre Chance gekommen: Sie versuchte, Elisabeth zu ihrer Gallionsfigur zu machen. Schließlich bot die junge Prinzessin für alle, die sich geschworen hatten, Maria aus Glaubensgründen oder auch später wegen ihrer spani-

Mit viel Geschick und Diplomatie schaffte Elisabeth es, ihrem Land eine lange Zeit des Friedens zu verschaffen.

Dennoch erhielt sie eine strenge und umfassende Ausbildung und wusste ihre Lehrer durch eine rasche Auffassungsgabe und ihre große Intelligenz zu beeindrucken. Schon als Zehnjährige beherrschte Elisabeth das Französische und das Italienische neben ihrer engli-

schen Heirat abzusetzen, die einzige Alternative zur Königin. Und so kam es, dass Maria ihre Halbschwester der Mitwisserschaft an einem Komplott gegen sie beschuldigte und in den Tower werfen ließ. Erst nach mehr als einem Jahr ließ sie alle Anschuldigungen gegen die nachweislich unbeteiligte Elisabeth fallen und erlaubte ihr die Rückkehr an den Hof. Es hätte in dieser Zeit nicht viel gefehlt und Elisabeth wäre hingerichtet worden.

1558 starb auch Maria Tudor und Elisabeth wurde mit 25 Jahren, nach einer ebenso gefährlichen wie wechselvollen Jugend, Königin von England.

Renovierung des Empire

Das Land, das Elisabeth von Maria Tudor übernahm, befand sich allerdings in einem bedauernswerten Zustand. Die militärische Stärke hatte in dem französischen Krieg, den Maria auf Wunsch ihres spanischen Gatten begonnen hatte, katastrophal abgenommen. Die Finanzen waren völlig zerrüttet – Maria Tudor vererbte ihrer Nachfolgerin Schulden in Höhe von 260.500 englischen Pfund –, und der Kredit des Landes war gleich null. Zaudern gab es bei Elisabeth nicht, und so machte sie sich sofort an die Arbeit, das Empire wieder auf Vordermann zu bringen. Entsprechend begeistert zeigte sich das englische Volk von seiner neuen Herrscherin.

Elisabeth I.

Innenpolitisch sorgte ihre sozialpolitische Gesetzgebung für Stabilität. So regelte sie beispielsweise die Lehrlingsausbildung im Handwerk, die Überwachung der Löhne sowie die Armenfürsorge. Zunächst zeigte sie sich auch in religiösen Fragen durchaus liberal, doch als Papst Pius V. sie 1570 exkommunizierte und die Katholiken zu ihrer Ermordung aufrief, hatte der Spaß schnell ein Ende. Wer sich nun weigerte, sie als Oberhaupt der anglikanischen Kirche anzuerkennen, machte sich automatisch als Verschwörer verdächtig und wurde hart bestraft.

Philipp II.

Sie ließ lieber andere Könige und Fürsten Kriege führen – auch zu ihrem Vorteil – und vermied so lange wie möglich eigene kriegerische Auseinandersetzungen, da diese ihrer Meinung nach nur Geld verschlangen und außerdem zu viel „gutes englisches Blut" kosteten. Hin und wieder musste sie aber auch selbst Hand anlegen. Als Philipp II. sie und ihr Land im Auftrag des Papstes und zur Rettung des Katholizismus angriff, musste der Spanier 1588 eine empfindliche Niederlage einstecken. Er verlor in der berühmten Seeschlacht von Gravelines einen Teil seiner bis dahin als unschlagbar geltenden Armada. Damit konnte England auch international zur Großmacht aufsteigen und erlebte daraufhin in Handel und Schifffahrt eine Blütezeit. Ihrem Nachfolger, Jakob VI., hinterließ Elisabeth einen einheitlichen, mächtigen und nationalbewussten Staat.

Maria Stuart

Gegenspielerin Elisabeths I. von England

* 1542 im Palast von Linlithgow
† 1587 in Schloss Fotheringhay

Maria Stuart

■ Maria Stuart war eine zentrale Gestalt im politisch-konfessionellen Streit des 16. Jahrhunderts.

Kindheit und Jugend

Maria Stuart wurde schon im Alter von wenigen Tagen zur Königin gesalbt. In Schottland gab es nach dem frühen Tod ihres Vaters, König Jakob V., viele religiös motivierte Unruhen. Diese nahmen schließlich so überhand, dass ihre Mutter sie zu Verwandten ins katholische Frankreich schickte, wo sie umgehend mit dem erst vierjährigen Thronfolger verlobt wurde. Es folgten glückliche Kindertage bei Hofe in Gesellschaft ihres Verlobten und dessen Geschwister.

Leidenschaftliche Königin

Zunächst sah alles nach einer glücklichen Fügung aus, aber ihr kränklicher Mann verstarb früh und Maria kehrte als Königin von Schottland zurück in ihr Land, das inzwischen ganz und gar protestantisch war und unter dem Einfluss Englands stand. Sie brauchte einen starken König an ihrer Seite, hatte aber keine glückliche Hand bei der Auswahl ihrer nun folgenden Männer. Immer von großer Leidenschaft getrieben, ging die beliebte und attraktive Frau Ehen und Beziehungen ein, die ihr letztlich schadeten und ihre Stellung schwächten.

Irrungen und Wirrungen

Zunächst heiratete sie aus Liebe einen Cousin, der sich jedoch als Trunkenbold entpuppte. Einsam und enttäuscht begann sie zarte Bande zu ihrem Sekretär zu knüpfen, den ihr eifersüchtiger Mann schließlich tötete. Als Nächstes verliebte sie sich in einen verheirateten Grafen. Bei einer Explosion kam ihr Mann ums Leben. Maria wurde des Mordes bezichtigt und von ihren eigenen Leuten gezwungen abzudanken und die Macht an ihren Sohn zu übergeben, der als charakterlich schwach galt. Schließlich musste sie nach England fliehen, wo sie zunächst von Königin Elisabeth I. aufgenommen wurde.

Gefangenschaft und Hinrichtung

Weil Maria aber nicht damit einverstanden war, auf die schottische Krone zu verzichten, was aber dem Willen der englischen Königin entsprach, glich diese Aufnahme eher einer Gefangenschaft.

Heimlich versuchte sie, durch ein Netz von Spionen und Vermittlern die schottische Krone zurückzuerlangen. Dabei war die charismatische schottische Königin so erfolgreich, dass Elisabeth fürchtete, ihre Macht oder ihr Leben zu verlieren. Maria wurde schließlich wegen Hochverrats hingerichtet.

Francis Bacon

Staatsmann und Philosoph

* 1561 in London
† 1626 in London

■ Francis Bacon machte zunächst als Politiker mit einer kurzen, aber steilen Karriere auf sich aufmerksam. Richtig berühmt wurde er dann aber als Philosoph. Hier gilt er u. a. als Wegbereiter der Empirie.

Bacon, der Politiker

Francis Bacon war ein Mann mit festen Prinzipien – und diese ließen ihn schnell bei Königin Elisabeth I. in Ungnade fallen. 1593 legte er nämlich als Mitglied des House of Commons Widerspruch gegen eine Geldbewilligung der Regierung ein. Dafür hatte die Königin gar kein Verständnis, und um Bacons politische Karriere war es fast geschehen. Wirklich durchstarten konnte er erst unter König Jakob I. Im Zuge seiner Krö-

Bacon als Dichter und Philosoph

Schon während seiner Zeit als Politiker hatte der gelernte Jurist Bacon mit dem Verfassen erster Schriften begonnen. Das Ziel seiner philosophischen Bemühungen war dabei zunächst die große Erneuerung der Philosophie und der Wissenschaften auf der Grundlage „unverfälschter Erfahrung". Damit plädierte Bacon für die Ablösung der Spekulation durch die Empirie und wurde so zum Wegbereiter dieser Methode in der Wissenschaft. Ohne diese Erkenntnis wären die modernen Naturwissenschaften, wie wir sie heute kennen, gar nicht möglich gewesen. Zweck der Naturerkenntnis ist seiner Auffassung nach die Beherrschung der Natur und ihre Nutzbarma-

Francis Bacon

In seinem utopischen Roman *Nova Atlantis* schildert Bacon einen auf diesem Weg entworfenen technisch perfekten Zukunftsstaat.

nungsfeierlichkeiten wurde Bacon zum Ritter geschlagen, im Jahr 1607 ernannte der König ihn zum Generalstaatsanwalt, sechs Jahre später stieg er zum Generalfiskal auf. 1617 wurde er Großsiegelbewahrer, 1618 Lordkanzler und Baron Baco von Verulam. Drei Jahre später wurde er der Bestechung angeklagt, gestand, und wurde zu Geld- und Gefängnisstrafe verurteilt und vom Hof verbannt.

chung zur Vervollkommnung der Kultur. In seinem literarischen Werk ist besonders eine Reihe von Essays von Bedeutung, die er in Tradition des französischen Schriftstellers Michel Eyquem de Montaigne verfasst hatte. Diese kleinen Schriften fühlen sich einer besonderen Form des meditierenden, sich selbst „erprobenden" Denkens verpflichtet. Der Plan, das englische Recht seiner Zeit zu kodifizieren, gelang Bacon nicht.

Besonders in der zweiten Hälfte des 19. Jahrhunderts wurde Bacon oft als wahrer Verfasser der Literatur Shakespeares angesehen. Vereinzelt hält sich diese Überzeugung auch heute noch.

Galileo Galilei

Italienischer Physiker und Astronom

* 15. Februar 1564 in Pisa
† 8. Januar 1642 in Arcetri bei Florenz

Galileo Galilei

Galilei beobachtete mit seinem Teleskop auch die Mondoberfläche. Als Erster zeichnete er die raue, zerklüftete Oberfläche. Auch konnte er erkennen, dass die Milchstraße aus unzähligen Sternen besteht und kein Nebel ist. Mit dem Teleskop entdeckte er auch Sonnenflecken und vier Jupitermonde.

■ Galileo Galilei gilt als Begründer der modernen mathematischen und experimentellen Naturwissenschaft. Seine Entdeckungen auf dem Gebiet der Bewegung von Körpern begründeten die Mechanik. Als Astronom setzte er als Erster ein Teleskop ein. Seine Entdeckungen untermauerten das kopernikanische Weltbild.

Erste Versuche

Seiner Neigung zu Experimenten konnte Galilei schon als junger Erwachsener nachgehen. Sein Vater war Musiker und sehr an Musiktheorie interessiert. Mit seinem ältesten Sohn Galileo untersuchte er den Zusammenhang zwischen Saitenspannung und Tonhöhe. So kam der spätere Physiker schon früh mit experimenteller Wissenschaftspraxis in Berührung. Galileo konnte dabei seine Kenntnisse aus den ersten Studienjahren einbringen. Seit 1581 war Galilei an der Universität von Pisa eingeschrieben und studierte dort Medizin. Doch die Leidenschaft des jungen Wissenschaftlers galten der Mathematik und Philosophie. Als sich ihm die Möglichkeit bot, an der Universität zu unterrichten, nahm Galilei gerne an und lehrte fortan seine beiden Lieblingsfächer. Seine Lehrtätigkeit setzte Galilei auch außerhalb der Universität fort. Er verließ ohne Abschluss Pisa und arbeitete als Privatlehrer in Florenz und Sienna.

Teleskop

Auch außerhalb der Universität forschte Galilei weiter und veröffentlichte diverse Papiere zu seinen physikalischen und mechanischen Experimenten. Seine Schriften weckten das Interesse der Fachwelt, sodass er 1589 eine Professur in Pisa angeboten bekam. Galilei nahm an und stürzte sich sofort in weitere Studien. Auch am berühmten schiefen Turm der Stadt führte er Experimente

Mit neuer Technik aus den Niederlanden wurde Galilei auf einen Schlag zur Berühmtheit.

durch. Er beobachtete fallende Körper und entdeckte das Verhältnis zwischen Fallzeit und zurückgelegter Strecke. Dies waren zwar bedeutende Entdeckungen, aber der Durchbruch seiner Karriere ließ auf sich warten. Nach einem Universitätswechsel nahm seine Laufbahn eine neue Wendung.

Als 1609 in den Niederlanden eine neue Erfindung für Aufsehen sorgte, wurde auch der Physiker aus Padua aufmerksam. Durch eine Kombination von Linsen konnten entfernte Gegenstände wie aus der Nähe betrachtet werden: Das Teleskop war erfunden. Galilei

baute sofort eigene Teleskope und konnte mit den hochwertigen Beobachtungsinstrumenten erstmals detaillierte Himmelsbeobachtungen durchführen. Seine zahlreichen Entdeckungen veröffentlichte er 1610 in dem Buch *Nachricht von neuen Sternen.*

Streit

Für seine Entdeckungen erhielt Galileo Galilei eine zusätzliche Pension des Senats von Venetien. Doch die Arbeiten stießen nicht bei allen auf Begeisterung. Galilei stand mit zahlreichen Interessierten in stetem Briefwechsel über Bibelinterpretationen unter Berücksichtigung seiner und Kopernikus' Erkenntnisse. Einige dieser Briefe wurden 1613 von Mönchen in verfälschter Form an die Inquisition nach Rom gesandt. Da sich gerade die Stimmung in der Kurie gegen das kopernikanische Weltbild wandte, geriet auch Galilei in Schwierigkeiten. Er musste nach Rom reisen, um sich zu verteidigen. Galilei wurde untersagt, sich weiterhin für das Weltbild nach Kopernikus auszusprechen. Dennoch polemisierte er 1623 in seiner nächsten Schrift *Prüfer mit der Goldwaage* gegen jegliche unmathematische Beschäftigung mit naturwissenschaftlichen Fragen. Dass es nicht zum Streit kam, lag an der Ernennung eines Gönners von Galilei zum neuen Kirchenoberhaupt. Papst Urban VIII. lud Galilei sogar nach Rom ein und erlaubte ihm, eine theoretische Abhandlung über das kopernikanische Weltbild zu veröffentlichen.

Inquisition

Galilei schrieb daraufhin den *Dialog über die beiden hauptsächlichen Weltsysteme,* den er 1632 veröffentlichte. Der in Dialogform gehaltene Text legte die Verteidigung des geozentrischen Weltbildes allerdings einer „Simplico" (= Dummkopf) genannten Figur in den Mund. Die Kurie in Rom war entsetzt und Galilei in größeren Schwierigkeiten als jemals zuvor. Er wurde vor die Inquisition geladen. Galilei überstand den Prozess ohne Haft oder Folter, war sich aber seiner Lage bewusst und widerrief. Andernfalls hätte ihm der Tod auf dem Scheiterhaufen gedroht. So lautete das Urteil auf lebenslange Haft. Diese konnte Galilei in seiner Villa bei Arcetri unter Hausarrest absitzen.

Dort forschte er weiter und schrieb die *Unterredungen und mathematische Demonstrationen über zwei neue Wissenszweige.* In dem Buch fasste er seine Kenntnisse zur Bewegung von Geschossen und Biegung von Balken zusammen. Es wurde 1638 fertiggestellt.

Titelblatt von Galileis *Dialog*: Aristoteles, Ptolemäus und Kopernikus diskutieren

Claudio Monteverdi

Bahnbrechender Musikdramatiker

* 15. Mai 1567 in Cremona
† 29. November 1643 in Venedig

Claudio Monteverdi

Claudio Monteverdi war nicht nur ein begnadeter Komponist vielfältiger Kirchen- und Orchestermusik, sondern er schuf mit *L'Orfeo* (1607) auch die erste italienische Oper großen Stils. Die Laufbahn des musikalischen Ausnahmetalents, das schon mit 16 Jahren durch eigene Kompositionen bekannt wurde, startete 1590, nachdem Monteverdi als Sänger und Violinist an den Hof der Herzöge von Gonzaga nach Mantua berufen wurde. 1601 wurde er dort zum Kapellmeister ernannt. 1613 übernahm Monteverdi die Kantorstelle an der Markuskirche in Venedig. Wegen der in Venedig wütenden Pest und vermutlich auch aufgrund des frühen Todes seiner Frau ließ er sich 1632 zum Priester weihen. Monteverdi ließ sich bei seinen Kompositionen auch von der sogenannten Affektenlehre beeinflussen, die Hinweise darauf gab, wie durch die Musik bestimmte Gefühle, wie beispielsweise Freude, Liebe oder Eifersucht, beim Zuhörer geweckt werden konnten.

Madrigale

Bis zu seinem 40. Lebensjahr komponierte Monteverdi beinahe ausschließlich Madrigale. Mit seinen acht Büchern fünfstimmiger Madrigale vollzog er die musikalische Entwicklung vom Höhepunkt der Polyfonie der Renaissancemusik zum monodischen Stil des Barock. Im achten Buch finden sich die *Madrigali guerrieri et amorosi*, die als vollendetes Beispiel dieser musikalischen Gattung gelten. Kennzeichnende Elemente sind wechselnde Besetzungen, monodische Formen und Mehrteiligkeit.

Das bekannteste Madrigal der Sammlung ist der *Lamento della ninfa,* der Klagegesang einer von ihrem Geliebten verlassenen Nymphe. Die Madrigale nehmen bereits zu einem gewissen Grad den Wechsel vom polyfonen zum generalbassbetonten Stil des Barock vorweg. Ein weiteres wichtiges Kennzeichen ist die Unterordnung der Harmonie unter den Text.

Notenseite aus einem Madrigal

Opern

Von den klaren Melodielinien der Monodie und den sich in den Dienst des Textes stellenden Harmonien ausgehend, gelangte Monteverdi zur Entwicklung der Oper. Das erste große Opernwerk *L'Orfeo* war eine Auftragsarbeit anlässlich des jährlich stattfindenden Karnevalsfestes in Mantua. Das Werk enthält virtuose Arien und ist in seiner gesamten Gestaltung für nachfolgende Generationen wegweisend. Mit seiner lebhaften Orchestrierung und wohlüberlegten dramatischen Inszenierung wurde die Oper ein großer Erfolg. Es folgten *L'Arianna* (1608), von der allerdings nur das berühmte *Lamento* erhalten ist, sowie *Die Heimkehr des Odysseus* (1641) und *Die Krönung Poppeas* (1642). Monteverdis Opernwerke kamen im 1637 gegründeten, ersten ständigen Opernhaus der Welt, dem Teatro San Cassiano in Venedig, in unterschiedlichen Inszenierungen zur Aufführung.

Mit L'Orfeo schuf Monteverdi die erste große italienische Oper und wurde somit zum Begründer der gleichnamigen Gattung.

Wirkung

Das Werk Monteverdis leitete die Wende von der Musik der Renaissance zum Musikstil des Barock ein. Bereits zu Lebzeiten erntete Monteverdi mit seinen Opern großen Ruhm. Gemeinsam mit Heinrich Schütz gilt Monteverdi als größter Komponist des 17. Jahrhunderts. Er leistete zudem einen bedeutenden Beitrag zur Erweiterung der tonalen Vorstellungen der abendländischen Musik, da er in seinen Werken erstmals auch Dissonanzen einsetzte.

Heinrich Schütz

Die ersten Opernhäuser

Das 1637 gegründete Teatro San Cassiano war das erste Opernhaus der Welt. Die Zuschauerränge waren bereits nach einem bestimmten Schema angeordnet, das in der Folgezeit beim Bau weiterer Opernhäuser beibehalten wurde. Die Logen wurden vornehmlich an Adlige und andere wohlhabende Bürger vermietet. Das Parkett hatte zunächst keine Sitzplätze. Später wurden dann Stühle eingeführt, wobei die hinteren Reihen als Stehparkett unbestuhlt blieben. Der Adel nahm auf Podien im Parkett Platz, im Verlauf des 18. Jahrhunderts wurden dann Hoflogen in der Mitte des ersten Ranges für den Adel eingerichtet. Für eine lange Zeit blieb der Orchestergraben zunächst unversenkt. Den Bühnenrahmen bildete das Proszenium, das in Anlehnung an antike Vorbilder prunkvoll ausgestattet war. Die Bühne stellte eine Verlängerung des Zuschauerraums dar. Beide wurden hell erleuchtet. Die Guckkastenbühne wurde erst im Verlauf des 19. Jahrhunderts eingeführt.

Die Oper war nur zu bestimmten Spielzeiten geöffnet. Der Karneval war die Hauptspielzeit. Weitere Spielzeiten fanden von Ostern bis zur Sommerpause und vom Herbst bis zum Advent statt. Während der Passions- und Adventszeit wurden Oratorien anstelle von Opern gespielt.

17. Jahrhundert

Glaubenskrieg und Absolutismus

Dreißigjähriger Krieg: Gustav Adolfs Tod in der Schlacht von Lützen

Andreas Schlüter: Reiterstandbild Friedrich Wilhelms von Brandenburg

■ Das 17. Jahrhundert stand ganz im Zeichen der Glaubensspaltung. Und noch mehr als zuvor waren religiöse Gegensätze politische Gegensätze. Denn seit 1555 galt der Grundsatz „Cuius regio, eius religio" („Wes das Land, des die Religion"), nach dem die Fürsten eines Landes ihre Konfession frei wählen konnten.

30 Jahre Krieg

Der protestantischen Union um den Pfälzer Kurfürsten Friedrich IV. stand die kaiserlich-katholische Liga unter Führung des Bayern Maximilian I. gegenüber. Die Spannungen zwischen beiden Lagern entzündeten sich im Mai des Jahres 1618, als die böhmischen Stände den evangelischen Kurfürsten Friedrich V. der Pfalz zum neuen König wählten. Doch die katholischen Truppen der Liga schlugen den böhmischen Aufstand nieder. Als sie dann nach Norddeutschland vordrangen, um dort die Gegenreformation zu unterstützen, stellte sich der dänische König Christian IV. der katholischen Liga entgegen. Nach dessen Niederlage sah Schweden seine Herrschaft über den Ostseeraum durch den kaiserlichen Machtzuwachs gefährdet und schickte ein eigenes Heer nach Deutschland. Gustav Adolf von Schweden konnte zunächst weit bis nach Süddeutschland vordringen. Doch Kaiser Ferdinand II. gelang es, die Reichsstände zu einigen und ein gemeinsames Heer

gegen Schweden aufzustellen. Kaum war der schwedische Vorstoß gestoppt, griff Frankreich auf Schwedens Seite in den Krieg ein. Die Folge war die Verlängerung der Kämpfe bis zum Westfälischen Friedensschluss von 1648.

Machtgefüge

Das Heilige Römische Reich Deutscher Nation wurde durch die Bestimmungen des Westfälischen Friedens zu einem lockeren Bund deutscher Fürsten. Die Landesherren erhielten weitreichende Rechte. Im Reich bildeten sich in den Jahren nach dem großen Krieg zwei Machtblöcke heraus. Das klar stärkste Adelshaus waren nach wie vor die Habsburger. Österreich verteidigte 1683 Wien gegen die Türken und gewann Ungarn als Teil der Erbmonarchie. Im Nordosten des Reiches wurde Kurfürst Friedrich Wilhelm der Große von Brandenburg zum politischen Faktor. Die Anerkennung seiner Unabhängigkeit durch Schweden und Polen war die Geburtsstunde Preußens. In Europa standen sich noch drei weitere Mächte gegenüber: das wachsende russische Zarenreich, Großbritannien und Frankreich.

Alles für den König

In Frankreich regierte seit 1661 König Ludwig XIV. mit einer nie da gewesenen Machtfülle. Er ging als Prototyp des absolutistischen Herrschers in die Geschichte ein. Stütze des Absolutismus waren das stehende Heer und die ausgebaute Provinzialverwaltung, die den Willen des „Sonnenkönigs" von seinem Hof in alle Winkel des Königtums trugen. Auch die Wirtschaft wurde vom König gelenkt. Binnenzölle wurden abgeschafft, große Betriebe gefördert, die arbeitsteilig produzierten, und die Wirtschaft wurde auf den Export ausgerichtet.

In England nahm die politische Entwicklung jedoch einen anderen Verlauf. Das Parlament zerstritt sich mit dem Königshaus über Steuerfragen und setzte in der „Glorious Revolution" von 1688 einen neuen König ein, der sich einer Verfassung verpflichtete. So schlug zum Höhepunkt des französischen Absolutismus gleichzeitig in England die Geburtsstunde der konstitutionellen Monarchie.

Gedankenaustausch

Wie die meisten politischen Entwicklungen im 17. Jahrhundert war auch die Entstehung der absolutistischen Herrschaft in Frankreich nicht frei von religiösen Konflikten. Ludwig XIV. verstand sich als König von Gottes Gnaden und sicherte die alleinige Vormachtstellung der katholischen Staatskirche. Andersgläubige wurden verfolgt und vertrieben. Die Aufhebung des Edikts von Nantes löste 1685 eine Fluchtwelle französischer Hugenotten aus. In den Niederlanden und Brandenburg fanden die meisten von ihnen ein neues Zuhause. Die Flüchtlinge bereicherten ihre Gastländer. Sie brachten sowohl zusätzliche Arbeitskraft in die noch immer vom Krieg entvölkerten Länder als auch neue Ideen und Gedanken aus dem fortschrittlichen Frankreich. Denn das Land unter dem „Sonnenkönig" gehörte auch in Philosophie und Wissenschaft zur europäischen Spitzenklasse.

Trotz bahnbrechender Arbeiten über das Sonnensystem und der Entste-

hung moderner naturwissenschaftlicher Disziplinen waren weite Teile der europäischen Bevölkerung im 17. Jahrhundert noch tief im Aberglauben verhaftet. Hexenverfolgungen waren in ganz Europa nach wie vor keine Seltenheit.

Schloss Versailles, Residenz Ludwigs XIV.

Die ganze Welt

Die Entstehung eines neuen wissenschaftlichen Weltbildes ging nicht nur mit zahlreichen Entdeckungen auf dem Gebiet der Naturwissenschaften einher. Auch das Wissen über die Geografie der Erde nahm im 17. Jahrhundert schlagartig zu. Während um 1600 nur etwa die Hälfte der Erdoberfläche bekannt war, wurden in den folgenden Jahren zahlreiche Seereisen unternommen, sodass die weißen Flecken auf den damaligen Karten der Welt schrumpften. Dabei stand nicht nur Entdeckerdrang im Vordergrund. Vielmehr waren es auch wirtschaftliche Interessen, die Erkundungen begünstigten. Durch den Erwerb von Kolonien versuchten die europäischen Mächte, ihre merkantilistisch organisierte Wirtschaft zu fördern. England, Frankreich, Spanien, Portugal und die Niederlande besiedelten weite Teile Nord- und Südamerikas, Inseln der Karibik und Teile Indiens. Unter der Kolonialisierung litten vor allem die Ureinwohner der Kolonien. Die Ausbeutung der fremden Völker und Länder diente dabei häufig der Finanzierung des kostspieligen absolutistischen Lebensstils der Regenten in Europa.

Ludwig XIV.

William Shakespeare

Wichtigster Dramatiker der Weltliteratur

 * 23. April 1563 Stratford-on-Avon
† 23. April 1616 Stratford-on-Avon

William Shakespeare

■ Der englische Schriftsteller, Schauspieler und Dichter ist mit seinem umfangreichen literarischen Werk der wichtigste Dramatiker der Weltliteratur.

Leben

Shakespeare wuchs in einer wohlhabenden Familie auf und heiratete bereits im Alter von 18 Jahren die 26-jährige Anne Hathaway, mit der er 1583 eine Tochter und 1585 Zwillinge bekam. Ab 1592 war Shakespeare in London als Schauspieler und Dichter tätig. Seine Schauspielergruppe, die *Lord Chamberlain's Men*, gehörten zu den bekanntesten Künstlern in London. 1594 trat Shakespeare mit seinen Kollegen vor Königin Elisabeth I. auf und wurde 1597 Mitinhaber des renommierten Londoner Globe Theaters. Ab 1603 nannte sich die Schauspielergruppe *The King's Men*, da sie nunmehr nach der Krönung Jakobs I. unter dessen Schutz standen. 1610 kehrte Shakespeare dann wieder in seine Heimatstadt zurück.

Drei Schaffensperioden

Shakespeares künstlerisches Schaffen, das Gedichte, Sonette, Komödien, histo-

Schnitt durch das Globe Theater

CHRONOLOGIE DER WERKE SHAKESPEARES	
Die Komödie der Irrungen (1589–94)	*Julius Cäsar* (1598–1600)
Liebes Leid und Lust (1588–98)	*Wie es euch gefällt* (1599–1600)
Zwei Herren aus Verona (1590–94)	*Was ihr wollt* (1600–02)
Heinrich VI. (1590–92)	*Hamlet* (1600–01)
Richard III. (1591–93)	*Troilus und Cressida* (1600–03)
Titus Andronicus (1592–94)	*Ende gut, alles gut* (1602–04)
Der Widerspenstigen Zähmung (1593–94)	*Othello* (1603–04)
Romeo und Julia (1594–96)	*Maß für Maß* (1603–04)
Richard II. (1594–95)	*König Lear* (1605–06)
Ein Sommernachtstraum (1594–96)	*Macbeth* (1605–06)
König Johann (1591–97)	*Antonius und Cleopatra* (1606–08)
Der Kaufmann von Venedig (1596–97)	*Timon von Athen* (1606–08)
Heinrich IV. (1596–98)	*Coriolanus* (1606–09)
Die lustigen Weiber von Windsor (1597–1601)	*Perikles* (1607–09)
Viel Lärm um nichts (1598–1600)	*Cymbeline* (1608–10)
Heinrich V. (1598–99)	*Das Wintermärchen* (1610–11)
	Der Sturm (1611)
	Heinrich VIII. (1612–13)

rische Stoffe, Märchenspiele und Tragödien umfasst, lässt sich in drei Perioden einteilen. In der ersten Periode, die bis 1595 andauerte, orientierte sich Shakespeare überwiegend an antiken Vorbildern und bereits vorhandenen Formen. Berühmte Werke aus dieser Zeit sind beispielsweise *Die Komödie der Irrungen*, *Ein Sommernachtstraum* und das Königsdrama *Heinrich VI.* Die zweite Periode umfasst weitere Stücke, die vor dem Hintergrund des neu erwachten englischen Nationalgefühls zu sehen sind. Neben *Richard II.* und *Heinrich IV.* gehören in diese Periode auch Komödien wie *Die lustigen Weiber von Windsor*, *Viel Lärm um nichts* und *Was ihr wollt*. Die dritte Periode, die bis 1609 andauert, beinhaltet düstere Tragödien wie zum Beispiel *Hamlet*, *Othello*, *Macbeth* und *König Lear*. Zum Spätwerk Shakespeares gehören außerdem die fantastischen Märchenspiele *Das Wintermärchen* und *Der Sturm*.

ROMEO UND JULIA

Shakespeares erste romantische Tragödie hatte eine italienische Romanze als literarische Vorlage. Zwischen den führenden Veroneser Familien der Montagues und den Capulets steht blinder Hass. Romeo, ein Mitglied der Montagues, und Julia, die blutjunge Tochter aus dem Hause Capulet, könnten den Familienstreit beenden. Auf einem Maskenball verliebt sich Romeo in Julia und gewinnt noch in derselben Nacht Julias Jawort zur heimlichen Vermählung. Doch schon bald fallen erste Schatten auf die junge Liebe. Romeo wird vom Herzog von Verona nach Mantua verbannt, weil er den Mörder seines Freundes erschlagen hat. Es kommt zu einem herzzerreißenden Abschied von der Geliebten. Aufgrund weiterer unglücklicher Verwicklungen kommt Julia scheinbar ums Leben. In Wirklichkeit ist sie jedoch nur in einen Betäubungsschlaf versetzt worden. Romeo eilt an ihr Grab und nimmt ein tödliches Gift ein, um ihr in den Tod zu folgen. Nachdem Julia aus ihrem Schlaf aufwacht, sieht sie, was geschehen ist, und nimmt sich aus Verzweiflung nun wirklich das Leben. Angesichts der schrecklichen Ereignisse kommen die beiden verfeindeten Familien zur Besinnung und versöhnen sich wieder.

torenschaft der Werke Shakespeares sind unter anderem der Earl of Oxford und der Philosoph Francis Bacon. Ein

Titelblatt der Originalausgabe

Shakespeare hinterließ ein umfangreiches dichterisches Werk. Bis heute unklar ist, ob Shakespeare tatsächlich der Urheber aller Werke war, die ihm zugeschrieben werden.

War Shakespeare der Urheber seiner Werke?

Im Rahmen der historischen und literaturwissenschaftlichen Forschung sind immer wieder Debatten darüber aufgekommen, ob Shakespeare tatsächlich der Urheber seiner Werke war oder ob es sich eventuell um eine andere Person gehandelt hat, die nicht wie Shakespeare ein aus der Provinz stammender Emporkömmling mit geringer Bildung war. Kandidaten für die eigentliche Au-

weiterer Kandidat, dessen Name in diesem Zusammenhang immer wieder genannt wird, ist Shakespeares Dramatikerkollege Christopher Marlowe, der 1593 bei einer Schlägerei in einer Gaststätte ums Leben kam. Eine andere Theorie wiederum stellt die Behauptung auf, dass ein ganzes Team von Autoren unter dem Pseudonym Shakespeares dessen Werke verfasst hat. Für jeden dieser Ansätze gibt es zwar gewisse Anhaltspunkte, doch bisher konnte sich keine Theorie über die wahre Autorenschaft der Werke Shakespeares definitiv durchsetzen.

Johannes Kepler

Deutscher Astronom

* 27. Dezember 1571 in Weil der Stadt
† 15. November 1630 in Regensburg

Johannes Kepler

■ Johannes Kepler leistete mit seiner Entdeckung der drei Gesetze der Planetenbewegung einen wichtigen Beitrag zur Etablierung des kopernikanischen Weltbildes.

Leben

Kepler wuchs in einfachen Verhältnissen auf. Seine wissenschaftliche Laufbahn verdankte er dem Evangelischen Stift in Tübingen, wo er 1589 sein erstes Studienjahr begann. Obwohl er Theologie studierte, wuchs sein Interesse an Astronomie. Sein Professor lieh ihm Schriften Kopernikus'. So lernte Kepler dessen Theorie eines heliozentrischen Sonnensystems kennen. Das Interesse Keplers an mathematischen und astronomischen Arbeiten wurde während seines Studiums stetig größer. So nahm er 1594 eine Stelle der Universität von Graz an und begann Mathematik zu unterrichten. Auch hier setzte er seine Studien fort und konnte schließlich seine ersten Entdeckungen zu Gesetzmäßigkeiten der Planetenbewegungen machen. Er publizierte seine neuen Erkenntnisse 1596 in dem Buch *Das Weltgeheimnis*. Was ihm später wissenschaftlichen Ruhm einbringen sollte, brachte Kepler Ende des 16. Jahrhunderts jedoch in Schwierigkeiten.

KEPPLERSCHE GESETZE

Die erste dieser Regeln besagt, dass sich Planeten auf einer Ellipse um die Sonne bewegen. Die anderen beiden Gesetze beschreiben diese Bahnen mathematisch.

Prag und Linz

Als die Gegenreformation in Graz Einzug hielt, musste Kepler nach Prag flüchten. In Prag arbeitete er für den kaiserlichen Hofastronomen Tycho Brahe, dessen Nachfolge er nach dessen Tod 1601 antrat. Kepler konnte nun auf den reichen Fundus an Beobachtungen Brahes zurückgreifen und seine Theorien weiter ausbauen. Erst die Daten Brahes machten die Entdeckung des ersten und zweiten keplerschen Gesetzes möglich. Auch diese veröffentlichte er sofort unter dem Titel *Neue Astronomie*. Drei Jahre später zog Kepler nach Linz, um eine Stelle als Professor für Mathematik anzutreten. Auch dort publizierte er weiter und veröffentlichte u. a. die *Rudolphinischen Tafeln*, in denen die Positionen von über 1000 Sternen verzeichnet sind.

Harmonie

Kepler versuchte, in den Planetenbewegungen ein harmonisches Muster zu entdecken. Er war der Auffassung, dass sich dadurch das Wirken Gottes in der Schöpfung offenbaren lasse. Auf seiner Suche nach Gesetzmäßigkeiten ließ sich Kepler von geometrischen Körpern leiten, und tatsächlich brachte ihn dies auf die Regelmäßigkeiten der Planetenbewegung. Die Geometrie war der Schlüssel, die Bewegungen zu beschreiben.

Peter Paul Rubens

Wichtigster Vertreter des flämischen Barock

* 28. Juli 1577 in Siegen, Westfalen
† 30. Mai 1640 in Antwerpen

■ Rubens war der wichtigste flämische Barockmaler. Er war ein Meister der lebendigen Darstellung, in der stets die Freude des Künstlers an der sinnlichen Erscheinung präsent ist. Rubens wurde als Sohn eines protestantischen Anwalts geboren, wobei der Geburtsort Siegen nicht mit letzter Gewissheit feststeht. Auch das genaue Datum der Geburt kann nur vermutet werden. Der Geburtstag des Malers ist lediglich durch einen Kupferstich überliefert, der neun Jahre nach dem Tod Rubens entstand. Rubens erhielt eine umfassende künstlerische und humanistische Ausbildung. 1600 ging er nach Italien, wo er zugleich als Diplomat und Maler tätig war. 1608 kehrte er nach Antwerpen zurück, wo er in der Folgezeit eine Vielzahl von Ehrungen und Aufträgen erhielt.

Sinnenfroh und farbintensiv

Rubens war ein Meister der sinnenfrohen, farbintensiven Malerei. Er löste sich somit von dem klaren Proportionsideal der Renaissance und leitete den dramatisch bewegten Malstil der barocken Epoche ein. Bei aller Vielfalt der Motive ist immer wieder die Lust an Bewegung, Leidenschaft und vitaler Fülle im Werk des Künstlers zu beobachten. Rubens hinterließ insgesamt rund 600 Gemälde.

Raub der Töchter des Leukippos

Künstler und Diplomat

Rubens wurde 1628 von Erzherzogin Isabella für Friedensverhandlungen nach Spanien gesandt, wo er schnell das Vertrauen des Königs gewann, Sekretär des Geheimen Rats wurde und zugleich auch mehrere Werke anfertigte. Von Madrid aus wurde er 1629 in diplomatischer Mission nach London geschickt, wo er einen maßgeblichen Beitrag zu den Friedensverhandlungen zwischen Spanien und England leisten konnte. Nach der Unterzeichnung des Friedensvertrages (1630) wurde er für seine Verdienste von König Karl I. von England zum Ritter geschlagen.

Vorliebe für Aktbilder

Rubens war ein begeisterter Aktmaler. In seinen Werken sind häufig üppige weibliche Gestalten zu sehen. Neben Frauen wurden in manchen Bildern auch biblische Motive wie *Das Jüngste Gericht* (1615) als Aktbild verarbeitet. Eines von Rubens schönsten Aktbildern ist das *Pelzchen* (1638). Es zeigt eine junge Frau, die einen Pelzmantel um ihre Hüften geschwungen hat.

DRAMATISCHE KOMPOSITIONEN

Die Meisterschaft Rubens in der dramatischen Komposition zeigt sich bereits in frühen Werken wie *Kreuzaufrichtung* (1610) und *Kreuzabnahme* (1611), die beide in der Kathedrale von Antwerpen zu finden sind.

Fürst von Wallenstein

Genialer Feldherr

* 1583 in Hermanitz
† 1634 in Eger

Fürst von Wallenstein

■ Wallenstein gilt als einer der erfolgreichsten militärischen Führer des kaiserlichen Heeres und bedeutendsten europäischen Feldherren in der ersten Hälfte des Dreißigjährigen Krieges.

Wallensteins Aufstieg

In seinen jungen Jahren genoss der aus einem böhmischen Adelsgeschlecht stammende Albrecht von Wallenstein keine sonderlich umfangreiche schulische Ausbildung.

Nach kurzen Studien an der protestantischen Akademie in Altdorf zog es den jungen Wallenstein schließlich auf Reisen, wo er vor allem in Italien entscheidende Eindrücke sammeln konnte. Seine militärische Karriere begann 1604 als Fähnrich in einem kaiserlichen Regiment, mit dem er nach Ungarn zog. Bald darauf trat er zum Katholizismus über, um seinen Aufstieg zu sichern. 1609 heiratete er die Witwe Lukrezia von Witschkow (1614), die ihm reiche Grundherrschaften in Mähren hinterließ. Einen Rückschlag verzeichnete Wallensteins Aufstieg zu Beginn des Dreißigjährigen Krieges. Er blieb während des Böhmischen Aufstands kaisertreu und verlor seinen gesamten Besitz. Dennoch setzte er seinen Weg unbeirrt fort und machte auf militärischem Gebiet weiterhin Karriere. 1622 hatte er es schließlich zum „Gubernator des Königreichs Böhmen" gebracht und zeichnete für die Militärverwaltung des Landes verantwortlich. Durch Spekulationen erwarb er viele Ländereien und einigen Reichtum und wurde zum mächtigen Grundbesitzer.

Mit solchen Mitteln ausgestattet, rekrutierte er eine eigene Armee und zog aufseiten des Kaisers in verschiedene Schlachten des Dreißigjährigen Krieges. Hier zeigte sich vor allem sein überragendes taktisches Verständnis. Mit jedem Erfolg wuchs nun Wallensteins Macht – aber das rief auch seine Neider auf den Plan. 1630 erreichten sie zum ersten Mal seine Absetzung, doch militärische Not veranlasste den Kaiser, sich noch einmal Hilfe suchend an Wallenstein zu wenden. Der hob eine neue Armee aus und agierte wieder sehr erfolgreich. Seine folgenden Versuche, sowohl durch seine militärische Überlegenheit als auch durch Friedensgespräche vor allem mit Sachsen und Schweden die Basis eines allgemeinen Reichsfriedens zu schaffen, führten dazu, dass der Kaiser Wallenstein erneut absetzte und schließlich des Hochverrats bezichtigte. 1634 wurde er mit Billigung des Kaisers ermordet.

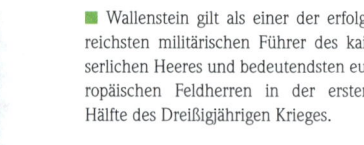

Wallenstein sind zahlreiche literarische Werke gewidmet. So schrieb Schiller eine Romantrilogie, bestehend aus *Wallensteins Lager*, *Die Piccolomini*, *Wallensteins Tod*. Alfred Döblin verfasste 2 Bände *Wallenstein*.

Kardinal Richelieu

Christlicher Machtpolitiker

* 1585 in Paris
† 1642 in Paris

■ Kardinal Richelieu verstand es als erster Staatsminister in Frankreich seine Macht stetig auszubauen, sorgte aber auch dafür, dass Frankreich eine Vormachtstellung innerhalb Europas einnehmen konnte.

Geschickte Schachzüge

Ursprünglich sollte Richelieu eine militärische Laufbahn einschlagen, doch dann begann eine theologische Karriere. Sein Amt als Bischof eines unbedeutenden Bistums in der Vendée nutzte er, um sich als Vertreter des Klerus in die Generalstände wählen zu lassen – und so doch militärisch aktiv zu werden.

Dort wurde dann 1614 Maria de Medici, die Mutter des Königs, auf Richelieu aufmerksam und verschaffte ihm Zugang zum königlichen Hof. Zwei Jahre später ernannte der König den Bischof zum Staatssekretär. Er unterstützte weiterhin die Politik von Maria, fiel zwischenzeitlich in Ungnade, konnte aber letztlich gestärkt aus der Krise hervorgehen. 1624 hatte er sein erstes Ziel erreicht: Richelieu, mittlerweile Kardinal, wurde zum Ersten Minister im Staatsrat ernannt.

Richelieus Politik

Drei Ziele prägten die Politik Richelieus besonders: die Beseitigung der politischen und militärischen Sonderstellung der Hugenotten, die Entmachtung des Hochadels und die Befreiung Frankreichs aus der Umklammerung durch den spanisch-habsburgischen Gegner.

1628 erreichte er sein erstes Ziel. Nach einer blutigen Schlacht konnten die Truppen des Königs das wichtige protestantische Zentrum, die Stadt La Rochelle, einnehmen. Die Hugenotten mussten ihre politischen und militärischen Sonderrechte aufgeben, die religiöse Duldung blieb ihnen jedoch erhalten. Mit dem Hochadel war Richelieu wenig zimperlich. Er enteignete zahlreiche Eigentümer von Burgen, Schlössern und Landgütern, konnte sich einiger Verschwörungen erfolgreich erwehren und musste den Einfluss seiner ehemaligen Gönnerin, Maria de Medici, einschränken. Auch sein drittes Ziel erreichte er – hier ging er geduldig zu Werke und verzeichnete viele kleine „Siege", die ihn letztlich zum Ziel brachten.

Als Richelieu am 4. Dezember 1642 in Paris starb, hatte er innenpolitisch den Grundstein für die absolutistische Monarchie und die Machtentfaltung des späteren französischen Sonnenkönigs Ludwig XIV. gelegt, außenpolitisch war Frankreich zu einer europäischen Großmacht geworden.

Kardinal Richelieu

> **1635 gründete der Kardinal die Académie Française. Damit stellte er auch die Sprache und Literatur in seinen Dienst bzw. in den Dienst der Stabilisierung des Absolutismus.**

René Descartes

Vater des Rationalismus

* 31. März 1596 in La Haye
† 11. Februar 1650 in Stockholm

René Descartes

Descartes veröffentlichte seine berühmteste Schrift *Abhandlungen über die Methode* anonym. Kurz zuvor hatte er von der Verurteilung Galileis gehört. Entsprechend wollte er kein Risiko eingehen.

■ Der französische Philosoph, Mathematiker und Naturwissenschaftler begründete mit seinen Werken die neue philosophische Strömung des Rationalismus. Seine Einflüsse auf die moderne Philosophie und Wissenschaft sind kaum zu überschätzen. Descartes prägte auch maßgeblich die beginnende Epoche der Aufklärung.

Weltenbummler

Descartes, der in eine französische Adelsfamilie hineingeboren wurde, wuchs nach dem frühen Tode seiner

mee. In Paris führte er nach dem Tod seines Vaters einige Jahre ein ausschweifendes Leben mit Kontakt zu wohlhabenden und intellektuellen Kreisen. In dieser Zeit wurde er auch durch seine ersten Publikationen und Traktate bekannt. Im Jahr 1629 kehrte er aber nach Holland zurück. Dort blieb er 16 Jahre. Nach einem weiteren Aufenthalt in Frankreich zog er 1649 nach Stockholm, um mit Unterstützung der schwedischen Königin eine Wissenschaftsakademie zu gründen. Bevor es dazu kommen konnte, starb er allerdings an einer Lungenentzündung.

Für Descartes war die Fähigkeit zu zweifeln eng verbunden mit der Fähigkeit zu denken.

Mutter und der Wiederheirat seines Vaters bei seiner Großmutter auf. Seine Schulbildung erhielt er an einem bekannten Jesuitenkolleg in La Flèche, wo er eine umfassende Ausbildung in Philosophie, schönen Künsten und den Naturwissenschaften absolvierte. Sein Studium führte ihn zunächst nach Poitiers, wo er 1616 einen Abschluss in Jura machte. Später setzte er seine Forschungen dann in Holland fort. Hier begann er, sich verstärkt mit den Naturwissenschaften auseinanderzusetzen. In den folgenden Jahren reiste Descartes quer durch Europa. Seinem Vater erklärte er, er „studiere das Buch der Welt". Eine weitere Station war die französische Ar-

Ich denke, also bin ich

Nach Descartes' eigener Aussage wurde die Grundlage zu seinen philosophischen Werken in einer Nacht in Prag gelegt. Dort habe er davon geträumt, eine umfassende „Methode zur Erforschung der Wahrheit" zu finden. Dabei könne er keine Erkenntnis akzeptieren, die er nicht in sich selbst oder dem „großen Buch der Welt" entdecke und selbst auf ihre Plausibilität überprüft habe. Descartes war damit der Erste, der die damals noch dominanten Lehren des Aristoteles und der Scholastik deutlich zurückwies. Deshalb wird er häufig als Vater des Rationalismus oder gar der modernen Philosophie überhaupt bezeichnet. Descartes unterschied scharf zwischen der Welt des Geistes und der körperlichen Welt. Er bezweifelte, dass Erkenntnisse, die durch Sinneseindrücke gewonnen werden, verlässlich sein können, und betonte stattdessen das Potenzial und die Wichtigkeit des Denkens. Nur das Denken mache die Existenz des Menschen aus. Dies unterscheide ihn sowohl von der Tierwelt als auch von Maschinen. Nur die Fähigkeit zu denken zeige gar, dass der Mensch eine Seele habe. Auf eine griffige Formel brachte Descartes diese Idee mit dem berühmten Satz „Cogito, ergo sum" („Ich denke, also bin ich"). Diese Betonung der kognitiven Fähigkeiten zeigt sich auch darin, dass er nur solche Erkenntnisse als richtig und wahr gelten ließ, die aus einer logischen Folge einfacher Sachverhalte entstehen oder durch Logik und Vernunft von jedem Menschen erkannt und nachvollzogen werden können. Erstmals formulierte er

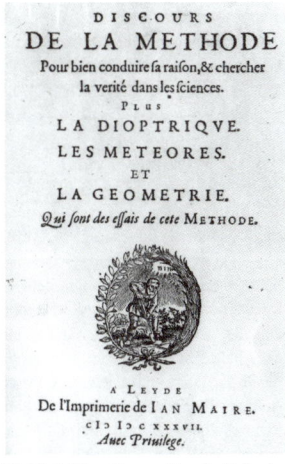

Titelblatt *Abhandlungen über die Methode*

diese Theorien 1637 in den *Abhandlungen über die Methode.*

Mathematiker

René Descartes prägte die frühe Neuzeit durch seine Arbeiten auf philosophischem Gebiet entscheidend mit. Seine bis heute am meisten genutzte Arbeit ist allerdings die Entwicklung der analytischen Geometrie. Dieses Teilgebiet der Mathematik befasst sich mit der algebraischen Lösung von geometrischen Problemen, sodass oftmals eine Anschauung des eigentlich zu untersuchenden Objekts nicht notwendig ist. Nach ihm benannt wurde das sogenannte kartesische Koordinatensystem, wobei umstritten ist, inwieweit dessen Etablierung tatsächlich auf Descartes zurückgeht. Zudem gehen wichtige Grundlagen der Physik auf seine Forschungen zurück wie das Brechungsgesetz oder der erste Erhaltungsgrundsatz.

Einfluss

Bis in die Gegenwart hinein hat Descartes Einfluss auf die Philosophie und die Naturwissenschaften. Insbesondere seine Betonung der Klarheit und Logik wurde immer wieder aufgegriffen und gelobt. In einer nach seinem Tode veröffentlichten Schrift stellte er Regeln auf, wie man zu verlässlichen Erkenntnissen gelangen könne: Er empfahl, schwierige Probleme in Teilschritte zu zerlegen und vom Einfachen zum Schwierigen zu gehen. Dabei solle nichts für wahr erachtet werden, was nicht so klar und logisch ist, dass es bezweifelt werden kann. Außerdem sei es notwendig, jedes Ergebnis auf Vollständigkeit zu überprüfen. Descartes beeinflusste damit auch die Entwicklung des Szientismus, also einer an exakter empirischer Beobachtung orientierten Wissenschaftsauffassung.

Rembrandt van Rijn

Wichtigster niederländischer Barockmaler

* 15. Juli 1606 in Leiden
† 4. Oktober 1669 in Amsterdam

Rembrandt, Selbstbildnis

■ Rembrandt gilt als der wichtigste niederländische Maler des 17. Jahrhunderts, in dem die Niederlande in politischer, wirtschaftlicher und kultureller Hinsicht ihren Gipfelpunkt erreichten. Neben der Malerei war Rembrandt auch ein Meister der Radierung und Zeichnung. Rembrandt besuchte als Sohn eines Müllers nur kurzzeitig die Universität, um sich dann einer Malerausbildung zu unterziehen. Im Alter von 20 Jahren richtete er sich ein eigenes Atelier ein. 1631 zog er nach Amsterdam, wo es dann 1634 zur Heirat mit der aus begüterter Familie stammenden Saskia van Uylenburgh kam.

Erfolg in Amsterdam

Bis 1642 erlebte Rembrandt in Amsterdam eine glückliche und erfolgreiche

Frau Saskia. Rembrandt versank in der folgenden Zeit zunehmend in sozialer Isolation und wirtschaftlicher Armut. 1647 trat Hendrickje Stoffels als Kindermädchen für Rembrandts Sohn in dessen Leben ein. Rembrandt verliebte sich in sie, und bis zu ihrem Tod 1663 lebte er noch einmal in relativer Zufriedenheit.

Finanzielle Nöte

Im Laufe der Zeit erwarb Rembrandt jedoch eine Fülle von eher nutzlosen Kostümen und Sammlergegenständen, die äußerst kostspielig waren. 1657 musste deshalb der Besitz der Familie Rembrandt wegen Bankrotts versteigert werden. Gründe für den Bankrott waren neben der mangelnden Sparsamkeit des Künstlers auch die verschlechterte Auf

Rembrandt schuf mit Werken wie Die Nachtwache überragende Bilder, doch er starb einsam und verarmt.

Zeit, in der er dazu überging, seine Werke mit seinem Vornamen zu signieren. Er wurde zum gefragtesten Porträtmaler Amsterdams und schuf der Landestradition folgend zahlreiche Gruppenbilder von örtlichen Vereinigungen. 1642 wurde sein berühmtestes Gemälde *Die Nachtwache* von den Auftraggebern zurückgewiesen, weil das Bild nicht ihren Vorstellungen entsprach. Im selben Jahr starb Rembrandts

tragslage und die holländischen Verluste im Seekrieg mit England (1652–54). Beim Verkauf seiner Kunstsammlung ist Rembrandt vermutlich übervorteilt worden. Ab 1652 konnte Rembrandt mit dem italienischen Kunstsammler Antonio Ruffo noch einmal einen gewichtigen Auftraggeber gewinnen. Im Todesjahr Rembrandts (1669) gab Ruffo 84 Radierungen in Auftrag, die noch vollendet wurden. Als die Radierungen von Ruffo in Italien ankamen, war Rembrandt allerdings bereits verstorben. Rembrandt hinterließ rund 300 Gemälde, ebenso viele Radierungen und etwa 1000 Zeichnungen, darunter zahlreiche Selbstporträts.

Licht und Schatten

Das Spiel mit Licht und Schatten und der Einsatz von Hell-dunkel-Kontrasten ist eines der charakteristischen Kennzeichen von Rembrandts Malerei. Durch die Verwendung starker Kontraste wird eine intensive dramatische Wirkung hervorgerufen. Ein meisterhaftes Beispiel ist das *Bildnis des Jan Six* (1654), das einen vollendeten Umgang mit Licht und Farben zeigt.

Jakob und Esau, Skizze

Biblische Motive

Rembrandt hat im Laufe seines künstlerischen Schaffens zahlreiche biblische Motive verarbeitet. Dabei handelte es sich nicht um Altarbilder, da diese in den reformierten nördlichen Niederlanden kaum in Auftrag gegeben wurden, sondern um Gemälde, die als Kunstwerke betrachtet wurden. Für die Galerie des Statthalters Frederik Hendrik von Oranien schuf Rembrandt in Den Haag zum Beispiel Szenen aus dem Leben Jesu.

Eine weitere biblische Darstellung aus Rembrandts Spätwerk ist *Die Heimkehr des verlorenen Sohnes* (1662).

Landschaftsbilder

Landschaftsbilder gehörten ebenfalls zum Repertoire Rembrandts. Es handelte sich dabei nicht nur um Gemälde, sondern auch um Zeichnungen und Radierungen. Rembrandt war fasziniert von der Vielgestaltigkeit der Natur und befasste sich deshalb intensiv mit einer Vielzahl von Naturmotiven.

Selbstporträts

Rembrandt hat sich selbst in jedem nur erdenklichen Gefühlszustand und in den verschiedensten Lebensphasen immer wieder porträtiert. Das früheste Selbstporträt zeigt Rembrandt im Alter von 19 Jahren. Das letzte Selbstbildnis entstand kurz vor Rembrandts Tod. Insgesamt sind rund 90 Selbstporträts des Künstlers erhalten geblieben.

Jüngere Forschungsergebnisse lassen das Werk Rembrandts in einem neuen Licht erscheinen. Eine ganze Reihe von Bildern, die Rembrandt zugeschrieben wurden, gelten heute als Arbeiten anderer Künstler, so zum Beispiel *Der Mann mit dem Goldhelm* (1650–55). Während man Rembrandt zu Beginn des 20. Jahrhunderts noch 600 Gemälde zuschrieb, sind es heute nur noch rund 300.

Die Nachtwache

Diego de Silva y Velázquez

Meister des höfischen Barock

* 6. Juni 1599 in Sevilla
† 6. August 1660 in Madrid

■ Velázquez gilt als großer Meister des höfischen Barock und der Porträtkunst. In seinem Werk werden die Menschen und ihre Umgebung beeindruckend realistisch dargestellt. Nach einer Ausbildung durch den Maler Francisco Pacheco wurde Velázquez 1627 Hofmaler König Philipps IV. in Madrid. Er unternahm mehrere Italienreisen, hinterließ bei einem seiner Romaufenthalte das berühmte Bildnis von Papst Innozenz X. und porträtierte die gesamte königliche Familie sowie fast alle Mitglieder des Hofstaats. Hinzu kommen Historienbilder wie *Die Übergabe von Breda* (1635), Bilder aus der Arbeitswelt wie *Die Spinnerinnen* (1657) und mythologische Szenen wie *Die Schmiede Vulkans* (1630).

Las Meninas

Realismus und Impressionismus

Das höchste Ziel von Velázquez war eine möglichst realistische Wiedergabe der Figuren und Gegenstände, die er in seinen Bildern darstellte. Sein Malstil durchlief dabei verschiedene Wandlungen. Zunächst war eine eher warme Farbgebung für seinen Stil charakteristisch. Allmählich integrierte er dann die Auswirkungen des natürlichen Lichts in seine Gemälde. In der Spätphase seines Schaffens sind dagegen eher kühle Farbtöne vorherrschend, und der Malstil bewegt sich bereits in Richtung Impressionismus. Einzelne Pinselstriche werden erst aus größerer Distanz für den Betrachter als zusammenhängendes Ganzes erkennbar.

Hofmalerei

Bildnisse des Königs wie *Philipp IV. zu Pferde* (1634) erforderten eine monumentale Bildkonzeption, um als Huldigung gegenüber der Autorität des Königs zu wirken. Velázquez, dessen Atelier sich direkt im königlichen Schloss befand, porträtierte den König in jedem Lebensalter.

Soziales Elend

Velázquez war zwar Hofmaler, doch er verschloss keineswegs die Augen vor dem ihn umgebenden sozialen Elend, wie zum Beispiel das Bild *Die Spinnerinnen* (1657) beweist. Missgestaltete und arme Menschen interessierten ihn ebenso stark wie der König und andere Persönlichkeiten bei Hofe.

LAS MENINAS

Das Gruppenbild der königlichen Familie *Las Meninas* (1656) zeigt Velázquez' souveräne Form der distanzierten Betrachtung, die sich deutlich vom prunkvollen Stil Rubens abhebt. Sämtliche Formen werden mit einem Minimum an Pinselstrichen kunstvoll angedeutet. Am linken Bildrand steht der Maler hinter seiner Staffel und richtet seinen Blick auf das königliche Paar, das schemenhaft im Spiegel an der Rückwand erscheint. Im Zentrum des Bildes befindet sich die Infantin mit ihren Hofdamen (= span. meninas).

Molière

Meister der bissigen Gesellschaftskomödie

eigentlich: Jean-Baptiste Poquelin
* 15. Januar 1622 in Paris
† 17. Februar 1673 in Paris

■ Molières großes Verdienst bestand darin, das Theater zu einer Plattform der Gesellschaftskritik gemacht zu haben. Wie kein anderer französischer Autor verstand er es, in seinen Stücken die Rolle des Menschen in der Gesellschaft kritisch-ironisch zu hinterfragen. Nach dem Besuch der Jesuitenschule studierte Molière Jura mit der Absicht, Advokat zu werden. Zuvor konnte sein Vater, der Hoftapezierer war, ihm eine Position als königlicher Kammerdiener und Teppichwirker verschaffen. In dieser Funktion begleitete Molière den Hofstaat auf Reisen und lernte dabei die Schauspielerin Madeleine Béjart kennen. 1643 gründete er gemeinsam mit ihr das Illustre Théâtre, das sich jedoch schon bald als wirtschaftlicher Misserfolg erwies. Molière tingelte daraufhin jahrelang mit einer Wanderbühne durch die Provinz. Erst 1658 kehrte er wieder nach Paris zurück.

Günstling des Königs

Durch die gelungene Vorführung einer von ihm verfassten Farce gewann er die Gunst Ludwigs XIV., für den er ab 1661 im königlichen Palast künstlerisch tätig war. Molière schrieb nicht nur zahlreiche Stücke für diverse feierliche Anlässe, sondern führte häufig die Regie und übernahm auch oftmals die Hauptrollen. Als Günstling des Königs genoss er hohes Ansehen in der Gesellschaft. Es gab jedoch auch einige Feinde, denen es missfiel,

dass Molière sich in seinen Stücken häufig über menschliche Unzulänglichkeiten lustig machte. Manche Gegner bei Hofe neideten Molière auch einfach seinen gesellschaftlichen Aufstieg. Aus den anfänglichen Einaktern entwickelten sich im Laufe der Zeit fünfaktige komplette Sittenkomödien. Von vermutlich 300 Lustspielen aus der Feder Molières, der während der Vorführung eines seiner Stücke auf der Bühne zusammenbrach, sind 32 Werke erhalten geblieben.

Lächerliche Preziösen

Molières erster großer Erfolg als Komödiant waren *Die lächerlichen Preziösen* (1659, *Les précieuses ridicules*). Das Stück handelt von zwei naiven Bürgermädchen, deren pseudoemanzipatorische Denkweise in bissig satirischer Form auf die Schippe genommen wird.

Der Menschenfeind

Die 1666 entstandene Satire *Der Menschenfeind (Le Misanthrope)* beschäftigt sich mit den Heucheleien und Schmeicheleien der feinen Pariser Salongesellschaften und des Königshofes. Stark beeinflusst von der Commedia dell'arte entwickelt Molière mit diesem Stück eine neue Form der Charakterkomödie, die auf die Kritik falscher Verhaltensweisen abzielt.

Molière

HEIMLICHE BEERDIGUNG

Gegen Ende seines Lebens wurde der große Komödiant über lange Perioden von quälenden Krankheiten heimgesucht. Nach seinem Tod verweigerte die Kirche Molière eine offizielle Beerdigung. Nach königlicher Intervention wurde die sterbliche Hülle des großen Dramatikers heimlich beigesetzt.

Blaise Pascal

Begründer der Wahrscheinlichkeitsrechnung

 * 19. Juni 1623 in Clermont-Ferrand
† 19. August 1662 in Paris

Blaise Pascal

■ Der französische Physiker und Mathematiker gilt als Vater der Wahrscheinlichkeitsrechnung. Auch als Theologe war er einflussreich.

Frühe Jahre

Der junge Pascal wuchs in Paris auf. Dort wurde er von seinem Vater erzogen. Pascals Vater war dank seiner Arbeit als Richter an einem Gericht für Steuerfragen bestens in mathematischen Sachverhalten bewandert. Auch Pascal verfügte über mathematisches Talent. Im Alter von 16 Jahren entdeckte er die später als Pascalschen Satz bekannte Berechnung eines Kegelschnitts. Seine mathematischen Kenntnisse wusste er auch praktisch einzusetzen. Blaise Pascal konstruierte 1642 eine Rechenmaschine, die addieren und subtrahieren konnte.

Port Royal

Pascals Leben war von Frömmigkeit geprägt. Für ihn waren Glaube und Wissenschaft kein Widerspruch. Mit tiefer Überzeugung setzte er sich für die Lehren des Jansenismus ein, eine Reformbewegung in der katholischen Kirche, die sich auf Augustinus beruft, und verteidigte sie gegen die Jesuiten.

Nach einigen Jahren, in denen Pascal in Paris experimentierte, nahm sein Leben eine neue Wendung. Als 1646 sein Vater schwer erkrankte, befasste sich der Physiker mit religiösen Fragen und wandte sich dem Jansenismus zu. Der fromme Mathematiker beriet nun die Familie in Glaubensfragen. Die Phase der Religiosität wurde ab 1651 für mehrere Jahre unterbrochen.

Pascal stürzte sich in die Forschung als Physiker. Dabei ging er so exzessiv zu Werke, dass er nach vier Jahren Arbeit kollabierte. Er zog sich 1654 in ein Janseniten-Kloster bei Port Royal zurück. Dort lebte er bis kurz vor seinem Tod.

Physiker

Blaise Pascals physikalische Arbeiten waren experimenteller Natur. Er konstruierte Barometer mit Quecksilber und maß auf verschiedenen Höhen den Luftdruck. Seine Messungen in Paris und auf einem Berg nahe seiner Geburtsstadt brachten ihn auf das sogenannte Pascalsche Gesetz. Dieses Prinzip besagt, dass Druck in Flüssigkeiten in alle Richtungen weitergeleitet wird. Mit diesem Wissen konstruierte Pascal die vermutlich erste Hydraulikpresse und die Spritze.

Zufall

Ein unter Adligen weitverbreiteter Zeitvertreib brachte Pascal 1653 wieder zu seiner alten Leidenschaft zurück. Glücksspiel war in den gehobenen Gesellschaftsschichten weitverbreitet, und um die Gewinnchancen wurden hitzige Diskussionen geführt. Pascal widmete sich der Berechnung von Wahrscheinlichkeiten. Zusammen mit dem Mathematiker Pierre de Fermat begründete er die Wahrscheinlichkeitsrechnung und legte damit die Basis für die Statistik.

John Locke

Englischer Philosoph und Empiriker

* 29. August 1632 in Wrington
† 28. Oktober 1704 in Oates

John Locke

John Locke gilt als einer der Väter der Aufklärung. Seine Philosophie des Empirismus prägt die moderne Wissenschaft bis heute. Er beeinflusste mit seinen staatstheoretischen Arbeiten die amerikanische Unabhängigkeitserklärung und die Verfassung der Französischen Revolution.

Leben

Der Sohn eines Anwalts ging in London auf die Westminster School und 1652 zum Studium nach Oxford. Nach seinem Studium des klassischen Curriculums begann Locke zunächst, als Tutor zu unterrichten. Doch 1665 wandte er sich diplomatischen Tätigkeiten zu und reiste als Sekretär nach Brandenburg. Nach seiner Rückkehr nach Oxford lernte er den wohlhabenden Adligen Lord Ashley kennen, der seine Studien in den folgenden Jahren finanzierte. Seine Verbindungen zum Hochadel brachten Locke 1672 eine Anstellung am Handelsministerium ein. Doch aus gesundheitlichen Gründen musste Locke diese Position bald aufgeben und kehrte wieder nach Oxford zurück. Im Jahr 1675 reiste John Locke dann nach Frankreich, wo er vier Jahre studierte.

Nach seiner Rückkehr nach London geriet Locke in einen politischen Streit um die Thronnachfolge. Seine Freundschaft mit Lord Ashley, nun Earl von Shaftesbury, zwang ihn 1683 zur Flucht nach Holland. Dort lebte er sechs Jahre, bevor er wieder nach England zurückkehrte.

Empirismus

Für John Locke war es unvorstellbar, dass sich nur durch theoretische Überlegungen Wissen über die Welt finden lasse. Seiner Meinung nach könnten nur Beobachtungen zu echter Erkenntnis führen. Diese Orientierung an messbaren Beobachtungen machte ihn zum Vater des Empirismus. Seine Annahmen und Regeln des Erkenntnisgewinns schrieb Locke in seinem *Essay Concerning Human Understanding* nieder, das 1690 veröffentlicht wurde.

Staatstheorie

Locke befasste sich auch mit dem Aufbau des Staatswesens. Er sprach sich für eine Trennung von gesetzgebenden und ausführenden Staatsorganen aus. Außerdem war er der Auffassung, dass der Staat die Grundrechte Freiheit, Gleichheit sowie den Schutz von Person und Eigentum gewährleisten müsse. Mit seinen Werken *Two Treatises of Government* legte er einen der Grundsteine des liberalen Verfassungsstaats der Moderne.

GESELLSCHAFTS-VERTRAG

In seiner Staatstheorie baute Locke die Arbeiten von Thomas Hobbes zum Gesellschaftsvertrag weiter aus. Hobbes hatte in seinem Werk *Leviathan* (1651) den Staat als einen freiwilligen Zusammenschluss der Untertanen unter der Autorität eines Souveräns beschrieben.

Ludwig XIV.

Der Sonnenkönig

 *1638 in Saint-Germain-en-Laye
† 1715 in Versailles

Ludwig XIV.

In seinen Memoiren schreibt Ludwig über das Regieren: „So mancher Untertan gäbe wohl einen schlechten Herrscher ab: Dem Ranghöheren zu gehorchen, ist um ein Vielfaches leichter, als sich selbst in der Gewalt zu haben und wenn uns erlaubt ist zu tun, was immer wir wollen, dann ist es nicht einfach, stets nur das zu wollen, was richtig ist."

■ Ludwig XIV., der auch der Sonnenkönig genannt wurde, war eine der schillerndsten Figuren des 17. und 18. Jahrhunderts, er steht für den absolutistischen Staat schlechthin und kultivierte das höfische Leben wie vor ihm niemand. Gleichzeitig förderte er Kunst und Wissenschaft mit aller Macht und brachte Frankreich außenpolitisch in Vormachtstellung.

Lehrjahre eines Königs

Als lang ersehnter Thronerbe wurde Ludwig XIV. geboren und schon im Alter von vier Jahren zum König gekrönt. Nun herrschte aber offiziell noch seine Mutter, Anna von Österreich, de facto erledigte aber Kardinal Mazarin die Regierungsgeschäfte. Das passte in Frankreich noch lange nicht allen Untertanen, und so erhob sich die Fronde – eine Bewegung, die sich aus dem Hochadel und Mitgliedern des Parlaments zusammensetzte – gegen die Regentschaft der Österreicherin. Dieser letztlich erfolglose Aufstand stellte indes eine prägende Jugenderfahrung Ludwigs dar.

Kardinal Richelieu, Gemälde von Philippe de Champaigne

Kardinal Mazarin

Kardinal Mazarin war es auch, der Ludwig von Anfang an auf seine Rolle als König vorbereitete und ihn immer mehr an der Macht teilhaben ließ. Unterstützt wurde er bei seinem Vorhaben von Kardinal Richelieu, der besonders im außenpolitischen Bereich auf große Erfolge verweisen konnte. Mazarin sorgte dafür, dass alle Macht vom Königshaus ausging. Gleichzeitig stand Frankreich nach den Erfolgen im Dreißigjährigen Krieg gut da, sodass Ludwig, als er die Herrschaft allein und eigenverantwortlich übernahm, sich in ein gemachtes Nest setzen konnte.

Schillernder Monarch

In drei Angriffskriegen – dem Devolutionskrieg 1667/68, dem Holländischen Krieg 1672–79 und dem Pfälzischer Erbfolgekrieg 1688–97 begründete Ludwig die europäische Hegemonie Frankreichs. Nach innen vollendete er die absolute Macht der Krone im Sinn des Leitworts „L'État c'est moi".

Gewarnt durch seine Jugenderfahrungen, war Ludwig während seiner alleinigen Regentschaft nun darauf bedacht, den Hochadel seines Landes nicht aus den Augen zu verlieren. Um das zu bewerkstelligen, nutzte der junge Herr-

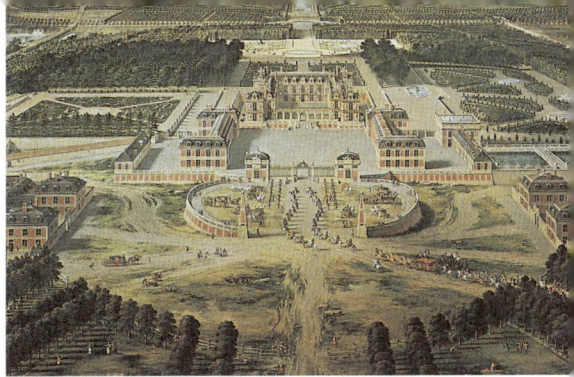

scher sein „Sonnenkönigtum" mit seiner glanzvollen, kostspieligen, ganz auf die Person des Herrschers bezogenen Hofkultur als Instrument. In diesem Glanz sonnte sich auch der eitle Adel gern, und so konnte Ludwig die einstigen Widersacher auf ganz subtile Art und Weise an sich binden und kontrollieren.

Nach außen hin gab sich Ludwig gerne aggressiv, und so war auch seine Außenpolitik von diesem Charakteristikum geprägt. Unter seiner Herrschaft wurden nicht nur für das aufwendige höfische Leben Unmengen an Geld verbraucht, sondern auch für den Ausbau und die Erweiterung des Militärs. So etwas sah man im übrigen Europa natürlich nicht so gerne, und so regten sich überall Gegenkräfte, die sich schließlich 1689 und 1701 in der sogenannten Großen Allianz zusammenschlossen.

Die Hofkultur

Ludwig XIV. war ein großer Förderer der Künste. Um für ihn zu arbeiten, waren die besten Künstler, Architekten, Maler, Poeten, Musiker und Schriftsteller gerade gut genug. Er entfaltete dabei ein noch nie da gewesenes Mäzenatentum mit der Absicht, die gesamte Kunstlandschaft Frankreichs zu beeinflussen, zu prägen und zu lenken, um sie im Interesse königlicher Politik zu instrumentalisieren. Einige Künstler erklommen im Dienste des Königs ungeahnte Höhen; hier wären besonders Lully auf dem Gebiet der Musik und des Tanzes zu nennen, aber auch Molière, der für Ludwig XIV. zahllose Bühnenstücke verfasste. Das höfische Leben war von zentraler Bedeutung, die Adligen waren davon abhängig, hier das Wohlgefallen des Königs zu erheischen. Dafür war es nötig, große Summen von Geld in Kleidung und Ausstattung zu investieren und viel Zeit für all die höfischen Feste

sowie Empfänge und Bälle in Versailles aufzubringen.

Schloss Versailles

Konflikt mit der Kurie

Auch mit dem Heiligen Stuhl verstand Ludwig sich nicht allzu gut. Je gespannter sich sein Verhältnis zur Kurie gestaltete, umso entschiedener trat Ludwig allen geistig-religiösen Strömungen entgegen, die die kirchliche Einheit der französischen Monarchie gefährdeten. Dabei ging der Herrscher zunehmend kompromisslos gegen religiöse Gruppen innerhalb des Katholizismus, besonders aber gegen die Hugenotten vor. Dies hat sowohl das moralische Ansehen der französischen Krone geschädigt als auch (durch Auswanderung) die Wirtschaftskraft Frankreichs geschwächt.

Schwierigkeiten

Aber nicht nur die Auswanderungen machten dem Staatshaushalt schwer zu schaffen. Ludwig brauchte für seine höfischen Aktivitäten, aber auch für seine expansive Außenpolitik sehr viel Geld, sodass den Menschen relativ hohe Steuern aufgebürdet wurden. So stand Frankreich am Ende seiner Regierungszeit vor dem Staatsbankrott, und die Aufrechterhaltung immer unhaltbarer werdender gesellschaftlicher Strukturen sollte eine Hauptursache der Französischen Revolution werden.

> ### „L'ÉTAT, C'EST MOI! – DER STAAT BIN ICH!"
>
> **Nach diesem Prinzip herrschte Ludwig XIV. Nach den Grundfesten des Absolutismus stand er selbst im Mittelpunkt des Staates. Er befehligte die Armee, erließ Gesetze, prägte die höfische Kultur, arbeitete Hand in Hand mit der katholischen Kirche und lenkte die Wirtschaftspolitik.**

Isaac Newton

Begründer der klassischen Physik

* 4. Januar 1643 in Woolsthorpe
† 31. März 1727 in London

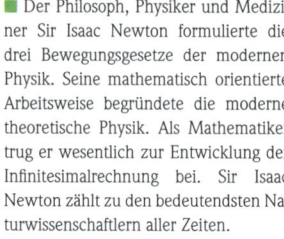

Isaac Newton

■ Der Philosoph, Physiker und Mediziner Sir Isaac Newton formulierte die drei Bewegungsgesetze der modernen Physik. Seine mathematisch orientierte Arbeitsweise begründete die moderne theoretische Physik. Als Mathematiker trug er wesentlich zur Entwicklung der Infinitesimalrechnung bei. Sir Isaac Newton zählt zu den bedeutendsten Naturwissenschaftlern aller Zeiten.

Jugend

Isaac Newton wurde als Sohn eines freien Bauern im Osten Englands geboren. Sein Vater starb noch vor seiner Geburt, und seine Mutter ließ ihn für einen neuen Ehemann bei seiner Großmutter zurück. Der spätere Wissenschaftler hatte fortan ein ausgesprochen schlechtes Verhältnis zu seiner Mutter. Auch als diese ihm die Leitung des Hofes anbot,

nachdem ihr zweiter Mann gestorben war, blieb Newton distanziert und lehnte ab. Seine schulische Ausbildung litt auch unter den zerrütteten Familienverhältnissen und dauerte aufgrund einiger Unterbrechungen etwas länger als gewöhnlich. Dennoch schaffte Newton 1661 die Aufnahme in das Trinity College von Cambridge. Dort begann er mit einer klassischen Ausbildung und las die Schriften Aristoteles'.

Neue Gesetze

Obwohl in Cambridge noch das alte geozentrische Weltbild gelehrt wurde und die neuen Naturwissenschaftler nicht auf dem Lehrplan standen, wurde Newton auf deren Schriften aufmerksam. Er begann selbstständig, die Arbeiten Descartes' zu studieren und sich Gedanken über die neuen Auffassungen von Naturwissenschaft zu machen. Eine erste kritische Abhandlung zu Theorien der Mechanik und dem Aufbau der Welt und des Universums veröffentlichte er 1664. Zu diesem Zeitpunkt entbrannte in ihm die Neugierde für das neue Weltbild der modernen Naturwissenschaften, das nicht mehr alchemistisch und magisch begründet war. Stattdessen faszinierte ihn die Vorstellung einer Welt aus Materie, die zusammengesetzt aus Atomen mathematischen Regeln unterworfen war. Entsprechend intensiv beschäftigte sich Newton mit mathematischen Fragen und schrieb auch dazu Ab-

Cambridge, Trinity College

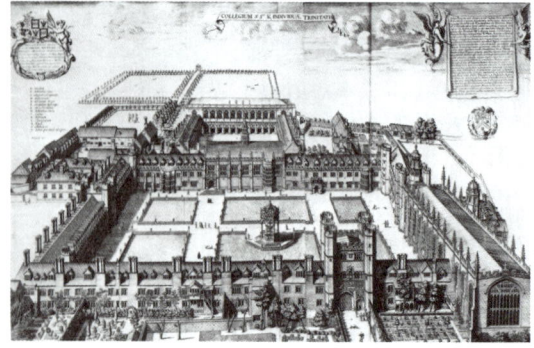

handlungen. Seine Werke zur Infinitesimalrechnung wurden jedoch nur von einem kleinen Kreis wahrgenommen, wenngleich sie nicht weniger brillant waren. Sein Hauptwerk *Philosophiae Naturalis Principia Mathematica* aus dem Jahre 1687 wurde jedoch zu einem der bedeutendsten Werke der modernen Wissenschaft. Darin stellte Newton seine Theorie zur Schwerkraft vor.

Bewegung

Als Physiker beschäftigte sich Isaac Newton vor allem mit der Bewegung von Objekten. Dabei spielte es keine Rolle, ob es sich um Planeten oder Alltagsgegenstände handelte. Seine Grundlagen der Mechanik sollten universelle

Licht

Auch auf dem Gebiet der Optik leistete Newton Bahnbrechendes. Seine Entdeckung zur Zusammensetzung des Lichtes veröffentlichte er 1672. Newton hatte mit einem Prisma weißes Licht gebrochen und die Zusammensetzung aus den Spektralfarben damit belegt. Auf der Suche nach einer Erklärung für Farben war er auf diese revolutionäre Idee gekommen. Doch seine erste Publikation war sehr umstritten. Daher sah sich der Physiker gezwungen, eine weitere Erörterung des Themas zu publizieren. In der Abhandlung *Opticks* erläuterte er 1704 seine Entdeckung noch einmal genauer und verteidigte sie gegen die Kritik der Vorjahre.

Newton am Spiegelteleskop

Isaac Newton war von 1703 bis zum Lebensende gewählter Präsident der Royal Society.

Bewegungsgesetze sein. In seiner Schrift *Philosophiae Naturalis Principia Mathematica* beschrieb Newton drei solcher Gesetze. Das erste Gesetz ist das Trägheitsprinzip. Nach diesem behält ein Körper seine Bewegung bei oder bleibt unbewegt, solange keine Kraft auf ihn einwirkt. Das zweite newtonsche Gesetz ist das Aktionsprinzip. Nach diesem wird ein Körper, auf den eine bewegende Kraft einwirkt, proportional und in Fortsetzung der einwirkenden Kraft gradlinig abgelenkt. Das letzte Gesetz, das Newton postulierte, war das Prinzip der Wechselwirkung. Danach treten Kräfte immer paarweise auf. Wirkt eine Kraft auf einen Körper, so wirkt auch immer eine gleich große entgegengesetzte Kraft. Auf eine Aktion folgt immer eine entgegengesetzte Reaktion. Diese Gesetze bestimmen die moderne Mechanik bis heute.

Wirkung

Newtons Arbeiten zur Mechanik und Bewegung von Körpern waren wegweisend. Aus den drei Prinzipien der Bewegung leitete er das Gesetz der Gravitation ab. Nach diesem Prinzip ziehen sich zwei Massen an. Dabei ist die Anziehung umso stärker, je näher die Massen beieinanderliegen. Mit dieser Erkenntnis revolutionierte Newton die Physik. Er konnte mit diesem theoretischen Konstrukt endlich die Bewegung der Planeten erklären. Damit schloss er die Lücke, die Kepler hinterlassen hatte. Dieser hatte die Bewegung der Planeten nämlich nur beschrieben, aber nicht theoretisch begründet. Damit fügte Isaac Newton dem heliozentrischen Weltbild das letzte Puzzlestückchen hinzu und trug wesentlich zu dessen Etablierung bei.

Gottfried Wilhelm Leibniz

Deutscher Universalgelehrter

* 1. Juli 1646 in Leipzig
† 14. November 1716 in Hannover

Gottfried Wilhelm Leibniz

■ Gottfried Wilhelm Leibniz war der große deutsche Universalgelehrte des 17. Jahrhunderts. Auf dem Gebiet der Philosophie entwickelte er die Monadentheorie, die sich mit der Grundsubstanz des Universums beschäftigt. Als Mathematiker begründete er das Dualsystem, auf dem heutige Computertechnik basiert. Auch die Integral- und Differenzialrechnung geht auf ihn zurück.

Professorensohn

Seine spätere Karriere scheint Leibniz in die Wiege gelegt worden zu sein. Sein Vater war Professor für Moral, seine Mutter stammte aus einer Gelehrtenfamilie. So ging Gottfried Wilhelm Leibniz nach dem Schulbesuch 1661 auf die Universität von Leipzig und begann Rechtswissenschaft zu studieren. Schon während seines Studiums schrieb Leibniz philosophische Schriften. Trotzdem beendete er sein Studium in kürzester Zeit und hielt 1666 den Abschluss in

Händen. Da die Universität Leipzig dem jungen Leibniz die Promotion verwehrte, ging er nach Altdorf bei Nürnberg, wo er sofort den Doktortitel erlangte. Dort traf er einen Diplomaten des Kurfürsten von Mainz, der ihn anwarb. Mit Auftrag aus Mainz ging Leibniz 1672 als Diplomat an den königlichen Hof nach Paris. Dort widmete er sich nicht nur seinen Verpflichtungen als Botschafter, sondern auch den Studien der Mathematik und Theologie. Nach dem Tod seiner Auftraggeber nahm Leibniz 1676 eine Stelle als Bibliothekar und Hofrat in Hannover an.

Forschung

Leibniz verstand sich selbst als umtriebigen Universalgelehrten. Diese Selbsteinschätzung ist richtig. Seine Tätigkeitsfelder sind so mannigfaltig wie seine wissenschaftlichen Errungenschaften. Die wohl zentrale Leistung auf dem Gebiet der Philosophie ist die Entwicklung der Monadenlehre. Nach Leibniz besteht das Universum aus einer Vielzahl von Einzelteilen, den Monaden. Diese sind jedoch anders als Atome immaterieller Natur. Jede Monade ist einzigartig und ohne Verbindung zu anderen Monaden. Nur die Synchronisation aller Monaden durch eine göttliche harmonische Ordnung koordiniert sie untereinander. Die Ansammlung der Monaden macht die Erscheinung von realen Objekten aus.

FORSCHER UND FÖDERER

Leibniz forschte nicht nur, sondern förderte die Forschung auch. Er gründete u. a. die Akademie der Wissenschaften in Berlin und plante die Gründung weiterer Akademien. Als Mitglied der Royal Society und auf seinen Reisen durch Europa trat er stets als Botschafter der Wissenschaften auf.

Peter der Große

Russischer Zar auf Reformkurs

 * 1672 in Moskau
† 1725 in Sankt Petersburg

■ Unter der energischen, aber grausamen Führung Peters des Großen fand Russland den Anschluss an den Westen.

Abwechslungsreiche Ausbildung

Peter hatte als 14. Kind des Zaren Alexander keine großen Aussichten auf den Thron. Nach dem Tod des Thronerben rückte er jedoch auf. Die mächtigen Palastgarden verhinderten zunächst, dass Peter die Position des Zaren übernahm, und stellte ihm seinen geistig behinderten Bruder an die Seite und dann seine Halbschwester Sophia. 1689 konnte er Letztere stürzen und die Macht übernehmen. Peter kümmerte sich intensiv um seine kriegerische Ausbildung. Per Schiff versuchte er, möglichst viele Reisen zu unternehmen und viele Erfahrungen zu sammeln. Er machte sogar inkognito ein Praktikum bei einer niederländischen Werft, um seine Schiffsbaukenntnisse zu vertiefen.

Der Nordische Krieg

Außenpolitisch musste sich Peter der Große im Nordischen Krieg als Regent bewähren. Das schwedische Reich war im 17. Jahrhundert sehr groß und beherrschte den gesamten Ostseeraum, damit waren natürlich alle anderen Anrainerstaaten nicht einverstanden. Insbesondere Russland wurde durch die Schweden bedrängt, weil sie einen Ha-fen brauchten, der ganzjährig eisfrei war. Nachdem Peter das Militär neu geordnet und die russische Flotte gegründet hatte, konnte er erste Kriegserfolge verbuchen und die zunächst übermächtig erscheinenden Schweden zurückdrängen.

Wirken nach Innen

Zar Peter orientierte sich sehr stark an allem, was im Westen üblich war. Er führte die westliche Mode in Russland ein. Um die in Russland üblichen langen Bärte abzuschaffen, verfügte Peter eine Bartsteuer. Er stellte den Kalender vom gregorianischen auf den julianischen um und passte sich damit den anderen europäischen Staaten an. Außerdem führte er eine Schriftreform durch und gründete Petersburg als neue russische Hauptstadt. Sie war nach dem Vorbild der großen europäischen Städte aufgebaut. Außerdem gründete Peter der Große die Akademie der Wissenschaften und ließ zahlreiche Erkundungsreisen in den noch unbekannten Osten des Zarenreiches unternehmen. Innenpolitisch führte er das Leistungsprinzip ein: Je mehr die Adligen für das Zarenreich taten, desto höher sollte ihre Stellung sein. Peter sorgte für wirtschaftlichen Aufschwung seines großen Reichs, indem er den Bau von Manufakturen förderte.

Peter der Große

HELDENHAFTER TOD

Der gesundheitlich angeschlagene Zar stieg ins eiskalte Wasser, um Menschen in Seenot zu helfen. Wenige Tage später starb er an den Folgen einer Blasenentzündung, die er sich dabei zugezogen haben soll.

18. Jahrhundert

Im Zeichen der Vernunft

Friedrich der Große

Amerikanische Unabhängigkeit: Schlacht bei Yorktown, 1781

■ Nach dem Dreißigjährigen Krieg hatte sich ein neues Machtgefüge in Europa herausgebildet, das die politischen Fronten des 18. Jahrhunderts bestimmte. Die fünf Großmächte England, Frankreich, Preußen, Österreich und Russland standen sich in verschiedenen Kriegen gegenüber und versuchten, Hegemonialansprüche durchzusetzen.

Der König ist tot

Der Beginn des 18. Jahrhunderts stand noch ganz im Zeichen der europäischen Adelshäuser. Als im November 1700 der spanische König verstarb, entbrannten Streitigkeiten um den Thron. Damit drohte das europäische Machtgefüge aus dem Gleichgewicht zu geraten, und es kam 1701–13 zu Kämpfen in ganz Europa. Der Tod Kaiser Karls VI. löste 1740 einen weiteren Konflikt aus. Friedrich II. von Preußen nutzte die Verwirrung und marschierte in Schlesien ein. Der Beginn des Schlesischen Krieges war zugleich der Beginn eines europäischen Konfliktes, an dem nach und nach alle europäischen Großmächte in zum Teil wechselnden Koalitionen beteiligt waren. Preußen stieg infolge der Auseinandersetzungen in den Rang einer europäischen Großmacht auf.

Geburt einer Nation

Die zahlreichen Kriege hatten hohe Kosten verursacht. Besonders Großbritan-

nien sah sich vor finanzielle Probleme gestellt. Daher versuchte das Mutterland, seine Finanznot durch höhere Besteuerung der nordamerikanischen Kolonien zu lindern. Der nun folgende Konflikt mündete in der amerikanischen Unabhängigkeitserklärung. Die militärische Durchsetzung der Unabhängigkeit gelang unter der Führung von George Washington 1781 in der Schlacht bei Yorktown.

Umsturz in Frankreich

Auch die französischen Staatsfinanzen waren von hohen Ausgaben bestimmt. Der Staat stand kurz vor dem Bankrott, und die Bürger und Bauern, der sogenannte „dritte Stand", litten unter der hohen Steuerlast. Währenddessen lebten Adel und weite Teile des Klerus abgabenfrei in Luxus. In dieser Situation sah sich Ludwig XVI. nicht in der Lage, im Alleingang Reformen des Steuersystems durchzusetzen und auch Adel und Klerus zu besteuern. So berief er im Mai 1789 die Generalstände ein. Repräsentanten von Adel, Klerus sowie Bürger und Bauern kamen in Versailles zusammen. Doch zu Beratungen über die Finanzlage kam es gar nicht erst. Vielmehr stritten die Stände über das Abstimmungsverfahren. Die Vertreter des Bürgertums wollten ihren geringen Einfluss nicht akzeptieren. Daher erklärte sich der dritte Stand am 17. Juni 1789 zur

Nationalversammlung und zwang den König, sie anzuerkennen. Damit war die Revolution perfekt. Zeitgleich stürmten am 14. Juli 1789 in Paris aufständische Bürger das Stadtgefängnis Bastille. Auch auf dem Lande kam es zu Übergriffen. In den Folgemonaten sahen der einstmals absolutistische König und seine Anhänger hilflos zu, wie die alte Ordnung hinweggefegt wurde. Die Nationalversammlung hob die Privilegien des Adels auf und beendete die Leibeigenschaft.

Sturm in Europa

Im Ausland wurden die Ereignisse in Frankreich mit Sorge beobachtet. Als 1791 Ludwig XVI. bei einem Fluchtversuch gefasst wurde, differenzierte und radikalisierte sich die Revolution. In der seit diesem Jahr tagenden Gesetzgebenden Versammlung bildeten sich politische Lager. Das Besitzbürgertum wurde von den Girondisten vertreten. Lautstärker waren die radikalen Jakobiner, die durch ihre Zeitungen und Flugblätter die Stimmung in Paris anheizten. In dieser unruhigen Stimmung setzten die Girondisten im April 1972 eine Kriegserklärung gegen Österreich und das verbündete Preußen durch. Während der erste Revolutionskrieg begann, nahm in Frankreich die Gewalt zu. Adlige wurden ermordet, und der König wurde in seinem Stadtschloss unter Hausarrest gestellt. Radikale Kräfte gewannen in Paris an Einfluss, als beim König Umsturzpläne gefunden wurden. Der Regent wurde abgesetzt und die Republik ausgerufen. In Paris rissen die Jakobiner die Macht an sich. Ihr Führer Robespierre beantragte im Sommer 1793 die Hinrichtung des Königs und war erfolgreich. In Frankreich begann eine Zeit des Schreckens. Der „terreur" endete erst nach einem Jahr mit dem Sturz Robespierres. Eine neue Verfassung wurde erlassen und ein Direktorium als neue Re-

gierung eingesetzt. Damit hatten sich die bürgerlichen Kräfte durchgesetzt. Doch weiterhin tobte in Europa Krieg gegen das revolutionäre Frankreich.

Aufklärung

Die Adelshäuser in ganz Europa hatten allen Grund, besorgt nach Frankreich zu blicken. Die Revolution wurde von Ideen getragen, die kein alleiniges französisches Phänomen waren. In Fortsetzung rationalistischer Positionen aus dem 17. Jahrhundert forderten bekannte Vertreter der Aufklärung ein vernunftbestimmtes Leben. Damit gingen politische Forderungen nach Freiheit, Gleichberechtigung, Toleranz und Mitbestimmung einher. Getragen wurden diese Forderungen von dem wirtschaftlich an Bedeutung gewinnenden Bürgertum in den Städten.

Sturm auf die Bastille

Dampf und Kohle

Das Erstarken des Bürgertums war Folge wirtschaftlicher Veränderung. In ganz Europa hatten absolutistische Regenten die Wirtschaft angekurbelt, um ihre Herrschaft zu finanzieren. Im Schatten der Manufakturen waren jedoch auch Händler und Handwerker zu Reichtum gekommen. Während der Absolutismus im Stile des Sonnenkönigs im 18. Jahrhundert sein Ende fand, setzte sich der Aufstieg des Bürgertums fort. In England kündigte sich nämlich schon die nächste Revolution an. Dort verbesserte James Watt die Dampfmaschine, wurden immer effektivere Webmaschinen konstruiert, wurde Eisen verhüttet sowie Stahl produziert.

Der große Aufklärer: Immanuel Kant

Immanuel Kant

135

Antonio Vivaldi

Herausragender Komponist und Violinist

* 4. März 1678 in Venedig
† 28. Juli 1741 in Wien

Antonio Vivaldi

■ Vivaldi gehörte zu den größten Violinisten seiner Zeit und war gleichzeitig ein herausragender Komponist, auch wenn seine zahlreichen Kompositionen für lange Zeit vergessen waren und erst 1926 durch einen Handschriftenfund wiederentdeckt wurden.

Schon früh zeigte sich Vivaldis außerordentliches violinistisches Talent. Doch Vivaldi entschloss sich trotzdem, anstelle von Musik Theologie zu studieren, da er den Entschluss gefasst hatte, Priester zu werden. 1703 erhielt er die Priesterweihe und übernahm 1716 die Leitung des Conversatorio della Pietà, eines Waisenhauses für Mädchen, das für sein herausragendes Orchester berühmt wurde. Die Priesterlaufbahn hatte Vivaldi aufgeben müssen, da er unter einer chronischen Herzschwäche und Asthma litt. Konzertreisen führten Vivaldi u. a. nach Florenz, Rom, Amsterdam und Wien, wodurch die Solokonzertform populär wurde.

Musik aus dem Waisenhaus

Der Großteil der Kompositionen Vivaldis entstand während seiner Zeit am Conversatorio della Pietà. Die Konzerte des Hauses wurden zu gesellschaftlichen Ereignissen von höchstem Rang. Vivaldi blieb dem Waisenhaus lebenslang verbunden.

Meister der Oper und des Konzerts

Von den vermutlich rund 50 Opern Vivaldis sind nur 20 vollständig erhalten geblieben. Vivaldis Opern folgen stets dem italienischen Vorbild mit dreiaktiger Anlage und zahlreichen Da-capo-Arien, die häufig von Rezitativen unterbrochen werden. Hinzu kommen rund 600 Instrumentalkonzerte aus der Feder Vivaldis. Die dreisätzigen Kompositionen gelten als Höhepunkt des barocken Instrumentalkonzerts und stellen für ganz Europa ein verbindliches formales Vorbild dar. Mit seinen Konzerten hatte Vivaldi zu einem gewissen Grad bereits die sogenannte Programmmusik der Romantik vorweggenommen. Beispiele sind die Schilderung von Naturvorgängen oder die Abfolge der Jahreszeiten in seinem berühmtesten Werk *Die vier Jahreszeiten* (1725).

TRIVIALITÄTSVERDACHT

Vivaldi wird von manchen Kritikern als trivial bezeichnet. Laut dem Kritiker Schostakowitsch soll Vivaldi nicht 600 verschiedene, sondern ein Werk in 600-facher Ausführung komponiert haben. Bemängelt wird häufig die gleichförmige Stimmführung, die durch den steten Wechsel zwischen Tutti und Soli zustande kommt. *Die vier Jahreszeiten* gehören jedoch auch weiterhin zum klassischen Repertoire aller großen Musikhäuser.

Georg Friedrich Händel

Meister der barocken Oper

* 23. Februar 1685 in Halle, Saale
† 14. April 1759 in London

■ Händel ist als genialer Komponist durch sein reiches Opern- und Oratorienschaffen neben Johann Sebastian Bach einer der wichtigsten Vertreter des Spätbarock. Händel wuchs in einer Arztfamilie auf und erhielt nach seiner Ausbildung bei Friedrich W. Zachow eine Stelle als Organist in Halle. Zugleich absolvierte er an der Universität von Halle ein Jurastudium. 1703 ging Händel an die Oper in Hamburg, zuerst als Geiger und ab 1704 als Cembalist. 1705 wurde mit *Almira* Händels erstes Opernwerk aufgeführt. Es folgten bis 1706 drei weitere Opern, deren Partituren jedoch nicht erhalten geblieben sind. Händel unternahm 1706–10 mehrere Italienreisen, auf denen er berühmte italienische Komponistenkollegen wie Arcangelo Corelli, Antonio Lotti sowie Alessandro und Domenico Scarlatti kennenlernte. 1711 ging Händel nach London, wo seine Oper *Rinaldo* zu einem großen Erfolg wurde. Es folgten zahlreiche weitere Opern und Kantaten. Erst 1720 kehrte Händel wieder auf den Kontinent zurück.

Das Scheitern der Opernakademien

1720–28 komponierte Händel für die im königlichen Auftrag gegründete Opernakademie insgesamt 14 Opern. Die Opernakademie entpuppte sich jedoch als wirtschaftlicher Misserfolg und wurde 1728 geschlossen. Nach ihrer Auflösung begann Händel ein neues Opernunternehmen in London, das auch als zweite Opernakademie bezeichnet wird. Trotz anfänglicher Erfolge scheiterte jedoch auch dieses Projekt schon bald, da es mit einem konkurrierenden Opernhaus zu einem ruinösen Wettbewerb kam. 1737 kam es zum Bankrott der zweiten Opernakademie, und Händel erlitt einen schweren Schlaganfall. Nach einem Kuraufenthalt in Aachen konnte sich Händel wieder erholen. In der Folgezeit entstanden eine Reihe bedeutender Chororatorien wie zum Beispiel *Der Messias* (1742). Das letzte Werk des gefeierten Komponisten, der gegen Ende seines Lebens am schwarzen Star litt, ist *Triumph von Zeit und Wahrheit* (1757).

Georg Friedrich Händel

Älteste Ansicht von Händels Geburtshaus in Halle

DER NIEDERGANG DER OPER

Händel komponierte insgesamt 42 Opern. Die meisten entstanden während Händels Aufenthalt in London. Nach dem Erfolg der Oper *Rinaldo* (1711) schrieb Händel fast jedes Jahr mindestens eine Oper. Das englische Publikum verlor jedoch zunehmend das Interesse an der traditionellen, pathetischen Opernform, und so kam es um 1730 zum allmählichen Niedergang der Opera seria in England, der Händel dazu bewog, in der Folgezeit anstelle von Opern hauptsächlich Oratorien und Orchesterwerke zu komponieren.

Johann Sebastian Bach

Thomaskirche in Leipzig

Bach-Denkmal in Leipzig

Johann Sebastian Bach

Deutsches Komponistengenie

* 21. März 1685 in Eisenach
† 28. Juli 1750 in Leipzig

■ Bach gilt als einer der größten Komponisten überhaupt. Schon zu Lebzeiten war er auch wegen seiner außergewöhnlichen Fähigkeiten als Orgelvirtuose berühmt. Bach wuchs in einer alten Thüringer Musikerfamilie auf. Nachdem seine Eltern früh verstarben, kam Bach im Alter von zehn Jahren in das Haus seines ältesten Bruders, des Organisten Johann Christoph Bach (1671–1721), von dem er Klavierunterricht erhielt. Da der junge Bach über eine gute Stimme verfügte, ging er 1700 an die Michaelis-Klosterschule in Lüneburg, wo er auch im Geigenspiel unterrichtet wurde. Schon mit seiner 1703 angetretenen ersten Stellung als Organist an der Neuen Kirche in Arnstadt begründete Bach seinen Ruf als herausragender Orgelspieler. 1707 folgte eine Anstellung als Organist an der Blasiuskirche in Mühlhausen. Im selben Jahr kam es auch zur Heirat mit Maria Barbara, einer Cousine Bachs. 1708 wurde Bach Mitglied der herzoglichen Kapelle am Weimarer Hof, wo er 1714 zum Konzertmeister ernannt wurde. Bach sah keine Chance, in Weimar zum Kapellmeister aufzusteigen, und wechselte deshalb zum Hof des Fürsten Leopold von Anhalt-Köthen, wo er eine Anstellung als Hofkapellmeister erhielt.

Von der Kirchenmusik zur Hofmusik

Von der kirchlichen Musik verlagerte sich Bachs künstlerisches Schaffen nun auf kammermusikalische Kompositionen für höfische Anlässe. Die Sonaten und Suiten, die in dieser Phase entstanden, stellen einen Höhepunkt der barocken Musikkunst dar. 1723 erhielt Bach eine Kantorenstelle an der Leipziger Thomasschule. 1729 kam die Leitung des von Georg Philipp Telemann gegründeten Collegium musicum hinzu, das wöchentlich Konzerte aufführte. 1736 wurde Bach die Würde eines königlich polnischen und kurfürstlich sächsischen

MUSIKALISCHE FAMILIE

Bach stammte aus einer alten Musikerfamilie. Die ältesten musizierenden Mitglieder sind der Müller Veit Bach (1550–1619) in Wechmar und sein Bruder Caspar Bach (1570–1642), der Stadtpfeifer in Arnstadt war. Johann Sebastian Bach war zweimal verheiratet. Nach dem Tod seiner ersten Frau (1720) heiratete er die fürstliche Sängerin Anna Magdalena Wilcken (1701–60). Mit seinen beiden Ehefrauen hatte Bach insgesamt 20 Kinder. Zwei Söhne und fünf Töchter aus der ersten sowie sechs Söhne und sieben Töchter aus der zweiten Ehe. Vier der Söhne Bachs wurden ebenfalls bekannte Komponisten: Wilhelm Friedemann (1710–84), Carl Philipp Emanuel Bach (1714–88), Johann Christoph Friedrich Bach (1732–95) und Johann Christian Bach (1735–82).

Hofkompositeurs verliehen. Es begann nun eine Phase der Überarbeitung des bisher geschaffenen Kompositionswerkes. Bisher unvollendet gebliebene Werke wurden in ihre endgültige Form gebracht. Mit den *Goldberg-Variationen* (1742), dem *Musikalischen Opfer* (1747) und der *Kunst der Fuge* (1748/49) ent-

Bach zählt nicht nur zu den größten Komponisten, sondern auch zu den größten Orgelvirtuosen aller Zeiten.

standen in jenen letzten Lebensjahren, in denen Bach an zunehmender Blindheit litt, einige der größten Meisterwerke der abendländischen Musik.

Kirchenmusik

Die kirchlichen Werke Bachs sind von tiefer Gläubigkeit durchdrungen. Die rund 200 Kirchenkantaten bildeten einen festen Bestandteil der Liturgie des sonntäglichen Gottesdienstes. Im Gegensatz zur Kantate besitzen die Oratorien Bachs einen größeren Umfang und eine höhere Komplexität. Ein berühmtes Beispiel ist das *Weihnachtsoratorium* (1743/35). Weitere Höhepunkte der Bach'schen Kirchenmusik sind die *Johannespassion* (1724) und die *Matthäuspassion* (1729), die jeweils auf einem Evangelientext basieren. Der Text ist als ein vom Generalbass begleitetes Rezitativ angelegt und steht Chorälen mit betrachtenden Texten gegenüber. Beide Passionen wurden von Bach mehrfach überarbeitet und sind daher in verschiedenen Fassungen vorhanden. Die *Messe h-Moll für Soli, Chor und Orchester* (1733/48) stellt Bachs einzig vollständige Vertonung einer Messe dar, zugleich sein wohl berühmtestes Werk.

Bachorgel im Bachmuseum Arnstadt

Voltaire

Philosoph und Schriftsteller der Aufklärung

eigentlich: François Marie Arouet

 * 21. November 1694 in Paris
† 30. Mai 1778 in Paris

Der junge Voltaire

Voltaire schrieb nicht nur Dramen und historische Werke. Sehr bekannt sind seine *Philosophischen Briefe* (1731) sowie das *Philosophische Wörterbuch* (1764), in denen er sich für religiöse Toleranz ausspricht.

■ Voltaire ist das Pseudonym des bekanntesten Schriftstellers der französischen Aufklärung. In seinen Gedichten und Erzählungen kritisierte er auf satirische, geistreiche Art Absolutismus und Kirche und bereitete damit den Boden für die Französische Revolution.

Jugend

Die Herkunft des berühmten französischen Denkers ist unklar. Voltaire soll Sohn eines Notars gewesen sein, hielt aber selbst einen Adligen für seinen Vater. Unstrittig ist, dass Voltaire unter Adligen aufwuchs: Die meisten seiner Mitschüler am Jesuitenkolleg in Paris waren adeliger Herkunft. Nach seinem Schulabschluss begann Voltaire 1711 ein Jurastudium. Doch statt sich in das Studium zu vertiefen, war er ab 1713 als Sekretär an der Botschaft in Den Haag tätig. Dort stolperte der lebensfrohe Notarsprössling über eine Liebesaffäre. Seine Beziehung zu einer sehr jungen Französin erregte die Fantasie der Den Haager Gesellschaft. Um das Ansehen der französischen Botschaft zu wahren, wurde er zurück nach Paris geschickt.

Erste Verse

Kaum nach Paris zurückgekehrt, wurde Voltaire sein schriftstellerisches Talent zum Verhängnis. Dort kursierten Satiren und unterhaltsame Gedichte von ihm.

Besonders in adeligen Kreisen erfreuten sich seine ersten Werke großer Beliebtheit. Doch eine seiner Arbeiten richtete sich spöttisch gegen den jungen französischen Regenten und dessen Vormund. Deshalb wurde Voltaire 1717 in der Bastille inhaftiert. Er nutzte die Zeit, las und schrieb im Gefängnis weiter. Dort verfasste er u. a. seine erste Tragödie *Oedipus*. Als er nach einem knappen Jahr wieder entlassen wurde, legte er sich seinen Künstlernamen zu und ließ das neue Stück aufführen. Es wurde ein Erfolg, der ihn schnell berühmt machte. Seine Bekanntschaft bewahrte ihn dann auch vor einem neuerlichen Aufenthalt in der Bastille. Streit mit einem Adligen hatte ihn beinahe wieder ins Gefängnis gebracht. Doch der König gewährte ihm stattdessen Exil.

England und Frankreich

So reiste Voltaire 1726 nach London. Dort beschäftigte er sich mit John Locke und Isaac Newton und traf englische Schriftsteller, u. a. Jonathan Swift. Nach zwei Jahren in England kehrte er nach Frankreich zurück und brachte die Gedanken englischer Philosophen und Aufklärer in seine Heimat. Hervorzuhebende Werke aus dieser Zeit sind seine historische Arbeit *Histoire de Charles XII.* aus dem Jahre 1731 und die drei Jahre später erscheinenden *Lettres phi-*

Der alte Voltaire im Kreis von Aufklärungsphilosophen

Hofe des französischen Regenten. Voltaire wurde zum Hofhistoriker ernannt und in den Adelsstand erhoben. Doch eine impulsive Unachtsamkeit zwang den Schriftsteller bald wieder zur Flucht. Während eines Kartenspiels am Spieltisch der Königin warnte er eine Mitspielerin vor gefälschten Karten und musste danach fluchtartig die Spielrunde und Paris verlassen. So fiel es Voltaire leicht, 1750 wieder nach Berlin zu gehen und dort am Hofe Friedrichs des Großen zu gastieren.

Madame de Pompadour

losophiques, die als Meilenstein der modernen Philosophie gelten. In diesen fasste Voltaire die Philosophie des 18. Jahrhunderts zusammen und sprach sich für religiöse Toleranz aus. Seine aufklärerischen Schriften gegen die religiösen und politischen Machthaber sorgten

Nach Genf

Am Schloss Sanssouci war er als Kammerherr tätig und vollendete seine Geschichte Frankreichs im 17. Jahrhundert. Doch schon bald kam es zu Streitereien. Voltaire überwarf sich mit ande-

Voltaire war ein streitbarer, ja wahrscheinlich sogar zänkischer Philosoph und Schriftsteller. Dieser Charakterzug brachte ihn oftmals in Schwierigkeiten.

wieder für Probleme in Paris. Erneut musste Voltaire die Stadt verlassen und zog zu seiner Geliebten aufs Land. Die folgenden Jahre pendelte er zwischen Paris und dem Landgut. Als jedoch 1740 in Preußen Friedrich der Große, ein Brieffreund Voltaires, an die Macht kam, verbesserte sich für Voltaire auch die Lage in Paris.

Bei Hofe

Der französische Schriftsteller wurde als Diplomat nach Preußen entsandt. Dort sollte er die preußischen Kriegspläne gegen Österreich beobachten. Sein Einsatz für die französische Krone und die Unterstützung von Madame de Pompadour, der Geliebten Ludwigs XV., machten ihn zu einem ständigen Gast am

ren Wissenschaftlern des Hofes und musste auch Potsdam verlassen. Er reiste nach Frankfurt, Straßburg und Colmar, bis er sich schließlich 1755 in Genf ein Grundstück kaufte. Allerdings geriet der Philosoph auch hier schnell in Konflikt mit der Obrigkeit, als er in seinem Haus ohne Genehmigung Theaterstücke aufführte. Seine Streitigkeiten in Frankreich, Preußen und der Schweiz ließen in ihm den Entschluss reifen, ein Landgut an der schweizerisch-französischen Grenze zu kaufen. Diese Lage sollte ihm im Streitfall einen schnellen Grenzübertritt ermöglichen. Seinen Altersruhesitz verließ Voltaire erst 1778, um in Paris der Premiere eines seiner Stücke beizuwohnen. Es sollte seine letzte Reise sein. Voltaire verstarb während der Premierenfeiern.

Voltaire

Anders Celsius

Schwedischer Astronom

* 27. November 1701 in Uppsala
† 25. April 1744 in Uppsala

Anders Celsius

Anders Celsius nutzte für seine Temperaturmessungen die Erfindung des Deutschen Daniel Gabriel Fahrenheit. Dieser hatte 1718 das erste Quecksilberthermometer konstruiert.

Originalthermometer von Celsius

■ Der schwedische Wissenschaftler erfand eine Temperaturskala, die er auf der ganzen Welt als einheitliches Messinstrument etablieren wollte. Darüber hinaus war er als Astronom tätig.

Reisen

Nach seiner universitären Ausbildung erhielt Anders Celsius einen Lehrauftrag an der Universität von Uppsala. Da es in Schweden jedoch kein Observatorium gab, sah sich der Forscher gezwungen zu reisen. Er brach 1732 auf und hielt sich in Nürnberg, Rom und Paris auf. Auf seinen Reisen nutzte Celsius die dortigen Forschungsmöglichkeiten und konnte so in großen Observatorien Beobachtungen machen. Als er 1734 in Paris ankam, geriet er in einen Disput. In Physikerkreisen wurde zu dem Zeitpunkt über die Form der Erde gestritten. War die Erde eine perfekte Kugel oder war sie von ungleichmäßiger Form? Um den Streit zu lösen, entschieden Wissenschaftler aus Paris, eine Expedition zu den Polen zu organisieren. Anders Celsius schloss sich der Truppe an, die in Richtung Nordpol zog. Die Messungen in Lappland ergaben, dass die Erde an den Polen tatsächlich etwas flacher war, wie Newton es berechnet hatte.

Astronomie

Anders Celsius organisierte den Bau des ersten schwedischen Observatoriums, das 1740 in Uppsala vollendet wurde.

Für seine astronomische Hauptarbeit hatte er das Observatorium allerdings noch nicht nutzen können. Als Wissenschaftler beschäftigte sich Celsius vor allem mit dem Polarlicht, das er in zahlreichen Beobachtungen beschrieb. Er war der Erste, der das Polarlicht mit Veränderungen im Magnetfeld der Erde in Verbindung brachte. Seine Beobachtungen veröffentlichte er 1733.

Temperatur

Das Ausmaß seiner heutigen Bekanntheit verdankt Celsius der Entwicklung eines Thermometers mit eigener Skala. Der schwedische Wissenschaftler orientierte sich an den Aggregatzuständen des Wassers. Der Gefrierpunkt sollte das untere Ende und der Siedepunkt das obere Ende der Skala sein. Um eine weltweite Vergleichbarkeit von Temperaturen zu gewährleisten, legte Celsius auch den Luftdruck fest, bei dem das Wasser frieren oder kochen sollte. Dies hatten andere Forscher zuvor versäumt. Anders als heute definierte Celsius allerdings den Gefrierpunkt als 100° und den Siedepunkt als 0°. Gemessen wurde die Temperatur damals wie heute durch eine Quecksilbersäule, die in einem dünnen Röhrchen anstieg. Celsius' Originalthermometer kann mittlerweile im Gustavianum, dem Universitätsmuseum in Uppsala, besichtigt werden. 1948 wurde die universelle Temperaturskala darüber hinaus ihm zu Ehren „Celsius-Skala" getauft.

Benjamin Franklin

Unabhängigkeit und Blitzableiter

 * 1706 in Boston
† 1790 in Philadelphia

Benjamin Franklin

■ Benjamin Franklin war der erste Amerikaner, der in Europa weithin bekannt war. Das lag zum einen an seiner wissenschaftlichen Arbeit, zum anderen an seinem Eintreten für die amerikanische Unabhängigkeit.

Erfolgreicher Autodidakt

Benjamin Franklin wird als besonders aufgewecktes und wissensdurstiges Kind beschrieben. Als zehntes von 15 Kindern eines Bostoner Kerzenmachers auf die Welt gekommen, brachte er sich fast sein ganzes Wissen autodidaktisch aus Büchern bei. In der Druckerei seines Bruders lernte er die Buchdruckkunst, bevor Franklin ab 1729 die *Pennsylvania Gazette* und 1732 den *Poor Richard's Almanack* herausgab. Diese Tätigkeiten brachten ihm großen Einfluss auf die Entwicklung des amerikanischen Pressewesens ein. Auch an der Ausbildung des Postwesens in den englischen Kolonien war er beteiligt.

Von 1751–64 war Benjamin Franklin Mitglied des Abgeordnetenhauses von Pennsylvania und spielte in einer Auseinandersetzung zwischen Pennsylvania und der Eigentümerfamilie Penn die entscheidende Rolle. Zwischen 1764 und 75 vertrat er auch andere Kolonien in England und machte sich als ihr „Anwalt" einen Namen.

Nach einem heftigen Konflikt mit dem Kronrat machte sich Franklin ab 1775 für die Unabhängigkeit der Kolonien stark. Er kehrte nach Pennsylvania zurück und wurde Mitglied im Kongress. Wenig später saß er bereits in dem Komitee, das die Unabhängigkeitserklärung der USA konzipierte. Dort war er Postminister und auch Präsident beim Verfassungskonvent. Zur Verfassung von 1787, zu deren Unterzeichnern er gehörte, trug er durch seinen Vorschlag bei, der Senat solle die Einzelstaaten und das Repräsentantenhaus das Volk als Ganzes vertreten.

Franklin als Wissenschaftler

Als Wissenschaftler interessierte sich Franklin vorwiegend für die Elektrizität. Besonders fasziniert war er von Blitzen und ihren Eigenschaften. Im Rahmen dieser Untersuchungen erfand er 1752 den Blitzableiter. Aber er beschäftigte sich nicht nur mit Elektrizität, weitere Untersuchungen galten u. a. der Hydrodynamik, dem Magnetismus sowie der Wärmeleitung und Wärmestrahlung.

Benjamin Franklin bei einem Blitzableiterversuch

Reiterstandbild Friedrichs
des Großen im Park von
Schloss Sanssouci

Friedrich Wilhelm I., der
Soldatenkönig

Friedrich der Große

Der „Alte Fritz" macht Preußen zur Großmacht

 * 24. Januar 1712 in Berlin
† 7. August 1786 in Schloss Sanssouci in Potsdam

■ Friedrich der Große etablierte Preußen als Großmacht in Europa. Innenpolitisch erwies er sich in vielen Bereichen als modern denkender Mensch, der zwar mit Härte regierte, aber auch einen Sinn für die Künste besaß.

Am Anfang noch schwach

Friedrich war ein begabter und aufgeschlossener Jugendlicher, der unter der harten Erziehung seines Vaters Friedrich Wilhelm, des „Soldatenkönigs", leiden musste. 1730 versuchte er sogar, sich diesem Martyrium durch Flucht zu entziehen. Schnell wurde er jedoch gefunden und verhaftet. Sein Freund und Fluchtgehilfe wurde zur Strafe hingerichtet. Darüber mag ihn nicht hinweggetröstet haben, dass er in den letzten Jahren seiner Vorbereitungszeit freier leben durfte und seine Interessen, besonders auch die philosophischen, verfolgen durfte.

Zur Ehe mit Elisabeth Christine von Braunschweig-Bevern wurde er mehr oder weniger gezwungen, und allen war klar, dass er mit ihr keine wirkliche Ehe führte, obwohl nie Streitigkeiten bekannt wurden. König und Königin lebten nicht zusammen, sondern traten nur zu bedeutenden Anlässen nebeneinander auf.

Hart in der kriegerischen Auseinandersetzung

Kaum war Friedrich König von Preußen, versuchte er schon sein Gebiet zu vergrößern, indem er Schlesien eroberte. Dies löste in Europa zahlreiche Verwicklungen aus und ließ Preußen als gestärkt und mächtig erscheinen. Schließlich trat Preußen im Siebenjährigen Krieg wie eine Kampfmaschine auf, gewann und verlor Schlachten, musste große Verluste hinnehmen und metzelte feindliche Truppen nieder. Zum Schluss konnte man sich behaupten und Schlesien für sich sichern. Außenpolitisch etablierte Friedrich II. Preußen damit neben Österreich, Frankreich, England und Russland als fünfte Großmacht in Europa.

Praktischer Philosoph

Zur damaligen Zeit war man davon überzeugt, dass der Staat sich umfassend in das wirtschaftliche Geschehen einmischen müsste, um eine gute Versorgung der Bevölkerung zu sichern. In diesem Sinne versuchte Friedrich, die Industrialisierung weiter voranzutreiben, mischte sich aber auch in die Landwirtschaft ein.

Beeinflusst von seinen vielen philosophischen Studien, ließ er zumindest formal die Folter verbieten, was in ganz Europa mit Erstaunen aufgenommen wurde. Außerdem war er ein sehr moderner Vertreter der Religionsfreiheit. Preußen profitierte wirtschaftlich davon, dass es sich als Einwanderungsland für Hugenotten und Katholiken anbot. Gelegen war ihm auch an der Bildung der Bevölkerung, und so ließ er zahlreiche Schulen gründen. Problematisch war aber noch die Lehrerausbildung: Oftmals sorgten ausrangierte Unteroffiziere als Lehrer für eine sprichwörtlich „harte Schule". Friedrich II. wollte auch die Leibeigenschaft abschaffen, scheiterte aber zunächst am Widerstand des Landadels.

Schöngeist

Friedrich II. von Preußen war auch noch während seiner Regentschaft sehr interessiert an Kunst, Literatur und Philosophie. Mit Voltaire verband ihn eine langjährige Freundschaft. Philosophen und Denker, die ihm nicht genehm waren, verbannte er allerdings aus Preußen. Er setzte sich zwar gegen eine Zensur ein, beschränkte dies aber nur auf den kulturellen Teil von Zeitschriften, politisch wurde sehr wohl zensiert – schließlich war der „Alte Fritz" überzeugter Absolutist.

Er verfügte über eine umfangreiche Bildersammlung. Nebenbei beschäftigte sich der preußische König intensiv mit Literatur und verärgerte die deutschsprachigen Schriftsteller, indem er mit seiner französischen Schrift *De la littérature allemande* wortreich die neue Mode kritisierte, deutsch zu schreiben anstatt französisch. Darüber hinaus galt seine Leidenschaft der Musik: Er spielte nicht nur Querflöte, sondern komponierte auch selbst.

Im Alter ein schwieriger Zeitgenosse

Friedrich II. verstand sich immer als erster Soldat seines Volkes. Er musste allerdings während seiner langen Regierungszeit große Anstrengungen aushalten, zahlreiche Schlachten schlagen und viele persönliche Verluste hinnehmen. Der König soll auch unter Depressionen gelitten haben und von Selbstmordgedanken gequält worden sein. Er hielt jedoch immer durch, zwang sich zur sogenannten preußischen Disziplin und kämpfte für das, was er für die gerechte Sache hielt. So kam es, dass er im Alter verbitterte und zynisch wurde; er zweifelte an den Menschen an sich. Außerdem wünschte er, nicht mehr kritisiert zu werden. Sein Ende war einsam.

Unruhig über den Tod hinaus

Friedrich hatte sich gewünscht, neben seinen Hunden begraben zu werden. Aber diesem Wunsch wurde nicht entsprochen. Er wurde viermal umgebettet und ist nun erst dort begraben, wo er, wie er selbst sagte, immer ohne Sorgen („sans soucis") war: in Potsdam. Aber auch dies geschah letztlich nicht ganz wunschgemäß: Nicht in aller Stille, sondern inszeniert wie ein Staatsbegräbnis wurde die letzte Beisetzung 1991 vollzogen.

Schloss Sanssouci

Schloss Sancoussi in Potsdam

Jean-Jacques Rousseau

Philosoph und Staatstheoretiker

* 28. Juni 1712 in Genf
† 2. Juli 1778 in Ermenonville

**Jean-Jacques Rousseau,
Gemälde von Quentin
de La Tour**

Rousseau war mit Denis Diderot befreundet. Für dessen *Enzyklopädie* schrieb er musikwissenschaftliche Artikel. Die *Enzyklopädie* gilt als eines der zentralen Werke der Aufklärung.

Jean-Jacques Rousseau setzte sich mit politischen und moralphilosophischen Fragen auseinander. Seine Schriften zum Gesellschaftsvertrag und der Volkssouveränität lieferten den theoretischen Unterbau der Französischen Revolution. Sein Einfluss auf spätere Demokratietheorien ist immens.

Leben

Der junge Schweizer durchlebte eine turbulente Kindheit und Jugend. Ohne Eltern wuchs er bei Verwandten auf. Der junge Rousseau ließ mit 16 Jahren Genf ohne wirkliche Ausbildung hinter sich und begann ein Abenteurerleben in Frankreich und Savoyen. Dort traf er eine adelige Gönnerin, die ihn als Sekretär aufnahm. In ihrem Haus lernte Rousseau und entwickelte sich zu einem gebildeten jungen Mann. Mit 30 Jahren zog er dann nach Paris, wo er schnell Anschluss fand. Bekannt wurde er durch seine *Abhandlung über die Wissenschaften und die Künste*, die er 1750 als Wettbewerbsbeitrag an die Akademie von Dijon sandte. Er ge-

wann den ersten Preis. Die folgenden Jahre lebte und arbeitete Rousseau in und bei Paris. Als er 1762 den Bildungsroman *Emile* und den *Gesellschaftsvertrag* veröffentlichte, schlug in Frankreich die Stimmung um. Beide Werke wurden verboten: *Emile* wegen des unorthodoxen Glaubensbegriffes und *Der Gesellschaftsvertrag* wegen des revolutionär-demokratischen Inhalts. So floh Rousseau 1765 in die Schweiz und wenige Jahre später nach England. Erst fünf Jahre später kehrte er wieder nach Paris zurück, wo er stillschweigend geduldet wurde.

Volonté général

Die Bedeutung Rousseaus als Staatstheoretiker beruht auf seinem Werk zum Gesellschaftsvertrag. Darin legt er dar, dass alle Menschen sich zum Schutz ihrer Freiheit und Gleichheit zu einem Staatswesen zusammengeschlossen hätten. Dies sei auf freiwilliger Basis geschehen und in Form eines Gesellschaftsvertrags zementiert worden. Damit ruhe die Staatsgewalt bei der Gesamtheit des Volkes, dessen Interessen im Volonté général (Gemeinwille) ihren Ausdruck fänden. Da die Souveränität des Volkes nicht teilbar sei, dürften keine Entscheidungen Einzelner gegen den Willen der Nation getroffen werden. Damit legte Rousseau die theoretische Basis für eine demokratische Staatsform und den Verlauf der Französischen Revolution.

Maria Theresia von Österreich

Mutter aller Österreicher

* 13. Mai 1717 in Wien
† 29. November 1780 in Wien

Maria Theresia

■ Maria Theresia schaffte es während ihrer Regentschaft, Österreich so weit in Europa zu etablieren, dass ihrem Land von den anderen Staaten keine unmittelbare Gefahr mehr drohte.

Herkunft

Maria Theresias Vater Kaiser Karl VI. hatte lange auf einen männlichen Nachfolger gewartet, ihr Bruder Leopold verstarb aber kurz nach seiner Geburt, und so erließ Karl VI., dass in diesem Fall die älteste Tochter seine Nachfolge antreten solle. Maria Theresia verbrachte eine fröhliche Kindheit und genoss alle Annehmlichkeiten einer Prinzessin. Sie hatte das große Glück, aus Liebe heiraten zu dürfen, was nicht üblich war. Ihr Auserwählter war Franz Stephan von Lothringen, der spätere Kaiser Franz I. An seiner Seite wurde Maria Theresia 1745 Kaiserin von Österreich.

Familienfrau

Maria Theresia war Mutter von 16 Kindern. Diese beachtliche Leistung trug ihr viele Sympathiepunkte vor allem der einfachen Bevölkerung zu. Zudem war sie sehr fromm. Aus diesen Gründen konnten sich viele Frauen des Landes mit ihr identifizieren und fühlten sich von ihr verstanden. Maria Theresia gab sich besondere Mühe mit der Erziehung und Ausbildung ihrer Kinder. Sie entwarf eigenhändig Bildungspläne und

überwachte die Durchführung streng. Die Kaiserin strebte an, ein möglichst weites familiäres Bündnisnetz über Europa zu legen, um dem von ihr gefürchteten preußischen Friedrich II. eine Übermacht entgegenstellen zu können.

Regentin

Kaum war ihr Vater verstorben, sah sie sich genötigt, zu handeln und weitreichende Entscheidungen zu treffen. Die anderen europäischen Königshäuser witterten nach dem Tode Karls eine Führungsschwäche in Österreich und konfrontierten Maria Theresia mit mehr oder weniger kriegerischen Gebietsansprüchen, derer sie sich erwehren musste. Zur Stärkung des Militärs ließ sie die Steuern erhöhen. Sie wollte vor allem Preußen schlagen, um Schlesien zurückzugewinnen. Dies gelang ihr zwar nicht, aber sie erreichte eine insgesamt stabile außenpolitische Lage. Innenpolitisch geht unter anderem die Einführung der Schulpflicht auf die Kaiserin zurück. Alles in allem war sie sowohl gleichberechtigte Mitregentin ihres Mannes als auch ihres Sohnes, Kaiser Josephs II.

Maria Theresia und Franz I. mit Kindern

Immanuel Kant

Vorreiter der Aufklärung

* 22. April 1724 in Königsberg
† 12. Februar 1804 in Königsberg

Immanuel Kant

In dem Werk *Kritik der reinen Vernunft* befasste sich Kant auch mit Fragen der Metaphysik. Der Philosoph wollte die Grenzen der Erkenntnisfähigkeit aufzeigen. Bestimmte transzendentale Ideen wie Gott und Unsterblichkeit entzogen sich seiner Meinung nach der Vernunft und damit allen Beweisen.

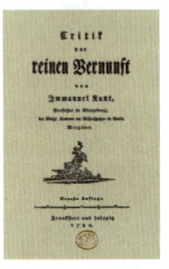

Titelblatt der *Kritik der reinen Vernunft*

■ Immanuel Kant gilt als einer der herausragendsten deutschen Denker aller Zeiten. Seine Arbeiten beeinflussten die Periode der Aufklärung maßgeblich und begründeten die philosophische Schule des kritischen Idealismus. Er verfasste zahlreiche philosophische Schriften.

Königsberg

Der Denker aus Ostpreußen wuchs als Sohn eines Sattlers in einem strenggläubigen Elternhaus auf. Seine Eltern schickten ihn mit acht Jahren in eine pietistische Schule. Dort entdeckte Kant seine Liebe zu lateinischen Klassikern, die ihn sein Leben lang begleitete. Seine

unterschiedlichen Fächern wie Physik und Pädagogik. Dabei entwickelte er sich zusehends zu einem scharfen Kritiker der Ideen Leibniz' und einem Verfechter Newtons und Humes. Seine Vorlesungen und Arbeiten brachten ihm das nötige Renommee, um 1770 eine Professorenstelle zu erhalten. Während seiner Professorentätigkeit schrieb Kant seine Hauptwerke, die Kritiken. Seine Werke zu religiösen Themen brachten Kant 1793 Probleme mit der preußischen Zensurbehörde, die ihm untersagte, sich weiter in religiösen Dingen zu äußern. Vorübergehend hielt er sich an dieses Verbot, bis er sich in seinen letzten Arbeiten darüber hinwegsetzte.

„Gedanken ohne Inhalt sind leer, Anschauungen ohne Begriffe sind blind."

Leistungen waren so gut, dass er 1740 ein Studium der Theologie an der Universität von Königsberg begann. In den ersten Studienjahren befasste er sich mit englischen Physikern und setzte sich mit rationalistischen und empirischen Positionen auseinander. Nach sechs Jahren an der Hochschule unterbrach er sein Studium und arbeitete als Privatlehrer in Königsberg. Doch 1755 kehrte er wieder an die Universität zurück und erwarb seinen akademischen Abschluss. Fortan arbeitete er als Privatdozent. In den folgenden Jahren schrieb Immanuel Kant drei Dissertationen und lehrte in so

Mit fast 80 Jahren verstarb Immanuel Kant in seinem Geburtsort und wurde im Dom von Königsberg beigesetzt.

Erkenntnis

Die Veröffentlichung *Kritik der reinen Vernunft* aus dem Jahr 1781 ist die erste von Kants Arbeiten, die damalige philosophische Positionen revolutionierten. Immanuel Kant setzte sich darin mit den Positionen von Rationalismus und Empirismus auseinander. Den Rationalisten hielt er entgegen, dass Erkenntnisgewinn nur durch theoretische Überlegungen ohne Sinneswahrnehmungen nicht möglich sei. Allerdings sei auch, wie von Empirikern propagiert, auf rein empirischem, theoriefreiem Wege keine Erkenntnis zu erlangen. Schließlich müsse die Vielzahl an Sinneseindrücken durch theoretische Konstrukte strukturiert werden. Dieser Zwiespalt führte Kant zu der Annahme, dass es theoretische Ideen geben müsse, die a priori vorhanden sind. Durch die Kombination dieser Ideen und sinnlicher Wahrnehmung würde neue Erkenntnis synthetisch gewonnen. Als kopernikanische Wende der Philosophie bezeichnete Immanuel Kant seine Schlussfolgerung, dass der Verstand die Wahrnehmung formen würde. Was in dieser Kürze kompliziert klingt, war auch für Kants Leser schwer zu verstehen. Missverständnisse und Fehlinterpretationen veranlassten den Philosophen aus Königsberg, sein Buch *Kritik der reinen Vernunft* zu erläutern. So schrieb er 1783 die Ergänzung *Prolegomena* und brachte schließlich 1787 eine zweite Fassung der Kritik heraus.

Ethik

Mit zunehmendem Lebensalter wandte sich Immanuel Kant ethischen Problemen zu. Er wollte seine abstrakte Philosophie auf den Boden des Pragmatischen zurückholen. Beginnend mit seiner Schrift *Grundlegung zur Metaphysik der Sitten* aus dem Jahr 1785 und seinem darauf aufbauenden Werk *Kritik der praktischen Vernunft* von 1788, untersucht Kant die Grundlage einer praktischen Vernunft. Seiner Meinung nach gibt es eine Grundregel, die jeder Moral vorangeht. Diesen Grundsatz nennt die Philosophie den kategorischen Imperativ. Kant verstand darunter die Regel, nur so zu handeln, dass man aus dem Handeln ein allgemeingültiges Gesetz ableiten könne. Diese mittlerweile als

„Was du nicht willst, das man dir tut, das füge keinem anderen zu!" in den Volksmund eingegangene Regel sollte laut Kant als praktischer Leitfaden zur Beurteilung des eigenen Handelns herangezogen werden.

Kant-Statue in Königsberg

Aufklärung

Neben dem kategorischen Imperativ ist der Name Kants untrennbar mit der Aufklärung und dem Motto „Sapere aude!" verbunden. Was frei übersetzt „Wage zu verstehen!" bedeutet, ist eine der zentralen Aufforderungen Kants aus seinem Aufsatz *Was ist Aufklärung?* von 1784. In diesem liefert Kant eine Definition der geistesgeschichtlichen Strömung des 18. Jahrhunderts. Aufklärung sei der „Ausgang des Menschen aus seiner selbstverschuldeten Unmündigkeit." Damit wurde Kant zum bedeutendsten deutschen Denker der Aufklärung.

Kants Grabmal in Königsberg

IMMANUEL KANT
1724-1804

Gotthold Ephraim Lessing

Führender Vertreter der Aufklärung

* 22. Januar 1729 Kamenz, Sachsen
† 15. Februar 1781 Braunschweig

Gotthold Ephraim Lessing

■ Lessing war als Dichter und Denker ein hervorragender Vertreter der Aufklärung und zugleich Wegbereiter einer deutschen Nationalliteratur. Er überwand die unhistorische Sehweise der frühen Aufklärung und führte zur deutschen Klassik. Der Sohn eines Pfarrers war Schüler der Fürstenschule in Meißen und anschließend Student der Theologie und Medizin in Leipzig. Ersten Ruhm erwarb sich der junge Lessing mit Lustspielen wie *Der junge Gelehrte*

NATHAN DER WEISE

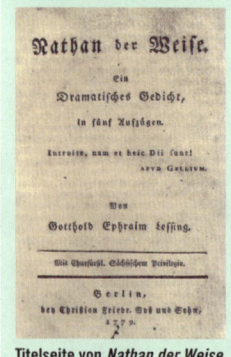

Titelseite von *Nathan der Weise*

Lessings berühmtes Drama *Nathan der Weise* (1779) besteht aus fünf Akten. Als Vorlage diente Lessing die in Giovanni Boccaccios Novellensammlung *Decamerone* zu findende Ringparabel. Die Erzählung gipfelt in der Frage, welche der drei monotheistischen Religionen die wahre sei, die Nathan von einem Sultan gestellt wird. Nathan nimmt als Jude jedoch nicht in Anspruch, dass seine Religion die einzig wahre sei. Das Drama plädiert somit für uneingeschränkte Toleranz zwischen den drei großen Weltreligionen Christentum, Judentum und Islam.

(1748). Zeit seines Lebens war Lessing in wirtschaftlichen Nöten. Nach einer missglückten Bewerbung als Bibliothekar (1765) bei Friedrich dem Großen übernahm Lessing 1767 die Leitung des Nationaltheaters in Hamburg. Im gleichen Jahr erschien sein 1766 begonnenes Lustspiel *Minna von Barnhelm*. In der als Wochenschrift geplanten *Hamburgischen Dramaturgie* verband er Rezensionen aufgeführter Werke mit theoretischen Beiträgen zu einer Neubesinnung auf das Wesen der Tragödie und Komödie. 1770 erhielt Lessing einen Ruf als Bibliothekar an die Bibliothek in Wolfenbüttel, der ihm endlich eine gewisse finanzielle Sicherheit brachte. Tragischerweise verstarb Lessings Frau 1778 nur kurze Zeit nach der Heirat. Lessing starb bald darauf 1781 als unglücklicher, einsamer Mann.

Dramen

Die Dramen Lessings sind konsequente Verwirklichungen der ästhetischen und moralischen Überzeugungen ihres Urhebers und gehören bis heute zu den meistgespielten Werken im deutschen Theaterbetrieb. Lessing war ein Gegner des einseitigen bürgerlichen Optimismus, dem er das von ihm in Deutschland eingeführte Trauerspiel entgegenstellte. Das Trauerspiel basierte auf dem Konflikt zwischen den moralischen Überzeugungen des Einzelnen und den Verhaltensregeln der Gesellschaft. Während *Miss Sara Sampson* (1755) und *Emilia Galotti* (1772) als Vorreiter des deutschen bürgerlichen Trauerspiels gelten, war *Nathan der Weise* (1779) das erste weltanschauliche Ideendrama.

Katharina die Große

Zarin aus Deutschland

 * 2. Mai 1729 in Stettin
† 17. November 1796 in Zarskoje Selo

■ Ursprünglich als Gattin des Thronerben nach Russland gekommen, revoltierte Katharina schon kurz nach dessen Thronbesteigung gegen Zar Peter III. und nahm die Geschicke Russlands in die eigenen Hände.

Eine aufgeschlossene Fürstentochter

Katharina wurde als Sophia von Anhalt-Zerbst geboren. Sie war ein aufgewecktes Mädchen, das schon in früher Jugend großes Interesse an der Männerwelt hatte. Sie unterhielt zahlreiche Kontakte und freute sich des Lebens. Auf Wunsch der Kaiserin reiste sie nach Russland und wurde dort mit dem Thronfolger Peter verlobt. Sie eroberte die Herzen am Zarenhof im Sturm, weil sie sehr aufgeschlossen und liebenswürdig war. Schnell machte sie sich mit den Gegebenheiten vertraut und erlernte die russische Sprache.

Eine unglückliche Ehe mit politischen Folgen

Die sympathieverwöhnte Sophia, die seit ihrer Konvertierung zum orthodoxen Glauben Katharina hieß, merkte schnell, dass Peter III. ihr nicht wirklich zugetan war. Er wirkte zudem kindisch und verspielt, während sie sich mit den Werken der großen Denker der damaligen Zeit auseinandersetzte. Sie beschäftigte sich viel mit Staatstheorie und war immer über alle Vorgänge bei Hof informiert. Dieser Gegensatz ging nicht lange gut. Als Peter nach dem Tod seiner Mutter den Zarenthron besteigen sollte, fiel er gleich durch unangemessenes Verhalten auf. Schließlich leitete er einige Reformen ein, die Katharina gemeinsam mit den konservativen Kräften des Landes für unangemessen hielt. Daraufhin ließ sie sich kurzerhand zur Alleinherrscherin ausrufen und duldete die Ermordung ihres Mannes.

Katharinas Herrschaft

Katharina betrieb in den 34 Jahren ihrer Herrschaft eine engagierte Sozialpolitik und ließ Schulen, Krankenhäuser und Armenasyle gründen. Ganz eigene Wege ging sie in der Siedlungspolitik: Als Deutsche lud sie deutsche Bauern ein, beiderseits der Wolga zu siedeln, sie versprach ihnen gute Bedingungen und Religionsfreiheit.

Katharina vereinheitlichte die Verwaltung und Rechtsprechung und ließ ein neues Gesetzbuch schreiben. Auch außenpolitisch war sie sehr umtriebig und gewann beispielsweise im Krieg gegen die Türken riesige Gebiete hinzu.

Katharina die Große

Katharina die Große

George Washington

So gar nicht ins Bild des „großen weißen Vaters", das manche Indianerdelegationen nach seinem Tod von George Washington zeichneten, will eine seiner frühen Äußerungen zum Umgang mit Indianern passen: „Unmittelbare Ziele sind die völlige Zerstörung und Verwüstung ihrer Siedlungen. Besonders wichtig wird es sein, ihre Feldfrüchte in der Erde zu vernichten und die Felder unbestellbar zu machen."

George Washington

George Washington

Erster Präsident der USA

 * 1732 in Wakefield
† 1799 in Mount Vernon

■ George Washington wurde 1789 zum ersten Präsidenten der Vereinigten Staaten von Amerika gewählt und gilt noch heute als verehrte und herausragende Persönlichkeit in der noch jungen Geschichte des Landes.

Verspätete Bildung und erster Reichtum

Geboren als Sohn eines Plantagenbesitzers in Virginia, musste sich George Washington keine großen Sorgen um sein späteres Überleben machen. Vielleicht lag es daran, dass sich zunächst niemand wirklich um die schulische Bildung des Jungen kümmerte, denn er genoss bis zu seinem 15. Lebensjahr lediglich eine rudimentäre Ausbildung, die sich – wie es heißt – ungefähr auf unserem Grundschulniveau bewegte.

Dass Washington dennoch kein ungehobelter Plantagentrampel blieb, verdankte er in erste Linie den Besitzern der Nachbarplantage, der Familie Fairfax und hier insbesondere der Tochter des Hauses, Sally. Sie verband eine pla-

tonische Liebe: Ideologische Theorien, Theaterstücke und Bücher las und diskutierte man gemeinsam. Gleichzeitig arbeitete Washington als Landvermesser. Im Laufe der 1750er-Jahre avancierte Washington durch Erbschaft, Heirat und Landspekulationen zu einem der reichsten Farmer von Virginia. Aufgrund seines Ansehens erhob man ihn 1753 zum Oberst, zwei Jahre später ernannte man ihn zum Befehlshaber der Truppen Virginias. Seine ersten militärischen Erfah-

Der spätere amerikanische Präsident John Adams charakterisierte Washingtons Bildung mit diesen Worten: „Es ist gewiss, dass Washington kein Gelehrter war, dass er für seinen Rang und Namen zu ungebildet, zu wenig belesen und zu unwissend war."

rungen sammelte er im sogenannten Franzosen- und Indianerkrieg, der von 1754–1763 dauerte und sich vor allem im westlichen Virginia abspielte.

Revolutionsheld

Die politische Bühne betrat Washington 1759 als Mitglied es Abgeordnetenhauses von Virginia. Zwischen 1760 und 64 war er zudem Friedensrichter in Fairfax County. 1774 schließlich ging es wieder einen Schritt weiter: Er wurde als Delegierter Virginias in den Kontinentalkongress gewählt.

Auf Vorschlag der Delegation aus Neuengland nominierte Thomas Johnson, Gouverneur von Maryland, am 15. Juni 1775 George Washington als Mitglied des Kongresses aus Virginia für die wichtige Funktion des Kommandeurs der Kontinentalarmee. Hier zeigte sich dann, dass der Mann aus Virginia nie eine militärische Ausbildung erhalten hatte. Aufgrund seiner Unerfahrenheit in Taktik und Strategie mussten Washingtons Truppen nämlich zunächst einige herbe Rückschläge einstecken, doch mit der Zeit wendete sich das Blatt zugunsten der Kontinentalarmee. Seine größten Erfolge errang Washington mit den Siegen bei Trenton (New Jersey) und Princeton (New Jersey) im Dezember 1776 bzw. Januar 1777 und bei Yorktown (Virginia) im Oktober 1781, als er die britische Hauptarmee mit französischer Unterstützung zur Kapitulation zwingen konnte. Mit diesem Sieg beendeten die Briten ihre Versuche, die amerikanische Revolution zu unterdrücken. 1783 erkannte das englische Königreich im Vertrag von Paris die Unabhängigkeit der Vereinigten Staaten an – und Washington war zum Revolutionshelden geworden.

Mount Vernon, Washingtons Wohnsitz

Erster Präsident

Nach diesem Erfolg zog sich George Washington zunächst für eine Weile ins Privatleben zurück. Nach vier Jahren relativer Untätigkeit kehrte er dann als Präsident des Verfassungskonvents, der von Mai bis September 1787 in Philadelphia tagte, in die Politik zurück. Hier warf er sein mittlerweile hohes Ansehen in die Waagschale, um die nötigen Kompromisse bis hin zur allgemeinen Akzeptanz der Verfassungsreform zu erreichen. Fast folgerichtig wurde Washington 1789 zum ersten Präsidenten der USA gewählt. Während seiner achtjährigen Regierungszeit stützte sich Washington auf ein Kabinett, dem Mitglieder der beiden konkurrierenden politischen Parteien, den Federalists und den Democratic-Republicans, angehörten.

Innenpolitisch ging es dem ersten Präsidenten zunächst einmal um eine Konsolidierung des jungen Bundesstaates. Washington versuchte dies durch die Ordnung der Finanzen, den Aufbau eines nationalen Regierungssystems und eine streng neutrale, auf die Verbesserung der auswärtigen Beziehungen und die Wahrung der nationalen Identität gerichtete Politik zu erreichen.

Auch außenpolitisch blieben die Vereinigten Staaten unter seiner Führung neutral. Nach dem Ausbruch der Französischen Revolution von 1789 musste Washington jedoch auch einige Kritik für die Passivität gegenüber den französisch-britischen Auseinandersetzungen entgegennehmen.

1797 zog sich Washington endgültig aus dem politischen Leben zurück. Bereits zu Lebzeiten erfuhr er als einer der Gründerväter der USA weite Verehrung: Sein Besitz Mount Vernon gilt als nationale Gedenkstätte.

Nachdem Washington die Wahl zum Oberbefehlshaber der Kontinentalarmee angenommen hatte, klärte er zunächst das Finanzielle. Er wolle kein festes Gehalt haben, lediglich die Spesen solle man ihm ersetzen. Das hörte sich gut an, kam aber – wie es heißt – letztlich um 400.000 Dollar teurer, als es das Gehalt gewesen wäre.

Die nationale Gedänkstätte Mount Rushmore mit den Köpfen der US-Präsidenten George Washington, Thomas Jefferson, Theodore Roosevelt und Abraham Lincoln

Adam Smith

Vater der Nationalökonomie

getauft am 5. Juni 1723 in Kirkcaldy
† 17. Juli 1790 in Edinburgh

Adam Smith

■ Der Moralphilosoph und Soziologe Adam Smith schrieb mit seinem Hauptwerk *Wealth of Nations* die erste Arbeit über eine Volkswirtschaft und legte damit den theoretischen Grundstein der modernen Ökonomie.

Lehren und Reisen

Über die Jugend des Ökonomen ist wenig bekannt. Sein Vater war Zollbeamter in einem kleinen Fischerdörfchen in Schottland. Mit 14 Jahren verließ Smith seinen Geburtsort und zog nach Glasgow, wo er ein Studium begann. Nach Erwerb seines Diploms erhielt er 1740 ein Stipendium in Oxford. In den Jahren an der neuen Universität vertiefte sich Adam Smith in das Philosophiestudium. Oxford ließ er dann 1748 hinter sich und nahm eine Lehrstelle in Edinburgh an. Seine öffentlichen Vorlesungen waren sehr beliebt und zogen Studenten wie Wissenschaftler an. So bekam Smith drei Jahre später eine Professur in Glasgow angeboten. Dort lehrte er Logik und später Moralphilosophie. Seine Arbeit an der Universität legte Smith 1763 für drei Jahre nieder, um den Duke von Buccleuch als Privatlehrer durch Europa zu begleiten. Nach seiner Rückkehr nach Schottland lebte er von der Pension, die ihm der Duke zahlte. Beruflich trat Smith danach erst 1778 als Zollkontrolleur von Schottland in Erscheinung. Seine Arbeit trug maßgeblich zur Sanierung des Staatshaushaltes bei.

Adam Smith

Staat und Reichtum

Smith ging in seinem Werk *An Inquiry into the Nature and Causes of the Wealth of Nations* 1776 auf die Gründe von nationalem Wohlstand ein. Dabei betrachtete er die Ökonomie eines Staates erstmals als eigenständigen Forschungsgegenstand. Adam Smith definierte im Weiteren erstmals zentrale Begriffe der modernen Ökonomie wie z. B. den Warenwert, der das Produkt der erbrachten Arbeit sei. Als Reichtum einer Nation bezeichnete er die Summe der Erträge von „Boden und Arbeit". Diese Definitionen und Analysen verband Smith mit einem „Rezept" für Wohlstand. Seiner Meinung nach führe das Bemühen der Individuen, den eigenen Nutzen zu mehren, zum größtmöglichen Nutzen für alle. Die Gesetze des Marktes würden gleichsam einer „unsichtbaren Hand" den Wohlstand der Nation mehren. Damit dieser Effekt eintrete, müsse der Markt aus Angebot und Nachfrage ohne wesentliche Einmischung des Staates wirken können. Der Staat solle nur den Rahmen für den Markt abstecken. Damit ist Adam Smith auch der Begründer des Liberalismus.

> **Der Ökonom sprach sich in seinen Schriften stets für ethische Grenzen aus, die das Streben nach Nutzen begrenzen sollten.**

Thomas Jefferson

Vater der Unabhängigkeitserklärung

* 1743 in Shadwell
† 1826 in Monticello

■ Thomas Jefferson war der Autor der amerikanischen Unabhängigkeitserklärung und trug als dritter Präsident der Vereinigten Staaten u. a. die Verantwortung für die Ausdehnung der USA nach Westen.

Wortgewaltiger Anwalt

Wie George Washington, der erste Präsident der USA, stammte auch Thomas Jefferson aus Virginia. Aber ganz im Gegensatz zu diesem genoss Jefferson eine umfassende Ausbildung, zunächst durch Privatlehrer und dann am College of William and Mary in Williamsburg. Nach dem Abschluss studierte Jefferson bei dem bekannten Anwalt George Wythe Jura.

Nachdem er 1767 selber zu praktizieren begonnen hatte, konnte sich Jefferson vor allem in den 1770er-Jahren einen exzellenten Ruf als Anwalt erarbeiten. 1769 zog er zudem als Abgeordneter in das Parlament von Virginia ein. Dort profilierte er sich als aufgeklärter Geist, der sich zu einem der Köpfe der amerikanischen Unabhängigkeitsbewegung entwickelte. Seine Abhandlung *A Summary View of the Rights of British America* beeindruckte seine Mitstreiter in solchem Maße, dass diese sie in die Formulierung der Unabhängigkeitserklärung übertrugen.

Jeffersons politische Karriere ging parallel weiter. In Virginia blieb er zunächst Abgeordneter, später wurde er dann Gouverneur. Ab 1784 hielt sich Jefferson in diplomatischen Diensten in Frankreich auf, wo er ein Jahr später die Nachfolge des amerikanischen Gesandten Benjamin Franklin antrat. Unter George Washington wurde dieser zum Staatssekretär des Auswärtigen berufen, der nachfolgende Präsident John Adams machte Thomas Jefferson zu seinem Stellvertreter.

Dann schlug Jeffersons große Stunde. Zwischen 1801 und 1809 lenkte er als Präsident die Geschicke der USA. Jefferson erwies sich als geschickter, entschlusskräftiger und weitblickender Regierungschef, der insbesondere die Ausdehnung der USA nach Westen förderte. Außerdem befasste er sich mit der Stärkung der Pressefreiheit, der Lockerung des Staatsbürgerrechts, der Herstellung der inneren Handelsfreiheit und dem Abbau der Staatsverschuldung.

Thomas Jefferson

Die „Rotunda" der University of Virginia

James Watt

Erfinder und Maschinenbauer

* 19. Januar 1736 in Greenock
† 15. August 1819 in Heathfield

James Watt

■ Der schottische Tüftler James Watt revolutionierte die Entwicklung der Dampfmaschine. Seine Weiterentwicklungen vorhandener Dampfmaschinen erhöhten die Leistung um ein Vielfaches und machten den Einsatz für unterschiedlichste industrielle Produktionstechniken möglich. Seine Erfindungen gelten als die bedeutendsten der Technikgeschichte.

Ausbildung

James Watt wuchs in der schottischen Kleinstadt Greenock auf. Sein Vater arbeitete in der Stadtverwaltung als Fi-

ginnen. Doch schon nach zwei Jahren in Glasgow zog es ihn weiter nach London. Hier lernte er ein weiteres Jahr den Bau mathematischer Instrumente wie z. B. den von Sextanten. Nach seinem Aufenthalt in London zog er zurück nach Glasgow.

Laden

Kaum aus London zurück, eröffnete James Watt in Glasgow 1757 einen Laden, der mathematische Instrumente fertigte. Die Nähe seines Geschäfts zur Universität brachte ihm zahlreiche neue Kunden und Kontakte zu Wissenschaft-

In Glasgow stand Watt in regem Austausch mit Wissenschaftlern der Universität.

nanzbeamter und besaß einen Werkzeugladen mit Material für den Schiffs- und Hausbau. Der junge Watt war schon früh von den Instrumentarien des Vaters fasziniert und spielte oft in dem Laden mit den Werkzeugen. Dabei konstruierte er Modelle von Kränen und anderen Maschinen. Seine frühe Leidenschaft schlug sich auch in Watts Berufswunsch nieder: Er wollte Instrumentenbauer werden. Daher entschied sich James Watt 1753 nach Glasgow zu gehen, um dort eine Lehre zu be-

lern der Universität Glasgow. Hier lernte Watt nicht nur so bekannte Größen wie Adam Smith, sondern auch den Physiker Joseph Black kennen. Dieser hatte u. a. entdeckt, dass Wasser beim Wechsel in einen anderen Aggregatzustand Energie verbraucht. Doch Watt stellte nicht nur feinmechanische Instrumente her, sondern reparierte auch andere Maschinen. So erhielt er 1764 einen Reparaturfall aus dem Bergbau, der ihn eine folgenschwere Entdeckung machen ließ. Es war eine Dampfmaschine, die von Thomas Savery und Thomas Newcomen entwickelt worden war. Als er sich an die Reparatur der

Maschine machte, stellte Watt fest, dass ein großer Teil der Dampfenergie verschwendet wurde. Diese Entdeckung ließ dem schottischen Tüftler keine Ruhe. Er begann, sich an die Überarbeitung der Maschine zu machen.

Dampfmaschine

Hierbei kam James Watt seine enge Beziehung zu Joseph Black zugute. Er wusste von dem Physiker, dass die Kondensation von Dampf Energie verbrauchte. In der Dampfmaschine von Newcomen fand die Kondensation im Zylinder statt, der also aufheizte und wieder abkühlte. Dies war ausgesprochen uneffizient. James Watt löste dieses Problem durch den Anbau eines Behälters an den Zylinder, in dem der Dampf kondensieren konnte: Der Kondensator war erfunden. Noch heute ist er in Dampfmaschinen zu finden und entscheidend für deren Leistungsfähigkeit. Um den Verlust von Energie darüber hinaus zu reduzieren, veränderte Watt die alte Dampfmaschine noch weiter und isolierte den Zylinder. Auch veränderte er die Technik, mit der der Kolben in den Zylinder gedrückt wurde. Bei der Dampfmaschine von Newcomen wurde der Kolben durch den atmosphärischen Druck in den Zylinder geschoben, in dem zuvor ein Unterdruck erzeugt worden war. Nun nutzte Watt die Kraft des Dampfes zusätzlich, um den Kolben in den Zylinder zu drücken. Die sogenannte Niederdruckmaschine ließ Watt 1769 patentieren. Sie verbrauchte für die gleiche Leistung etwa 60 % weniger Heizmaterial als die Maschine von Newcomen.

Vermarktung

Die neuen Maschinen von James Watt versprachen ein gutes Geschäft zu werden. Doch der Erfinder war seit 1766 als Landvermesser in Schottland tätig und vermaß den Verlauf von Kanälen. Daher konnte er sich nicht um die Fertigung und den Verkauf der Maschinen kümmern. Doch Watt fand einen Partner. Der Geschäftsmann John Roebuck wurde 1768 Partner Watts und versuchte, mit der neuen Erfindung Geld zu machen. Doch vier Jahre später war er bankrott und musste seine Beteiligung an dem Patent von Watts verkaufen. Als neuer Investor stieg Matthew Boulton in die Produktion der Maschinen ein. Er baute eine Fabrik in Birmingham, wo sich 1774 auch Watt niederließ. Die Geschäftsbeziehung des Unternehmers und des Erfinders hielt ein Vierteljahrhundert.

In dieser Zeit entwickelte Watt weitere Maschinentypen und verbesserte die alten Modelle. Dampfmaschinen aus seiner Fabrik wurden u. a. im Bergbau als Wasserpumpen und als Pressen in Münzanstalten eingesetzt. Aus den aktiven Arbeiten in der Fabrik und der Produktion zog sich der Tüftler 1800 zurück. Nun widmete er sich ganz seinen wissenschaftlichen Arbeiten und reiste mit seiner Frau durch Europa.

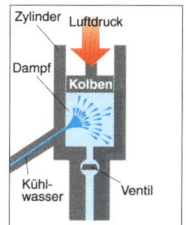

Prinzip von Newcomens Dampfmaschine

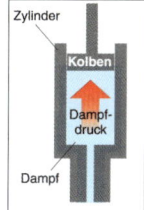

Dampfmaschine von James Watt

INDUSTRIALISIERUNG

James Watts Leistungen für die Industrialisierung sind nicht hoch genug einzuschätzen. Seine leistungsfähigeren Dampfmaschinen wurden zum Motor der industriellen Fertigung. In den Bergwerken erlaubten die stärkeren Maschinen tiefere Schächte und größere Fördermengen. Auch aus der Verhüttung und der Textilindustrie waren die Maschinen nicht wegzudenken. In der Infrastruktur trieben sie die Züge an.

Antoine Laurent Lavoisier

Bei seinen Experimenten konnte Lavoisier auf kompetente Hilfe zurückgreifen. Seine Frau Marie half bei Versuchen, führte das Laborbuch und zeichnete alles auf. Nach dem Tod ihres Mannes veröffentlichte sie 1805 die *Mémoires de Chimie*.

Lavoisier mit seiner Frau, Porträt von Jacques Louis David

Antoine Laurent Lavoisier

Begründer der modernen Chemie

 * 26. August 1743 in Paris
† 8. Mai 1794 in Paris

■ Der Wissenschaftler Lavoisier erforschte die Zusammensetzung von Wasser und den Verbrennungsprozess. Seine Erkenntnisse ließ er in eine Klassifizierung von Elementen einfließen. Die Nomenklatur gilt als Grundlage des heutigen Elementensystems.

Leben

Antoine Laurent Lavoisier wuchs in wohlhabenden Verhältnissen auf. Sein Vater war Rechtsgelehrter und ließ seinem Sohn eine Ausbildung an einem Elite-Internat zukommen. Danach studierte Lavoisier Jura und schlug eine Karriere in der öffentlichen Verwaltung ein. Er war Direktor der staatlichen Schießpulverwerke, saß in einer Kommission zur Vereinheitlichung von Maßen und Gewichten und war ab 1791 Schatzmeister. Sein enormer Reichtum erlaubte ihm, neben der Arbeit ein Haus mit eigenem Laboratorium einzurichten. So fand der französische Wissenschaftler Zeit zu experimentieren. Dabei galt seine Aufmerksamkeit der Lehre von den Elementen Luft, Wasser, Erde und Feuer. Seine Arbeiten sollten bisherige Theorien dazu grundlegend revolutionieren. Entsprechende Experimente führte er bis zu seinem vorzeitigen Ableben weiter. Die Französische Revolution beendete seinen Forscherdrang. Lavoisier wurde wegen seiner Arbeit als Generalsteuerbevollmächtigter von einem Revolutionstribunal angeklagt und 1794 enthauptet.

Forschung

Lavoisier führte in seinem privaten Labor zahlreiche Versuche durch. Dabei ging er streng quantitativ vor. Er maß alles und notierte sorgfältig die Ergebnisse. Dabei fiel ihm auf, dass bei chemischen Reaktionen die Menge der Stoffe gleich bleibt, also die eingesetzte Menge der Menge des Stoffes am Ende des Experiments entspricht. Das Prinzip der Massenerhaltung gilt als erstes Grundprinzip der Chemie. Mit diesem Prinzip ließ sich bis dato jedoch nicht erklären, wieso bei Verbrennungsprozessen Masse verschwindet. Daher konzentrierte Lavoisier seine Experimente auf Verbrennungen und entdeckte die Rolle des von ihm zuvor entdeckten Sauerstoffs. Dieser geht bei Verbrennungen eine Verbindung mit dem brennenden Material ein, es entsteht Kohlendioxid, Kohlenmonoxid und Wasser. Aus seinen Entdeckungen entwickelte er eine Systematik der Elemente. Elemente definierte er als Stoffe, die sich nicht weiter chemisch teilen ließen.

Gebrüder Montgolfier

Pioniere der Luftfahrt

 Joseph Michel de Montgolfier
* 26. August 1740 in Annonay, † 26. Juni 1810 in Balaruc-les-Bains
Étienne Jacques de Montgolfier
* 6. Januar 1745 in Annonay, † 2. August 1799 in Serrières

■ Die beiden Brüder aus dem Süden Frankreichs erfanden den ersten Heißluftballon und ließen ihn erfolgreich mit unterschiedlichen Passagieren fliegen.

Papier

Papier war in der Jugend der beiden Luftfahrer immer präsent. Ihr Vater besaß eine kleine Papierfabrik in der Nähe ihres Geburtsortes. Ohne diese Fabrik wäre es eventuell niemals zu den ersten Experimenten gekommen, die von dem Bruderpaar unternommen wurden. Denn die Fabrik sicherte den beiden nicht nur ihre Einkünfte, nachdem sie die Leitung der Fabrik übernommen hatten, sondern auch die Verfügbarkeit von Material für Versuche. Trotz der Arbeit als Unternehmer galt das Interesse der Brüder dem alten Traum vom Fliegen. Während ihrer Experimente fiel ihnen auf, dass eine Tüte aus Papier fliegen konnte, wenn sie mit heißer Luft befüllt wurde. Diese Entdeckung brachte 1782 den Durchbruch. Nun machten sich die Brüder Montgolfier an den Bau eines richtigen Ballons. Dafür konstruierten sie eine Hülle aus Leinen, die mit Papier abgedichtet und einem Netz aus Hanf überzogen wurde. Diesen Ballon ließen sie in ihrem Heimatort öffentlich steigen. Das Flugobjekt erreichte dabei die beachtliche Höhe von weit über 1000 Metern.

Über Paris

Der Erfolg des Ballonflugs sprach sich schnell herum und gelangte sogar nach Paris an den königlichen Hof. Ludwig XVI. lud die beiden Montgolfiers nach Paris ein. Diesmal wollten die Brüder mit einer noch beeindruckenderen Demonstration ihrer Erfindung glänzen. So entschieden sie sich, den Ballon mit Passagieren fliegen zu lassen. Am 19. September 1783 erhoben sich ein Hammel, eine Ente und ein Hahn in den Pariser Himmel. Der Heißluftballon mit der tierischen Fracht stieg auf, flog mehrere Minuten durch die Luft und landete sicher etwa drei Kilometer entfernt. Da die Tiere den Flug unbeschadet überstanden hatten, erlaubte der König einen Flug mit Menschen. So starteten am 21. November 1783 zwei Adlige mit dem Ballon der Gebrüder eine etwa neun Kilometer lange Fahrt über die Stadt an der Seine. Die Sensation war gelungen: der erste freie Heißluftballonflug.

Joseph Michel de Montgolfier

Étienne Jacques de Montgolfier

> **Die Gebrüder Montgolfier wurden durch ihre Erfindung und Flugdemonstration in Paris mit einem Schlag berühmt. Sie erhielten eine Auszeichnung der französischen Akademie der Wissenschaften und widmeten sich fortan ganz ihrer Laufbahn als Erfinder.**

Montgolfière

Francisco de Goya

Altmeister der spanischen Malerei

* 30. März 1747 in Fuendetodos, Zaragoza
† 16. April 1828 in Bordeaux

Selbstporträt

■ Goya gilt neben El Greco und Diego Velázquez als führender Vertreter der spanischen Malerei. Der spanische Ausnahmekünstler war nicht nur als visionärer Maler, sondern auch als Grafiker tätig. Goya erhielt seine künstlerische Ausbildung in Zaragoza und Madrid, ging 1770 nach Rom und kehrte 1771 nach Madrid zurück, wo er ab 1775 bei der königlichen Teppichmanufaktur beschäftigt war. 1785 wurde Goya stellvertretender Direktor der Akademie von San Fernando. 1799 wurde er erster Hofmaler Karls IV. und erlebte die Besetzung Madrids durch die Franzosen (1808). In der Folgezeit behandelte Goya die Ereignisse rund um den spanischen Unabhängigkeitskrieg in realistischen Bildern. 1819 zog sich Goya auf seinen Landsitz zurück und bemalte die Wände seines Hauses mit den berühmten visionären *Schwarzen Bildern*. 1824 emigrierte Goya nach Frankreich.

Goya war ein genialer, visionärer Künstler, der bei seiner Kunst auch keinen Hehl aus seinen politischen Überzeugungen machte.

DIE ERSCHIESSUNG DER AUFSTÄNDISCHEN

Das 1814 entstandene Gemälde befindet sich heute im Prado in Madrid. Es zeigt einen Vorfall aus dem Jahr 1808. Napoleon hatte zu diesem Zeitpunkt Spanien besetzt und das Königshaus gezwungen, das Land zu verlassen. Am 2. Mai kam es zu einem Aufstand der spanischen Bevölkerung gegen die von Napoleon verordnete Ausreise von König Ferdinand IV., der von den Franzosen

Die Erschießung der Aufständischen am 3. Mai 1808

blutig niedergeschlagen wurde. Jeder Spanier mit einer Waffe in der Hand wurde von den Franzosen umgehend erschossen. 45 Aufständische wurden in der Nacht vom 2. auf den 3. Mai auf einem Hügel zusammengetrieben und von einem Erschießungskommando exekutiert. Die Erschießungsszene bildet den Inhalt von Goyas eindrucksvollem Zeitdokument.

Erste Erfolge

Goyas künstlerische Laufbahn begann mit Gobelinentwürfen für die königliche Teppichmanufaktur in Madrid. 1776–91 kamen rund 50 Werke zustande, die zumeist in Öl auf Leinwand gemalt waren und sich heute im Prado in Madrid befinden. Es handelt sich überwiegend um volkstümliche Szenen, Jahreszeitenbilder und Jagdszenen, die vom Hof für die königlichen Residenzen, El Escorial, Aranjuez, La Granja, El Pardo und das Neue Palais, verlangt wurden. Anstelle der traditionellen biblischen Motive widmete sich Goya mit Bildern wie *Der Geschirrhändler* (1778/79) lieber alltäglichen Szenen des ländlichen Lebens.

Politische Kunst

Francisco Goya hielt bei seiner Kunst nicht mit seinen politischen und moralischen Überzeugungen hinterm Berg. Als Hofmaler diente er sowohl Karl IV. als auch dem Bruder Napoleons, Joseph II. Er nutzte seine Beziehungen zum Hof als Waffe gegen die Inquisition und verabscheute die Maßlosigkeit und mangelnde Moral der Monarchenfamilie. Es kritisierte den Klerus ebenso wie den Adel und trat als gläubiger Christ gleichzeitig für eine volksnahe Religion ein. Sein Herz gehörte dem gegen die französische Fremdherrschaft kämpfenden spanischen Volk. 1803–13 entstand der Zyklus *Schrecken des Krieges* mit 82 Radierungen, die in bisher nicht gekannter realistischer Form grausame Szenen aus dem spanischen Befreiungskampf zeigten.

König Karl IV. und seine Familie

Das berühmte Gemälde *König Karl IV. und seine Familie* entstand in der Zeit von Anfang Mai bis Ende Juni, als sich der Künstler in der Sommerresidenz der spanischen Könige in Aranjuez aufhielt, um von allen 13 Mitgliedern des Königshauses Bildnisse anzufertigen. Die so entstandenen Einzelstudien bildeten die Grundlage für das Gruppenporträt. Als Vorlage diente Goya das Gruppenbild *Las Meninas* (1656) von Diego Velázquez. Auf diesem ist ebenfalls der Maler selbst bei der Arbeit an der Staffelei abgebildet. Die zentrale künstlerische Entscheidung Goyas war die Unterteilung der abzubildenden Personen in zwei Gruppen, die links von Kronprinzen Ferdinand und rechts von König Karl IV. angeführt werden. Das unangefochtene Oberhaupt der Königsfamilie ist Königin Luisa, die im Mittelpunkt des Bildes

steht. Goyas Porträt der Königsfamilie vermeidet jedoch jegliche heroische Übersteigerung. Im Gegenteil: Der Maler entlarvt mit kritischem Blick die Eitelkeit und Leere der höfischen Gesellschaft. Königin Luisa wird in karikaturhafter Verzerrung mit raubtierhaften Gesichtszügen dargestellt. Ihr Gemahl Karl IV. blickt indes mit völlig ausdrucksloser Miene ins Leere.

König Karl IV. und seine Familie

Die Schwarzen Bilder

In Goyas Leben gab es zeitlebens einen Konflikt zwischen öffentlicher und privater Kunst. Gegen Ende seines Lebens zog er sich immer mehr ins Private zurück. Hiervon zeugen auch die fantastisch-düsteren *Schwarzen Bilder*. Die ab 1819 entstandenen 14 Wandgemälde in Goyas Landhaus wurden später auf Leinwand übertragen und in den Prado nach Madrid überführt. Als Grundlage für die *Schwarzen Bilder*, in denen sich die düsteren Fantasien Goyas mit der bedrückenden Situation seines Landes vermischen, dienten zum Teil frühere Gemälde wie der kleinformatige *Hexensabbat* (1797/98).

Wirkung

Die Malerei Goyas hat erst spät – zuerst in Frankreich – eine angemessene Wertschätzung erfahren. Die Visionen und Albträume Goyas wurden später von Edvard Munch und danach von den Surrealisten aufgegriffen. Goya hat mit seinem Werk nicht nur das barocke Bild vom göttlichen Menschen zerstört, sondern einer ganzen Epoche der Malerei eine neue Kunstauffassung entgegengesetzt.

Josef Karl Stieler: Porträt von Johann Wolfgang von Goethe

Johann Heinrich Wilhelm Tischbein: *Goethe in der Campagna*

Johann Wolfgang von Goethe

Literarisches Genie und Schöpfer des *Faust*

* 22. August 1749 in Frankfurt am Main
† 22. März 1832 in Weimar

■ Goethe ist die bis heute bedeutendste Gestalt der deutschen Literatur. Sein wichtigstes Werk ist der zweiteilige *Faust*, der erst lange nach Goethes Tod als herausragende literarische Leistung gewürdigt wurde. Goethe wuchs in einer wohlbegüterten Frankfurter Rechtsanwaltsfamilie auf und wurde von Privatlehrern unterrichtet. Während seines anschließenden Jurastudiums in Leipzig geriet der junge Goethe in einen Konflikt zwischen dem eleganten Lebensstil der feinen Gesellschaft und dem Streben nach Wahrheit und Leidenschaft. Goethes Leidenschaft galt schon früh der Dichtkunst, zum Jurastudium war er vom Vater gezwungen worden.

Vielseitiges Werk

Seine Sturm-und-Drang-Zeit fand ihren literarischen Niederschlag in dem

Goethe war zeitlebens ein ausgesprochener Frauenfreund, und so verliebte er sich 1775 in die Hofdame Charlotte von Stein. Unter ihrem Einfluss und den Eindrücken seiner Italienreise (1786–88) orientierte er sich zur klassischen Form hin, wie zum Beispiel die Dramen *Iphigenie auf Tauris* (1787) und *Torquato Tasso* (1790) zeigen. 1788 zog Goethe mit Christiane Vulpius zusammen, mit der er mehrere Kinder hatte und die er 1806 schließlich heiratete. Mit der Freundschaft zwischen Goethe und Schiller, der 1799 nach Weimar kam, erreichte die sogenannte Weimarer Klassik ihren Höhepunkt. Goethe selbst sah sich in erster Linie als Naturforscher und nicht als Schriftsteller. Seine naturwissenschaftlichen und philosophischen Interessen zeigen sich in seiner *Farbenlehre* (1810) und dem *West-östlichen Diwan* (1819). Der erste Teil von Goe-

Goethe ist nicht nur der größte deutsche, sondern auch einer der größten Dichter der Weltliteratur.

Drama *Götz von Berlichingen* (1773) und dem Roman *Die Leiden des jungen Werthers* (1774). Goethe war 1771–75 neben seinen literarischen Aktivitäten als Jurist tätig. 1775 folgte er einer Einladung des Herzogs Karl August nach Weimar, wo er zum Staatsbeamten aufstieg und 1779 die Adelswürde erhielt.

thes größtem Werk, dem *Faust*, erschien 1808, der zweite unvollendete 1831, wenige Monate vor dem Tod des Dichtergenies. Mit seinem literarischen Werken wurde Goethe nicht nur zu einem der größten deutschen Dichter, sondern auch zu einem der wichtigsten Dichter der Weltliteratur.

Die Entstehung des *Faust*

Als Vorlage für sein berühmtestes Werk diente Goethe das Puppenspiel von *Doktor Faust*, das er bereits als kleiner Junge, auf einem Jahrmarkt in einer kleinen Holzbude gesehen und aufmerksam verfolgt hatte. Der Fauststoff ließ Goethe zeitlebens nicht mehr los. Sein Leben lang rang der Dichter um die endgültige Formung der Puppenspielfabel. Die erste Bearbeitung des Stoffes erfolgte während der Sturm-und-Drang-Periode, als Goethe mit seinem Schauspiel *Götz von Berlichingen* (1773) bereits ersten europäischen Ruhm erlangte. In den Jahren 1773–75 arbeitete Goethe an der ersten Gestaltung des Themas, die lange verschollen blieb, bis sie der Germanist Erich Schmidt 1887 im Nachlass des Hoffräuleins von Göchhausen entdeckte.

Später Ruhm

Als das Werk 1808 unter dem Titel *Faust – der Tragödie erster Teil* erschien, wurde es angesichts der Wirren der napoleonischen Kriege zunächst kaum beachtet. Erst nach Jahrzehnten gelangte das Werk zu einer angemessenen Resonanz beim Publikum. Ab 1823 arbeitete Goethe am zweiten Teil, wobei er darum bemüht war, den ganzen Reichtum seiner Weisheit in das Werk miteinfließen zu lassen. In seinem Testament bestimmte Goethe, dass der zweite Teil erst 1832 veröffentlicht werden durfte. Auch dieser wurde von der Kritik zunächst völlig verkannt, bis um 1900 die literarische Forschung allmählich zur Erkenntnis gelangte, dass es sich bei Goethes *Faust* um eine der größten Dichtungen aller Zeiten handelt.

Goethes Gartenhaus in Weimar

Der Inhalt des *Faust*

Goethes *Faust* handelt von der Wette Mephistos mit Gott um Fausts Seele. Mephisto wettet, dass es ihm gelingen wird, Faust dem Bösen verfallen zu lassen. Faust ist auf der Suche nach einer Antwort auf die Frage nach dem Sinn des Lebens. Er beschäftigt sich zunächst mit den Naturwissenschaften und geht dann zur Magie über. Er kommt jedoch nicht weiter und ist kurz davor, Selbstmord zu begehen. Mephisto bietet ihm daraufhin an, seinen Frust zu vertreiben, falls Faust ihm seine Seele verspricht. Faust verliebt sich in Gretchen und erhält von Mephisto einen Schlaftrunk für Gretchens Mutter, damit er sich ungestört mit ihr treffen kann. Der Trunk tötet Gretchens Mutter jedoch. Nachdem Gretchen schwanger geworden ist, will ihr Bruder die Ehre der Schwester wieder herstellen, indem er sich mit Faust duelliert. Dabei wird er durch Mephistos Zutun erstochen. Danach nimmt Mephisto Faust mit zu einem Hexensabbat, während Gretchen aus Angst vor der Schande ihr Kind ertränkt. Sie wird als Kindermörderin zum Tode verurteilt. Faust will sie mit Mephistos Hilfe retten. Gretchen jedoch akzeptiert das Urteil und übergibt sich dem Gericht Gottes, der somit die Wette gegen Mephisto gewinnt.

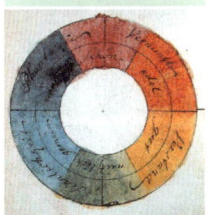

Farbenkreis. Aquarellierte Federzeichnung von Goethe

Mozart mit sieben Jahren

Wolfgang Amadeus Mozart

Weltberühmtes Musikgenie und Meister der Wiener Klassik

* 27. Januar 1756 in Salzburg
† 5. Dezember 1791 in Wien

■ Mozart, der schon früh als musikalisches Wunderkind entdeckt wurde, gilt als wichtigster Vertreter der Wiener Klassik und als einer der größten Musiker aller Zeiten. Er war Mitglied einer äußerst musikalischen Familie. Sein Vater war

Jahr reiste er mit seinem Vater nach Rom, wo er von Papst Clemens XIV. zum Ritter mit dem Goldenen Sporn ernannt wurde. Lange hielt es Mozart nicht in Salzburg, das damals noch eine musikalische Provinzstadt war. Er zog nach Wien, wo er

> *Mozart war ein musikalisches Wunderkind, aus dem einer der größten Musiker aller Zeiten wurde.*

DAS KÖCHELVER-ZEICHNIS

Mozarts Werke wurden 1862 vom Privatgelehrten Ludwig Ritter von Köchel (1800–77) erstmals in einem Verzeichnis, dem sogenannten Köchelverzeichnis, systematisch erfasst. Die Nummerierung der Werke im Köchelverzeichnis folgt der chronologischen Reihenfolge ihres Entstehens.

selbst Musiker und Komponist. Von ihm erhielt Mozart eine umfassende musikalische Ausbildung. Im Alter von neun Jahren trat Mozart als Wunderkind mit Klavierkonzerten in Erscheinung. Mit elf Jahren schrieb er seine erste Oper.
Bereits in jungen Jahren ging Mozart mit seiner Schwester Maria Anna, genannt „Nannerl", auf Konzerttourneen und bis zu seinem zwanzigsten Lebensjahr über die Hälfte seiner Zeit auf Reisen. Auf diesen Reisen lernte das junge Ausnahmetalent zahlreiche bekannte Musiker kennen, durch die er viele musikalische Anregungen erhielt. In London lernte Mozart zum Beispiel Johann Christian Bach (1735–82) kennen, der sich intensiv um die Familie und besonders um den jungen Mozart kümmerte.

Von Salzburg nach Wien

1769 wurde Mozart erzbischöflicher Konzertmeister in Salzburg. Im gleichen

trotz seines ausgezeichneten Rufes als Musiker jedoch keine Festanstellung am Hof erhielt. 1777 ging Mozart nach Paris, wo er sich allerdings nicht durchsetzen konnte. Nachdem seine Mutter in Paris gestorben war, kehrte Mozart wieder nach Salzburg zu seiner alten Stelle zurück. 1781 kam es jedoch zum Bruch mit dem Erzbischof, was dazu führte, dass Mozart erneut nach Wien ging, wo er Constanze Weber aus Mannheim heiratete und als freier Musiker zunächst ein relativ glückliches Leben führte. Das letzte Jahrzehnt im Leben des musikalischen Genies war erfüllt von einem unbändigen Gestaltungsdrang, der zu vollendeten Kompositionen im Bereich der Kammer- und Instrumentalmusik führte. *Das Requiem*, die letzte Komposition des großen Meisters, blieb unvollendet. Wenige Wochen nach der Uraufführung der *Zauberflöte* 1791 wurde Mozart bettlägerig. Kurze Zeit später starb er im Alter von gerade erst 36 Jahren. Die Todesursache ist bis heute nicht eindeutig geklärt.

Musikalisches Universalgenie

Mozart, der als Wiener Klassiker zwischen Haydn und Beethoven einzuordnen ist, war ein absolutes Universaltalent. Sein musikalisches Formenrepertoire beinhaltet Serenaden, Kammermusik, Sinfonien, Instrumentalkonzerte, Kirchenmusik und Opern. Mozarts scheinbar unbegrenzte Aufnahmefähigkeit ließ ihn jede musikalische Anregung aufgreifen. Von Mozarts Musik geht ein Zauber aus, der heitere Leichtigkeit bis hin zu tragischer Größe umfasst. Die fünf Meisteropern Mozarts gehören zu den größten Werken der europäischen Musikgeschichte. Sein sinfonisches Werk gipfelt in den drei letzten Sinfonien in Es-Dur, g-Moll und C-Dur (KV 543, 550 und 551). Unter den Instrumentalkonzerten ragen die Klavier- und Violinkonzerte heraus, in denen künstlerische Tiefe mit größter Virtuosität einhergeht.

Die Wiener Zeit

Nachdem es im Sommer 1781 zum Zerwürfnis mit dem Erzbischof von Salzburg gekommen war, lebte Mozart als freier Künstler in Wien. Er gab Musikunterricht und komponierte während der Wiener Zeit (1781–91) Konzerte und zahlreiche Opern. Die erste nicht als Auftragsarbeit komponierte Oper *Die Hochzeit des Figaro* (1786) wurde in Wien zwar nur ein mittlerer, dafür aber in Prag ein großer Erfolg. Bald darauf entstand während eines Aufenthalts in Prag mit *Don Giovanni* (1787) die nächste erfolgreiche Oper.

Die Hochzeit des Figaro

Mozarts letzte Sinfonien

Die drei letzten Sinfonien komponierte Mozart innerhalb von sechs Wochen im Sommer 1788. Sie gelten als Höhepunkt seines sinfonischen Werkes. Die drei Sinfonien bilden zwar keinen Zyklus, gehören aber trotzdem auf einer tieferen Ebene zusammen. Mozart komponierte sie nicht als Auftragsarbeiten, sondern vermutlich für eigene Konzertzwecke. Wegen ihres glanzvollen Charakters erhielt die *Sinfonie in C-Dur* den Namen *Jupiter-Sinfonie*. Mozarts eingehende Beschäftigung mit barocker Polyfonie führt im Finale der *Jupiter-Sinfonie* zu einer vollendeten Verschmelzung von Klassik und Barock.

Unterschiedliche Wertungen

Mozarts Musik hat im Laufe der Zeit völlig unterschiedliche Wertungen erfahren. Während man früher in Mozart vor allem den kunstvollen Schöpfer einer außergewöhnlich heiteren und leichten Musik sah, schätzt man ihn heute als Universalgenie, das auch Gefühle wie Leidenschaft und Trauer in seiner Musik meisterhaft zum Ausdruck zu bringen vermag. Die melodische Fantasie und harmonische Kühnheit Mozarts, gepaart mit größter formaler Übersicht und souveräner Instrumentierung, erfordern durchaus einen aufmerksamen Hörer. Die Person Mozarts tritt hinter seinem Werk völlig zurück. Auch die zahlreichen von Mozart erhalten gebliebenen Briefe vermögen kaum Aufschluss darüber zu geben, was den Menschen Mozart wirklich bewegt hat.

Notation von Mozart

Wolfgang Amadeus Mozart

Mozart-Denkmal in Salzburg

DIE WICHTIGSTEN SINFONIEN

Es-Dur, KV 16 (1764/65)
g-Moll, KV 183 (1773)
A-Dur, KV 201 (1774)
D-Dur, „Pariser", KV 297 (1778)
B-Dur, KV 319 (1779)
C-Dur, KV 338 (1780)
D-Dur, „Haffner", KV 385 (1782)
C-Dur, „Linzer", KV 425 (1783)
D-Dur, „Prager", KV 504 (1786)
Es-Dur, KV 543 (1788)
g-Moll, KV 550 (1788)
C-Dur, „Jupiter", KV 551, (1788)

Maximilien de Robespierre

Vater des Terrors

* 6. Mai 1758 in Arras
† 28. Juli 1794 in Paris

Maximilien de Robespierre

> Robespierre sah sich selbst immer als Verteidiger der Freiheit. Seine letzten Worte im Konvent lauteten: „Die Verteidiger der Freiheit werden immer nur Geächtete sein, solange eine Horde von Schurken regiert!"

Hinrichtung Robespierres

■ Maximilien de Robespierre zählte zu den führenden Köpfen der Französischen Revolution. Er verstand es geschickt, sich an deren Spitze zu stellen, und versuchte, seine Position durch zahlreiche Hinrichtungen zu stärken.

Das Gemeinwohl regiert

Dabei sollte man dem gelernten Rechtsanwalt, der 1789 als Vertreter des dritten Standes in die Generalstände und später dann in den Nationalkonvent gewählt wurde, aber nicht ausschließlich eigennützige Ziele unterstellen. Zumindest in der Anfangszeit der Französischen Revolution bemühte Robespierre sich, die aufklärerischen Ideale Jean-Jacques Rousseaus so umzusetzen, wie er sie verstand.

Dazu zählte, das Gemeinwohl als höchstes Gut anzusehen und es grundsätzlich über das Wohl des Einzelnen zu stellen. Es hatte demnach auch Gültigkeit, wenn Einzelne es ablehnten. Jeder, der dem Gemeinwohl zuwiderhandelte, wurde von Robespierre als Gegner der Republik behandelt. Solche Personen hatten dann nur die Möglichkeit, ihren Überzeu-

gungen abzuschwören. Als Alternative drohte ihnen der Todesstrafe. Von ihr blieb auch König Ludwig XVI. nicht verschont. Er starb im Januar 1793 auf der Guillotine.

Terrorherrschaft

Auch das Volk schien nicht unbedingt so ohne Weiteres bereit zu sein, nach den Idealen des Maximilien Robespierre zu leben. Daher sah jener sich gezwungen, das Gemeinwohl mit aller Härte durchzusetzen und so begann Mitte 1793 eine neue Phase der Französischen Revolution: die Terrorherrschaft. Je grausamer die Regierung gegenüber den Verrätern auftrete, desto wohltätiger sei sie gegenüber den braven Bürgern, begründete Robespierre diese Maßnahme.

Kurz nach Beginn der Terrorherrschaft bildete sich ein zwölfköpfiger Wohlfahrtsausschuss, der fortan die Geschicke der Franzosen lenken sollte. Ihm gehörte auch Robespierre an, der mittlerweile an nahezu jeder Straßenecke einen Feind der Revolution zu erspähen glaubte. Seinen Säuberungsaktionen fielen nunmehr auch prominente Mitglieder des Wohlfahrtsausschusses wie sein erster Leiter Georges Danton zum Opfer. Als Robespierre 1794 im Parlament eine weitere Säuberungswelle ankündigte, regte sich bei seinen einstigen Mitstreitern Widerstand. Der Revolutionär wurde festgenommen und am 28. Juli selbst zum Schafott geführt.

Friedrich von Schiller

Mitbegründer der Weimarer Klassik

 * 10. November 1759 in Marbach am Neckar
† 9. Mai 1805 in Weimar

Friedrich von Schiller

■ Schiller ist neben Goethe, mit dem er den Stil der Weimarer Klassik begründete, eine der zentralen Figuren der deutschen Literaturgeschichte. Schiller wuchs in kleinbürgerlichen Verhältnissen auf und besuchte die Karlsschule des Herzogs Karl Eugen von Württemberg. Obwohl sein Hauptinteresse der Theologie galt, studierte er Jura und Medizin. 1780 wurde er Regimentsarzt in Stuttgart.

Vom Militärarzt zum Dichter

1782 wurde sein 1781 vollendetes Dichtwerk *Die Räuber* in Mannheim mit großem Erfolg uraufgeführt. Nach einem Verbot des Herzogs, sich weiter poetisch zu betätigen, floh Schiller mit dem Musiker Andreas Streicher aus Stuttgart und wurde 1783/84 Theaterdichter am Mannheimer Theater. Der Versuch, durch die Gründung einer Zeitschrift seine angespannte wirtschaftliche Situation zu verbessern, scheiterte. 1787 ging Schiller nach Weimar. Mit der *Geschichte des Dreißigjährigen Krieges* (1791–93) trat er als Geschichtsschreiber in Erscheinung. 1789 erhielt er eine Geschichtsprofessur in Jena und heiratete 1790 Charlotte von Lengenfeld (1766–1826). 1794 begann ein intensiver geistiger Austausch mit Goethe. Die unterschiedlichen poetischen Konzepte beider Dichter stellte Schiller in seinem Werk *Über naive und sentimentalische Dichtung* (1795) dar.

Spätwerk

In seinen letzten Lebensjahren war Schiller äußerst produktiv. Es entstanden u. a. Das berühmte *Lied von der Glocke* (1791) sowie zahlreiche Dramen wie z. B. *Maria Stuart* (1800) und *Wilhelm Tell* (1804). Nachdem 1804 eine Falschmeldung von Schillers Tod verbreitet worden war, erkrankte Schiller im folgenden Jahr tatsächlich an einer tödlichen Lungenentzündung.

Theoretische Abhandlungen

In seinen ästhetischen Schriften *Briefe über die ästhetische Erziehung des Menschen* (1795) analysiert Schiller Wesen und Wirkung des Schönen in Zusammenhang mit dem Guten. In der Schrift *Über naive und sentimentalische Dichtung* (1795) geht es ebenfalls um das Thema der ästhetischen Erziehung des Menschen. Als Kontrastprogramm zur Französischen Revolution sollte mit den Mitteln der Dichtung ein ästhetischer Mensch geformt werden, der ohne gewaltsame Umbrüche das Fundament für einen vernünftigen Staat bilden sollte.

DIE RÄUBER

Mit dem Drama *Die Räuber* (1781) feierte Schiller seinen ersten großen Erfolg. Im Mittelpunkt des Stückes steht der Konflikt zwischen gesellschaftlichen Normen sowie Gesetzen und dem Freiheitsdrang des Individuums.

Schiller-Goethe-Denkmal in Weimar

Napoleon I.

Bildnis Napoleons von Jacques Louis David

Napoleon im Feld

Napoleon Bonaparte

Vom Konsul zum Kaiser

* 15. August 1769 in Ajaccio auf Korsika
† 5. Mai 1821 auf St. Helena

■ Napoleon Bonaparte war ein kluger Militärstratege. Talent, gepaart mit unerbittlichem Ehrgeiz, machte ihn zum mächtigsten Mann Europas und zu einem der am meisten bewunderten und gleichzeitig am meisten gehassten Männer der europäischen Geschichte.

Vom unbedeutenden Korsen zum bedeutenden Feldherrn

Napoleons Eltern waren einfache Adlige, die teils von der Landwirtschaft lebten und teils von dem, was der Vater als Jurist verdiente. Zunächst war Napoleons Ausbildung einfach, schließlich erarbeitete er sich aber ein Stipendium für die Militärschule. Mit 16 Jahren erhielt er bereits das Offizierspatent und verbuchte viele Erfolge, sodass er schnell aufstieg.

Nachdem er einen Aufstand der Royalisten in Paris mit äußerster Gewalt niedergeschlagen hatte, wurde er zum Oberbefehlshaber im Inneren ernannt. Dieser Aufstieg bedeutete den Durchbruch für Napoleon. Nun nahm seine steile Karriere ihren Lauf und nachdem er sich weiter bewährt hatte, erhielt er den Auftrag, Ägypten für Frankreich zu gewinnen. Dies gelang zwar letztlich nicht, als Napoleon aber zurück nach Frankreich kam, wurde er wie ein Held gefeiert und man hoffte, er werde im Revolutionsdirektorium für Ordnung sorgen, mit dessen korruptem und unorganisiertem Vorgehen die Bevölkerung sehr unzufrieden war.

Kompetenz ...

Napoleon nutzte das Machtvakuum, ließ sich zum Konsul der Republik erklären und erreichte schnell, dass er wie ein Alleinherrscher agieren konnte. 1799 ließ er eine neue Verfassung absegnen, die ihm für zehn Jahre freie Hand gab. Aber so lange brauchte er gar nicht, um sich ganz und gar zu etablieren. Nach drei Jahren konnte er sich bereits zum Konsul auf Lebenszeit ernennen lassen, und wiederum zwei Jahre später stand die Kaiserkrönung an. Damit war die erste französische Republik nach relativ kurzer Zeit schon wieder beendet. Viele Menschen hatten genug von Unruhen und Ungewissheit, gerade die Mittelständler wollten die Errungenschaf-

ten der Revolution aufrechterhalten, aber weitere Forderungen der Unterschicht sollten nicht geduldet werden. Dem war Napoleons Politik durchaus zuträglich.

Die anderen Mächte Europas fürchteten ihn, weil er die Stellung Frankreichs unablässig ausbaute und sich überall einmischte.

... und Größenwahn

Als Erstes hatten die Engländer genug und erklärten Frankreich den Krieg. Aber auch die anderen europäischen Staaten mit Ausnahme Preußens schlossen sich zusammen, um Frankreich in die Schranken zu weisen. Napoleon nahm sie sich, beginnend mit Österreich, nacheinander vor und schlug ein Reich nach dem anderen. Somit ordnete er Europa neu und sicherte seine Erfolge, indem er seine Brüder gezielt in die Königshäuser Europas einheiraten ließ.

So wurde Napoleon immer mächtiger, und der Personenkult wuchs in Frankreich genauso schnell wie seine Selbstherrlichkeit. Er ließ keine Kritik mehr zu und verschärfte die Zensur.

Niederlage

Weil Russland Frankreich nicht mehr bei seinen Sanktionen gegen England unterstützen wollte, zog Napoleon nun auch gegen das Zarenreich in den Krieg. Seine Strategie funktionierte jedoch nicht, es kam nicht – wie bisher – zu einem blitzartigen Krieg mit schneller Entscheidung. Die Armee verlor sich in den Weiten Russlands, und die zunächst zurückweichenden Russen hinterließen nur verbrannte Erde, sodass die riesige Armee schlecht versorgt werden konnte. Zunächst konnte Napoleon noch einige Schlachten für sich entscheiden, seine Armee wurde aber jedes Mal stark dezimiert und geschwächt, sodass schließlich die Niederlage in der Schlacht an der Beresina unvermeidlich war.

Napoleon überlebte zwar und hatte ganz und gar nicht vor aufzugeben, aber sein Niedergang war eingeläutet, weil seine Gegner sich beflügelt fühlten und sich zusammenschlossen.

Die Völkerschlacht bei Leipzig

Österreich, Preußen, Russland und Schweden schlossen sich zusammen, um Europa von der Vorherrschaft Napoleons zu erlösen. Es begannen die sogenannten Befreiungskriege. Das endgültige außenpolitische Aus kam mit der Völkerschlacht bei Leipzig 1813. Napoleon gab aber, immer noch nicht auf und stand seinen Mann noch in zahlreichen weiteren kriegerischen Auseinandersetzungen. Schließlich gelang es den Verbündeten aber, im Jahr 1814 Paris zu erobern, womit Napoleon innen- und außenpolitisch geschlagen war.

Verbannung und Tod

Schon bevor die feindlichen Truppen in Paris einmarschierten, hatte sich in Frankreich erster Widerstand gegen den Kaiser geregt. Die Niederlagen häuften sich, und die Kriegstätigkeiten verschlangen immer mehr Steuergelder. 1814 musste Napoleon abdanken und nach Elba umziehen. Die Insel wurde ihm zugebilligt. Einmal versuchte er noch, zurück an die Macht zu gelangen, und landete überraschend in Cannes. Er konnte sich allerdings nur 100 Tage lang halten, bevor er in der berühmten Schlacht bei Waterloo vernichtend geschlagen und nun endgültig verbannt wurde. Seine letzten Jahre verbrachte er einsam auf der Atlantikinsel St. Helena, wo er nach sieben Jahren starb.

Kaiserkrönung

Hegel-Porträt von Schlesinger

Georg Friedrich Wilhelm Hegel

Deutscher Vertreter des Idealismus

* 27. August 1770 in Stuttgart
† 14. November 1831 in Berlin

■ Hegels Arbeiten sind maßgebliche Schriften des deutschen Idealismus. Er beschäftigte sich mit Fragen der Erkenntnistheorie und Ethik. Seine Ausführungen zu historischen Prozessen machen ihn zu einem Klassiker der Geschichtsphilosophie. Hegels Philosophie dialektischer Prozesse hatte maßgeblichen Einfluss auf Marx und Engels.

Lernen und Lehren

Ausbildung und Beruf führten den Philosophen quer durch Deutschland und in die Schweiz. Nach dem Besuch der Schule und des Gymnasiums in Stuttgart

auch weiterhin. So entschied er sich nach sieben Arbeitsjahren für weitere Studien in Jena. Dort habilitierte er sich und nahm 1805 eine Professorenstelle an. In dieser Zeit schrieb Hegel sein Hauptwerk *Phänomenologie des Geistes*. Als Jena im Herbst 1806 unter französische Besatzung geriet, floh Hegel nach Bamberg.

Geldnot

Aus Geldnot verdiente Hegel in Bamberg seinen Lebensunterhalt als Zeitungsredakteur und wurde 1808 Direktor eines Nürnberger Gymnasiums.

Hegel mit Studenten

Die Aufzeichnungen der Schüler Hegels am Gymnasium wurden später aufgearbeitet und veröffentlicht.

entschied sich Hegel auf Anraten seines Vaters für ein theologisches Studium. So trat er 1788 in Tübingen seine Studienjahre an und machte Abschlüsse in Philosophie und Theologie. Mit dem Magistertitel im Gepäck nahm er 1793 eine Hauslehrerstelle in Bern an, der eine ähnliche Anstellung in Frankfurt folgte. Damit war der Entschluss gegen eine theologische Laufbahn gefallen und zementiert. Doch die Auseinandersetzung mit philosophischen Fragen reizte Hegel

Doch seine finanzielle Situation blieb angespannt. Dieser Umstand hätte 1811 sogar fast seine Ehe mit der gut 20 Jahre jüngeren Marie von Tucher scheitern lassen, da die Schwiegereltern nicht zustimmen wollten. Erst als ihm 1816 eine Professur in Heidelberg zuteilwurde, änderte sich seine Finanzlage zum Positiven. Während seiner Zeit in Heidelberg gelang ihm 1817 die Vollendung seiner philosophischen Überlegungen mit der *Enzyklopädie der philosophi-*

schen Wissenschaften. Im Erscheinungsjahr dieses Werkes nahm Hegel dann einen Ruf an die Universität von Berlin an, der er ab 1829 als Rektor vorstand. Wenige Jahre später erlag er in Berlin der Cholera.

Das Absolute

Hegel versuchte in seiner Philosophie, der Idee eines uneingeschränkten Wirkungsprinzips Geltung zu verschaffen. Für den Vertreter des deutschen Idealismus stand hinter der Natur, der Ge-

Zeichnung von Hegel

schichte und der Vernunft ein Prozess der Dialektik. Aus Gegensätzen würde etwas Neues entstehen, das wiederum einen neuen Widerspruch hervorrufe. Dieser klassische Dreischritt aus These, Antithese und Synthese würde sich immer wiederholen. Aus der Synthese würde eine neue These und so weiter, bis sich letztendlich das Absolute selbst entfalte. Allerdings verwendet Hegel nicht diese drei Begriffe, sondern spracht stattdessen von An-sich-sein, Für-andere-sein und An-und-für-sich-sein.

Drei Stufen

Diese dreigliedrige Systematik zieht sich wie ein roter Faden durch Hegels Werk. So sind es die drei Schritte These-Antithese-Synthese, die den dialektischen Prozess ausmachen. Auch in der Entwicklung der Vernunft greift Hegel auf

einen Dreischritt zurück. Demnach ist der erste Schritt die Kunst, die das Absolute in gegenständlicher Form zu erfassen versucht. Ihr gegenüber steht die Religion, die versucht, das Absolute durch Symbole und Bildnisse zu begreifen. Als höchste Stufe sei die Philosophie anzusehen, die auf rationalem Weg versucht, das Absolute zu ergründen. In dieser Entwicklung entfaltet sich laut Hegel das Absolute selbst.

Geschichte und Dialektik

Der dialektische Prozess, der sich zielgerichtet und unaufhaltsam entwickelt, wurde von Hegel auch als treibende Kraft in der Geschichte der Menschheit ausgemacht. Dabei unterstellte Hegel, dass alle Ereignisse der Weltgeschichte nur Ausdruck der dialektischen Logik und damit eines Weltgeistes seien. Selbst wenn historische Persönlichkeiten entscheidend wirken, seien diese letztendlich nur Vollstrecker dieses Weltgeistes. Für den Philosophen aus Stuttgart war das Vernunftprinzip untrennbar mit dieser dialektischen Entwicklung verbunden. Mit der Zeit würde sich die Menschheit mehr und mehr ihrer Vernunftbegabung besinnen und so letztendlich Freiheit erlangen. Durch den gezielten Einsatz des menschlichen Geistes könnte die Menschheit also auch an der Entwicklung des Weltgeistes teilhaben. Mit dem dialektischen Prozess ist ein dauernder Fortschritt verbunden. Als Philosoph sah Hegel seine Aufgabe in der Ergründung der Widersprüche und Gegensätze, die letztendlich Bewegung in historische Prozesse bringen würden. So wollte er ein besseres Verständnis der Genese des Weltgeistes zum Absoluten erreichen.

Georg Friedrich Wilhelm Hegel

Ludwig van Beethoven

Komponistengenie und Vollender der Wiener Klassik

 * 17. Dezember 1770 in Bonn
† 26. März 1827 in Wien

Porträt Beethovens von 1803

Porträt Beethovens von Stieler

■ Beethoven zählt zu den größten Komponisten der europäischen Musikgeschichte. Neben Wolfgang Amadeus Mozart und Joseph Haydn gehört er zu den wichtigsten Vertretern der Wiener Klassik. Beethoven entstammte einer aus dem Flämischen eingewanderten Musikerfamilie. Ersten Musikunterricht erhielt er durch Christian G. Neefe. 1783 wurde Beethoven als Bratschist und Cembalist in das kurfürstliche Orchester in Bonn aufgenommen. 1792 ging er nach Wien, wo er Schüler Joseph Haydns wurde. 1795 trat Beethoven zum ersten Mal öffentlich als Pianist auf. In Wien wurde seine künstlerische Laufbahn durch den Hochadel gefördert. Es folgten Konzertreisen in viele große europäische Städte. 1800 wurde Beethovens erste Sinfonie aufgeführt.

Vom Instrumentalisten zum Komponisten

Beethovens triumphaler Höhenflug wurde dadurch getrübt, dass sein Gehör immer mehr nachließ. Seine Verzweiflung über dieses tragische Schicksal äußerte der Komponist im *Heiligenstädter Testament* (1802). Da er nicht mehr als Instrumentalvirtuose auftreten konnte, verlagerte sich der Schwerpunkt seiner Aktivitäten auf das Komponieren. 1801 entstand so u. a. die Ballettmusik *Die Geschöpfe des Prometheus*.

Vielseitiges Werk

Im Zentrum von Beethovens vielseitigem Werk stehen neun Sinfonien, 16 Streichquartette und eine Vielzahl von Solosonaten. Das Vokalwerk umfasst neben zwei Messen, dem Oratorium *Christus am Ölberge* und der Bearbeitung von Volksliedern auch zahlreiche Klavierlieder.

Der taube Komponist der *9. Sinfonie*

Das Gehörleiden, das sich bereits 1800 bemerkbar gemacht hatte, wurde im Laufe der Zeit so schwer, dass Beethoven um 1819 völlig taub war. Trotz seines schweren Leidens gelang es ihm auch noch am Ende seines Lebens, vollendete musikalische Meisterwerke zu schaffen. 1822 komponierte er die *Missa Solemnis* und 1823 vollendete er die *9. Sinfonie*, deren letzter Satz mit dem Chorfinale zu Schillers *Ode an die Freude* besonders berühmt geworden ist. Für sein chorsinfonisches Werk erweiterte Beethoven die sonst üblichen vier instrumentalen Sätze um eine Vertonung von Schillers Gedicht, das zu einer Hymne auf die Ideale der Französischen Revolution wurde. In seinen letzten Lebensjahren war eine Konversation mit dem großen Komponisten nur noch in schriftlicher Form möglich. Ein Leberleiden führte 1827 zu Beethovens Tod.

Heinrich von Kleist

Herausragender deutscher Dramatiker

* 18. Oktober 1777 in Frankfurt an der Oder
† 21. November 1811 in Berlin

■ Erst nach seinem Tod hat Kleist die literarische Anerkennung gefunden, die ihm als einem der bedeutendsten deutschen Dramatiker zweifellos zukommt. In seinen Werken versteht er es meisterhaft, den Konflikt zwischen individuellem moralischem Empfinden und gesellschaftlicher Norm ebenso differenziert wie lebendig darzustellen.

Der Sohn eines preußischen Majors besuchte in Berlin das Französische Gymnasium und wurde 1792 Soldat in der preußischen Armee. 1793–95 nahm Heinrich von Kleist am Rheinfeldzug teil. 1799 trat er aus dem Militär aus, um Jura zu studieren.

Sinnkrise und Selbstmord

Die Auseinandersetzung mit der Philosophie Kants stürzte Kleist in eine tiefe Sinnkrise. Kleist glaubte, dass alle menschliche Erkenntnis nur scheinbar sei, ohne tatsächlich zur Wirklichkeit vordringen zu können. Es folgte eine Zeit rastlosen Reisens durch Europa, in der frühe Dramen wie *Die Familie Schroffenstein* (1803) erschienen. Kleists Hauptwerke entstanden anschließend in Königsberg und Dresden, wo er als Beamter tätig war. Im Alter von 34 beging Kleist gemeinsam mit Henriette Vogel, mit der ihn eine tiefe, vergeistigte Freundschaft verband, Selbstmord. Gründe für den frühen Freitod waren das Scheitern als Bühnenautor und der

Misserfolg von Kleists Bemühungen um eine journalistische Laufbahn.

Vielseitiges Werk

In seinem Werk verbindet Kleist einen eindringlichen Realismus mit dem Anspruch des aus innerster Seele des Dichters sprechenden, aufrichtigen Gefühls. In seinem Aufsatz *Über das Marionettentheater* (1810) versinnbildlicht Kleist diesen Ansatz. In der Komödie *Amphitryon* (1807) gestaltete Kleist nach dem Vorbild der molierischen Gesellschaftskomödie ein bewegendes Seelendrama. Die Macht des unbedingten Gefühls thematisiert der Dichter in *Das Käthchen von Heilbronn* (1810), während er mit der Erzählung *Michael Kohlhaas* (1810) seinen Ruhm als meisterhafter Novellenerzähler begründete.

Verkanntes Genie

Kleist hat keine Aufführung seiner Stücke erlebt. Keines wurde zu einem Bühnenerfolg. Eine Aufführung seiner Komödie *Der zerbrochene Krug* (1803) in einer Inszenierung Goethes wurde ein absoluter Misserfolg (1808). Während des gesamten 19. Jahrhunderts blieb das schriftstellerische Ausnahmetalent Kleist missverstanden. Erst an der Schwelle zum 20. Jahrhundert wurde er wiederentdeckt.

Heinrich von Kleist

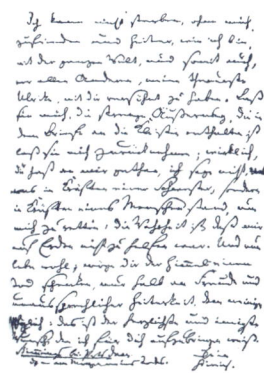

Kleists Abschiedsbrief

19. Jahrhundert

Nation und Industrie

Napoleon, Gemälde von Jacques Louis David

■ Der Beginn des neuen Jahrhunderts stand noch ganz im Zeichen der Französischen Revolution. Der neue Machthaber in Paris, Napoleon Bonaparte, überzog ganz Europa mit Krieg. Auf der Gegenseite formierte sich die Reaktion und erwachte das Nationalgefühl der Eroberten. Doch obwohl sich die Revolutionstruppen bekämpfen ließen, gewannen deren Ideen mit zunehmendem Einfluss des Bürgertums an Bedeutung. Zugleich entwickelte sich die Industrialisierung rasant weiter und brachte die nächste einschneidende gesellschaftliche Veränderung mit sich.

Zerschlagung des Reiches

Nach einigen Rückschlägen der Revolutionsarmee zog der erfolgreiche Feldherr Napoleon Bonaparte nach Paris, stürzte das Direktorium und errichtete 1799 eine Militärdiktatur. Der Korse setzte den Krieg fort und eroberte die linksrheinischen Gebiete des Heiligen Römischen Reiches Deutscher Nationen. Die Demontage des Reiches fand in den folgenden Jahren seinen Fortgang. Mit den zunehmenden Kriegserfolgen Napoleons und dem Sieg in der Dreikaiserschlacht bei Austerlitz im Dezember 1805 war sein Ende besiegelt. Österreich und Russland waren besiegt, nur England leistete zur See erfolgreich Widerstand. Der Sieg Frankreichs über Preußen bei Jena und Auerstedt und

weitere Triumphe über die Truppen Österreichs und Russlands machten Napoleon 1809 zum uneingeschränkten Herrscher über Süd- und Mitteleuropa.

Reform von Oben

Die deutschen Fürsten waren überrascht angesichts der Dominanz des französischen Heeres. Auch sahen sie mit Entsetzen die passive, teils wohlwollende Haltung ihrer Landsleute gegenüber den Eroberern. Um die Untertanen für einen Befreiungskampf zu begeistern, kam es zu zahlreichen Reformen. Sie gingen mit der Einführung einer allgemeinen Wehrpflicht einher. Nun sollten die Bürger ihre neuen Freiheiten auch verteidigen. Und tatsächlich gelang es in den Befreiungskriegen, die nach ihrem Marsch auf Moskau angeschlagenen Truppen Napoleons zu besiegen. Die Siegermächte stellten im Wiener Kongress 1814–15 die alte Ordnung wieder her. Adelsprivilegien wurden hergestellt, die Legitimität des Monarchen unterstrichen und eine Heilige Allianz gegen revolutionäre Kräfte gegründet.

Debatten und Kanonen

Die Restaurationspolitik der Fürstenhäuser war eine herbe Enttäuschung für viele Bürger. Auf dem Wartburgfest postulierten 1817 Studenten die Forderungen nach politischer Teilhabe. Viele Landesherren reagierten mit Repressalien gegen die aufkeimende Unzufriedenheit. Erst als in Frankreich 1832 und 1848 wieder Unruhen aufkamen und sogar die zweite Republik ausgerufen wurde, kam es in ganz Europa zu Forderungen des liberalen Bürgertums. In der Frankfurter Paulskirche trafen sich Vertreter aus dem ganzen Deutschen Bund und diskutierten über eine mögliche Verfassung. Nach anfänglichen Erfolgen im März 1848 wurde die Revolution blutig niedergeschlagen. Dennoch erließ Friedrich Wilhelm IV. im November 1848 freiwillig eine Verfassung, weil er einsah, dass eine Regierung ohne Verfassung nicht mehr möglich war.

Reich und Kolonie

In Europa spitzte sich der Gegensatz zwischen Preußen und Österreich zu. Preußen konnte in verschiedenen kriegerischen Auseinandersetzung seine Vormachtstellung behaupten. Dessen Ministerpräsident Otto von Bismarck gründete aus den Siegern den Norddeutschen Bund. Auch eine militärische Auseinandersetzung mit Frankreich gewann Preußen. Noch während deutsche Truppen in Paris standen, ließ sich Wilhelm I. von Preußen zum Deutschen Kaiser ausrufen. Das neu gegründete Deutsche Reich verfügte über ein gewähltes Parlament und eine vom Kaiser eingesetzte Regierung.

Kohle und Stahl

Als Folge der Industrialisierung waren Fabriken entstanden und zahlreiche Landbewohner in Großstädte gezogen. Die Eisenbahn beschleunigte in aller Welt den wirtschaftlichen Wandel und verband einstmals weit entfernte Rohstoffvorkommen mit den neuen Produktionsstätten. Zudem kurbelten erstaunliche Ingenieursleistungen die Nachfrage nach Stahl weiter an. Während die „Schlotbarone" von der Nachfrage nach Eisen, Stahl und Kohle profitierten und einige wenige Fabrikbesitzer erhebliche Reichtümer anhäuften, lebten in den Arbeitervierteln der Städte zahlreiche Menschen in extremer Armut.

Geist und Materie

Die politische und wirtschaftliche Entwicklung schlug sich auch in der Philosophie nieder. Waren zu Anfang des Jahrhunderts noch die Ideale der Aufklärung präsent, dominierten gegen Ende Technisierung, Industrialisierung und Fortschritte auf dem Gebiet der Naturwissenschaften. Das Prinzip der Dialektik fand Eingang in die Arbeiten Marx' und Engels', die sich Mitte des Jahrhunderts der sozialen Frage annahmen. Sie erklärten geschichtliche Entwicklung als Ergebnis der Spannungen zwischen verschiedenen gesellschaftlichen Gruppen. Damit fand die Industrialisierung Eingang in die Philosophie.

Heim und Heimat

Als nach dem Sieg der Restauration über Napoleon in Europa die Fürsten mit Unterdrückung und Willkürherrschaft auf liberale Forderungen reagierten, zogen sich viele Bürger in das Idyll des Privaten zurück. In Kunst und Literatur bedeutete dies eine Rückbesinnung auf familiäre und religiöse Werte. Gegen Ende des 19. Jahrhunderts gewann auch im kulturellen Bereich die technische und wissenschaftliche Entwicklung an Einfluss. In Literatur und bildender Kunst versuchten Künstler, die Wirklichkeit so naturnah wie möglich wiederzugeben.

Die Nationalversammlung tagt in der Frankfurter Paulskirche

Kaiser Wilhelm II. bei einer Ansprache in Berlin

Die Krupp-Werke in Essen

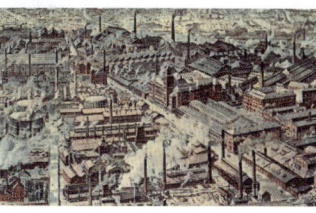

Alexander von Humboldt

Denkmal Humboldts vor der Humboldt-Universität in Berlin

Alexander von Humboldt

Naturforscher und Geograf

* 14. September 1769 in Berlin
† 6. Mai 1859 in Berlin

■ Alexander von Humboldt gilt als einer der großen deutschen Universalgelehrten. Er wurde durch seine Forschungsreisen nach Lateinamerika und Zentralasien bekannt. Auf diesen Expeditionen wurden zahlreiche Karten erstellt, neue Pflanzen und Tiere entdeckt und bestimmt sowie geografische Entdeckungen gemacht.

In Preußen

Alexander von Humboldt war der Sohn eines preußischen Offiziers und einer aus Frankreich geflohenen Hugenottin. Seine Eltern ließen ihn privat unterrichten und sorgten für eine hervorragende Ausbildung. Doch Alexander von Humboldt träumte von einer militärischen Laufbahn. An der Universität in Frankfurt an der Oder, wo er seit 1787 studierte, war Humboldt ohne Leidenschaft am Werk. Erst nach seinem Wechsel an die Universität Göttingen scheint Humboldt sein Interesse an der Wissenschaft entdeckt zu haben. Dort begann er 1789 ein naturwissenschaftliches Studium. Nach drei Jahren wechselte Alexander von Humboldt nach Freiberg in Sachsen und studierte Geologie. Sein Studium beendete er 1792 vorzeitig und nahm eine Stelle in der preußischen Bergwerksverwaltung an.

Südamerika und Asien

Stets plante Humboldt eine größere Expedition. Als er nach dem Tod seiner Mutter eine erhebliche Erbschaft antrat, verfügte er über die nötigen Mittel. Er begann 1797 mit der Planung einer Reise in die spanischen Kolonien. Zwei Jahre Vorbereitung gingen ins Land, bis Humboldt von Spanien aus über die Kanaren nach Venezuela segelte. In Südamerika erkundete er die Flüsse des Amazonas und die Anden in Peru. Auch Kuba und Mexiko bereiste Humboldt mit seinem Expeditionstrupp. Auf der fünf Jahre dauernden Reise zeichnete er Karten, maß das Magnetfeld der Erde, bestimmte über 6000 neue Pflanzen und erkundete Meeresströme und Vulkane. Als er 1804 nach Europa zurückkehrte, war er einer der bekanntesten Männer auf dem Kontinent. Er verkehrte in der Pariser Gesellschaft und dominierte die dortigen Salons. Erst 1827 reiste er nach Berlin, brach jedoch im folgenden Jahr im Auftrag des russischen Zaren zu einer erneuten Expedition nach Zentralasien auf. Nach der Rückkehr arbeitete er bis zu seinem Lebensende an der Aufzeichnung seiner Entdeckungen, die in seinem Werk *Kosmos* veröffentlicht wurden.

Klemens Wenzel von Metternich

Wehrhafter Monarchist

* 15. Mai 1773 in Koblenz
† 11. Juni 1859 in Wien

■ Klemens Wenzel von Metternich gilt als ausgesprochener Gegner von Demokratie und Liberalismus und setzte sein staatsmännisches Geschick vor allem dafür ein, Österreich eine Vormachtstellung in Europa zu verschaffen.

Wechselhafte Beziehungen zu Frankreich

Nach einem Studium der Rechts- und Staatswissenschaften heiratete Klemens Metternich Marie-Eleonore von Kaunitz-Rietberg, die Enkelin des österreichischen Staatskanzlers. Durch diese Heirat entstand eine enge Beziehung Metternichs zum österreichischen Hof.

In seinen ersten Jahren als Diplomat im Dienste Österreichs war Metternich für äußerst wechselhafte Beziehungen zu Frankreich verantwortlich. Als Gegner der Französischen Revolution trug er wesentlich zum Gebietsentschluss Kaiser Franz' I. bei. Nach der österreichischen Niederlage unterstützte er die Heirat der österreichischen Kaisertochter Marie Louise mit Napoleon I. und stellte diesem im Russlandfeldzug 1812 ein Hilfskorps zur Verfügung. Gleichzeitig verhandelte Metternich aber auch mit Zar Alexander I. über ein mögliches gemeinsames Vorgehen gegen den französischen Regenten.

Im Sommer 1813 kam es dann zu einer erneuten Abkehr von Frankreich. Metternich übernahm eine führende Rolle in der letzten Phase der Befreiungskriege. Auf dem Wiener Kongress, der die europäischen Grenzen nach Napoleons Ende neu definieren sollte, bemühte sich Metternich im Interesse einer größtmöglichen Stabilität in Europa darum, die territorialen Verluste Frankreichs so gering wie möglich zu halten.

Klemens Wenzel von Metternich

Das metternichsche System

Durch sein Wirken während des Kongresses stellte Metternich auch sicher, dass der Befreiungsgedanke aus den Befreiungskriegen nicht etwa einen revolutionären Charakter annahm, sondern in der Restauration endete. Seine Ziele waren dabei die Erhaltung der 1815 wiederhergestellten vorrevolutionären politischen und sozialen Ordnung, der Kampf gegen alle nationalen, liberalen und revolutionären Bewegungen sowie die Sicherung des europäischen und deutschen Gleichgewichts. Um dieses sogenannte metternichsche System durchzusetzen, schien ihm nahezu jedes Mittel recht zu sein. So errichtete er einen Polizeistaat, der auch die Pressefreiheit erheblich einschränkte. Auf diese Weise wurde Metternich zur Symbolfigur reaktionärer Politik im 19. Jahrhundert.

Metternich auf dem Wiener Kongress (Mitte)

> **Metternich ließ in Wien neben seiner Villa ein Palais erbauen, in dem sich seit 1908 die italienische Botschaft befindet.**

Carl Friedrich Gauß

Deutscher Mathematiker

* 30. April 1777 in Braunschweig
† 23. Februar 1855 in Göttingen

Der junge Gauß

■ Carl Friedrich Gauß gilt als einer der bedeutendsten Mathematiker seit Archimedes. Seine Berechnungen auf dem Gebiet der Geometrie, Algebra und Wahrscheinlichkeitsrechnung waren bahnbrechend. Die moderne Statistik ist ohne seine Entdeckungen nicht denkbar.

Frühes Talent

Die Familie des späteren Mathematikers Carl Friedrich Gauß gehörte zu den weniger wohlhabenden Braunschweigern. Der Sohn besuchte eine einfache Schule, fiel dort allerdings schon frühzeitig auf. Er hatte ein enormes mathematisches Talent, sodass die Lehrer schnell auf ihn aufmerksam wurden. Die Fähigkeiten des „Wunderkindes" wurden sogar dem Herzog berichtet, der sich bereit erklärte, Gauß zu fördern. So konnte Gauß doch noch eine weiterführende Schule und schließlich 1795 die Universität von Göttingen besuchen. Dort reichte er seine Dissertation ein und erhielt für seine Arbeit über algebraische Gleichungen den Doktortitel. Diese Arbeit war ein Durchbruch in der modernen Algebra und machte Gauß

Carl Friedrich Gauß

schnell bekannt. Seine Bemühungen um eine Anstellung an der Universität wurden 1807 mit einer Professur belohnt. Diese Anstellung hatte er ebenso wie die Leitung des Observatoriums Göttingen bis zu seinem Tode inne.

Wirken

Gauß beschäftigte sich auf dem Gebiet der Algebra mit der Verteilung von Primzahlen und Zahlenreihen. Seine algebraischen Arbeiten konnte er auch für geometrische Konstruktionen nutzen. So entwickelte er eine Methode, um mit Zirkel und Lineal ein gleichmäßiges Siebzehneck zu konstruieren. Gauß' Wirkung auf die Geometrie ist von ebensolch grundlegender Bedeutung, wie es sein Werk für die Algebra war. Der Mathematiker aus Braunschweig bemerkte einige Fehler in den Axiomen der euklidischen Geometrie und schuf damit eine Alternative zu Euklid. Eine weitere Entdeckung des Mathematikers stammt aus der Astronomie. Gauß entdeckte eine Möglichkeit, die Bahn eines Planeten anhand vorhandener Beobachtungen zu berechnen, die genauer als alle anderen Methoden war. Diese Methode der kleinsten Quadrate ist noch heute die Grundlage von zahlreichen Berechnungen. In der Statistik dient diese Methode dazu, aus einer Menge von Messungen eine mathematische Formel abzuleiten, mit der sich möglichst wahrscheinliche Vorhersagen machen lassen.

Arthur Schopenhauer

Deutscher Philosoph

* 22. Februar 1788 in Danzig
† 21. September 1860 in Frankfurt am Main

■ Arthur Schopenhauer begründete mit seinem Hauptwerk *Die Welt als Wille und Vorstellung* 1819 die philosophische Richtung des metaphysischen Voluntarismus.

Schule und Studium

Als Sohn eines wohlhabenden Kaufmanns und einer Schriftstellerin wurde Schopenhauer 1788 in Danzig geboren. Doch schon 1793 zog seine Familie nach Hamburg, wo Arthur Schopenhauer eine Privatschule besuchte und in die Fußstapfen seines Vaters trat. Als 1805 sein Vater starb, beendete er seine Kaufmannslaufbahn. In Göttingen begann er 1809 ein Medizinstudium, aber schon nach zwei Jahren zog er nach Berlin und wandte sich der Philosophie zu. Nach Erwerb des Doktortitels 1813 verbrachte Schopenhauer zwei Jahre in Weimar, wo er sich mit Goethe anfreundete. Nach einem Streit mit seiner Mutter verließ er Weimar jedoch, um in Dresden bei einer Zeitung zu arbeiten.

Professur

In Dresden arbeitete er an seinem Hauptwerk *Die Welt als Wille und Vorstellung*. Diese Publikation begründete 1819 seinen Ruf als Philosoph und brachte ihm eine Dozentenstelle an der Universität von Berlin ein. Seine Vorlesungen waren jedoch schlecht besucht, da Schopenhauer sie jedes Semester aufs Neue zur gleichen Zeit wie Hegel hielt. Gegen den ausgesprochen populären Hegel konnte er sich nicht durchsetzen. Enttäuscht von dieser Entwicklung, verließ Schopenhauer Berlin, reiste durch Italien und ließ sich letztlich in Frankfurt am Main nieder.

Arthur Schopenhauer

Wille und Idee

Als Bewunderer Kants sah Schopenhauer in der Welt das Abbild eines hinter den Dingen stehenden Etwas. Die Welt, wie sie wahrgenommen wird, ist nach Schopenhauer ein Konstrukt des Menschen. Dieser betrachtet alles innerhalb der Kategorien Raum, Zeit und Kausalität und macht sich damit die Welt erfahrbar. Die Dinge hinter diesem Konstrukt sind nicht erfassbar. Doch was steht hinter diesen Dingen? Nach Schopenhauer ist der Wille das allem zugrunde liegende metaphysische Konstrukt. Dieser sei irrational und ohne Sinn oder Zweck. Dieser Punkt unterscheidet Schopenhauer von Hegel, der als Idealist seinem Prozess der Dialektik eine vernunftbestimmte Zielrichtung unterstellt. Daher wird Schopenhauer auch als Pessimist unter den deutschen Philosophen bezeichnet.

Schopenhauer in jungen Jahren

Schopenhauers Streitigkeiten mit seiner Mutter scheinen ihn nachhaltig beeinflusst zu haben. So zog er in seinem Essay *Über die Weiber* 1851 den Schluss, Frauen seien in jeder Hinsicht das „geringere Geschlecht".

Titelseite des 1. Bandes des *Deutschen Wörterbuchs*

Die Brüder Grimm beim Sammeln von Sagen und Märchen

Jacob und Wilhelm Grimm

Begründer der deutschen Philologie und Altertumswissenschaft

 Jacob Grimm:
* 4. Januar 1785 in Hanau
† 20. September 1863 in Berlin
Wilhelm Grimm:
* 24. Februar 1786 in Hanau
† 16. Dezember 1859 in Berlin

Jacob und Wilhelm Grimm

■ Die Brüder Grimm gelten als Begründer der deutschen Philologie und Altertumswissenschaft und haben sich ein großes Verdienst für die deutsche Literaturwissenschaft durch ihre umfangreiche Sammlung deutscher Märchen und Sagen erworben. Die *Kinder- und Hausmärchen* (1812–15) der Brüder Jacob und Wilhelm Grimm sind das meistgelesene, meistverkaufte und meistübersetzte deutschsprachige Buch der Welt.

DIE MÄRCHENERZÄHLERIN DOROTHEA VIEHMANN

Eine Vielzahl der von den Brüdern Grimm gesammelten Märchen wurde ihnen von der Märchenerzählerin Dorothea Viehmann erzählt. 1777 zog die Märchenerzählerin in das vor den Toren der Stadt Kassel liegende Dorf Zwehren, wo sie 1813 die Brüder Grimm kennenlernte und ihnen über 40 Märchen und Märchenvarianten zu mindestens 36 grimmschen Märchentiteln erzählte.

Gemeinsamer Lebenslauf

Die Lebensläufe der beiden Brüder sind eng miteinander verbunden. Ihr Vater war Jurist. Die Kinder lebten die ersten Jahre ihrer Jugend in Steinau und besuchten gemeinsam das Lyzeum in Kassel. Sie studierten beide in Marburg Jura und begannen, angeregt durch Friedrich Karl von Savigny, mit der Erforschung altdeutscher Literatur. Savigny ermöglichte den beiden Studenten den Zugang zu seiner Privatbibliothek und machte sie mit zahlreichen Werken der Romantik und des Minnesangs vertraut. Ab 1816 waren beide als Bibliothekare in Kassel tätig. 1830 gingen sie nach Göttingen und wurden 1873 gemeinsam mit fünf anderen Professoren aufgrund ihres Protestes gegen die Aufhebung der Landesverfassung des Landes verwiesen. Beide ließen sich dann 1841 in Berlin nieder, wo sie Mitglieder der Preußischen Akademie der Wissenschaften wurden. Ab 1838 arbeiteten die beiden Brüder am *Deutschen Wörterbuch* und wurden so zu den Begründern der deutschen Sprachwissenschaft. Berühmtheit erlangten die Brüder durch ihre Sammlung deutscher Märchen, die unter dem Titel *Kinder- und Hausmärchen* (1812–15) erschien.

Ursprung und Definition des Märchens

Das Wort Märchen ist eine Verkleinerungsform des heute veralteten Nomens Mär oder Märe. Bis ins 19. Jahrhundert hinein war der Begriff Märchen gleichbedeutend mit Nachricht, Kunde, kleine Erzählung oder Gerücht. Der Ursprung des Märchens ist im Orient zu finden. Von dort gelangte es bereits lange vor den Kreuzzügen ins Abendland. Sowohl in der Antike als auch im Mittelalter stellt das Märchen jedoch noch keine eigenständige literarische Gattung dar. Eine eigene literaturwissenschaftliche Theorie des Märchens wurde erst später entwickelt. Unter einem Volksmärchen versteht die Literaturwissenschaft heute eine kürzere volkstümlich-unterhaltsame Prosaerzählung, in der fantastische Begebenheiten geschildert werden, wobei die Hauptfigur so angelegt ist, dass sie den Leser zur Identifikation einlädt.

Die Märchenbegeisterung der Romantiker

Bevor durch das Werk der Brüder Grimm in Deutschland eine große eigenständige Märchensammlung erschien,

Grimms Märchen

Die berühmte Märchensammlung *Kinder- und Hausmärchen* (1812–15) der Brüder Grimm, die umgangssprachlich unter dem Titel *Grimms Märchen* bekannt ist, stammt überwiegend aus mündlichen Quellen. Die Brüder Grimm hielten die mündlich erzählten Märchen schriftlich fest, überarbeiteten die einzelnen Erzählungen und erhielten auf diese Weise eine immer umfangreicher werdende Märchensammlung.

Das Deutsche Wörterbuch

Die Brüder Grimm arbeiteten bis zu ihrem Tod am berühmten *Deutschen Wörterbuch*. Es war ursprünglich als ein 16 Bände umfassendes Werk konzipiert

Die Märchen der Brüder Grimm sind das meistgelesene, meistverkaufte und meistübersetzte deutschsprachige Buch der Welt.

wurden im deutschen Sprachraum zunächst hauptsächlich französische Feenmärchen und orientalische Märchen aus der Sammlung *Tausendundeine Nacht* in deutscher Übersetzung veröffentlicht. Die Romantiker mit ihrem intensiven Interesse für wunderbare und übernatürliche Phänomene wandten sich hingegen mit großer Begeisterung den zahlreichen Märchenstoffen zu, die sie kunstvoll neu gestalteten. Neben Novalis waren wichtige Vertreter der Märchenbegeisterung der Romantik Ludwig Tieck, Carl Wilhelm Contessa, Friedrich de la Motte-Fouqué und E. T. A. Hoffmann. Ausschlaggebend für die Sammeltätigkeit der Brüder Grimm waren jedoch vor allem die Heidelberger Romantiker um Clemens Brentano und Achim von Arnim.

worden, konnte jedoch – mit einem Umfang von nunmehr 32 Bänden – erst im Jahr 1960 vollständig erscheinen. Es ist das bedeutendste Wörterbuch der deutschen Sprache.

Politisches Engagement

Die Brüder Grimm wollten mit ihren Schriften einen Beitrag zur deutschen Einheit leisten. Die deutsche Kleinstaaterei sollte auch durch eine gemeinsame deutsche Sprache überwunden werden. Jacob Grimm war 1848 sogar Mitglied der Frankfurter Nationalversammlung, die von 1848–49 als erstes frei gewähltes Parlament für ganz Deutschland in der Frankfurter Paulskirche tagte.

Michael Faraday

Englischer Physiker

* 22. September 1791 in Newington
† 25. August 1867 in Hampton Court

Michael Faraday

Faraday in seinem Labor

■ Der Physiker aus England erforschte den Magnetismus elektrischer Ströme sowie die Wirkung von Strom auf chemische Verbindungen. Seine experimentell gewonnenen Erkenntnisse sind die Grundlage von Elektromotor und Dynamo.

Entdeckung

Der junge Faraday wuchs in ärmlichen Verhältnissen auf. Sein Vater war Hufschmied, der jedoch aufgrund häufiger Krankheiten Schwierigkeiten hatte, seine Familie zu ernähren. Dementsprechend erhielt Faraday auch nur eine sehr einfache Schulbildung in einer kirchlichen Sonntagsschule. Dennoch fand er mit 14 Jahren eine Anstellung bei einem Buchbinder in London. Hier hatte er nicht nur die Gelegenheit, etwas Geld zu verdienen, sondern konnte auch wissenschaftliche Bücher lesen. Im Jahr 1812 bot sich für Faraday die Möglichkeit, einigen Vorlesungen des Chemikers Sir Humphrey Davy an der Royal Society beizuwohnen. Ein Jahr später stellte Davy den eifrigen Zuhörer als Assistenten ein. Dort forschte Faraday mit seinem Chef auf chemischem Gebiet. Seine Arbeiten brachten ihm Anerkennung unter den Kollegen, sodass ihm 1824 eine feste Stelle angeboten wurde. Nun leitete er ein eigenes Labor und konnte seinen Arbeiten eine neue Richtung geben. Faraday begann, elektrische Ströme und ihre Wirkungen zu erforschen. Als 1833 der ehemalige Lehrstuhl von Davy neu besetzt wurde, bekam Faraday den Job. Bis an sein Lebensende setzte er seine Forschung fort und erhielt dafür zahlreiche Auszeichnungen.

Elektromagnetismus

Faraday wurde vor allem durch seine Forschungen zu elektronischen Strömen bekannt. Er fand heraus, dass elektrische Ströme ein magnetisches Feld aufbauen. Bei seinen Experimenten mit Elektromagneten machte er außerdem die Entdeckung, dass umgekehrt die Bewegung eines Leiters durch ein magnetisches Feld Strom erzeugt. Die sogenannte elektromagnetische Induktion ermöglicht die Umwandlung von Bewegung in Strom und ist die physikalische Grundlage eines Generators. Damit kann Michael Faraday sowohl als Vater des Elektromotors als auch als Vater des Dynamos bezeichnet werden.

Auch auf dem Gebiet der Elektrochemie setzte Faraday Maßstäbe. Er erforschte die Elektrolyse genauer und definierte Grundbegriffe wie Anode und Kathode.

Franz Schubert

Herausragender Wegbereiter der Romantik

* 31. Januar 1797 am Himmelpfortgrund, Wien
† 19. November 1828 in Wien

■ Schuberts kompositorisches Schaffen markiert den Übergang zwischen Klassik und Romantik. Seine Lieder gehören zu den wichtigsten Werken dieser Phase. Schubert wuchs als Sohn eines Lehrers auf und wurde 1808 als Sopranist in die Hofkapelle und die Konviktschule aufgenommen. 1813–17 war er Schulgehilfe seines Vaters. 1817 verließ er seine Lehrstelle und machte sich mithilfe seines Freundes Franz von Schober selbstständig. Schubert wohnte mehrere Monate lang in von Schobers Wohnung, um ungestört komponieren zu können. In der Folgezeit lebte Schubert auf Kosten eines sich beständig erweiternden Freundeskreises, da er nach dem Abbruch seiner Lehre über kein festes Einkommen verfügte und es ihm nicht gelang, Profit aus seiner Musik zu schlagen.

Erste Erfolge

Die erste öffentliche Aufführung eines seiner Werke erfolgte 1814 mit der *Messe in F-Dur D 105*. 1818 wurde Schubert Musiklehrer der Familie Esterházy in Zelesz in Ungarn. Nach seiner Rückkehr nach Wien scharte sich erneut ein großer Freundeskreis um Schubert, mit dem er gesellige musikalische Treffen, sogenannte „Schubertiaden", veranstaltete.

Früher Tod

Trotz ständiger Geldsorgen und eines kurzen Lebens schuf Schubert ein erstaunlich umfangreiches Werk. Schubert starb bereits im Alter von 31 Jahren an Typhus und wurde in der Nähe des Grabs des von ihm zutiefst verehrten Beethovens beigesetzt. Angesichts seiner kurzen Lebenszeit ist es nachvollziehbar, dass der Komponist während seines Lebens kaum die ihm gebührende Anerkennung finden konnte. Zudem wurden viele seiner Lieder erst nach seinem Tod veröffentlicht.

Sinfonien

Schuberts Sinfonien knüpfen formal an die Wiener Klassik an, tragen jedoch hinsichtlich ihrer klanglichen Gestaltung und Melodik deutlich romantische Züge. Vor allem das *Forellenquintett* (1819) und *Die Unvollendete* (1822) sind Werke, die bis heute populär geblieben sind. *Die Unvollendete* ist Schuberts berühmtestes sinfonisches Werk. Der Name rührt daher, dass vom dritten Satz nur die ersten neun Takte ausgeführt sind.

Franz Schubert

LIEDER

Im Mittelpunkt von Schuberts Kompositionswerk stehen Lieder wie *Erlkönig* (1816) und *Heidenröslein* (1815), zu denen er sich von der zeitgenössischen Dichtung inspirieren ließ. Besonders in den Märchen und Tänzen für Klavier zeigt sich der lebendige Einfluss der österreichischen und ungarischen Volksmusik. Schubert bevorzugte formal das einsätzige Klavierstück.

Franz Schubert am Klavier

Heinrich Heine

Gesellschaftskritischer Meisterdichter

* 13. Dezember 1797 in Düsseldorf
† 17. Februar 1856 in Paris

Heinrich Heine

■ Heine war einer der größten Dichter der deutschen Literatur, ein herausragender Journalist und ein bedeutender Vermittler zwischen der deutschen und der französischen Kultur.

Heine wurde in Düsseldorf unter dem Geburtsnamen Harry Heine geboren. Über das genaue Geburtsdatum herrscht in der Forschung keine Einigkeit, da die diesbezüglichen Urkunden und Dokumente nicht erhalten geblieben sind. Man geht jedoch heute allgemein davon aus, dass er am 13. Dezember 1797 geboren wurde. Heine war das älteste von vier Kindern eines Tuchhändlers. Er wuchs in einem Umfeld auf, das durch den Geist der Aufklärung geprägt war. Der Familientradition entsprechend sollte er nach dem Abschluss der Schule den Beruf des Kaufmanns erlernen. 1815–16 war Heine in Hamburg im Bankhaus seines Onkels Salomon tätig. Sein vornehmliches Interesse galt jedoch der Schriftstellerei. Relativ unmotiviert begann Heine 1819 ein Jurastudium zuerst in Bonn und später in Göttingen.

**Heines Handschrift
(aus *Harzreise*)**

Diskriminierung als Jude

Aufgrund einer Duellaffäre sah sich Heine jedoch 1821 gezwungen, die Universität zu verlassen. Ein Kommilitone hatte ihn wegen seines Judentums beleidigt. Da zur damaligen Zeit antisemitische Tendenzen an der Universität herrschten, wurde Heine als Jude für ein Semester vom Lehrbetrieb ausgeschlossen, und auch die Studentenverbindung, der er beigetreten war, schloss ihn aus. Heine schrieb sich nun in Berlin als Student ein, wo er den Kontakt zu Professor Gubitz, dem Herausgeber der Zeitschrift *Der Gesellschafter*, aufnahm. In der Folgezeit erschienen Beiträge Heines in dieser Zeitschrift, die ihn schnell als Autor bekannt machten.

Die Taufe

1825 promovierte Heine zum Doktor der Rechte in Göttingen und ließ sich protestantisch auf den Namen Christian Johann Heinrich taufen. Ab diesem Zeitpunkt nannte er sich öffentlich Heinrich Heine. Heine wollte durch seine Taufe erreichen, nicht länger als Jude diskriminiert zu werden. Er musste jedoch schnell feststellen, dass er auch als getaufter Jude weiterhin von bestimmten Kreisen der Gesellschaft ausgegrenzt wurde. Es gelang ihm nicht, eine Festanstellung als Jurist zu finden. Notgedrungen verdiente er sich seinen Lebensunterhalt daher als freier Schriftsteller. In Deutschland sah Heine keine Zukunftsperspektiven für sich, weshalb er 1831 nach Paris ging, wo er bis zu seinem Lebensende eine neue geistige und persönliche Heimat fand.

Erfolg als Lyriker

Eine Wanderung durch den Harz und ein Besuch bei Goethe inspirierten Heine zu seiner lyrischen *Harzreise* (1827), die ihm erste Anerkennung als Dichter einbrachte. Über die deutschen Landesgrenzen hinaus berühmt wurde Heine mit seinem *Buch der Lieder* (1827), das eine Zusammenfassung seiner bisherigen Werke darstellte und von zahlreichen Komponisten wie Franz Schubert, Robert Schumann, Johannes Brahms, Felix Mendelssohn-Bartholdy, Franz Liszt und Richard Wagner vertont wurde.

Kritiker Deutschlands

Als Korrespondent für die *Augsburger Allgemeine Zeitung* in Paris lebend, entwickelte Heine eine kritische Sicht auf die geistig-politische Situation in Deutschland, die er in den beiden Werken *Atta Troll* (1843) und *Deutschland. Ein Wintermärchen* (1844) zum Ausdruck brachte. 1843 erschien Heines Gedicht *Nachtgedanken*, das mit den berühmten Worten anfängt: „Denk' ich an Deutschland in der Nacht, dann bin ich um den Schlaf gebracht."

Nähe zum Marxismus

Heine war einer der ersten deutschen Dichter, der die Konsequenzen der industriellen Revolution in seinem Werk in kritischer Form thematisierte. Sein Gedicht über den schlesischen Weberaufstand *Die schlesischen Weber*, das auch unter dem Titel *Das Weberlied* bekannt wurde, erschien 1844 in dem von Karl Marx herausgegebenen marxisti-

schen Kampforgan *Vorwärts*. Noch im selben Jahr wurde das aufrührerische Gedicht von Friedrich Engels ins Englische übersetzt und in einer englischen Zeitung veröffentlicht. Heine sympathisierte zwar mit der Kapitalismus- und Industrialismus-Kritik des Marxismus, er

„Denk' ich an Deutschland in der Nacht, dann bin ich um den Schlaf gebracht."

war jedoch kein überzeugter Marxist. Heine verfasste zwar zeitweise Beiträge für die marxistischen Publikationen *Vorwärts* und die *Deutsch-Französischen Jahrbücher*, doch er blieb zeitlebens ein überzeugter Demokrat.

Zynismus und Todessehnsucht

Der Zynismus und die Bitterkeit, die aus Heines Spätwerk sprechen, werden verständlich, wenn man bedenkt, dass Heine aufgrund eines unheilbaren Rückenmarkleidens von 1848 bis zu seinem Tod nicht mehr vom Krankenbett aufstehen konnte. In seiner späten Lyrik entwickelte Heine angesichts dieser Situation eine große Todessehnsucht.

Mittler zwischen Deutschland und Frankreich

Heines zentrales Anliegen war ein Ausgleich zwischen Deutschland und Frankreich, den er durch die literarische und journalistische Vermittlung von Kenntnissen über die Kultur, Philosophie und Literatur der beiden sich feindlich gegenüberstehenden Länder zu erreichen suchte. Mit seinen stilistisch glänzend geschriebenen Artikeln wurde Heine zugleich einer der Mitbegründer des modernen Feuilletons.

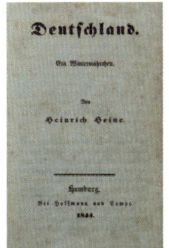

Erstausgabe von *Deutschland. Ein Wintermärchen*

Heinrich Heine

Wilhelm I.

Kaiser der Herzen

* 22. März 1797 in Berlin
† 9. März 1888 in Berlin

Wilhelm I.

■ Kaum ein Monarch machte in der öffentlichen Wahrnehmung eine solche Wandlung durch wie Wilhelm I. Als Prinz von Preußen galt er noch als eines der verhasstesten Mitglieder des Königshauses, als Kaiser Wilhelm I. war er dagegen so beliebt wie nur wenige Regenten vor ihm.

Prinz von Preußen

Da Wilhelms älterer Bruder Friedrich Wilhelm IV. bei seiner Thronbesteigung kinderlos war, wurde Wilhelm zum Thronfolger und erhielt den Titel „Prinz von Preußen". Kurz darauf wurde er auch zum General der Infanterie befördert. Als solcher setzte er sich vehement für eine gewaltsame Niederwerfung der Berliner Märzrevolution von 1848 ein. Für diese Bestrebungen wurde er in der Öffentlichkeit so sehr angefeindet, dass er um sein Leben fürchten musste und für einige Monate nach Großbritannien floh. Nach seiner Rückkehr bezog Wilhelm in

Wilhelm I. an seinem Schreibtisch

Koblenz seine Residenz. Hier wandte er sich unter dem Einfluss seiner Ehefrau Augusta Prinzessin von Sachsen-Weimar zunehmend liberaleren Ideen zu und geriet damit in Konflikt mit der konservativen Regierung seines Bruders.

König von Preußen

Wilhelm übernahm für seinen geistig erkrankten Bruder 1858 die Regentschaft. Drei Jahre später wurde er nach dem Tode Friedrich Wilhelms zum König von Preußen gekrönt. Bereits vorher hatte er die sogenannte „neue Ära" in der Politik Preußens eingeleitet: Er wandte sich gegen alle Scheinheiligkeit und Heuchelei, er wollte Preußens Außenpolitik von fremden Einflüssen unabhängig machen.

Recht bald kam es zu einem Konflikt über die Bewilligung von Mitteln für eine Heeresreform, die Wilhelm durchgeführt hatte. Auf dem Höhepunkt der Krise dachte der König sogar an eine Abdankung. Otto von Bismarck konnte die Krise schließlich entschärfen und erklärte sich bereit, Wilhelm als Ministerpräsidenten zu unterstützen. Von nun an war er die bestimmende Person in der preußischen Politik.

Am 18. Januar 1871 wurde Wilhelm I. in Versailles zum Deutschen Kaiser gekrönt. Dadurch wurde er zur eigentlichen Integrationsfigur des neuen Reiches und endgültig zum allseits geliebten Monarchen, dessen Tod 1888 in ganz Deutschland betrauert wurde.

Honoré de Balzac

Pionier des realistischen Romans

* 20. Mai 1799 in Tours
† 18. August 1850 in Paris

Honoré de Balzac

Balzac zählt zu den führenden französischen Schriftstellern des 19. Jahrhunderts und gilt als bedeutender Vertreter des realistischen Romans. Balzac verbrachte eine zutiefst unglückliche Kindheit in Tours. Seine Mutter war eine äußerst schwierige und egoistische Person, die das Kind nur einmal in der Woche zu sehen bekam. Balzac ging 1814 nach Paris, um Jura zu studieren. 1819 brach er jedoch sein Studium ab, um sich fortan, unter verschiedenen Pseudonymen schreibend, nur noch der Schriftstellerei zu widmen. Seine ersten literarischen Versuche waren jedoch ebenso erfolglos wie seine Aktivitäten als Verleger und Druckereiunternehmer. In der Konsequenz sah sich Balzac gezwungen, ständig zu schreiben, um seine luxuriöse Lebensführung aufrechterhalten zu können.

Der erste Erfolg

Erste literarische Erfolge konnte Balzac mit den Romanen *Der letzte Chuan* (1829) und *Das Chagrinleder* (1831) feiern. Balzac wurde zum Salonlöwen und arbeitete als freier Mitarbeiter bei verschiedenen Pariser Zeitungen. Er trank literweise Kaffee und arbeitete wie ein Besessener an seinen Romanen und Artikeln.

Fleißiger Schriftsteller

Balzac war einer der fleißigsten Romanschriftsteller aller Zeiten. In rund 90 Romanen und rund 100 Erzählungen bemühte er sich, ein komplexes Bild seiner Zeit und seiner Gesellschaft zu entwerfen. Obwohl er bestrebt war, in seiner *Menschlichen Komödie* die gesamte Lebenswelt seiner Zeit darzustellen, steht letztlich jedoch die Metropole Paris im Mittelpunkt seines Schaffens.

Späte Heirat

Balzacs Lebensgeschichte ist voll von Extremen und Widersprüchen. Sein Dasein war ständig von Geldschulden belastet, und die Frau seiner Wahl konnte er erst einige Monate vor seinem Tod heiraten. 1850 heiratete er die polnische Gräfin Evelina Hanska-Rzewuska, mit der er vorher 18 Jahre lang einen Briefwechsel geführt hatte, die er jedoch vorher kaum persönlich getroffen hatte. Kurz darauf erlag Balzac einem Schlaganfall.

Balzac-Statue von Rodin

DIE MENSCHLICHE KOMÖDIE

Balzacs literarisches Werk umfasst rund 90 Romane mit über 2000 Figuren. 1833 kam Balzac auf die Idee, die Figuren, die bisher in seinen Romanen aufgetreten waren, immer wieder neu auftreten zu lassen und auf diese Weise ein umfassendes Panorama der zeitgenössischen Gesellschaft entstehen zu lassen. *Die Menschliche Komödie* ist somit weniger ein wirklich zusammenhängender Roman als vielmehr ein Titel für das Gesamtwerk Balzacs. Marx und Engels äußerten sich über Balzacs episches Sittengemälde dahin gehend, dass sie in keinem Werk von Historikern, Ökonomen oder Statistikern so viel über die Gesellschaft gelernt hätten wie in Balzacs Roman.

Abraham Lincoln

Wahlplakat des jungen Lincoln

Abraham Lincoln

Honest Abe

* 12. Februar 1809 in Hodgenville
† 15. April 1865 in Washington

■ Die Präsidentschaft des 16. Präsidenten der USA wurde vom amerikanischen Bürgerkrieg beherrscht und überschattet. Letztendlich sollte er auch den Tod Lincolns bedeuten.

Kindheit und Jugend auf der Farm

Abraham Lincoln wurde als Sohn eines armen baptistischen Farmers in einem Dorf in Kentucky geboren und verbrachte seine Kindheit in einer Blockhütte. Schon sein Vater lehnte aus religiösen Gründen die Sklaverei strikt ab, obwohl einige seiner Verwandten selbst Sklavenhalter waren. Lincoln teilte diese Auffassung zeitlebens.

1816 zog Lincoln mit seiner Familie in ein kleines Dorf im Südwesten von Indiana. Dort führte die Familie ein hartes und entbehrungsreiches Leben an der Grenze zur Wildnis. Bis zum Alter von 19 Jahren half Abraham seinem Vater auf der Farm. Da blieb natürlich nur wenig Zeit für Bildung. Lincoln selbst behauptete später, er habe in seiner Jugend kein ganzes Jahr lang die Schule besucht. Immerhin brachte man ihm dort aber so viel lesen, schreiben und rechnen bei, dass er sich seine weitere Bildung autodidaktisch aneignen konnte. Kurz nachdem seine Familie ein weiteres Mal Richtung Westen umgezogen war, verließ Abraham das Elternhaus und ließ sich im Präriestädtchen New Salem in Illinois nieder. Dort fand er als Landvermesser, Posthalter und Kaufmann Arbeit.

Aufstieg zum geachteten Politiker

In den 1830er-Jahren begann der Aufstieg des armen Baptistensohnes zum geachteten Politiker. Der wichtige erste Karriereschritt führte Abraham in den örtlichen Debattierklub, wo er sich als guter Redner erwies. Von seinen dortigen Erfolgen angespornt, kandidierte Lincoln 1832 erstmals für das Parlament des Staates Illinois. In diesem ersten Anlauf wurde er jedoch noch nicht gewählt, zwei Jahre später gelang ihm das Kunststück allerdings und er blieb bis 1842 Mitglied des Parlaments.

Auch dort konnte er sich schnell einiges Vertrauen erwerben, und so wurde er schon im Alter von 27 Jahren zum Sprecher des Finanzausschusses und zum Vorsitzenden der oppositionellen Whigs auserwählt. Neben seiner politischen Karriere absolvierte Abraham Lincoln ein Selbststudium der Rechtswissenschaft und schaffte es, 1836 in der Anwaltskammer von Illinois zugelassen zu werden – ein beachtlicher Schritt für einen jungen Mann aus ärmlichen Verhältnissen.

1846 galt Lincoln landesweit als einer der führenden Köpfe der Whigs und wurde schließlich ins Repräsentantenhaus gewählt. 1855 und 1857 scheiterte Lincoln bei dem Versuch, in den Senat gewählt zu werden. Bei seinem zweiten Anlauf gelang es ihm jedoch, sich in sieben Rededuellen mit seinem Gegenkandidaten als hervorragender Redner und Gegner der Sklaverei zu profilieren. Dies machte ihn bei den Präsidentschaftswahl 1860 zum Kandidaten der Republikaner, da die Whigs an ihrer gespaltenen Haltung zur Sklaverei zerbrochen waren. Abraham Lincoln wurde tatsächlich gewählt.

Der amerikanische Bürgerkrieg

Die Wahl eines – wenn auch gemäßigten – Gegners der Sklaverei zum amerikanischen Präsidenten veranlasste die Südstaaten dazu, aus dem Staatenbund auszutreten und so den amerikanischen Bürgerkrieg zu beginnen.

Wer auf einen schnellen Ausgang des Bürgerkriegs zugunsten der Nordstaaten gehofft hatte, sah sich bald enttäuscht.

listisch, ging aber nicht auf. Lincoln gewann auch seine Wiederwahl und kündigte an, den Südstaaten den Weg zurück in den Staatenbund durch milde Friedensbedingungen so leicht wie möglich zu machen.

Den endgültigen Frieden erlebte der Präsident allerdings nicht mehr, denn er wurde bei einem Theaterbesuch am 14. April 1865 von dem Südstaatenfanatiker John Wilkes Booth erschossen.

Errichtung des nationalen Monuments von Mount Rushmore. Rechts der Kopf von Lincoln

1837 sprach sich Lincoln erstmals öffentlich gegen die Sklaverei aus. Er konstatierte, „dass die Einrichtung der Sklaverei auf Ungerechtigkeiten und schlechte Politik zurückzuführen ist".

Der amerikanische Bürgerkrieg entwickelte sich schnell zu einem zähen und blutigen Ringen, das in vier Jahren unzählige Menschenleben forderte.

Die erbitterten Schlachten bestärkten Lincoln in seiner Überzeugung, dass die Sklaverei das eigentliche Übel hinter den Ereignissen darstellte und so bereitete er eine Proklamation zur Sklavenemanzipation vor, die am 1. Januar 1863 in Kraft trat.

Bei der Schlacht in Gettysburg mussten die Südstaaten die entscheidende Niederlage in diesem Krieg hinnehmen. Dennoch versuchten sie, den Krieg so lange hinauszuzögern, dass Lincoln 1865 nicht wieder zum Präsidenten gewählt würde. Der Plan schien zwar rea-

Lincoln Memorial

Das Attentat auf Lincoln

Heutzutage gilt Abraham Lincoln den Amerikanern als Inbegriff aller politischen Tugenden ihres Landes. Kein amerikanischer Präsident wird bis zum heutigen Tage so verehrt wie er. So verglich ihn der Dichter Walt Whitman sogar mit Jesus Christus.

Charles Darwin

Begründer der Evolutionstheorie

* 12. Februar 1809 in The Mount, Shropshire
† 19. April 1882 in Downe

Charles Darwin

Darwins Beagle

■ Der britische Naturforscher untersuchte die Artenvielfalt von Flora und Fauna. Die Variationen von Tieren und Pflanzen erklärte er durch eine Theorie der Selektion und Anpassung. Die Evolutionstheorie beeinflusste nicht nur die Natur-, sondern auch die Geisteswissenschaften.

Erste Schritte

Charles Darwin wuchs als Sohn eines reichen Arztes in England auf. Sein Großvater väterlicherseits war ein angesehener Wissenschaftler, dem eine eigene Evolutionstheorie zu Bekanntheit verholfen hatte, der andere Großvater war Besitzer einer hochwertigen Porzellanmanufaktur. Charles Darwin verbrachte seine Kindheit also in einem ausgesprochen bildungsbürgerlichen Umfeld und genoss eine Jugend ohne materielle Nöte. Seine Schulzeit absolvierte er ohne aufzufallen und ging 1825 nach Edinburgh, wo er Medizin studierte. Doch die Wahl des Studienfaches erwies sich als die falsche. Langsam begann sich sein Vater Sorgen um die Karriere seines Sohnes zu machen und beschloss, ihn in Cambridge für ein Theologiestudium einzuschrei-

ben. Dort lernte Darwin den Botaniker John Stevens Henslow kennen, der ihn auf Exkursionen mitnahm und in die Botanik einführte. Dieser empfahl den jungen, naturwissenschaftlich interessierten Theologen 1831 für eine Expedition.

Reisen

Mit Begeisterung hatte Darwin die Arbeiten Humboldts gelesen. Als sich ihm 1831 die Möglichkeit bot, mit auf eine Expedition nach Südamerika zu reisen, nahm er freudig an. Im Dezember brach er mit der zweimastigen HMS Beagle von Plymouth auf. Die Reise führte ihn über die Kanaren an die Küste Südamerikas, zu den Galapagosinseln, verschiedenen Eilanden und Atollen im Pazifik bis nach Australien. Auf der fünfjährigen Fahrt zeichnete Darwin geologische Formationen ab und untersuchte verschiedene Tierarten. Als Darwin 1836 nach England zurückkehrte, war ihm der Ruf als abenteuerlustiger Forscher vorausgeeilt. Er wurde umgehend in die Geological Society aufgenommen, drei Jahre später in die Royal Society.

Geologie

Die Aufzeichnungen der langen Reise waren von erheblicher Bedeutung für einen zu der Zeit herrschenden Forscherstreit unter Geologen. Eine weitverbreitete Position ging davon aus, dass sich die Welt durch große Katastrophen plötzlich veränderte. Die letzte große Veränderung sei die biblische Sintflut gewesen. Die Gegenposition ging hingegen von einer langsamen stetigen Veränderung der Erdoberfläche aus. Darwin untersuchte diese Thesen auf der langen Reise rund um die Welt. Dabei stellte er fest, dass seine Beobachtungen von unterschiedlichsten Teilen der Welt für eine sich langsam, dauernd verändernde Welt sprechen. Die Annahme einer fortlaufenden Entwicklung schlug sich auch in Darwins Blick auf die Tierwelt nieder.

Evolution

Während Darwin Gesteine untersuchte, stellte er fest, dass die gefundenen Fossilien Ähnlichkeiten mit noch lebenden

ren der Evolutionstheorie sind also die zufälligen, durch Mutation hervorgerufenen Varianten, die durch Umweltfaktoren bedingten Selektionsfaktoren und die Vererbbarkeit der vorteilhaften Merkmale. Diese Schlussfolgerung seiner Reise veröffentlichte Darwin in dem bahnbrechenden Buch *On the Origin of Species* 1859.

Wirken

Darwins Theorie widersprach der bisher vorherrschenden Meinung. Bis dato ging die Naturwissenschaft davon aus, dass alle Arten zu Beginn der Zeit geschaffen worden waren und unverändert blieben. Durch Naturkatastrophen seien dann einige Arten ausgestorben. Neuentwicklungen gab es dieser Mei-

Aus dem Theologen wurde ein angesehener Naturwissenschaftler.

Tieren aufwiesen. Außerdem stellte Darwin Gemeinsamkeiten zwischen Tieren fest, die in vergleichbaren Regionen der Welt lebten. Entscheidend für seine Theorie war jedoch der Besuch der Galapagosinseln. Dort entdeckte Darwin, dass die Schildkröten, Finken und Drosseln auf den getrennten Inseln sich jeweils sehr ähnelten, aber unterschiedliche Variationen und Spezialisierungen aufwiesen, die ihnen das Überleben auf den leicht unterschiedlichen Inseln erleichterten. Daraus schloss Darwin, dass die Individuen einer Tierpopulation geringfügige Differenzen aufweisen und die am besten an die Umwelt angepassten Varianten am häufigsten überleben würden. Daher könnten sich die aus der natürlichen Selektion hervorgegangenen Tiere häufiger vermehren und über die Zeit das Aussehen der ganzen Population mitbestimmen. Die zentralen Fakto-

nung nach nicht. Darwins Theorie der dauernden Weiterentwicklung wurde vor allem aus zwei Gründen kritisiert: Zum einen schien unerklärbar, wie die Merkmale von den Eltern auf die Nachkommen übertragen werden, zum anderen widersprach die Evolution der Idee des Schöpfungsaktes und dem Ideal des von Gott perfekt gestalteten Lebewesens. Darwins Theorie beschäftigte also neben Naturwissenschaftlern auch die Theologen.

> **Nach seiner ersten Veröffentlichung *Vom Ursprung der Arten* schrieb Darwin mehrere weitere Werke, in denen er einzelne Aspekte der Evolutionstheorie weiter ausarbeitete. Dabei übertrug er seine Theorie auch auf die Entwicklung des Menschen.**

Darwin-Karikatur

191

Richard Wagner

Umstrittenes Theatergenie

* 22. Mai 1813 in Leipzig
† 13. Februar 1883 in Venedig

Richard Wagner

Das Festspielhaus in Bayreuth

Musikalische Vesammlung im Hause Wagner

■ Wagner wurde mit seiner umstrittenen Idee des musikdramatischen „Gesamtkunstwerks" zu einem der wichtigsten Innovatoren der europäischen Musikgeschichte. Wagner wurde als neuntes Kind einer bürgerlichen Großfamilie geboren. Sein Vater starb nur wenige Monate nach seiner Geburt. Ein Jahr später zog die Familie nach Dresden. Wagner ging 1828 wieder zurück nach Leipzig, wo er seine musikalische Ausbildung an der Nikolaischule und der Thomasschule erhielt. Ein Schlüsselerlebnis für den jungen Wagner war der Besuch von Beethovens einziger Oper *Fidelio*, nach dem für ihn fest stand, Musiker zu werden. Nach seinem Musikstudium fand Wagner eine Anstellung als Chordirigent in Würzburg. Es folgten Stellungen als Theaterkapellmeister in Magdeburg und in Riga. Nach jahrelanger Armut konnte Wagner in Dresden, wo er 1843 Hofkapellmeister wurde, die Opern *Rienzi* (1842) und *Der fliegende Holländer* (1843) uraufführen. Weitere Opernerfolge waren *Tannhäuser* (1845) in Dresden und *Lohengrin* in Weimar (1850).

Flucht in die Schweiz

Wegen seiner Beteiligung am gescheiterten Dresdner Maiaufstand (1849) musste Wagner ins schweizerische Exil gehen, wo er die berühmte programmatische Schrift *Das Kunstwerk der Zukunft* verfasste, die sein Konzept vom Gesamtkunstwerk beinhaltete.

Bühnenfestspiele statt Opern

Wagner wollte die Oper in ihrer bisherigen Form reformieren. Die Abfolge einzelner Nummern wie Arie, Ensemble und Chor wurde von ihm durch einen ans Leitmotiv angelehnten Sprechgesang ersetzt. Die bisherige Homofonie wurde durch Polyfonie ersetzt. Der Schwerpunkt des Werkes verlagerte sich auf das Orchester. Die Stücke *Das Rheingold*, *Die Walküre*, *Siegfried* und *Götterdämmerung* stellten gemeinsam den *Ring des Nibelungen* dar, der nicht mehr als Oper, sondern als Bühnenfestspiel bezeichnet wurde.

Bayreuth als künstlerische Heimat

Trotz seiner großen Erfolge wurde Wagner von finanziellen Nöten geplagt. Es erwies sich daher für ihn als äußerst glücklicher Umstand, dass der bayerische König Ludwig II. Gefallen an seiner Musik fand und ihn mit einer jährlichen Rente unterstützte. Erst zehn Jahre vor seinem Tod fand das unstete Wanderleben Wagners mit dem Einzug in das Haus Wahnfried in Bayreuth ein Ende. In der Bühne von Bayreuth sah Wagner den idealen Ort für die Aufführung des musikalischen Gesamtkunstwerkes. Bayreuth bot ihm die idealen baulichen Voraussetzungen für Bühne, Orchestergraben, Akustik und Zuschauerraum.

Das Gesamtkunstwerk

Wagners Ansicht nach ist jede einzelne Kunstart in ihrem Gestaltungsvermögen beschränkt. Von dieser Prämisse ausgehend, kommt er zu den folgenden Schlussfolgerungen und Leitideen. Nur wenn jede Kunstart in der anderen völlig aufgehe, könne wirkliche Kunst entstehen. Im Gesamtkunstwerk sei dies der Fall. Der Egoismus, der die Kunst in verschiedene Kunstarten zersplittere, weiche der Liebe, die in der Vereinigung aller Kunstarten das Kunstwerk der Zukunft erschaffe. Der Musik kommt innerhalb des Konzeptes vom Gesamtkunstwerk eine tragende Rolle zu. Die Musik fungiert als Tonsprache, die alle Teilaspekte

belungen-Tetralogie vor. Die Verwirklichung des vierteiligen Nibelungen-Zyklus nahm 26 Jahre in Anspruch. Im *Ring des Nibelungen* verschränken sich Germanentum und eine pessimistische Sicht der Gegenwart. Die Kunst tritt als erlösende Kraft an die Stelle der Religion. 1876 wurde *Der Ring des Nibelungen*, der 1874 fertiggestellt wurde, wurde im Festspielhaus von Bayreuth, das durch Spenden und mit der Hilfe von Ludwig II. finanziert worden war, uraufgeführt.

Spätwerk

Nach Vollendung des Nibelungenring konnte Wagner kurz vor seinem Tod noch die Arbeit am *Parsifal* (1882), einer Ver-

Wagner-Porträt von Renoir

> Wagner will mit seinem Gesamtkunstwerk den Egoismus der einzelnen Künste überwinden, wobei der Tonsprache der Musik eine tragende Rolle zukommt.

des Dramas vollkommen ausdrücken kann. Der Gesamteindruck aller Künste wird durch das Orchester dargestellt. Aus der Verbindung der Musik mit dem Wort entsteht die Erneuerung der Musik. Das Gesamtkunstwerk verkörpert somit laut Wagner die höchste und vollkommenste Entwicklungsstufe der Musik. Wagner sieht in Beethoven den Wegbereiter der von ihm angestrebten neuen Form der Musik. Die *9. Sinfonie* Beethovens habe den Weg bereitet, auf dem Wagner sich weiter bewegen will. Wagner sieht sich als Vollender Beethovens.

Der Ring des Nibelungen

Nach jahrelanger intensiver Beschäftigung mit der germanischen Mythologie legte Wagner 1848 in der Schrift *Der Nibelungenmythus* sein Konzept einer Ni-

bindung aus Oratorium und Mysterienspiel, beenden. Ein anschließender Erholungsaufenthalt in Italien reichte nicht aus, um Wagners chronisches Herzleiden zu mildern, an dem er 1883 in Venedig starb.

Antisemitische Tendenzen

Wagner verfasste die polemische Schrift *Das Judentum in der Musik* (1850), die für die Nationalsozialisten eine Vorlage für das Vorgehen gegen die Juden lieferte. Die Rezeption der Werke Wagners ist aufgrund der antisemitischen Tendenzen des Komponisten kontrovers verlaufen. Wagner war mit seiner Idee vom Gesamtkunstwerk einerseits ein genialer Innovator, andererseits wurde er mit seinen oftmals bombastisch-pathetischen Kompositionen zum Vorzeigekomponisten der Nationalsozialisten.

Frédéric Chopin

Herausragender Komponist und Klaviervirtuose

 * 1. März 1810 in Zelazowa Wola, Warschau
† 17. Oktober 1849 in Paris

Frédéric Chopin

■ Chopin, der in Polen als Sohn eines Französischlehrers geboren wurde, zählt zu den einfallsreichsten Komponisten von Klaviermusik der europäischen Musikgeschichte. Schon in sehr frühen Jahren zeigte sich Chopins musikalisches Talent. Bereits im Alter von acht Jahren gab Chopin, dessen ganze Familie musikalisch begabt war, sein erstes Klavierkonzert. Schon 1817 waren Chopins erste Kompositionen entstanden. In Paris feierte der Klaviervirtuose erste Erfolge als Pianist und Komponist. Nach der gewaltsamen Niederschlagung des polnischen Freiheitskampfes (1830/31) kehrte Chopin nicht mehr in seine Heimat zurück, sondern blieb in Frankreich.

ETÜDEN

Mit seinen Etüden hat Chopin ein neues Genre der Klaviermusik geschaffen. Während Etüden vorher als Übungsstücke galten, wurden sie bei Chopin zu virtuosen Vortragsstücken, die im Konzertsaal vor großem Publikum gespielt wurden. In seinen lyrischen Klavierstücken zeigt sich Chopin ebenfalls als Meister der „kleinen Form". Zu seinen bedeutendsten Werken zählen die *Klaviersonate in b-Moll* (1839) und die *Klaviersonate in h-Moll* (1844).

George Sand

Paris als künstlerische Heimat

In Paris pflegte Chopin den Kontakt zu den Komponistenkollegen Franz Liszt und Hector Berlioz, deren monumentale Werke jedoch nicht seine Zustimmung fanden. Chopin bevorzugte kleine Formen wie Sonaten und Etüden im Gegensatz zu den großen Formen wie Sinfonien oder Opern. Chopin wurde in Paris als Künstler gefeiert, doch er litt an seiner schwächlichen Konstitution.

Erholungskur auf der Insel Mallorca

Die Hoffnung, seine Gebrechlichkeit durch einen Mallorcaaufenthalt (1838) mit seiner Geliebten George Sand zu besiegen, sollte sich nicht erfüllen. Nachdem Chopin einen schweren Tuberkuloseanfall erlitt, brachte ihn seine Lebensgefährtin wieder nach Frankreich zurück, wo die Ärzte gerade noch sein Leben retten konnten. Trotz aller Bemühungen verschlechterte sich Chopins Gesundheitszustand zunehmend. Schon im Alter von 39 Jahren fand Chopins Leben sein frühzeitiges Ende.

Neue Wege der Klaviermusik

Chopins Vorliebe galt der Klaviermusik, der er mit seinem Werk entscheidende neue Impulse verlieh. Er begründete einen neuen Stil, der von Ornamentik, vielfältigen Modulationen und chromatischen Harmonien geprägt ist. Hohe Virtuosität paart sich in seinen Kompositionen mit einem vollendeten sinnlichen Ausdruck. Die Rhythmik Chopins ist an die Volksmusik seiner Heimat Polen angelehnt.

Giuseppe Verdi

Italienischer Opernmeister

 * 10. Oktober 1813 in Le Roncole
† 27. Januar 1901 in Mailand

Giuseppe Verdi

■ Verdis hochrangige Bühnenwerke gehören zu den bedeutendsten der Operngeschichte. Bereits zu Lebzeiten galt Verdi als „Alleinherrscher" der italienischen Opernbühnen. Das musikalische Talent Verdis zeigte sich bereits im Kindesalter. Schon im Alter von elf Jahren wurde Verdi Organist in seinem Heimatort. Vom Mailänder Konservatorium wurde er jedoch abgewiesen. Er hatte allerdings das Glück, in einem Kaufmann namens Antonio Barezzi einen Mäzen zu finden, der ihm seine musikalische Ausbildung finanzierte. Die Tochter des Kaufmanns, Margherita Barezzi, wurde zudem Verdis erste Frau.

Meister der Oper

Mit dem Opernwerk Verdis erreichte die italienische Oper ihren letzten großen Höhepunkt. Insgesamt schuf Verdi im Laufe seines Lebens 26 Opern. Sie sind zusammen mit den Opern Mozarts die am meisten aufgeführten der Welt. Der erste große Erfolg gelang ihm mit der Uraufführung seiner Oper *Nabucco* (1842) in der Mailänder Scala. *Nabucco* behandelt einen politischen Stoff. Wegen ihrer kritischen Position zur Fremdherrschaft wurde die Oper zum Freiheitssymbol der Italiener, die zu dieser Zeit auf eine Befreiung von der österreichischen Herrschaft und ein vereinigtes Königreich Italien hofften.

Galeerenjahre

Nach dem großen Erfolg seiner ersten Oper wurde Verdi für die restlichen Jahre seines Lebens zum Sklaven seines Erfolgs. Dieser Abschnitt seines Lebens wird daher auch als „Galeerenjahre" bezeichnet. Da es schwierig wurde, überzeugende dramatische Stoffe zu finden, stammen die Vorlagen für Verdis Opern zum größten Teil aus der Literatur, wobei vor allem William Shakespeare zu einer wichtigen Quelle wurde. Verdis Inszenierung von *Macbeth* (1847) fiel jedoch beim Publikum durch. Nach dem Erfolg der Oper *Don Carlos* (1867) zog sich Verdi zeitweise von der anstrengenden Opernarbeit zurück. Weitere unbestrittene Höhepunkte seines Schaffens waren die Opern *Otello* (1887) und *Falstaff* (1893).

AIDA

Das wohl bedeutendste Werk Verdis war eine Auftragsarbeit des ägyptischen Vizekönigs Ismail Pascha anlässlich der feierlichen Einweihung des Suezkanals, für die der Komponist ein fürstliches Honorar erhielt. Schauplatz der Oper in vier Akten ist Ägypten zur Zeit der Pharaonen. Die Hauptfigur Aida ist eine äthiopische Prinzessin, die als Sklavin nach Ägypten entführt worden ist.

Szene aus einer
Aida-Aufführung

Georg Büchner

Meister des modernen Dramas

* 17. Oktober 1813 in Goddelau
† 19. Februar 1837 in Zürich

In Büchners Stück geht es um Georg Danton, einen Helden der Französischen Revolution, der zwar durch die Septembermorde von 1792 die Revolution gerettet hat, doch nun dem Morden ein Ende bereiten will. Robespierre fordert jedoch unnachgiebig die Vernichtung aller politischen Feinde und verurteilt Danton, der sich weigert, weiter zu morden, zum Tode. Danton erwartet seinerseits das Todesurteil fatalistisch, ohne sich zur Wehr zu setzen.

Georg Büchner

■ Büchner war ein ebenso leidenschaftlicher Revolutionär wie Dramatiker. Mit seinem existenzkritischen Drama *Dantons Tod* leitete er den Übergang von der klassischen Tradition zum modernen Drama ein. Büchner wuchs als erstes von sechs Kindern einer Arztfamilie auf. 1816 zog die Familie nach Darmstadt, wo sein Vater Bezirksarzt wurde. Nach seiner Schulzeit in Darmstadt studierte Büchner Medizin in Straßburg, wo er sich auch an einer Demonstration gegen die unterdrückten Polen beteiligte. 1833 verlobte sich Büchner mit Wilhelmine Jaegelé und wechselte zur Universität Gießen. 1836 wurde ihm von der Universität Zürich die medizinische Doktorwürde verliehen. 1837 starb Büchner an einer Typhus-Erkrankung.

Friede den Hütten, Krieg den Palästen

Während seiner Gießener Universitätszeit gründete Büchner gemeinsam mit Friedrich Ludwig Weidig den *Hessischen Landboten*, der die hessische Landbevölkerung mit dem Kampfruf „Friede den Hütten, Krieg den Palästen" zum Widerstand gegen den Obrigkeitsstaat aufrief. Nachdem bekannt wurde, dass Büchner einer der Autoren der revolutionären Flugschrift war, wurde er steckbrieflich gesucht und floh deshalb nach Straßburg.

Keine Bühne für *Dantons Tod*

Die turbulenten politischen Ereignisse verarbeitete Büchner in seinem literarischen Werk. Sein erstes Stück *Dantons Tod* (1835) entstand innerhalb weniger Wochen. Büchner schickte das Manuskript zusammen mit einem Begleitbrief an Karl Gutzkow, der von der Lektüre so stark beeindruckt war, dass er es dem Verleger Sauerländer in Frankfurt am Main zum Druck empfahl. Kurze Zeit später erschien das Werk, doch es fand sich kein Theaterdirektor, der bereit gewesen wäre, es auf die Bühne zu bringen. Es dauerte bis 1902, bis *Dantons Tod* von der Freien Volksbühne Berlin zum ersten Mal aufgeführt wurde. Seitdem gehört *Dantons Tod* zum festen Repertoire aller großen deutschen Bühnen. Gleiches gilt für Büchners Dramenfragment *Woyzeck* (1836) und das Lustspiel *Leonce und Lena* (1836).

Büchner um 1830

Karl Marx

Philosoph und politischer Journalist

* 5. Mai 1818 in Trier
† 14. März 1883 in London

Karl Marx

■ Der Philosoph, Soziologe, Nationalökonom und Journalist begründete mit seinen Schriften den Marxismus. Darüber hinaus war er maßgeblich an der Gründung von Arbeiterorganisationen in Europa beteiligt.

Frühe Jahre

Der Philosoph wuchs in Trier in einem liberalen jüdischen Elternhaus auf. Wie sein Vater konvertierte Karl Marx mit sechs Jahren zum Protestantismus, um Repressalien durch die preußischen Behörden zu entgehen. Nach seiner Schulzeit begann Marx 1835, in Bonn zu studieren, wechselte jedoch nach einem Jahr nach Berlin. Hier befasste er sich mit Jura und Philosophie und schloss sich den Junghegelianern an. Über seinen Aktivitäten in Clubs trat sein Studium in den Hintergrund. Dennoch erhielt er 1841 den Doktortitel im Fernstudium von der Universität Jena.

Journalist

Nach der Promotion begann Marx, für die *Rheinische Zeitung* zu schreiben. Schon bald übernahm er deren Leitung und machte die Zeitung zu einem Oppositionsorgan. Als in Preußen die Zensur verschärft wurde, zog Marx nach Paris. Doch auch dort blieb er nicht unbehelligt. Unter Druck Preußens wurde er aus Paris verbannt und zog 1845 nach Brüssel, wo er mit Friedrich Engels das *Kommunistische Manifest* verfasste. Als 1848 eine Revolutionswelle durch Europa brandete, wurde Marx auch aus Brüssel ausgewiesen. Er reiste nach Paris und von dort nach Köln. Nach der Niederschlagung der Revolution zog Marx nach London ins Exil. Dort schrieb er *Das Kapital* und gründete die Erste Internationale. Von London aus organisierte er die Arbeiterbewegung und trieb die Gründung der Sozialdemokratischen Arbeiterpartei in Preußen voran.

Marxismus

Das Gesamtwerk von Marx und Engels wird als Marxismus bezeichnet. Es umfasst Analysen der Menschheitsgeschichte, Prognosen über die weitere Entwicklung, Analysekriterien der Ökonomie und naturgeschichtliche Erörterungen. Marx ergründet dabei alle historischen Entwicklungen und sozialen Gegebenheiten als Folge eines Gegensatzes von Arbeiterklasse und besitzender Klasse. Während die besitzende Klasse über die Produktionsgüter verfügen und diese profitmaximierend einsetzen würde, könne die Arbeiterklasse nur über ihre Arbeitskraft verfügen. Ausbeutung der Arbeiter sei die Folge dieses Gegensatzes, der sich nur durch revolutionäre Veränderungen aufheben lasse.

Manuskript von *Das Kapital*

MARX UND ENGELS

In Paris lernte Marx Friedrich Engels kennen. Mit diesem arbeitete er fortan eng zusammen. Engels veröffentlichte nach Marx' Tod den zweiten und dritten Band von *Das Kapital*.

Otto von Bismarck

Der „Eiserne Kanzler"

* 1. April 1815 in Schönhausen
† 30. Juli 1898 in Friedrichsruh

■ Als erster Kanzler der Deutschen Reichs zielte Otto von Bismarcks Bestreben darauf ab, eine starke Stellung des Reichs in Europa zu erringen und auch eine innenpolitische Stabilität zu erreichen. Dabei war er bei der Wahl seiner Mittel nur wenig zimperlich.

Kindheit und Ausbildung

Otto Eduard Leopold von Bismarck wurde als Sohn einer ostelbischen Landadelsfamilie am 1. April 1815 in Schönhausen in der Altmark geboren. Bereits im Alter von sechs Jahren wurde er von seinen Eltern, wie es für Kinder seines Standes damals durchaus üblich war, nach Berlin auf ein Internat geschickt. Dorthin entsandten nur höhere Beamte ihre Söhne. Entsprechend gestaltete sich auch das Milieu dieser Anstalt. Neben einer umfassenden Bildung wurden den Knaben vor allem die sogenannten „preußischen Tugenden" nahegebracht. Ob man in diesem Zusammenhang jedoch von einer „echten" Kindheit sprechen kann, ist fraglich.

1827 wechselte Bismarck auf das Friedrich-Wilhelm-Gymnasium und ab 1830 besuchte er bis zum Abitur das humanistische Berlinische Gymnasium zum Grauen Kloster. Er studierte daraufhin an den Universitäten Göttingen und Berlin Rechtswissenschaften. Ab 1836 war er als Rechtsreferendar in Aachen und Potsdam tätig.

Auf Wunsch seines Vaters übernahm Bismarck nach dem Tod seiner Mutter 1839 zunächst zusammen mit seinem Bruder die Verwaltung der elterlichen Besitztümer.

Erste Schritte in der Politik

Hier frönte er anfangs ausgiebig seinem Junggesellenleben. Erst die Bekanntschaft mit seiner späteren Frau Johanna von Puttkamer führte den jungen Bismarck in ruhigere Fahrwasser zurück.

In der Politik hatte er 1845 sein Debüt gegeben und war Abgeordneter im sächsischen Provinziallandtag in Merseburg geworden. Im Mai 1847 wählte ihn die Ritterschaft der Provinz Sachsen zum stellvertretenden Mitglied des preußischen Vereinigten Landtags.

Von der Revolution 1848 hielt Bismarck gar nichts, und er profilierte sich hier als monarchietreuer Konservativer, der eine gewaltsame Niederschlagung des Aufstandes unbedingt befürwortete. Nach der Revolution kam seine politische Laufbahn in Fahrt. Er wurde Abgeordneter im Erfurter Parlament, wo er zu einem bedeutenden Mitglied der konservativen Partei aufstieg. 1851 trat er als preußischer Gesandter dem Frankfurter Bundestag bei, bis er schließlich 1859 als preußischer Gesandter nach Petersburg geschickt wurde. 1862 berief Wilhelm I. ihn dann während der Verfassungskrise über die Heeresreform zum Ministerpräsidenten.

Otto von Bismarck

Prinzipiell hätte Bismarck nach seiner Ausbildung eine Beamtenlaufbahn offengestanden, aber er entschloss sich, diesen Weg nach einigen ersten Schritten nicht weiter zu beschreiten. „Ich fand die mir zugewiesene Beschäftigung kleinlich und langweilig", schrieb er dazu in seinen *Erinnerungen*.

Er vermochte die Krise zwar beizulegen, die Schwierigkeiten im Inneren schwelten aber weiter. In dieser Situation kamen Bismarck außenpolitische Verwirrungen äußerst gelegen. Zunächst zog Preußen gemeinsam mit Österreich gegen Dänemark ins Feld. 1864 dann wandte sich Bismarck gegen seine einstigen Verbündeten und erkläre Österreich den Krieg, das sich 1867 geschlagen geben und der Gründung des Norddeutschen Bundes zustimmen musste. Damit hatte Preußen eine Vormachtstellung im neu geschaffenen Bund inne.

Der erste Kanzler

Mit der Emser Depesche forderte Bismarck 1870 eine Kriegserklärung Frankreichs gegen Preußen heraus, die zum Deutsch-Französischen Krieg von 1870/71 führte. Aus dem preußisch-deutschen Sieg folgten 1871 die Proklamation Wilhelms von Preußen als Wilhelm I. zum Deutschen Kaiser und die Gründung des Deutschen Reiches – Bismarck wurde der erste Reichskanzler.

Die Reichsverfassung, die auch unter maßgeblichem Einfluss Bismarcks zustande gekommen war, sah vor, dass der Kanzler ausschließlich dem Monarchen Rechenschaft schuldig war. Somit war Bismarck zum stärksten Mann nach Wilhelm und zum heimlichen Herrscher des Reichs geworden.

Innenpolitisch herrschte der Kanzler mit „eiserner Faust" und beschwor so immer wieder neue Krisen herauf. Nach einem misslungenen Attentat auf den Kaiser erließ er die Sozialistengesetze, die alle sozialdemokratischen, sozialistischen und kommunistischen Parteien, Vereine und Vereinigungen verboten. Allerdings musste er diese Gesetze 1890 wieder zurücknehmen. Trotzdem versuchte er, die Sozialisten auch weiterhin zu schwächen, indem er einige ihrer sozialpolitischen Ziele für sich vereinnahmte. Auch die Spaltung des Liberalismus ist auf Bismarck zurückzuführen.

Bismarck mit „Pickelhaube"

> Otto von Bismarck wusste nicht nur politische Macht, sondern auch Heringshappen in saurer Marinade zu schätzen. Ihm zu Ehren wurde sein Leibgericht später mit dem Namen Bismarckhering bedacht.

Die außenpolitischen Grundprinzipien des Kanzlers waren die Hervorkehrung der Saturiertheit des Reiches, die Isolierung Frankreichs und die Verhinderung von Mächtekoalitionen gegen Deutschland. Hier ging Bismarck also deutlich friedfertiger und defensiver als im Inland zu Werke. 1873 schloss er das Dreikaiserabkommen zwischen Deutschland, Österreich und Russland. 1878 trat Bismarck vermittelnd im Balkankonflikt zwischen Österreich-Ungarn, Großbritannien und Russland auf. Ein Jahr später entstand der Zweierbund mit Österreich, der 1882 um Italien erweitert wurde.

Wegen politischer und persönlicher Differenzen wurde Bismarck am 20. März 1890 von Kaiser Wilhelm II. entlassen.

Bismarck nach seiner Entlassung

DROPPING THE PILOT.
Karikatur: Der Lotse geht von Bord

Queen Viktoria

Großmutter Europas

* 24. Mai 1819 in London
† 22. Januar 1901 auf der Isle of Wight

Queen Viktoria

■ Queen Viktoria war eine der mächtigsten Frauen der Geschichte. Sie herrschte als konstitutionelle Monarchin über ein Drittel der Weltbevölkerung.

Kindheit und Thronbesteigung

Alexandrina Viktoria kam als Tochter des Herzogs Eduard von Kent und der Prinzessin Marie Louise Victoire von Sachsen-Coburg-Saalfeld im Kensington Palast in London zur Welt. Sie erhielt eine gute Ausbildung, besondere Kenntnisse erwarb sie sich in Geografie, Geschichte und Politik.

1836 arrangierte König Leopold I. von Belgien einen Besuch seines deutschen Neffen Albert Prinz von Sachsen-Coburg und Gotha in London, bei dem dieser die gleichaltrige Prinzessin Viktoria kennenlernen sollte. Die beiden verliebten sich ineinander und heirateten schließlich vier Jahre später. Bereits 1837 war Viktoria zur Königin gekrönt worden.

Regentschaft

Zu Beginn der Ehe mit Königin Viktoria soll Prinz Albert noch über die Schwierigkeit gestöhnt haben, sei-

Die junge Viktoria

nen Platz mit der rechten Würde auszufüllen, weil er bloß Gatte und nicht Herr im Hause sei. Die Königin traf jedoch während ihrer 21-jährigen Ehe keine Entscheidung, ohne vorher seinen Rat eingeholt zu haben und so war der Einfluss des Prinzen doch immens.

Viktorias Regentschaft war eine friedliche Zeit und ging als das „Goldene Zeitalter des englischen Imperiums" in die Geschichte ein. Vor allem die Ober- und Mittelschicht Englands erlebte eine beispiellose Blütezeit, und auch die Macht des englischen Empires befand sich auf ihrem Höhepunkt. In Großbritannien glückten während der Amtszeit von Viktoria I. wichtige Erfindungen. So fuhr die Königin beispielsweise 1842 mit der ersten Eisenbahn von Slough nach Paddington.

Viktoria wusste ihre eigenen Vorstellungen von Regierungsarbeit umzusetzen, obwohl die englische Verfassung hier ganz eindeutige Grenzen setzte. Sie soll bei der Behandlung strittiger Fragen mehr als einmal mit ihrer sofortigen Abdankung gedroht und so letztlich ihren Willen durchgesetzt haben.

Nach dem frühen Tod ihres Ehemanns zog sich Viktoria aus der Öffentlichkeit zurück und entfremdete sich so von „ihrem" Volk. Durch die Ehen ihrer fünf Töchter und vier Söhne verband sie verwandtschaftliche Beziehungen mit fast allen europäischen Fürstenhöfen, was ihr den Titel „Großmutter Europas" bescherte.

Theodor Fontane

Meister des poetischen Realismus

* 30. Dezember 1819 in Neuruppin
† 20. September 1898 in Berlin

■ Fontane avancierte mit seinen meisterhaften Erzählungen zum führenden Vertreter des poetischen Realismus.

Kindheit und Jugend

Der einer alten Hugenottenfamilie entstammende Sohn eines Apothekers besuchte zunächst das Gymnasium von Neuruppin und später die Gewerbeschule von Karl Friedrich Klöden in Berlin. 1836 brach Fontane die Gewerbeschule jedoch ab, um eine Ausbildung zum Apotheker zu machen. 1840 wurde er Apothekergehilfe in Burg bei Magdeburg. In diesem Zeitraum entstanden seine ersten Gedichte, nachdem er 1830 bereits seine erste Novelle *Geschwisterliebe* veröffentlicht hatte.

Vom Apotheker zum Journalisten

1849 entschied sich Fontane, den Apothekerberuf aufzugeben, um sich fortan nur noch der Schriftstellerei zu widmen. Nach ersten Anlaufschwierigkeiten gelang es ihm, eine Stelle als Journalist bei der Centralstelle für Presseangelegenheiten zu bekommen, für die er mehrfach nach London reiste (1852–59). Als Kriegsberichterstatter geriet Fontane 1870 kurzzeitig in französische Kriegsgefangenschaft. 1876 beschloss Fontane, nicht mehr als Journalist, sondern nur noch als freier Schriftsteller zu arbeiten. Es entstanden in der Folgezeit zahlreiche meisterhafte Erzählungen wie *Irrungen, Wirrungen* (1899), *Effi Briest* (1895) und *Der Stechlin* (1898). 1892 erkrankte Fontane an einer Gehirnanämie, die ihn jedoch nicht daran hinderte, bis zu seinem Tod (1898) weiterhin schriftstellerisch tätig zu sein.

EFFI BRIEST

Mit dem Roman *Effi Briest* (1895) konnte sich Fontane einen festen Platz in der Weltliteratur sichern. Der Roman handelt von der 17-jährigen Adligen Effi Briest, die von ihren Eltern gegen ihren Willen mit einem 20 Jahre älteren Baron verheiratet wird. Die junge Ehefrau ist einerseits stolz, einen so erfolgreichen Mann an ihrer Seite zu haben, andererseits hat sie Zweifel, ob sie mit ihrem Gemahl wirklich glücklich werden kann. Effi lernt den Major Crampas kennen, mit dem sie einen Seitensprung begeht. Nachdem ihr Mann dem heimlichen Paar auf die Schliche gekommen ist, kommt es zu verhängnisvollen Verstrickungen, die für einige Beteiligte tödlich enden. Fontane schuf in seinem Werk eine Reihe unvergesslicher Charaktere. Sein großes Talent zur Personenbeschreibung zeigt sich bis in die letzte Nebenfigur. Auch die Kunst der Gesprächsführung erreicht in *Effi Briest* einen Höhepunkt. Jeder Dialog ist sorgfältig und bis ins letzte Detail durchkomponiert.

Theodor Fontane

Fontane an seinem Schreibtisch in Berlin

Fjodor Michailowitsch Dostojewski

Meister des gesellschaftskritischen Romans

* 11. November 1821 in Moskau
† 9. Februar 1881 in Sankt Petersburg

Fjodor Dostojewski

Dostojewski, 1872

■ Dostojewski gilt als einer der größten Schriftsteller aller Zeiten und als Meister des gesellschaftskritischen Romans. Er wuchs in einer verarmten Adelsfamilie auf und absolvierte 1838–42 an der Militärakademie in Sankt Petersburg ein Ingenieurstudium. 1844 beschloss er jedoch, sich zukünftig nur noch als Schriftsteller zu betätigen. Sein erster Roman *Arme Leute* (1846) wurde sofort ein großer Erfolg.

Schriftsteller von Weltruhm

1850 wurde Dostojewski wegen Kontakten zu revolutionären Gruppierungen zum Tode verurteilt. Das Urteil wurde in letzter Sekunde in eine vierjährige Verbannung nach Sibirien umgewandelt. Nach der Rückkehr aus der Verbannung leistete Dostojewski Militärdienst, den er jedoch aufgrund von epileptischen Anfällen 1859 beenden musste.

1861–65 gab Dostojewski gemeinsam mit seinem Bruder die Zeitschriften *Die Zeit* und *Die Epoche* heraus. Es folgten zahlreiche Auslandsaufenthalte. 1866 erschien der Roman *Schuld und Sühne*, mit dem Dostojewski der Durchbruch zum Schriftsteller von Weltruhm gelang. Weitere Romane, die in die Weltliteratur eingingen, waren *Der Spieler* (1868), *Der Idiot* (1868), *Die Dämonen*

(1872) und *Die Brüder Karamasow* (1879/80). Dostojewski starb 1881 an einer Lungenblutung. Seinem Begräbnis wohnten über 60.000 Menschen bei.

Schuld und Sühne

Schuld und Sühne (1866) gilt als der bestkomponierte Roman Dostojewskis: Rodion Raskolnikow, ein verarmter Student, ist von der Idee besessen, dass es großen Menschen erlaubt sei, „lebensunwertes" Leben zu vernichten, um „lebenswertes" zu erhalten. Er begeht einen Doppelmord an einer alten Wucherin und deren halbirren Schwester, um mit dem geraubten Geld sein Studium zu finanzieren. Er kann die Tat jedoch seelisch nicht verkraften. In einem bitteren Bewusstwerdungsprozess lernt er, die Strafe als Sühne zu begreifen, und erfährt die erlösende Kraft der Liebe.

Der Idiot

Der Idiot erschien 1868 als zweite große Romantragödie Dostojewskis. Im Mittelpunkt der Erzählung steht Fürst Myschkin, eine tragische Don-Quijote-Figur, der nach einem Sanatoriumsaufenthalt nach Petersburg zurückkehrt. Auf der Zugfahrt lernt er Rogoschin kennen, der ihn in ein Dreiecksverhältnis hineinzieht, aus dem sich Myschkin nicht mehr befreien kann.

Gregor Johann Mendel

Entdecker der Vererbungslehre

 * 22. Juli 1822 in Heinzendorf
† 6. Januar 1884 in Brünn

■ Der österreichische Botaniker experimentierte mit Pflanzen, um Regelmäßigkeiten der Vererbung von Eigenschaften zu finden. Seine Arbeiten begründeten die Gesetze der Vererbung und klärten offene Fragen der Evolutionstheorie.

Leben

Der Sohn eines österreichischen Bauern wuchs in bescheidenen Verhältnissen auf. Dennoch konnte er ein Gymnasium besuchen und danach das Philosophische Institut in Olmütz, das er 1843 mit einem guten Zeugnis verließ. Er setzte seine Ausbildung im Augustinerkloster in Brünn fort. Mendel studierte hier Griechisch sowie Mathematik und begann mit der Züchtung von Erbsen. Nebenher arbeitete er als Lehrer an einer nahe gelegenen Schule. 1851 schickte ihn der Abt für drei Jahre zum Studium nach Wien. Nach seiner Rückkehr setzte Gregor Johann Mendel seine Lehr- und Forschungstätigkeit fort. Im Kloster führte er zahlreiche Kreuzungsexperimente durch und entdeckte Regelmäßigkeiten der Vererbung. Seine Entdeckung veröffentlichte er 1866. Als er zwei Jahre später Abt des Klosters wurde, musste er seine Experimente jedoch aus Zeitgründen aufgeben.

Mendelsche Regeln

Mendel kreuzte Erbsenpflanzen, die sich in Blüten- und Samenfarbe unterschieden, indem er die Blüten der Pflanzen künstlich bestäubte. Dabei kreuzte er zwei Varianten, die selbst und deren Nachkommen nur ein gleichbleibendes Merkmal aufwiesen. Ergebnis dieser Kreuzungen aus reinerbigen Eltern waren Hybriden, die alle gleich aussahen (Uniformitätsregel), aber die unterschiedlichen Merkmale der Eltern in sich trugen. Hier hatte sich das dominante Merkmal durchgesetzt. Danach kreuzte er die Hybriden und stellte fest, dass er Nachkommen erhielt, die wieder wie beide Eltern aussahen. Allerdings war der Anteil mit dem dominanten Merkmal dreimal so groß wie der Anteil mit dem schwächeren, dem reziproken Merkmal. Daraus schloss Mendel, dass Merkmalsausprägungen in den Eltern paarweise vorkommen. Bei der Bildung der Ei- und Samenzellen spalten sich die Paare auf. Nun ist in diesen Zellen nur noch ein Gen vorhanden. Verschmelzen Ei- und Samenzelle, ergibt sich ein neues Paar. Dabei nimmt der Nachkomme das reziproke Merkmal nur dann an, wenn kein dominantes Gen vorhanden ist (Spaltungsregel).

Gregor Johann Mendel

Die Vererbungslehre schließt eine Lücke in der Evolutionstheorie. Charles Darwin konnte zuvor nicht erklären, wie sich Merkmale der besser angepassten Tiere auf ihre Nachkommen übertrugen.

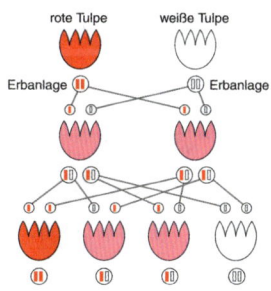

Vererbungsschema nach Mendel

Louis Pasteur

Louis Pasteur

Begründer der Mikrobiologie

* 27. Dezember 1822 in Dôle
† 28. September 1895 in Paris

Pasteur wurde zum französischen Nationalhelden und erhielt 1888 ein eigenes Institut in Paris. Dort erforschte er ansteckende Krankheiten und wurde nach seinem Tod in dem Gebäude beigesetzt.

Louis Pasteur in seinem Labor

■ Mikroorganismen können Krankheiten auslösen. Der französische Chemiker und Biologe Pasteur erbrachte für diese heutzutage selbstverständliche Aussage den Beweis und legte den Grundstein für die Mikrobiologie.

Leder und Säure

Pasteur war der Sohn eines Gerbers in der Stadt Dôle im Jura. Nach dem Besuch der Grund- und weiterführenden Schule begann er ein Studium in Besançon, das er in Paris fortsetzte. Nach dem Studium verschiedener Fachrichtungen erhielt er 1847 den Doktor in Philosophie. Auch nach der Promotion blieb er der Forschung treu und nahm eine Assistentenstelle an. Er experimentierte mit Nährstofflösungen, durch die er polarisiertes Licht strahlen ließ, und entdeckte so, dass organische Moleküle in links- oder rechtsdrehender Form auftreten. Die Vorstellung dieser Forschungen 1848 festigte Pasteurs Ruf als exzellenten Wissenschaftler. Auch wurde ihm eine Professorenstelle in Dijon angeboten, die er annahm. Wenig später wechselte er die Universität und zog nach Straßburg und 1854 nach Lille. Dort war er als Professor für Chemie und Dekan der Fakultät für neue Wissenschaften tätig. Außerdem versuchte er, Wissenschaft und Industrie zu verbinden, indem er Abendkurse für Beschäftigte der örtlichen Fabriken anbot. Diese stellten überwiegend alkoholische Getränke her. Daher widmete Pasteur seine neue Forschung der Gärung. Er bewies, dass Hefe die Gärung bestimmt und dass weitere Bakterien zur Bildung von Säuren führen. Außerdem fand er heraus, dass hohes Erhitzen von Zuckerlösungen Bakterien tötet, die sonst Säuren produzieren. Dieses Verfahren wird noch heute als Pasteurisierung bezeichnet.

Krankheiten

Pasteur übertrug sein Wissen über Säure produzierende Bakterien auf die Entstehung von Krankheiten. Er konnte beweisen, dass Mikroorganismen Krankheiten verursachen, indem sie von außen in einen Organismus eindringen. Als Experte auf diesem Gebiet wurde er 1865 nach Paris gerufen, um eine Epidemie unter Seidenraupen zu erklären. Ihm gelang die Beendigung der Epidemie und nachwies, dass die Krankheit über die Eier an nachfolgende Generationen übertragen wurde. Von da an erforschte Pasteur unterschiedliche Krankheiten wie Tollwut und Milzbrand, gegen die er Impfungen fand.

Leo Tolstoi

Herausragender Vertreter des historischen Romans

 * 9. September 1828 in Jasnaja Poljana
† 20. November 1910 in Astapowo

■ Tolstoi ist einer der herausragenden Vertreter des episch angelegten historischen Romans.

Nach dem Tod seiner Eltern wurde er von der Schwester seines Vaters erzogen. Er studierte Jura und orientalische Sprachen an der Universität Kasan, brach das Studium jedoch vorzeitig ab. 1851–56 nahm Tolstoi an den Kämpfen im Kaukasus teil, die er auch in literarischer Form verarbeitete. Auf mehreren Europareisen informierte er sich über Möglichkeiten zu einer Reformierung des pädagogischen Systems in Russland. Nach seiner Rückkehr setzte er sich für die Einrichtung von Dorfschulen ein, die den Reformkonzepten Rousseaus folgten. In der Zeit nach 1855 lebte Tolstoi abwechselnd auf seinem Landgut Jasnaja Poljana, in Sankt Petersburg und in Moskau. 1910 verließ er seine Familie, um in asketischer Einsamkeit zu leben, und verstarb auf der Reise.

Krieg und Frieden

Der historische Roman *Krieg und Frieden* (1868) zeigt ein episches Panorama der russischen Gesellschaft während der Zeit der napoleonischen Kriege. Tolstois Werk zählt zu den bedeutendsten der Weltliteratur. Das Buch umfasst mehrere entscheidende Stationen von Napoleons Russlandfeldzug, zu denen vor allem die Schlacht von Borodino sowie der Brand von Moskau gehören. Tolstoi hat sich intensiv mit der geschichtlichen Literatur über den von ihm beschriebenen Zeitraum 1805–13 auseinandergesetzt. Er gibt die Ereignisse so exakt und lebendig wieder, dass der Leser den Eindruck gewinnt, in unmittelbarer Nähe des Geschehens zu sein. Der Roman ist gleichzeitig eine bunte und lebendige russische Familiengeschichte. Eine Fülle von einzelnen Charakteren tritt äußerst plastisch hervor. Hinzu kommt der philosophische Gehalt des Buches. Tolstoi wird nicht müde, immer wieder nach dem Sinn des Krieges zu fragen.

Leo Tolstoi

Anna Karenina

Das achtteilige Romanepos *Anna Karenina* (1877/78) schildert das Schicksal von drei Adelsfamilien. Im Mittelpunkt des komplex strukturierten Romans, der als Tolstois vollkommenster angesehen wird, steht das Thema des Ehebruchs: Im imperialen Russland begegnet der Kavallerieoffizier Wronsky der schönen Anna auf dem Bahnhof. Eine schicksalhafte Begegnung, die zu tragischen Verstrickungen führt, da Anna verheiratet ist. Gegen alle Konventionen versuchen die Liebenden, ihre Beziehung aufrechtzuerhalten, doch Anna kann den Druck, der auf ihr lastet, kaum verkraften.

Leo Tolstoi, Gemälde von Ilja Repin

Sitting Bull

Großer Häuptling der Sioux

* ca. 1831 am Grand River
† 15. Dezember 1890 im Standing-Rock-Reservat

Sitting Bull

Sitting Bull machte sich viele Gedanken über seine weißen Feinde. Dabei kam er zu dem Schluss: „Habgier ist ihre Krankheit. Sie haben viele Gesetze gemacht, und die Reichen dürfen sie brechen, die Armen aber nicht. Sie nehmen das Geld der Armen und Schwachen, um die Reichen und Starken damit zu stützen."

Sitting Bull machte Geschichte als der Häuptling, der für die größte Niederlage der US-Armee gegen die Indianer verantwortlich war.

Little Big Horn

Berühmt wurde Sitting Bull – oder auch Tatanka Iyotanka, wie sein indianischer Name lautete – durch die Schlacht am Little Big Horn. Bevor es zu dieser legendären Auseinandersetzung kam, hatte Sitting Bull mit seinen Hunkpapa-Sioux bereits sieben Jahre lang Krieg gegen den weißen Mann geführt.

Als 1872 in den Black Hills im Sioux-Gebiet Goldvorkommen entdeckt wurden und das Land von Goldgräbern überflutet wurde, hatte Sitting Bull genug. Er organisierte den indianischen Widerstand. Im Dezember 1875 forderte die Regierung schließlich alle außerhalb der Reservate lebenden Indianer auf, sich in eines der Reservate einweisen zu lassen. Auf diese Weise hätten die weißen Siedler endgültig freie Hand bei der Ausbeutung der früheren Stammesgebiete gehabt.

Sitting Bull wehrte sich, indem er eine Allianz von verschiedenen Indianerstämmen gründete. Im Juni 1876 versammelte sich die stärkste Kriegsmacht, die je unter der Führung eines Indianerhäuptlings vereinigt worden war und am 25. Juni 1876 kam es schließlich am Little Big Horn zur Schlacht zwischen den Indianern und

der US-Armee, bei der die US-Armee unter der Führung von General Custer eine verheerende Niederlage einstecken musste.

Schlacht am Little Big Horn

Letztlich nutzte dieser Sieg den Indianern allerdings nur wenig, denn sie wurden nun umso erbitterter gejagt. Sitting Bull floh mit einigen Getreuen nach Kanada, musste aber, von Hunger getrieben, vier Jahre später wieder in die USA zurückkehren. Er saß zunächst für zwei Jahre im Gefängnis und wurde dann zwei weitere Jahre lang in Buffalo Bills Wildwestshow als Attraktion vorgeführt.

Danach lebte er im Standing-Rock-Reservat und beteiligte sich an der Geistertanzbewegung, da er sich mit der Niederlage und Demütigung nicht abfinden wollte. Die Regierung witterte einen erneuten Aufstand und vermutete in Sitting Bull den Anführer der Bewegung. Beim Versuch, den Häuptling festzunehmen, wurde er am 15. Dezember 1890 erschossen.

Claude Monet

Führender Vertreter
des europäischen Impressionismus

* 14. November 1840 in Paris
† 5. Dezember 1926 in Giverny

■ Monet ist mit seiner meisterhaften Darstellung von natürlichen Lichteffekten im Rahmen der Freilichtmalerei ein herausragender Vertreter des europäischen Impressionismus. Monet wuchs in Le Havre auf und begann schon früh zu zeichnen. Bei seinen häufigen Strandausflügen lernte er den Landschaftsmaler Eugène Boudin kennen, der ihn in der Kunst der Freilichtmalerei unterwies. 1859 ging Monet gegen den Willen seiner Eltern nach Paris, um Malerei zu studieren. Abgesehen von seiner Militärdienstzeit in Algerien (1861), die er wegen einer Typhus-Erkrankung vorzeitig abbrach, lebte und arbeitete Monet die meiste Zeit seines Lebens als freier Künstler in Paris. 1912 erkrankte Monet an grauem Star. Die ihm drohende völlige Erblindung konnte jedoch durch eine Operation (1923) verhindert werden. Drei Jahre später starb Monet in Giverny. Ob sein besonderer abstrakter Malstil von seinem Augenleiden herrührte oder in erster Linie ein künstlerisches Statement ist, gilt in der Forschung bis heute als kontroverses Thema.

Naturlandschaften und Freilichtmalerei

Im Mittelpunkt von Monets Werk stehen Naturlandschaften aus der Umgebung von Paris, Küstenlandschaften sowie bildgewordene Impressionen der Metropolen Paris, London und Venedig. Technisch und kompositorisch ist Monet von der Flächenwirkung und kühnen Bildeinteilung japanischer Holzschnitte beeinflusst. Monets Werk *Seerosen* (1918) zeigt zudem, dass der Künstler bereits die Grenzen zur abstrakten Malerei überschritt.

Lichteffekte

Monet entwickelte eine besondere Meisterschaft darin, die Wirkung des natürlichen Lichts in seinen Bildern widerzuspiegeln. Er befasste sich eingehend mit den farblichen Veränderungen, die durch atmosphärische Lichteffekte bedingt wurden. Auf diese Weise entstanden Bilder, in denen die Wirkung des Lichts mit schon beinahe wissenschaftlicher Exaktheit dargestellt wurde. Frühe Beispiele sind eine Serie von *Heuschobern* (1890/91) oder die Serie *Pappeln an der Epte* (1892/93).

Claude Monet

Seerosen

John D. Rockefeller

US-amerikanischer Öl-Magnat

* 8. Juli 1839 in Richford
† 23. Mai 1937 in Ormond Beach

John D. Rockefeller

John D. Rockefeller, Gemälde
von John Singer Sargent

■ John D. Rockefeller leitete die erste Erdölgesellschaft in der amerikanischen Ölindustrie und wurde dank seiner Monopolstellung zum Inbegriff ungeheuren Reichtums.

Geschäfte

Schon in frühen Kindheitstagen bewies Rockefeller Geschäftssinn. Er kaufte große Mengen Süßigkeiten und verkaufte sie an seine Geschwister weiter. Sonst fiel der aus einfachen Verhältnissen stammende Junge nicht weiter auf. Nach der Highschool trat er 1855 eine Stelle als einfacher Buchhalter in Cleveland an. Als ihm drei Jahre später eine Gehaltserhöhung verwehrt wurde, machte er sich mit einem Freund selbstständig und gründete ein eigenes Handelshaus. Die Geschäfte liefen gut, da Rockefeller und sein Freund Maurice Clark die Bedeutung des in Pennsylvania entdeckten Erdöls erkannten. Die beiden gründeten in Cleveland eine Raffinerie, die sie schnell ausbauten. Doch 1865 kam es zum Streit über die

schnelle Vergrößerung des Unternehmens, und die beiden Weggefährten trennten sich. Rockefeller setzte sich in einer Versteigerung gegen Clark durch und kaufte für 725.000 Dollar die Raffinerie. In den folgenden Jahren setzte er bedenkenlos auf Wachstum. Er kurbelte die Produktion an und kaufte Konkurrenten auf. Zusammen mit dem Geschäftsmann Henry Flagler gründete er die erste Erdölgesellschaft der USA, die Standard Oil Company.

Monopol

Rockefeller hielt an dem Wachstumskurs fest und war bald der einflussreichste Unternehmer im Ölgeschäft. Er schloss ein Abkommen mit der amerikanischen Eisenbahngesellschaft, die er fortan belieferte. Er kaufte Land, um alleine Pipelines zu verlegen. Schließlich nahm unter seinen Konkurrenten in Politik und Öffentlichkeit der Unmut über Rockefellers Einfluss zu. Doch die politische Intervention zog sich über Jahre hin. Nach einigen Gerichtsurteilen gegen den Konzern kam es erst 1911 zu der endgültigen Zerschlagung durch den obersten Gerichtshof. Die Ölgesellschaft von Rockefeller wurde in 34 Unternehmen aufgeteilt. Es entstanden so bekannte Unternehmen wie Exxon, Chevron und Amoco. Zu diesem Zeitpunkt hatte sich Rockefeller allerdings schon aus der aktiven Unternehmensführung zurückgezogen.

> Rockefeller war zu Lebzeiten der reichste Mann der Welt. Er setzte sein Vermögen zur Vergrößerung seines Konzerns und für zahlreiche Stiftungen und wohltätige Zwecke ein. Er finanzierte die Gründung der University of Chicago und die Rockefeller Foundation.

Paul Cézanne

Herausragender Vertreter des Postimpressionismus

* 19. Januar 1839 in Aix-en-Provence
† 22. Oktober 1906 in Aix-en-Provence

Paul Cézanne

■ Paul Cézanne gilt mit seiner postimpressionistischen Malkunst als einer der Väter der Moderne. Cézanne wuchs als Sohn einer wohlhabenden Familie in Aix-en-Provence auf. Auf Wunsch seines Vaters studierte er zunächst Jura, doch er brach das Studium vorzeitig ab und ging nach Paris (1862), um Künstler zu werden.

Freundschaft mit Emile Zola

Der Schriftsteller Emile Zola war ein Jugendfreund Cézannes, der 1886 den Roman *Das Werk* veröffentlichte, dessen Hauptfigur ein gescheiterter Künstler ist, der gewisse Ähnlichkeiten mit Cézanne aufweist. Durch den Kunsthändler Ambroise Vollard wendete sich Cézannes Schicksal jedoch im Gegensatz zur fiktiven Romanfigur noch einmal zum Guten. Bilder Cézannes wurden in dessen Galerie ausgestellt, und Cézanne begann langsam, sich in Paris als Künstler einen Namen zu machen.

Traditionelle Themen

In der Wahl seiner Motive war Cézanne eher ein Traditionalist. Er malte überwiegend Selbstporträts und Porträts von einzelnen Figuren oder auch von Gruppen wie z. B. *Die Kartenspieler* (1890–95). Weitere Motive sind Landschaften und Stillleben.

Die großen Badenden

An dem Gemälde *Die großen Badenden* (1900–05) treten die Unterschiede zum traditionellen Impressionismus besonders klar hervor. Die Farben der Landschaft sind auch in den Figuren wiederzufinden, und umgekehrt sind die Farbtöne der Figuren in die Landschaft integriert. Cézanne bevorzugte zudem eine bestimmte Art der Dreieckskomposition, die sich auch in diesem Werk offenbart. Von Bäumen und Büschen umfangene Akte gruppieren sich um die Mitte des Bildes. Die Mittelachse, die das Bild senkrecht in zwei Hälften teilt, wird somit deutlich betont. Die Konturen der Badenden sind zum Teil nicht klar erkennbar. Cézanne will keine idealisierten Figuren darstellen. Seine Badenden sind keine Individuen mehr, sondern Objekte.

Rückzug in die Provence

Die letzten Jahre seines Lebens verbrachte Cézanne zurückgezogen vom Stadtleben in der Provence, wo er in seiner Heimatstadt einer Lungenentzündung erlag.

Die Kartenspieler

Auguste Rodin

Auguste Rodin

Wegbereiter der modernen Bildhauerei

* 12. November 1840 in Paris
† 17. November 1917 in Meudon

WICHTIGE WERKE

Das eherne Zeitalter
(1876)
Der Denker (1880)
Der Bürger von Calais
(1884–86)
Der Kuss (1886)
Balzac-Denkmal (1892–97)
Höllentor (1880–1917)

Der Denker

■ Rodin beschritt mit seinem impressionistisch anmutenden Stil neue Wege der Bildhauerei. Sein Werk war der bedeutendste Beitrag zur Plastik des 19. Jahrhunderts. Rodin wurde als Sohn eines Pariser Polizeibeamten geboren. Er studierte Zeichnen und Malerei (1853–57) und trat nach dem Tod seiner Schwester (1862) in den Orden Pères du Saint-Sacrement ein. Der Abt ermunterte ihn, sein Leben der Kunst zu widmen.

Ein Leben für die Kunst

1864 vollendete Rodin sein erstes erhalten gebliebenes Meisterwerk *Der Mann mit der gebrochenen Nase*, das von der Kunstkritik abgelehnt wurde. 1871 arbeitete Rodin am Fassadenschmuck der Börse in Brüssel mit. Auf einer Italienreise wurde die Begegnung mit dem Werk Michelangelos zu einem Schlüsselerlebnis für ihn. Nach seiner Rückkehr aus Italien schuf er mit *Das eherne Zeitalter* (1876) seine erste große Freiplastik. Die Werke Rodins befinden sich heute hauptsächlich im Pariser Musée Rodin.

Anarchistische Skulpturen

Rodin kann in Anbetracht der seinerzeit herrschenden Kunstauffassung durchaus als anarchistischer Künstler im Bereich der Bildhauerei bezeichnet werden. Skulpturen dienten bisher nur dazu, berühmten Persönlichkeiten ein Denkmal zu setzen. Rodin brach mit dieser Tradition, und seine Aktfigur *Das eherne Zeitalter* wirkt so lebendig, als ob eine lebende Person Modell gestanden hätte. Rodin setzte somit eine völlig neue künstlerische Bewegung in Gang. Für Rodin stand nicht die idealistisch-heroisierende Überhöhung, sondern der sinnliche Ausdruck seiner Skulpturen im Vordergrund.

Impressionistische Tendenzen

Der Stil Rodins ist stark impressionistisch beeinflusst. Die Oberfläche seiner Skulpturen ist weich und bewegt durchformt. Ein komplexes Spiel von Licht und Schatten kann somit entstehen und seine Wirkung auf den Betrachter entfalten. Häufig suchte Rodin den Reiz des Unvollendeten und bearbeitete seine Figuren nur so weit, dass lediglich die wesentlichen Konturen sichtbar wurden. Obwohl sich Rodin dem Neubarock verpflichtet fühlte, war Michelangelo sein größtes künstlerisches Vorbild. Rodin war ein Meister darin, subtile menschliche Gefühle in der Ausdruckssprache des Körpers darzustellen. Er fand immer wieder neue Möglichkeiten, um Gefühle wie Lust, Leidenschaft und Verzweiflung bei seinen Figuren sichtbar zu machen.

Robert Koch

Mediziner und Mikrobiologe

* 11. Dezember 1843 in Clausthal
† 27. Mai 1910 in Baden-Baden

■ Der deutsche Wissenschaftler forschte auf dem Gebiet der Mikrobiologie und gilt als Vater der modernen Bakteriologie. Er entdeckte u. a. den Erreger von Tuberkulose und Cholera. Für seine Arbeit erhielt er den Nobelpreis.

Hier und dort

Koch wuchs als Sohn eines Bergbeamten in einer Großfamilie mit zwölf Geschwistern auf. Er besuchte in seiner Geburtsstadt das Gymnasium und begann ab 1862, in Göttingen zu studieren. Nachdem er sich anfänglich als Philologe versucht hatte, wechselte er sein Studienfach und befasste sich mit medizinischer Forschung. Nach erfolgreicher Beendigung seines Studiums 1866 nahm er verschiedene Anstellungen als Arzt in unterschiedlichen deutschen Kleinstädten an. Nach seinen beruflichen „Wanderjahren" erhielt er 1872 eine feste Anstellung als Amtsarzt in Wollstein bei Posen. Dort baute er sich in den folgenden Jahren ein eigenes Labor auf und forschte in seiner Freizeit. Dabei hatte es ihm besonders die gerade entstehende Mikrobiologie angetan.

Forschung

Im Rahmen von Kochs Forschung geriet der Milzbranderreger in den Fokus seiner Aufmerksamkeit. Koch entdeckte, dass der Erreger in getrocknetem Zustand als Spore Jahre überdauern konnte,

ohne seine Gefährlichkeit zu verlieren. Er isolierte den Erreger und konnte reine Kulturen anlegen. In Versuchen mit Mäusen belegte er, dass der Erreger im Blut der Tiere die Krankheit auslöste. Diese Entdeckung und die von Koch dabei entwickelte Technik zur Kultivierung des Virus waren ein entscheidender Fortschritt auf dem Gebiet der Bakteriologie. Koch veröffentlichte seine Ergebnisse 1876 und weckte die Aufmerksamkeit der medizinischen Zunft. Seine weiteren Forschungen setzte er ab 1882 am kaiserlichen Gesundheitsamt in Berlin fort. Dort entwickelte er neue Techniken der Mikrobiologie und etablierte neue Versuchsmethoden mit Tieren. Herausragend war ebenso seine Entdeckung des Tuberkuloseerregers. Er konnte die Bakterie isolieren und eine Methode zum Nachweis der Krankheit entwickeln. Kochs Interesse an ansteckenden Krankheiten führte den Forscher 1883 nach Indien und Ägypten. Auf der Forschungsreise befasste er sich mit der Cholera, die dort gerade wütete, und untersuchte Tropenkrankheiten. Nach seiner Rückkehr 1885 arbeitete Koch an der Berliner Charité und übernahm 1891 die Leitung des Königlich Preußischen Instituts für Infektionskrankheiten.

Robert Koch

Statue von Robert Koch vor der Charité in Berlin

Für die Entdeckung des Tuberkuloseerregers erhielt Robert Koch 1905 den Nobelpreis für Medizin und Physiologie.

Friedrich Nietzsche

Deutscher Philosoph und Philologe

* 15. Oktober 1844 in Röcken bei Lützen
† 25. August 1900 in Weimar

Friedrich Nietzsche

Nietzsches Schwester Elisabeth pflegte ihren Bruder die letzten Jahre seines Lebens und veröffentlichte seinen Nachlass. Die glühende Nationalistin und Rassistin verfälschte dabei Briefe, um Nietzsches Werk in die Nähe ihrer nationalistischen Ideen zu rücken.

Friedrich Nietzsche, 1862

■ Der Philosoph und Literatur- und Sprachwissenschaftler gilt als einer der bedeutendsten Denker der Moderne. Seine kulturkritischen Schriften stellen Werte und Moralvorstellungen als historische Konstrukte in Frage.

Jugend und Studium

Friedrich Nietzsche wuchs in der Nähe von Leipzig auf. Sein Vater, ein Pfarrer, verstarb, als Nietzsche fünf Jahre alt war. Kurz darauf zog die Familie nach Naumburg an der Saale, wo Nietzsche die bekannte Landesschule Schulpforta besuchte. Dort wurde ihm eine hervorragende Ausbildung zuteil. Nach seinem Schulabschluss begann er dann im Alter von 20 Jahren, in Bonn Theologie zu studieren. Doch schon nach einem Jahr an der Universität wechselte er, sehr zum Leidwesen seiner Mutter, die Fachrichtung. Fortan widmete sich Nietzsche dem Studium der Altphilologie. Gemeinsam mit seinem lebenslangen Freund Carl von Gersdorff wechselte er an die Universität Leipzig. An der neuen Wirkungsstätte begann er, sich mit der Philosophie Schopenhauers auseinanderzusetzen.

Basel

Nietzsches Studienleistungen waren überragend. Sein Professor setzte sich für ihn ein und empfahl Nietzsche für eine Professur in Basel. Noch bevor der Philosoph seinen Doktortitel erlangte, bot ihm die Universität in Basel eine außergewöhnliche Professur für Altphilologie an. Nietzsche nahm die Stelle 1869 an. Seine Zeit in Basel unterbrach er 1870, um als Sanitäter im Deutsch-Französischen Krieg zu helfen. Dabei erkrankte er an Ruhr und Diphtherie. Auch nach seiner Rückkehr blieb er gesundheitlich angeschlagen. Dennoch setzte Nietzsche seine wissenschaftlichen Arbeiten fort und publizierte eine Schrift über die Entstehung der Tragödie, stieß damit aber bei den Philologen auf wenig Verständnis, sie war ihnen zu philosophisch. Als sich sein Gesundheitszustand verschlimmerte, gab Nietzsche 1879 seine Professur auf.

Krankheit

Die nächsten zehn Jahre pendelte der Philosoph zwischen Schweiz, Frankreich und Italien. Trotz einsetzender Blindheit, starker Migräneanfälle und Magenkrämpfe schrieb er in diesen Jahren seine bedeutendsten Werke. So veröffentlichte er 1883 den ersten Band von *Also sprach Zarathustra* und zahlreiche weitere Schriften in den folgenden Jahren. Besonders das Jahr 1888 wurde zum Höhepunkt seiner Schaffensperiode. In diesen zwölf Monaten schrieb er fünf philosophische Abhandlungen, darunter die Autobiografie *Ecce Homo*. Im folgenden Jahr verschlechterte sich Nietzsches Gesundheitszustand dramatisch. In Turin kollabierte der Philosoph auf der Straße. Die letzten elf Jahre seines Lebens verbrachte Nietzsche geistig umnachtet und teilweise gelähmt in Anstalten in Basel, Naumburg und Weimar. Tragischerweise wurde Nietzsche erst nach seinem Zusammenbruch größere Aufmerksamkeit zuteil.

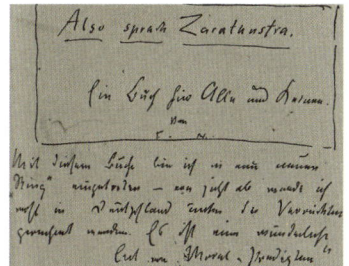

Nietzsches Handschrift

Schaffensphasen

Nietzsches Arbeiten lassen sich in drei Schaffensperioden unterteilen. Während er sich anfänglich in seiner Beschäftigung mit der Tragödie an romantischen Positionen Richard Wagners orientierte, wandte sich Nietzsche ab 1876 einem wissenschaftlich-rationalen Stil zu. Aus dieser Zeit stammen seine Aphorismensammlungen, in denen Nietzsche Denkanstöße in Form von Sinnsprüchen und

Suchenden. In dem Bemühen westlicher Religion und Philosophie, das Leben zu erklären, vermutete Nietzsche Zeichen eines weltlichen Lebens in Elend und Verfall. Dem christlich-westlichen Wertekontext liege ein asketisches Ideal zugrunde, das ein Leben in Entbehrung mit der Aussicht auf metaphysisch relevante Belohnung bedinge. Für

Poetische Sprache und Kulturpessimismus machten Nietzsche zum Vorbild für viele Expressionisten.

Fragmenten niederschrieb. Das bekannteste Werk aus dieser Zeit ist *Die fröhliche Wissenschaft* von 1882. Nietzsches Hauptwerk *Also sprach Zarathustra* leitete dann zu einer neuen Schaffensperiode über. Anstelle der philosophischen Schriften in literarisch sorgfältig gestalteter Kurzform traten nun längere Abhandlungen zu moralphilosophischen Fragen.

Moral

Während seiner späten Schaffensphase setzte sich Nietzsche intensiv mit christlichen Wertvorstellungen auseinander. Seiner Meinung nach gab es keinen tieferen Sinn in der menschlichen Existenz. Die Suche nach einem solchen sah Nietzsche als Ausdruck der Situation des

Nietzsche waren Werte und Moralvorstellungen also nur konstruiert. Auch die Kategorien „gut" und „schlecht" waren seiner Meinung nach menschliche Produkte und keine absoluten Ideale. Er sah in diesen das Ergebnis von Auseinandersetzungen zwischen Herrschenden und Beherrschten um die Interpretation von Moral.

Nietzsche auf dem Sterbebett

Karl Friedrich Benz

Pionier der Automobilgeschichte

* 25. November 1844 in Karlsruhe
† 4. April 1929 in Ladenburg

Karl Benz

Benz entwickelte nicht nur den Zweitaktmotor, sondern auch zahlreiche wichtige Elemente eines modernen Automobils wie die Zündkerze, Kupplung, Vergaser und eine Art Gangschaltung.

■ Der Maschinenbauer Karl Friedrich Benz entwickelte das erste mit Verbrennungsmotor betriebene Automobil. Seine Erfindung war die Grundlage für den nach dem Ingenieur benannten Automobilkonzern.

Maschinenbau

Benz wurde das Interesse an Maschinen in die Wiege gelegt. Sein Vater war Lokführer, und die Familie Benz war darüber hinaus seit Generationen dem Schmiedehandwerk verbunden. Dementsprechend begann Benz nach dem Besuch der höheren Schule in Karlsruhe 1860 ein Ingenieurstudium. Nach seinem Abschluss arbeitete er als Konstrukteur in Mannheim und Pforzheim, bis er 1871 eine eigene Firma gründete. Die Eisengießerei und Werkstatt betrieb Benz mit einem Partner zusammen, der sich jedoch bald aus dem Geschäft zurückzog.

Mit der Mitgift seiner neuen Ehefrau Berta gelang es Benz, das Geschäft alleine weiterzuführen. Neben seiner beruflichen Tätigkeit tüftelte Benz an der Entwicklung von Motoren. Als sein Zweitaktmotor fertiggestellt war, gab er seine alte Firma auf und gründete 1883 die Benz & Co. Rheinische Gasmotorenfabrik.

Automobil

Mit der neuen Firma produzierte Benz den Zweitakter und entwickelte ihn fort. Doch er beschränkte sich nicht nur auf den Motorenbau, sondern konstruierte einen dreirädrigen Wagen mit Motor. Diese „Kutsche ohne Pferde" stellte Benz 1888 auf einer Messe aus. Allerdings erntete der auf Speichenrädern fahrende, 1 PS starke Wagen überwiegend Unverständnis und fand keine Käufer. Benz entschloss sich, trotzdem weiterzukonstruieren, und baute einen neuen Wagen mit vier Rädern, nachdem er das Problem der Lenkübertragung über eine Achse gelöst hatte. Der neue „Benz" wurde nun auch ein finanzieller Erfolg. Die Produktion war allerdings kostenintensiv, sodass sich Benz entschloss, die Firma 1899 in eine Aktiengesellschaft umzuwandeln. In diesem neuen Betrieb wurden über 600 Typen produziert, darunter auch Rennwagen. Mit dem neuen Geld gewannen jedoch auch Finanziers an Einfluss. Es kam zum Streit zwischen dem Erfinder und den Geldgebern, sodass Benz schon nach vier Jahren die Benz & Co. AG verließ. Aus der Gesellschaft wurde später die Daimler-Benz AG. Der verärgerte Ingenieur gründete daraufhin mit seinen Söhnen eine neue Firma in Ladenburg, wo er bis zu seinem Tode blieb.

Karl Benz in seinem ersten vierrädrigen Motorwagen

Wilhelm Conrad Röntgen

Entdecker der Röntgenstrahlen

* 27. März 1845 in Lennep, Remscheid
† 10. Februar 1923 in München

■ Wilhelm Conrad Röntgen entdeckte die bis dahin unbekannte X-Strahlung, die später nach ihm benannt wurde. Für seine Beschreibungen der Strahlung erhielt er 1901 den ersten Nobelpreis in Physik.

Karriere mit Hindernissen

Der Werdegang Röntgens verlief nicht von Anfang an ohne Probleme. Der Sohn eines Textilfabrikanten besuchte ab 1861 die Technische Schule in Utrecht. Doch sein Schulbesuch endete nach zwei Jahren vorzeitig. Wegen einer angeblich von ihm gezeichneten Karikatur eines Lehrers wurde er ohne Abitur der Schule verwiesen. Ohne Abschluss musste Röntgen einen Umzug in die Schweiz in Kauf nehmen, um trotzdem studieren zu können. Die Polytechnische Hochschule in Zürich nahm nämlich auch Bewerber ohne Abitur auf, sofern sie einen Test bestanden, was Röntgen gelang. So begann er 1865 ein dreijähriges Maschinenbaustudium und absolvierte im Anschluss daran ein Aufbaustudium der Physik. Nachdem er nochmals vergeblich versucht hatte, sich in Würzburg zu habilitieren – wieder gab es Probleme wegen des fehlenden Abiturs –, setzte er seine Studien in Straßburg fort. Seine erste außerordentliche Professur erhielt Röntgen 1875 in Hohenheim. Es folgten Lehr- und Forschungsjahre in Gießen und Würzburg.

Seinen letzten Lehrstuhl hatte Röntgen in München inne, wo er 1920 in den Ruhestand ging.

Überraschendes Leuchten

Die Entdeckung der Röntgenstrahlen sollte die Physik grundlegend verändern. Dennoch war die Entdeckung ein Zufallsfund. Bis zu dem bedeutungsvollen Experiment im Jahre 1895 hatte Röntgen seine Energie in die Erforschung von Thermodynamik und Elektrodynamik sowie Kristallphysik gesteckt. Als Röntgen eines Tages im Labor mit Gasentladungsröhren experimentierte, um die Elektronenstrahlung in der Glasröhre zu untersuchen, bemerkte er, dass eine andere Chemikalie in seinem Zimmer zu fluoreszieren begann. Er unternahm weitere Versuche und stellte fest, dass die unbekannte Strahlung sogar andere Materialien durchdrang und Fotoplatten belichtete. Seine Beobachtungen schrieb er auf, arbeitete sie aus und veröffentlichte sie 1895 in der Schrift *Über eine neue Art von Strahlen*.

Wilhelm Conrad Röntgen

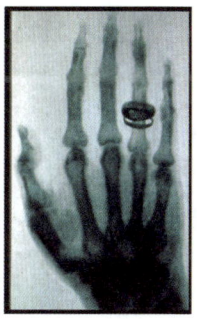

Eine der ersten Aufnahmen von Conrad Röntgen

Thomas Alva Edison

Amerikanischer Erfinder

* 11. Februar 1847 in Milan, Ohio
† 18. Oktober 1931 in West Orange, New Jersey

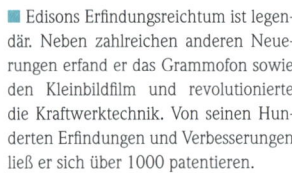

Thomas Alva Edison

■ Edisons Erfindungsreichtum ist legendär. Neben zahlreichen anderen Neuerungen erfand er das Grammofon sowie den Kleinbildfilm und revolutionierte die Kraftwerktechnik. Von seinen Hunderten Erfindungen und Verbesserungen ließ er sich über 1000 patentieren.

Erste Erfindungen

Die Schulbildung des amerikanischen Vorzeigeerfinders war im Vergleich zu

Striche und Punkte auf einem Papierstreifen aufzeichneten, sondern akustisch wiedergaben. Doch Edison war von Kindertagen an schwerhörig und fürchtete nun, diese Beeinträchtigung könnte ihn den Job kosten. Daher begann er, in seiner Freizeit Geräte zu konstruieren, die seine Behinderung ausgleichen sollten. Das Ergebnis seiner Arbeiten konnte sich sehen lassen: Edison entwickelte einen Drucker, der die Signale in Schrift umwandelte.

Die erste wichtige Erfindung von Edison war das Duplexkabel. Es ermöglichte, auf einer Telegrafenleitung gleichzeitig zwei Signale zu transportieren.

Dank seines Erfindungsreichtums gelang Edison der Aufstieg aus einfachen Verhältnissen.

heutigen Standards ausgesprochen knapp bemessen. Der Sohn eines Leuchtturmwärters verließ mit zwölf Jahren die Schule und begann, bei der Eisenbahn zu arbeiten. Er begleitete Züge der Michigan Central durch das vom Bürgerkrieg erschütterte Amerika. Dabei lernte er den Umgang mit dem Telegrafen, sodass er 1863 eine Anstellung als Telegrafist annehmen konnte. Nach sechs Jahren als Telegrafist wurde Edisons Laufbahn jedoch durch eine Neuerung gefährdet. Nach und nach wurden Geräte eingesetzt, die Morsezeichen nicht mehr als

Der junge Edison

Berufung

Als die Arbeiten des schwerhörigen Erfinders auf dem Gebiet der Telegrafentechnik immer klarere Züge annahmen, entschied er sich 1869, seine Anstellung aufzugeben und sich ganz der Entwicklung neuer Geräte zu widmen. Er zog nach New York und begann, mit unterschiedlichen Geschäftspartnern als freiberuflicher Erfinder neue Apparaturen für den boomenden Telegrafiemarkt zu produzieren. Dabei war er recht erfolgreich und investierte das so verdiente Geld in ein eigenes Laboratorium, in dem er ab 1875 arbeitete. Hier erfand er ein Jahr später den Phonographen und zeichnet, damit als erster Mensch seine eigene Stimme auf. Der Phonograph wurde ein durchschlagender Erfolg, wenngleich er vorerst nur das Renommee des Erfinders mehren sollte, denn der Phonograph ließ sich anfangs noch schwer vermarkten.

Licht und Strom

Als finanziell ertragreicher erwies sich dafür ein anderes Projekt. 1878 stellten ihm die Finanziers Vanderbilt und J. P. Morgan große Summen zur Gründung der Edison Electric Light Company zur Verfügung, damit dieser sich mit der elektrischen Erzeugung von Licht befassen konnte. Und Edison gelang es tatsächlich, die vorhandenen Glühbirnen zu verbessern. Seine Glühbirnen profitierten von neuer Vakuumtechnik, die die Glühdauer der Birnen erheblich verlängerte. Damit versprachen sie, eine echte Alternative zu den bisher überwiegend eingesetzten Gaslampen zu werden. Doch anders als Gas war Strom in den Städten noch nicht verfügbar. Daher setzten sich Edison und seine Finanziers dafür ein, ein Kraftwerk in Manhattan zu bauen. Dabei konnte Edison auf eigens konstruierte Generatoren zurückgreifen. Das erste öffentliche Kraftwerk ging dann 1882 in Betrieb. Die Möglichkeit, eine Stadt mit Strom zu versorgen, faszinierte Edisons Zeitgenossen und mehrte entsprechend den Ruhm des Erfinders.

Laborarbeit

Nach seinen Erfolgen in New York zog sich Edison in das benachbarte New Jersey zurück. Hier baute er 1887 in West Orange ein neues, noch größeres Laboratorium auf. Zusammen mit mehreren Mitarbeitern widmete sich der Tüftler der Verbesserung von vorhandenen Erfindungen und entwickelte auch seine eigenen Entdeckungen weiter. So brachte Edison den Phonographen in eine

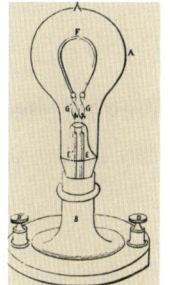

Edisons Glühbirne

verkaufsfähige Version und erfand den Kleinbildfilm, der noch heute das Kino bestimmt. Auch dieser sogenannte Kinematograf ließ sich verkaufen und wurde bald als Münzapparat mit Guckloch in Salons in Städten aller Welt aufgestellt. In seiner Werkstatt in New Jersey erfanden Edison und seine Mitarbeiter noch zahlreiche andere technische Neuerungen. Dabei konnten auch Misserfolge Edison nicht entmutigen. Seine Versuche, Eisenerz auf magnetische Weise von Sand zu trennen, waren ein finanzielles Desaster. Er hatte dafür stillgelegte Minen gekauft, die mit dem Scheitern seiner Experimente wertlos waren. Dennoch arbeitete Edison bis ins hohe Alter weiter. Am erfolgreichsten war er stets, wenn er Vorhandenes verbessern konnte. Dabei ging er ausgesprochen pragmatisch zu Werke. Er war kein Theoretiker, sondern ein Praktiker und Bastler. Was Edison an theoretischem Wissen fehlte, brachten Angestellte in sein Unternehmen ein. Seine Erfindungen haben das Antlitz der modernen elektrischen Welt erheblich geprägt.

Edison mit seinem Phonographen

Vincent van Gogh

Genialer Wegbereiter der modernen Kunst

* 30. März 1853 in Groot-Zundert
† 29. Juli 1890 in Auvers-sur-Oise

Vincent van Gogh

■ Vincent van Gogh wurde als erstes von sechs Kindern einer protestantischen Pastorenfamilie geboren. Besonders mit seinem Bruder Theo (1857–91) verband ihn zeitlebens eine besondere Beziehung. Theo sorgte für den Lebensunterhalt seines Bruders und war sein Vertrauter. Die Verbundenheit der beiden Brüder wird auch durch einen regen Briefwechsel dokumentiert, der 1913 veröffentlicht wurde. Vincent war zunächst im Kunsthandel tätig, da mehrere seiner Onkel in der Kunstbranche arbeiteten. 1880 begann Vincent zu zeichnen. Er besuchte zwar für einige Monate die Brüsseler Akademie, blieb im Grunde aber allem, was er tat, Autodidakt. Auf der Suche nach neuen Perspektiven ging er 1886 nach Paris, wo bis 1888 rund 200 Werke entstanden.

gesichts seines schlechten Gesundheitszustandes begab sich Vincent 1889 in eine Heilanstalt in St. Rémy, wo er während seiner gesunden Phasen fieberhaft weiter an seinen Bildern arbeitete. Da ihm das Leben mit den anderen Patienten zuletzt unerträglich wurde, begab er sich 1890 unter die Aufsicht eines Arztes in Auvers-sur-Oise, wo er bis zu seinem Tod blieb. Zu Lebzeiten wurde kein Einziges seiner Werke verkauft. Heute jedoch erzielen seine Bilder Höchstpreise. Das Besondere an seiner Malerei sind weniger die Themen oder die Motive als die bewusst unfertige Wirkung seiner Werke.

Das Nachtcafé

Nervenprobleme

Während einer Nervenkrise schnitt sich Vincent 1888 sein rechtes Ohr ab. Ausgerechnet in dieser kritischen Phase schuf er seine berühmtesten Werke wie zum Beispiel *Die Brücke von Langlois in Arles*, *Fischerboote am Strand von Saintes-Maries*, *Bildnis Joseph Roulin*, *Sonnenblumen* und nicht zuletzt *Selbstbildnis mit verbundenem Ohr* (1889). An-

Themen

Vincent verarbeitete in seinen expressiven Bildern ein breites Themenspektrum. Er malte liebliche Landschaften und anmutige Stillleben ebenso wie beklemmende Porträts. Die expressive Wirkung erzielte er durch die Vereinfachung der gemalten Objekte, wobei die Pinselführung sichtbar bleibt und damit zu einem zusätzlichen Ausdrucksmittel wird.

Max Planck

Vater der Quantentheorie

* 23. April 1858 in Kiel
† 4. Oktober 1947 in Göttingen

Max Planck

■ Der Physiker Max Planck trug wesentlich zur Ausgestaltung der modernen Physik bei. Seine Arbeiten über kleinste Teilchen begründeten die Quantenphysik. Für seine Forschung erhielt er 1918 den Nobelpreis.

Wirkungsquantums und des planckschen Strahlungsgesetzes, die er um die Jahrhundertwende machte, brachten ihm 20 Jahre später den Nobelpreis ein. In den folgenden Jahren war Max Planck vor allem in der Forschungsorganisation tätig. Er leitete einige Jahre die Deutsche Physikalische Gesellschaft, die Berliner Universität und die Kaiser-Wilhelm-Gesellschaft.

Max Planck als Student

Leben

Max Planck wuchs in München auf. Sein Vater, ein Professor der Rechtswissenschaften, hatte eine Stelle in der Isarmetropole angenommen und war mit seiner Familie in den Süden gezogen. In der bayerischen Großstadt angekommen, schickte er seinen Sohn auf eines der besten Gymnasien der Stadt. Der junge Max Planck glänzte in allen Schulfächern und entschied sich nach einigem Überlegen 1874 dazu, ein Physikstudium zu beginnen. Nach einem einjährigen Studienaufenthalt in Berlin beendete er 1879 dort sein Studium mit dem Doktortitel und nahm eine Dozentenstelle in München an. Nach seiner Habilitation hatte Planck Professuren in Kiel und Berlin inne, wo er dann 1892 einen Lehrstuhl für theoretische Physik angeboten bekam. Als Professor erforschte er elektromagnetische Strahlung. Die Entdeckung des planckschen

Quantenphysik

Max Planck versuchte, einige Ungereimtheiten in der Physik zu klären, die mit elektromagnetischer Strahlung zusammenhingen. Es gab zu diesem Zeitpunkt keine Möglichkeit, die Strahlung eines sogenannten schwarzen Körpers zu berechnen. Ein schwarzer Körper ist ein idealtypisches Konstrukt, das Strahlungen jeder Wellenlänge vollständig absorbiert. Die Messungen stimmten einfach nicht mit den vorhandenen Theorien überein. Planck erkannte nun, dass die Messungen deshalb nicht erklärt werden konnten, weil Strahlung nicht kontinuierlich erfolgt, sondern aus kleinen Teilchen besteht. Dementsprechend wird Strahlung nicht kontinuierlich absorbiert und reflektiert, sondern bruchstückhaft in sogenannten Quanten. Diese Entdeckung ist mittlerweile eine der Grundsäulen der Physik und ist in ihrer Bedeutung mit Einsteins Relativitätstheorie zu vergleichen.

Sigmund Freud

Begründer der Psychoanalyse

* 6. März 1856 in Freiberg, Mähren
† 23. September 1939 in London

Sigmund Freud

Viele seiner Theorien entwickelte Freud aus Beobachtungen seines eigenen Verhaltens. Er zeichnete außerdem viele seiner Träume auf und versuchte diese zu analysieren.

Sigmund Freud

■ Der österreichische Arzt Sigmund Freud versuchte sein Leben lang, die menschliche Psyche zu ergründen. Seine Arbeiten zum Unterbewusstsein legten die Grundlage der Psychoanalyse und bestimmten maßgeblich das Menschenbild des 20. Jahrhunderts.

Theorie und Praxis

Sigmund Freud war Sohn eines jüdischen Wollhändlers aus dem mährischen Freiberg. Mit drei Jahren ließ die Familie Freud den Geburtsort des späteren Psychoanalytikers hinter sich und

Freud suchte nach psychischen Ursachen von Krankheiten.

zog nach Leipzig und wenig später nach Wien. Hier besuchte Freud das Sperl-Gymnasium, an dem er sich nach intensiver Beschäftigung mit Goethes naturwissenschaftlichen Arbeiten für ein Studium der Medizin entschied. So schrieb sich der junge Wiener 1873 an der dortigen Universität ein. Seine akademische Leidenschaft galt der Neurologie. An der medizinischen Fakultät arbeitete er in einem neurologischen Labor und vergaß darüber fast seinen eigenen Studienabschluss. Nach für damalige Verhältnisse vergleichsweise langem Studium verließ er 1883 die Hochschule. Der nun examinierte Arzt nahm eine Stelle am Wiener Allgemeinen Krankenhaus an. Nach

drei Jahren, in denen er sich mit verschiedenen Fachbereichen befasste, bekam Freud eine Anstellung an der Universität angeboten. Wieder in akademischen Kreisen, hielt er Vorlesungen über Neuropathologie und nutzte ein Stipendium, um am psychiatrischen Krankenhaus in Paris zu forschen.

Ruhm und Vertreibung

Nach seinem Aufenthalt in Paris kehrte Freud 1886 nach Wien zurück und eröffnete eine eigene Praxis. Dort befasste er sich weiter mit neurologischen Störungen und psychischen Auffälligkeiten. Er praktizierte jedoch nicht nur als Arzt, sondern begann seine Forschungsergebnisse zu publizieren. Sein erstes Buch *Die Traumdeutung* erschien 1900 und enthielt die ersten Grundzüge der Psychoanalyse. Nach weiteren Publikationen, die für Aufsehen in der Fachwelt sorgten, erhielt er 1902 eine Professorenstelle für Neuropathologie an der Wiener Universität. In den folgenden Jahren formulierte Freud seine Theorien weiter aus. Dabei befasste er sich besonders mit der Bedeutung der Sexualität in *Drei Abhandlungen zur Sexualtheorie* aus dem Jahre 1905. Die Forschungsarbeit in Wien machte Freud weltbekannt. Doch weltgeschichtliche Ereignisse setzten seiner Zeit in Wien ein abruptes Ende. Nach dem Einmarsch der Wehrmacht in Österreich und der Besetzung durch das NS-Regime musste Freud fliehen. Er ließ sich in London nieder, wo er trotz schwerer Krankheit weiterpraktizierte.

Psychoanalyse

Freud hatte sich zu Beginn seiner Forschungen vor allem mit neurologischen Gründen für Krankheiten befasst. Doch während er sich in Frankreich mit Hysterie-Patienten befasste, kam er zu dem Schluss, dass viele Erkrankungen keine körperlichen Ursachen hätten, sondern psychologischer Natur seien. Freud vermutete, dass traumatische Erfahrungen aus der Vergangenheit in das Unterbewusstsein verdrängt würden und nun eine Auseinandersetzung mit dem erlebten Schrecken vermieden würde. Daher hypnotisierte Freud die Patienten und versuchte, sie so mit dem Schrecken zu konfrontieren. Durch das erneute Erleben des Traumas sollte eine emotionale Blockade gelöst und die psychologische Erkrankung überwunden werden. Um die verdrängten Erfahrungen herauszufinden, wandte Freud nicht nur Hypnose an, sondern setzte auch auf andere Verfahren. Zum einen sollten freie Assoziationen zu bestimmten Bildern und Themen das Unbewusste erschließen, zum anderen setzte Freud große Hoffnung in die Traumdeutung.

Weiterentwicklung

Freud entwickelte immer konkretere Vorstellungen, wonach im Unterbewusstsein seiner Patienten zu suchen sei. Er ging davon aus, dass besonders sexuelles Verlangen das Verhalten von Menschen präge. Seiner Meinung nach würden schon Kleinkinder eine sexuelle Orientierung gegenüber ihren Eltern entwickeln und diese später als Erwachsene auf andere Personen übertragen. Der wohl bekannteste Aspekt dieser Theorie ist der sogenannte Ödipuskomplex. Nach Freud würden Kleinkinder eine erotische Bindung gegenüber dem andersgeschlechtlichen Elternteil entwickeln und den anderen Elternteil beneiden. Die Triebtheorie war allerdings schon zu Lebzeiten Freuds sehr umstritten. Weniger kontrovers wurde Freuds Unterteilung der menschlichen Psyche in drei Teile diskutiert. Freud unterschied zwischen dem Es, dem triebhaften, angeborenen und unbewussten Teil des menschlichen Geistes, dem Ich und dem Über-Ich. Unter Ich verstand der Psychologe den bewussten Teil der Psyche, wohingegen das Über-Ich verinnerlichte, anerzogene Handlungsmuster bezeichnet, die nicht bewusst beeinflusst werden können. Trotz der teilweise umstrittenen Theorien Freuds legte der Arzt den Grundstein für ein neues Menschenbild. Er rückte erstmals das Unterbewusstsein als Aspekt der menschlichen Persönlichkeit in den Vordergrund.

Freuds berühmtes Sofa

Max Weber

Nationalökonom und Soziologe

* 21. April 1864 in Erfurt
† 14. Juni 1920 in München

Max Weber

■ Max Weber gilt als Mitbegründer der Soziologie als Wissenschaft. Seine Definitionen von gesellschaftlichen Phänomenen und seine Versuche, menschliches Handeln zu erklären, prägten Ökonomie, Soziologie und Politikwissenschaft. Seine Arbeiten wurden zu Klassikern der Soziologie.

Bildungsbürger

Max Weber 1917

Max Weber wuchs in bürgerlichem Umfeld auf. Sein Vater war Jurist und Abgeordneter im Reichstag. Dementsprechend bewegte sich auch der Sohn in bildungsbürgerlichen Kreisen und begann 1882 zu studieren. Seine Interessen waren dabei recht vielfältig: Weber besuchte Seminare über Nationalökonomie, Philosophie, Geschichte und Jura. Das Studium schloss er mit dem Doktortitel ab, auf den er eine Habilitation folgen ließ. Seine ersten wissenschaftlichen Sporen verdiente sich Max Weber 1892 mit einer Arbeit über Landarbeiter in Ostelbien. Mit der Studie machte er in Universitätskreisen auf sich aufmerksam und konnte so 1894 in Freiburg eine

Professorenstelle gewinnen. Dort lehrte er Nationalökonomie und begann seine religionssoziologischen Forschungen. Nach Ausbruch des Ersten Weltkrieges trat Max Weber in die Fußstapfen seines Vaters und wurde politisch aktiv. Er äußerte sich zur Tagespolitik in Verbänden und schließlich in der Deutschen Demokratischen Partei.

Hauptwerke

Max Weber setzte sich dafür ein, Soziologie als quantitative Wissenschaft zu betreiben, soziales Verhalten möglichst objektiv zu verstehen und zu erklären. Dies versuchte er durch möglichst scharfe Definitionen von Begriffen zu erreichen. Inhaltlich befasste sich Weber in seinem ersten Hauptwerk *Die protestantische Ethik und der 'Geist' des Kapitalismus* (1905) mit der Entwicklung des kapitalistischen Wirtschaftssystems. Seiner Meinung nach begünstige die calvinistische Erwerbsethik eine kapitalistisch geprägte Wirtschaft. Die These, dass nur der Protestantismus Pflichterfüllung, hohe Wertschätzung für Arbeit und damit den Kapitalismus begünstige, ist heute allerdings umstritten. Noch immer aktuell ist Webers anderes Hauptwerk *Wirtschaft und Gesellschaft*, das 1922 posthum veröffentlicht wurde. In dieser Arbeit untersucht Weber unterschiedliche Herrschaftsformen, Prozesse der Vergesellschaftung sowie zahlreiche ökonomische und religiöse Phänomene.

> Max Webers Definitionen und soziologische Kategorien finden sich heute in den meisten geistes- und sozialwissenschaftlichen Theorien. Weber definierte unterschiedlichste Begriffe wie z. B. Macht und soziales Handeln.

Brüder Wright

Pioniere der Luftfahrt

 Wilbur, * 16. April 1867 in Millville, Indiana
† 30. Mai 1912 in Dayton, Ohio
Orville, * 19. August 1871 in Dayton
† 30. Januar 1948 in Dayton

Wilbur Wright

■ Die beiden Brüder aus dem mittleren Westen Amerikas erhoben sich als erste Menschen mit einem motorbetriebenen Flugzeug kontrolliert in die Luft. Ihre Testflüge mündeten in der Konstruktion des ersten voll steuerbaren Flugzeugs, das durch Motorkraft flog.

Rad und Propeller

Wilbur und Orville bauten schon als Kinder Drachen und kleinere Modellflieger. Beruflich gingen sie jedoch zuerst andere Wege. Nach der Schulzeit begannen sie 1888, eine Druckerei zu betreiben. Doch auch als Drucker galten ihre Interessen weniger dem gedruckten Wort als den Maschinen. So entschieden sich die Brüder Wright, eine Fahrradwerkstatt zu eröffnen. Dort bauten die Wrights auch Segelflieger nach dem Vorbild Lilienthals. Nach Tests mit dem Gleiter gingen die Tüftler einen Schritt weiter und konstruierten 1903 einen 12 PS starken Motor sowie einen besonders effektiven Propeller. Mit diesem Motorflieger erhob sich Orville Wright noch im Dezember desselben Jahres für zwölf Sekunden in die Luft. Der Flug in den Hügeln bei Kitty Hawk fand jedoch nur geringe Beachtung. Erst als mit dem verbesserten Flieger 1908 ein einstündiger Flug gelang, setzte das Interesse der Öffentlichkeit ein. Die Brüder reisten nach Europa, stellten ihre Erfindung vor und

Orville Wright

gründeten 1909 eine Firma in Amerika. Sie konstruierten bis an ihr Lebensende Flieger und bildeten Piloten aus.

Technik

Schon vor den Brüdern Wright hatte es Versuche gegeben, einen Flieger mit Maschinenkraft in die Luft zu erheben. So versuchte z. B. der Franzose Clément Ader 1890 einen Flug mit seinem Gleiter mit Dampfmaschine. Doch nur den Wrights gelang es nachweislich, mit ihrem Flugapparat in die Luft zu steigen und dort kontrolliert zu manövrieren. Der Erfolg der neuen Maschine lag in verschiedenen Faktoren begründet: Zum einen hatten die Wrights nach Experimenten in einem eigens gebauten Windkanal die Möglichkeit zu genaueren Berechnungen des Auftriebs, zum anderen konstruierten sie einen deutlich effektiveren Propeller als die anderen Luftfahrer. Auch ihre Entscheidung für den Bau eines Doppeldeckers war vorteilhaft. Die zwei Tragflächen lieferten starken Auftrieb bei niedrigen Geschwindigkeiten.

Flugzeug der Brüder Wright

Während andere Flieger nur unkontrolliert hüpften, ließ sich der Wrightflieger steuern. Das dreiachsige Steuerungssystem mit Höhen-, Seiten- und Querrudern war revolutionär.

20. Jahrhundert bis heute

Technik für alle

■ Die im 19. Jahrhundert entstandenen Nationalstaaten hatten das letzte Jahrhundert mit einem Wettrennen um Kolonien und Ausdehnung ihres Herrschaftsbereichs beendet. Dabei kam es zu Konflikten, die ihre Fortsetzung im 20. Jahrhundert fanden und schließlich im Weltkrieg endeten. Auch der Trend zunehmender Technisierung nahm seinen Fortgang. Mit der industriellen Massenproduktion fanden Erfindungen den Weg in sämtliche Lebensbereiche.

Der Auslöser für den Ersten Weltkrieg: Der Thronfolger Franz Ferdinand wird zusammen mit seiner Gemahlin in Sarajewo ermordet

Platz an der Sonne

Auch die imperialistische Politik der vergleichsweise jungen Nationalstaaten war von der rasanten technischen Entwicklung bestimmt. Dabei schien den Regierungen der europäischen Staaten eine gewaltsame Entscheidung des Kampfes um Weltgeltung unausweichlich. Dementsprechend lieferten sich die europäischen Staaten, allen voran Großbritannien und das Deutsche Reich, ein Rüstungswettrennen. Die angespannte Situation entlud sich im Juni 1914 und führte schließlich zum Ersten Weltkrieg. Der Kriegsverlauf war von neuen Waffenentwicklungen geprägt. Der Krieg endete 1918, nachdem im kriegsmüden Deutschen Reich Arbeiter und Soldaten revoltierten. Der Kaiser dankte ab, und das Reich schloss Waffenstillstand.

Hitler und Hindenburg

Neuer Krieg

In Russland und dem Deutschen Reich kam es infolge des katastrophalen Kriegsverlaufs 1917/18 zu revolutionären Umstürzen. Während im alten Zarenreich eine bolschewistische Diktatur errichtet wurde, bildeten im Deutschen Reich die Arbeiter- und Soldatenräte die erste Republik. Doch die Geburtsstunde der sogenannten Weimarer Republik war schwer belastet durch die Ergebnisse des Versailler Friedensvertrags. Dieser schrieb dem Deutschen Reich die alleinige Kriegsschuld zu und forderte hohe Reparationszahlungen. Als die Wirtschaftskrise weltweit soziale Probleme verschärfte, gewannen radikale Gruppen Zulauf. In Italien errangen 1922 die Faschisten um Mussolini die Macht. Zehn Jahre später gewannen im Deutschen Reich die Nationalsozialisten die Reichstagswahlen und etablierten 1933 eine Diktatur unter Adolf Hitler. Die nationalistische und expansive Politik des faschistischen Deutschland war Auslöser des Zweiten Weltkriegs. Die deutschen Truppen begingen in den eroberten Gebieten einen ideologisch begründeten Völkermord. In deutschen Lagern wurden mehr als 6,5 Millionen Menschen getötet, die größte Opfergruppe waren Juden. Die rassistische Politik der Nationalsozialisten fand erst durch die militärische Niederlage am

8. Mai 1945 ihr Ende. Das Deutsche Reich wurde in Besatzungszonen geteilt, weite Ostgebiete fielen an Polen und Russland. Aus den Besatzungszonen gingen die BRD und DDR hervor.

Ost und West

Nach Ende des Zweiten Weltkrieges zerstritten sich die Sieger. Während des Krieges hatte die Sowjetarmee als Ordnungsmacht in den befreiten Gebieten neue russlandtreue Regierungen eingesetzt. Die so entstandenen sozialistischen Staaten wurden von den Westalliierten als Bedrohung empfunden. In den Nachkriegsjahren verfestigten sich die Fronten durch Bildung der Militärbündnisse Warschauer Block und NATO. Die Zweiteilung der Welt endete erst 1989 mit dem wirtschaftlichen Zusammenbruch der Sowjetunion. Die sozialistischen Staaten durchliefen Demokratisierungsprozesse, Deutschland wurde wiedervereinigt.

Weltmarkt und Massenproduktion

In den 30er-Jahren konnte so das Radio zum neuen Massenmedium werden. Nachrichten waren so einem größeren Kreis zugänglich, Propaganda zu Kriegszeiten gewann an Bedeutung. Auch die Entwicklung des Automobils hatte weitreichende Konsequenzen. Neben der Rolle als Konjunkturmotor und Vorreiter der Fließbandproduktion machten die Autos von Ford und Volkswagen breite Bevölkerungsschichten mobil. Die Massenproduktion hatte gleichzeitig Massenmärkte zur Folge.

Nach dem Zweiten Weltkrieg galt es die zerstörte Industrie aufzubauen. Dies gelang durch die wirtschaftliche Unterstützung Amerikas in vielen Teilen der westlichen Welt hervorragend. Während die Wirtschaft blühte, sorgten technische Meilensteine wie die Mondlandung 1969 für neues Vertrauen in die eigene Leistungsfähigkeit. Im Jahre 1973 drosselten die Öl produzierenden Länder ihre Förderung und stürzten damit die Weltwirtschaft in eine Rezession. Das ausgehende 20. Jahrhundert stand dann ganz im Zeichen der Computertechnik und der globalen Märkte.

Bewegung und Abstraktion

Die Kunst der Moderne setzte sich mit den Kulturschocks der Kriege und des Holocausts sowie der industriellen Massenproduktion auseinander. Neben künstlerischen Versuchen, das Sinnlose in Worte zu fassen wie der Dadaismus während des Ersten Weltkrieges, prägten nun neue Strömungen mehr und mehr die Kunst der Moderne. Designer und Architekten griffen neue Materialien und Fertigungsprozesse auf und schufen mit dem Bauhaus einen Stil der Nüchternheit. In der bildenden Kunst setzten sich als Reaktion auf die populärer werdende Fotografie Strömungen durch, die keine gegenständlichen Werke mehr schufen, sondern abstrakt blieben. Das Kino wurde zum massenhaft verfügbaren Kulturgut.

Mit der zunehmenden Verbreitung von Kino und Radio setzten populäre Kunstformen neue Akzente. Swing und Jazz genauso wie später Rock und Pop wurden über die neuen Massenmedien in alle Winkel der Welt getragen.

Ewiger Fortschritt?

Auch in der Philosophie hinterließen die Weltkriege deutliche Spuren. Wie sollte nach den Verbrechen und Unmenschlichkeiten während der Kriege und dem Holocaust noch Glaube an ununterbrochenen Fortschritt möglich sein? Diese Frage beschäftigte die Philosophie in der zweiten Hälfte des 20. Jahrhunderts.

Bau der Berliner Mauer

Wiedervereinigung Deutschlands

Paul von Beneckendorff und Hindenburg

Zweiter Reichspräsident der Weimarer Republik

 * 2. Oktober 1847 in Posen
† 2. August 1934 in Neudeck, Westpreußen

Paul von Hindenburg

Hindenburg nach seiner Ernennung zum Reichspräsidenten 1925

■ Nach einer militärischen Bilderbuchkarriere ging Hindenburg in die Politik. Als Reichspräsident ernannte er Hitler 1933 zum Reichskanzler und billigte auch dessen Ermächtigungsgesetz, womit er den Weg zur NS-Diktatur ebnete.

Ein Soldat

Obwohl er als Soldat nach erfolgreicher Laufbahn eigentlich schon abgedankt hatte, wollte Hindenburg unbedingt am Ersten Weltkrieg teilnehmen und bemühte sich intensiv um die Rückkehr zum Militär. Er war hier sehr erfolgreich und übernahm 1916 schließlich die Heeresleitung.

Der Politiker

Im ersten Wahlgang zur Nachfolge von Reichspräsident Ebert hatte kein Kandidat die absolute Mehrheit erreichen können. Deshalb baten die Reichsparteien Hindenburg um seine Kandidatur. Der populäre 77-Jährige wurde am 26. April 1925 zum Reichspräsidenten gewählt.

Hindenburg löste den letzten demokratisch zwar schwierigen, aber funktionierenden Reichstag auf. Bei den darauf folgenden Wahlen wurde die Lage nur chaotischer, weil die Menschen durch die Weltwirtschaftskrise radikalisiert waren und immer extremer wählten. So erhielt schließlich auch die NSDAP ihre vielen Stimmen.

Hitlers Ernennung zum Reichskanzler

Es wurden Stimmen laut, die eine autoritäre Regierung forderten, die endlich für Ordnung sorgen sollte. Hindenburg hätte wieder einen Kanzler mit einer Minderheitenregierung ernennen können, fürchtete aber einen Volksaufstand. So entschloss er sich, Hitler zu ernennen, denn dieser hatte die wohl größten Aussichten, perspektivisch eine Mehrheit beim Volk und damit im Reichstag zu erlangen. Verhängnisvollerweise hatte Hindenburg mit dieser Einschätzung recht.

Das Ende

Hindenburgs Ansehen wurde von den Nationalsozialisten instrumentalisiert. Nach außen sollte es aussehen, als habe Hitler vor Hindenburg Respekt. Es war aber wohl eher so, dass der greise Hindenburg sich dem energischen Hitler schwer entziehen konnte. So stimmte er dem Ermächtigungsgesetz Hitlers zu und überließ ihm damit die Kontrolle über Deutschland. Etwa 16 Monate später verstarb Hindenburg, sodass er die schrecklichen Entwicklungen der kommenden Jahre nicht mehr erleben musste.

George Bernard Shaw

Irischer Meister der sozialkritischen Komödie

* 26. Juli 1856 in Dublin
† 2. November 1950 in Ayot Saint Lawrence

■ Mit seinen zahlreichen sozialkritischen Komödien gehört der irische Dramatiker und Literaturnobelpreisträger zu den wichtigsten modernen Bühnenautoren. Shaw wuchs als Sohn eines Musiklehrers auf. Er begann bereits mit 15 Jahren, für einen Immobilienhändler zu arbeiten, und wurde 1884 Mitglied der radikalsozialistischen Fabian Society. Die ersten Versuche als Romanautor blieben erfolglos. Zugleich machte er sich jedoch einen Namen als Musik- und Theaterkritiker. Bereits in seinem ersten dramatischen Werk *Die Häuser des Herrn Sartorius* (1892) ist die Kritik an der kapitalistischen Gesellschaft eines der zentralen Anliegen des Autors. 1897 wurde Shaw Stadtrat in einem Londoner Wohnbezirk. Ein Jahr später heiratete er die aus der feinen Gesellschaft stammende Charlotte Payne-Townsend. Im Laufe seines Lebens schrieb Shaw rund 70 dramatische Stücke, deren Markenzeichen die ironische Distanz zu gesellschaftlichen Konvention ist. 1925 erhielt Shaw für sein literarisches Werk den Nobelpreis. Shaw, der sich selbst zuweilen als Shakespeare des 20. Jahrhunderts bezeichnete, starb 1950 auf seinem Landsitz in Ayot Saint Lawrence.

Durchbruch als Dramatiker

Nachdem die ersten von Shaw verfassten Romane beim Publikum nicht angekommen waren, gelang Shaw mit der Komödie *Die Häuser des Herrn Sartorius* (1892) der Durchbruch als gesellschaftskritischer Bühnenautor. Die Hauptfigur des Stückes ist von einem hemmungslosen Profitstreben besessen. Um seiner Frau jeden erdenklichen Luxus bieten zu können, wirft der Protagonist auch jegliche moralische Bedenken über Bord. Eine Kritik an der kapitalistischen Gesellschaft stellt auch Shaws zweites Drama *Frau Warrens Gewerbe* (1898) dar. Das Stück wurde wegen seiner kritischen Untertöne zunächst verboten und kam erst 1902 zur Uraufführung. Shaw übt in seinem Drama unverhohlene Kritik an der Scheinheiligkeit einer Gesellschaft, die Prostitution einerseits verurteilt und andererseits zulässt. Shaws bekanntestes Drama, in dem es um eine Frau geht, die zu keinen faulen Kompromissen mit einer korrupten Gesellschaft bereit ist, ist *Die heilige Johanna* (1923).

George Bernard Shaw

George Bernard Shaw

MORAL UND HUMOR

Shaws Dramen besitzen stets einen moralischen Gehalt und machen auf gesellschaftliche Missstände aufmerksam. Die Kritik an der Gesellschaft ist jedoch stets in humorvolle Dialoge verpackt, da Shaw glaubte, so am wirkungsvollsten sein Publikum erreichen zu können.

Henry Ford

Amerikanischer Industrieller

* 30. Juni 1863 in Wayne County
† 7. April 1947 in Dearborn

■ Der gelernte Ingenieur gründete die Ford Motor Company. In seinem Unternehmen perfektionierte er die Fließbandproduktion und wurde damit zum Musterbeispiel industrieller Fertigungstechnik.

Ingenieur

Henry Ford wuchs westlich von Detroit auf dem Lande auf. Auf der Familienfarm seiner Eltern half er bei der Landwirtschaft und besuchte nebenher die

Henry Ford

zu verlassen und sein berufliches Glück in der Großstadt zu suchen. Er ging nach Detroit und arbeitete drei Jahre in verschiedenen Werkstätten. Hier konnte er sich Kenntnisse im Maschinenbau aneignen. Doch Henry Ford unterbrach seinen Aufenthalt in Detroit und ging wieder auf die Farm seiner Eltern zurück. Dort lebte und arbeitete er für die nächsten neun Jahre, ohne jedoch seine Fertigkeiten als Konstrukteur ruhen zu lassen. Er konstruierte weiter in seiner Werkstatt und bewarb sich 1891 als In-

Die ersten Automobile brachten nicht den gewünschten finanziellen Erfolg.

dortige Dorfschule. Schon auf der Farm soll er viel konstruiert und sich dafür einen eigenen Werkraum eingerichtet haben. Diese Leidenschaft für Maschinen veranlasste ihn mit 16 Jahren, die Farm

Tin Lizzy

genieur bei einem Detroiter Kraftwerk. Er erhielt die Stelle, schlug sich hervorragend und wurde zwei Jahre später Chefingenieur.

Automobile

Als Chefingenieur hatte Henry Ford genug Geld und Zeit, um seine privaten Tüfteleien auszuweiten. Er konstruierte einen eigenen Benzinmotor und ein dazu passendes Chassis mit vier Fahrradreifen. Das Quadricycle war geboren und 1896 damit Fords erstes Automobil fertiggestellt. Überzeugt von seiner Erfindung, verließ Ford das Kraftwerk und gründete mit verschiedenen Finanziers zusammen die Detroit Automobile Company.

Ford versuchte, die Autos ständig zu verbessern, und scheute sich davor, sie schnell auf den Markt zu bringen. Darüber kam es zu Streitereien mit den Finanziers, und Ford verließ seine erste Gesellschaft. Stattdessen suchte er sich weitere Finanziers und gründete 1903 die Ford Motor Company. Neben den finanziellen Belangen kümmerte sich Ford stetig um die Weiterentwicklung der Automobile und konstruierte Rennwagen mit denen er verschiedene Geschwindigkeitsrekorde aufstellen konnte.

Tin Lizzy

Die neue Ford Motor Company versprach, ein finanzieller Erfolg zu werden. Henry Ford hatte 1908 den ersten Typen des Modell T, im Volksmund Tin Lizzy (Blechliesel) genannt, fertiggestellt und erhoffte sich, das Automobil zum Massengut zu machen, das sich jeder leisten konnte. Um den Wagen in das Licht der Öffentlichkeit zu rücken, nahm Henry Ford an verschiedenen Rennen teil und siegte. Auch einen neuen Geschwindigkeitsrekord konnte der Wagen aufstellen. Auf einem Jahrmarkt in Detroit legte Fords Erfolgsmodell eine Meile in neuer Bestzeit zurück. Der Wagen war schon jetzt eine Berühmtheit. Zudem war der Wagen nun auch nicht mehr aus dem Straßenbild wegzudenken. In den 19 Produktionsjahren baute Henry Ford 19 Millionen Stück des schwarzen Automobils. Damit war die Tin Lizzy das meistverkaufte Automobil der Welt und stellte die Hälfte aller weltweit produzierten Autos. Erst 1972 löste der VW Käfer das Modell T als meistproduziertes Fahrzeug ab. Der Grund für die großen Stückzahlen, die Ford produzierte, lag vor allem in einer Revolutionierung der Fertigungstechnik. Henry Ford führte 1913 die Fertigung am Fließband in seinen Fabriken ein. Zwar hatte es schon zuvor Fließbandproduktio-

nen in der Automobilindustrie gegeben, so z. B. in den Fabriken des Oldsmobile, doch Ford perfektionierte diese Arbeitsweise. Diese Art der Fertigung steigerte die Produktion, brachte aber auch erste Probleme mit sich. Zahlreiche Arbeiter verließen wegen der monotonen Arbeit die Gesellschaft. Erst als Ford die Löhne erhöhte, konnte die Fluktuation unter den Arbeitern verringert werden.

Niedergang

In den 20er-Jahren gingen die Verkaufszahlen des Modell T zurück. Konkurrenten produzierten Modelle, die mit technischen Neuerungen den Kundenwünschen näherkamen. Andere Automobile hatten mittlerweile Motoren mit mehr Zylindern, hydraulische Bremsen und moderne Schaltungen. Die Tin Lizzy war veraltet. Daher entschied sich Henry Ford 1926, das Modell A zu fertigen. Trotz zahlreicher Neuerungen konnte mit dem neuen Produkt jedoch nicht an alte Erfolge angeknüpft werden. Henry Ford begann sich zu dieser Zeit mehr und mehr aus dem Unternehmen zurückzuziehen. Sein Sohn Edsel Ford hatte mittlerweile die Leitung inne. Henry Ford versuchte sich stattdessen als Publizist und verlegte ab 1918 die Zeitschrift *Dearborn Independent*. Für dieses Blatt schrieben zahlreiche antisemitische Autoren der Zeit. Nach Protesten verkaufte Henry Ford das Blatt und entschuldigte sich öffentlich. Dennoch wurde ihm weiterhin eine antisemitische Einstellung und später Nähe zum Nationalsozialismus nachgesagt. Henry Ford starb 1947 und hinterließ ein Vermögen von geschätzten 700 Millionen US-Dollar. Das Geld floss in die gemeinnützige Ford Foundation.

Fließbandproduktion des Modell T

Marie und Pierre Curie

Pierre Curie

Marie Curie

Auch die Tochter des Forscherehepaars war eine begnadete Wissenschaftlerin. Irène Joliot-Curie wurde 1935 mit dem Nobelpreis für Chemie ausgezeichnet.

Marie und Pierre Curie

Französisches Physikerehepaar

Marie
* 7. November 1867 in Warschau
† 4. Juli 1934 bei Sancellemoz
Pierre
* 15. Mai 1859 in Paris
† 19. April 1906 in Paris

■ Das Ehepaar Curie forschte gemeinsam über radioaktive Strahlung und entdeckte dabei die chemischen Elemente Radium und Polonium. Für ihre Arbeiten zur radioaktiven Strahlung erhielten sie 1903 zusammen mit Becquerel den Physiknobelpreis. Ein weiterer wissenschaftlicher Erfolg gelang Marie Curie 1911. Sie erhielt den Chemienobelpreis.

rer Schwester Bronia ein Studium in Paris bezahlen. Im Jahr 1891 war es dann endlich so weit. Auch Marie konnte nach Paris ziehen. Die beiden Schwestern waren in Frankreich wieder vereint und halfen sich gegenseitig in der Fremde. Marie begann ein Studium an der Sorbonne. Nach einigen harten Jahren an der Armutsgrenze konnte Marie,

Das Zusammentreffen von Marie und Pierre Curie war der Beginn einer epochalen wissenschaftlichen Zusammenarbeit.

Aus Polen

Die gebürtige Marya Sklodowska wuchs in Warschau als Tochter eines verarmten Physik- und Mathematiklehrers auf. Sie konnte zwar ein Gymnasium besuchen und machte 1883 den Abschluss mit Auszeichnung, aber Geld für eine weitere Ausbildung war nicht vorhanden. Sie nahm eine Stelle als Lehrerin an und besuchte nebenbei die sogenannte Fliegende Universität. Dort wurden selbst organisierte Lesungen für polnische Arbeiterinnen gehalten. Doch Marie wollte mehr. Da sie für sich vorerst keine Möglichkeit sah zu studieren, nahm sie eine besser bezahlte Stelle als Gouvernante an. Mit dem Gehalt konnte sie ih-

die sich durch sehr gute Leistungen an der Universität ausgezeichnet hatte, 1893 eine Laborantenstelle bekommen. Dort lernte sie ein Jahr später ihren zukünftigen Ehemann kennen.

In Paris

Im Gegensatz zu seiner späteren Ehefrau wuchs Pierre Curie in wohlhabendem Umfeld auf. Sein Vater war Arzt in Paris, seine Mutter war die Tochter eines Industriellen. Dementsprechend erhielt er eine exklusive Ausbildung durch einen Privatlehrer. Während seiner Schulzeit machte er durch eine Vorliebe für mathematische Fragestellungen auf sich aufmerksam. Dementsprechend begann er nach seinem Abitur ein Studium, das er 1877 mit einem Titel in Physik abschloss. Unmittelbar nach seinem Studienabschluss nahm der erst 19 Jahre alte Curie eine Stelle als Laborassistent an der Sorbonne an. Dort forschte er über Hitzestrahlung und untersuchte die Symmetrie von Kristallen. Seine Forschung ergab, dass über die Wirkung von elektrischen Spannungen an Kristallen zu Deformierungen und umgekehrt die mechanische Verformung eines Kristalls zu elektrischen Spannungen führt. Im Jahre 1882 verließ er die Sorbonne und übernahm die Leitung der Pariser Schule für Physik und Chemie. Doch auch hier setzte er seine Forschungen fort und untersuchte Magnetismus unter verschiedenen Temperaturen. Seine Ergebnisse reichte er als Promotion ein und wurde dafür mit dem Doktortitel belohnt. Seine Arbeiten waren wissenschaftlich relevant und machten Pierre Curie in Physikerkreisen entsprechend bekannt. So bekam er 1895 eine Professorenstelle angeboten. Im selben Jahr heiratete er Marie.

Im Labor

Am 25. Juli 1895 heirateten Marie und Pierre Curie. Die Beziehung der beiden Wissenschaftler war jedoch nicht nur von privater Natur. Marie untersuchte, inspiriert von den Arbeiten Röntgens und Becquerels, die Strahlung von Pechblende. Dabei stellte sie fest, dass dieses schwarze Erz stärker strahlte als das bisher schon bekannte Uran. Ihr Mann Pierre war von dieser Entdeckung so fasziniert, dass er seine Arbeiten über Magnetismus aufgab und seine Frau Marie unterstützte. In gemeinsamer Laborarbeit isolierten die Curies aus Unmengen Pechblende zwei neue Elemente: Radium und Polonium. Diese Entdeckung stellten sie 1898 der Weltöffentlichkeit

vor. Fünf Jahre und unzählige Versuche später erhielten die Curies zusammen mit Antoine H. Becquerel den Nobelpreis für Physik. Marie Curie war damit die erste Frau mit Nobelpreis. Einen weiteren Rekord hält Marie Curie bis heute. Sie ist noch immer die einzige Frau, die zwei Nobelpreise erhalten hat. Die zweite Auszeichnung erhielt sie 1911 in Chemie für die Entdeckung der zwei neuen Elemente.

Weitere Arbeiten

Die Forschungen zu radioaktiven Elementen machten Marie und Pierre Curie weltberühmt. Für Pierre bedeutete dies auch einen beruflichen Aufstieg. Er kehrte 1904 wieder an die Sorbonne zurück, die er Jahre zuvor als Laborassistent verlassen hatte. Doch diesmal lehrte und forschte er als Professor. Doch lange konnte er diese Stelle nicht ausfüllen. Auf tragische Weise bereitete 1906 ein Verkehrsunfall seinem Leben ein vorzeitiges Ende. Marie übernahm daraufhin seine Studenten und unterrichtete diese weiter. Allerdings konnte sie nach damals geltenden Bestimmungen als Frau keine Professorenstelle bekleiden. Dafür übernahm sie 1914 eine andere verantwortungsvolle Position. Sie wurde zur Leiterin des Pariser Radiuminstituts ernannt. 20 Jahre später musste Marie Curie den gesundheitlichen Preis für ihre Grundlagenforschung mit radioaktivem Material zahlen. Sie starb an einer Bluterkrankung.

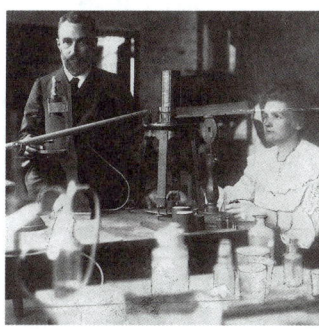

Marie und Pierre im Laboratorium

PATENTFRAGE

Marie Curie schlug aus den von ihr und ihrem Mann entwickelten Techniken keinen direkten finanziellen Gewinn. Um die weitere Forschung nicht zu behindern, verzichtete sie auf Patente für das Gewinnungsverfahren der neuen Elemente.

Mahatma Gandhi

Gandhi am Spinnrad

Mahatma Gandhi

Gewaltloser Widerstandskämpfer

 * 2. Oktober 1869 in Porbandar
† 30. Januar 1948 in Neu Delhi

■ Es gibt in der Geschichte viele Beispiele für das gewaltsame Aufbegehren gegen Besatzungstruppen. Dass auch gewaltloser Widerstand zum Erfolg führen kann, zeigt das Beispiel Mahatma Gandhis in Indien.

Kindheit und Ausbildung

Als Gandhi 1869 als Sohn des Chefministers des Fürstentums Porbandar geboren wurde, stand Indien unter der Herrschaft der britischen Kolonialmacht. Gandhi wuchs in einem wohlhabenden und hinduistisch streng gläubigen Elternhaus auf. Seine Kindheit war von hoher Religiosität und asketischer Lebensweise bestimmt.

Im Alter von 13 Jahren wurde Gandhi der indischen Tradition folgend in

Rajkot mit Kasturbai Nakanji verheiratet. Auch nachdem Gandhi 1906 ein Keuschheitsgelübde abgelegt hatte, blieb das Ehepaar zusammen. Seine Schulbildung genoss er in Indien, zum Studium der Rechtswissenschaften ging Gandhi von 1888–1891 nach London. Dort beschäftigte der gläubige Hindu sich u. a. auch mit der christlichen Religion. Besondere Aufmerksamkeit zollte er dabei der Bergpredigt. Neben der altindischen Lehre des Ahimsa und den Schriften von Tolstoi stellt sie einen der Grundpfeiler dar, auf denen Gandhis Vorstellung vom gewaltlosen Widerstand fußen.

Gandhi in Südafrika

Seine Zulassung als Rechtsanwalt erhielt er 1891 in Rajkot und Bombay. Zwei Jahre später reise er auf Geheiß seiner Familie nach Südafrika, um dort bei einem Rechtsstreit behilflich zu sein. Aus der kurzen Reise entwickelte sich ein Aufenthalt, der 21 Jahre dauerte. Während dieser Zeit entwickelte Gandhi seine politische Philosophie und sammelte erste Erfahrung bei ihrer Umsetzung.

Schon wenige Tage nach seiner Ankunft machte Gandhi unangenehme Bekanntschaft mit der Unterdrückung der indischen Einwanderer in Südafrika, als ihm die Reise in der ersten Klasse eines Zuges verweigert wurde. Er sollte stattdessen im Gepäckwagen Platz nehmen. Als er sich weigerte, holte man die Polizei und der Zug fuhr ohne Gandhi ab. Auch wurde den Indern das Stimmrecht aberkannt, und weitere diskriminierende Gesetze schränkten ihre Freiheit erheblich ein.

1894 gründete Mahatma Gandhi den Natal Indian Congress zur Organisation des Widerstandes gegen diese staatliche Diskriminierung. Er forderte seine Anhänger auf, im Zeichen des „Satyagraha" (Hingabe an die Wahrheit) an dem als wahr Erkannten festzuhalten und sich aus diesem Wissen heraus gewaltlos dem Unrecht und der Gewalt entgegenzustellen.

Im November 1913 organisierte Gandhi einen Protestmarsch nach Transvaal, der von Erfolg gekrönt wurde: Die südafrikanische Regierung erließ den Indians' Relief Act.

Unabhängigkeit für Indien

Aus gesundheitlichen Gründen kehrte Gandhi 1914 nach Indien zurück. Dort hatte sich die Situation der einheimischen Bevölkerung unter der britischen Herrschaft nicht verbessert und so begann er auch hier, den Widerstand zu organisieren. Als die britischen Truppen 1919 eine Protestveranstaltung blutig auseinandertrieben, initiierte Gandhi eine erste Welle zivilen Ungehorsams.

Sie setzte auf eine Nichtbeteiligung der Inder an den Institutionen der britisch-indischen Regierung (wie z. B. in Verwaltung, Gerichts-, Schul- und Bildungswesen). Darüber hinaus beinhaltete die Kampagne einen Boykott britischer Firmen und ihrer Produkte. Um sein Land von der Textilindustrie der Besetzer unabhängig zu machen, regte Gandhi ein Reaktivierung der Hausspinnerei, einer alten indischen Handwerkstradition, an. Daraufhin wurde er im März 1922 verhaftet und zu sechs Jahren Gefängnis verurteilt, wurde aber im Dezember 1924 wegen Krankheit begnadigt.

Salzmarsch

Als sich die britische Regierung 1930 auch noch weigerte, Indien den Status eines vollwertigen Commonwealth-Staates zu gewähren (man spricht in diesem Zusammenhang vom sogenannten Dominion-Status), löste Gandhi die zweite Kampagne des zivilen Ungehorsams aus. Diesmal bestand die Hauptaktion in einem Marsch zum Meer, dem sogenannten Salzmarsch. Auf diese Weise wollte Gandhi mit Hunderttausenden Landsleuten gegen das britische Salzmonopolgesetz, das freie Herstellung und Verkauf von Salz verbot, demonstrieren. Auch diese Aktion brachte Gandhi wieder ins Gefängnis.

Nach seiner Haftentlassung vertrat er 1931 die indischen Interessen im Rahmen einer Verfassungskonferenz in London, fand dort aber nicht viel Gehör. Ab 1932 wurde er mehrfach inhaftiert. Doch er setzte mit langen Hungerstreiks seinen Protest fort. Von 1940 an führte Gandhi eine Kampagne gegen Indiens Kriegsbeteiligung.

Am 3. Juni 1947 verkündete der britische Premierminister Clement Attlee die Unabhängigkeit und die Teilung Indiens in zwei Staaten: das mehrheitlich hinduistische Indien und das mehrheitlich moslemische Pakistan. Schnell kam es zu bürgerkriegsähnlichen Unruhen. Gandhi setzte nun seine ganze „Autorität" ein, um die Situation zu entschärfen, was ihm auch gelang.

Nachdem er am 20. Januar 1948 einen Bombenanschlag überlebt hatte, wurde Gandhi am 30. Januar 1948 in Delhi von einem fanatischen Hindu erschossen. Seine Asche wurde im Ganges verstreut.

Grabmal Gandhis auf dem Cap Comorin in Indien

Das Leben Gandhis wurde 1982 von Richard Attenborough verfilmt. Die Hautrolle spielte Ben Kingsley. Der Film wurde mit acht Oscars prämiert und avancierte damit zu einem der erfolgreichsten Filme überhaupt.

Gandhis persönlicher Besitz bei seinem Tod

Henri Émile Benoît Matisse

Meister der malerischen Abstraktion

* 31. Dezember 1869 in Le Cateau-Cambrésis
† 3. November 1954 in Nizza

Henri Matisse

**Die von Matisse gestaltete
Rosenkranzkapelle in Vence**

■ Matisse gab als Begründer des Fauvismus der modernen Kunst mit seinen abstrakten Meisterwerken neue Impulse.

Vom Anwaltsgehilfen zum Künstler

Matisse wuchs als Sohn eines Farbenhändlers auf. Nach dem Jurastudium wurde er 1889 Anwaltsgehilfe. Eine schwere Darmerkrankung führte dazu, dass Matisse während seiner Genesungszeit zunehmend Interesse an der Malerei gewann, was dazu führte, dass er schließlich beschloss, selbst Maler zu werden. Er studierte Malerei an der Akademie für Schöne Künste in Paris (1893) und lernte dort berühmte Künstler wie zum Beispiel Georges Rouault kennen. Matisse entwickelte sich in der Folgezeit zu einem der innovativsten Maler der Moderne.

Subjektive Farbgebung

Im folgenden Jahr begann Matisse, mit reinen Komplementärfarben zu arbeiten, die mit flachen, kräftigen Strichen aufgetragen wurden. Mithilfe von leuchtenden, hellen Farben sollte das mediterrane Licht auf der Leinwand festgehalten werden. Durch einen benachbarten Kunstsammler wurde Matisse auf ähnlich konzipierte Bilder Paul Gauguins aufmerksam. Matisse fand damit sein Konzept der subjektiven Farbgebung bestätigt, die auf keiner wissenschaftlichen Theorie, sondern auf dem künstlerischen Gefühl fußt, und der Fauvismus war geboren.

Impulse für die moderne Kunst

Die flächig-abstrakten Bilder von Matisse, die nicht darauf abzielen, die Natur farblich und perspektivisch korrekt wiederzugeben, gaben der modernen Kunst bedeutende Impulse. Wichtige Beispiele sind u. a. *Luxus II* (19902), *Harmonie in Rot* (1909), *Akt in Rosa* (1935) und *Dame in Blau* (1937).

FAUVISMUS

Matisse gilt als Mitbegründer des Fauvismus. Der Begriff „Les Fauves" bedeutet in wörtlicher Übersetzung „die wilden Tiere". Der Begriff stand ursprünglich als abwertende Bezeichnung für eine Gruppe von Künstlern, die ihre Werke erstmals 1905 im Pariser Herbstsalon ausstellte. Wichtige Vertreter waren neben Matisse, der als Anführer der Gruppe galt, André Derain, Maurice de Vlaminck, Raoul Dufy, Georges Braque, Henri Manguin, Albert Marquet, Jean Puy und Émile-Othon Friesz. Die sogenannten Fauvisten konnten sich mit dem Begriff allerdings nie so recht anfreunden, da er ihrer Meinung nach nicht dem lyrisch-heiteren Charakter ihrer Bilder entsprach. Die Farbtechnik des Fauvismus entstand bei Experimenten, die Matisse 1904 in Saint-Tropez durchführte. Matisse arbeitete mit einer Reihe von neoimpressionistischen Malern zusammen, die Tupfer reiner Farbe nebeneinander auf die Leinwand setzten. Die neoimpressionistische Maltechnik mit ihrer lyrischen Farbgebung fand bei Matisse begeisterte Resonanz.

Rosa Luxemburg

Sozialistische Vordenkerin

 * 5. März 1870 in Zamosc
† 15. Januar 1919 in Berlin

Rosa Luxemburg

■ Die im polnischen Zamosc geborene Rosa Luxemburg avancierte bis zu ihrer Ermordung zur profiliertesten Vertreterin der europäischen Arbeiterbewegung.

Erste Parteigründung

Erzogen wurde sie nach dem jüdischen Glauben ihrer Eltern, den sie selbst später jedoch nicht mehr aktiv praktizierte. Nach dem Umzug der Familie nach Warschau besuchte sie ab 1880 das Zweite Mädchengymnasium. 1888 legte sie ihr Abitur ab und studierte an der Universität Zürich Philosophie, Mathematik, Geschichtswissenschaften, Politik und Ökonomie mit Schwerpunkt Staatswissenschaften. 1897 promovierte Luxemburg in Zürich zum Thema „Polens industrielle Entwicklung".

Zusammen mit Leo Jogiches gründete sie 1894 die „Sozialdemokratie des Königreiches Polen", eine Gruppierung, die zunächst im Untergrund arbeitete. Vier Jahr später heiratete sie Gustav Lübeck und erhielt die deutsche Staatsbürgerschaft. Nach ihrer Übersiedlung nach Berlin im Jahr 1899 und dem Eintritt in die SPD entwickelte sich die brillante Denkerin zur führenden Theoretikerin des linken Parteiflügels.

Revolution und Friedenspolitik

1905 reiste sie nach Warschau, um die polnischen Sozialdemokraten von einer Teilnahme an der russischen Revolution zu überzeugen. Das Volk war begeistert, die Regierung jedoch war weniger von ihr angetan. Sie wurde festgenommen und schließlich des Landes verwiesen.

Schon im Vorfeld des Ersten Weltkriegs hatte Luxemburg immer wieder vor der drohenden Kriegsgefahr gewarnt. Während des Krieges wandte sie sich dann scharf gegen die Burgfriedenspolitik der SPD. Zusammen mit sechs weiteren Parteilinken – darunter auch Franz Mehring und Clara Zetkin – gründete sie die „Gruppe Internationale", der sich wenig später auch Karl Liebknecht anschloss. Aus ihr ging 1917 der „Spartakusbund" hervor. Im Januar 1919 gründeten die Spartakisten und andere linkssozialistische Gruppen die KPD. Luxemburg verfasste deren Programm. Wenige Tage später begann der Spartakusaufstand. Luxemburg unterstützte ihn, obwohl sie an seinem Erfolg zweifelte.

Am 15. Januar 1919 wurde Rosa Luxemburg zusammen mit ihrem Wegbegleiter Karl Liebknecht von Freikorpssoldaten erschossen.

Plakat des Spartakusbundes

GEDANKEN ZUR FREIHEIT

Mit ihrem berühmten Zitat „Freiheit ist auch immer die Freiheit des Andersdenkenden" wandte sich Rosa Luxemburg gegen diktatorische Tendenzen in Lenins Politik. Ihrer Ansicht nach konnte der Sozialismus nur dann gelingen, wenn das komplette Proletariat an seinem Aufbau teilhätte.

Lenin

Lenin spricht vor Fabrikarbeitern

Lenin

Führer der Bolschewiki

 * 22. April 1870 in Simbirsk
† 21. Januar 1924 in Gorki

■ Wladimir Iljitsch Uljanow, wie Lenin mit bürgerlichem Namen hieß, trug maßgeblich zum Gelingen der russischen Revolution bei und hatte großen Anteil an der außen- und innenpolitischen Stabilisierung der jungen Sowjetunion.

Frühe revolutionäre Schritte

Prägend für den politischen Werdegang Lenins war die Hinrichtung seines älteren Bruders Alexander im Jahr 1887. Diesem wurde vorgeworfen, an den Vorbereitungen zum Attentat auf Zar Alexander III. beteiligt gewesen zu sein. Zu diesem Zeitpunkt hatte sich Lenin, nicht zuletzt unter dem Einfluss seines Bruders, bereits mit einigen marxistischen Schriften beschäftigt und erste eigene Ideen entwickelt. Nun stand für ihn je-

doch fest, dass es nicht bei einer theoretischen Beschäftigung bleiben konnte und er schloss sich der revolutionären Bewegung an.

Der erste Ärger ließ nicht lange auf sich warten. Noch im Jahr seiner Immatrikulation an der Universität Kasan wurde er wieder der Lehranstalt verwiesen, da er sich an Studentenunruhen beteiligt hatte. Sein Examen konnte Lenin dennoch ablegen, und zwar als Externer an der juristischen Fakultät der Universität von Sankt Petersburg.

Während seiner nun folgenden Tätigkeit als Rechtsanwalt in Sankt Petersburg tat sich Lenin als engagierter Mitstreiter in der Arbeiterbewegung hervor. 1895 war er an der Gründung des „Kampfbundes zur Befreiung der Arbeiterklasse" beteiligt. Noch im selben Jahr wurde er verhaftet und wegen seiner politischen Betätigung für drei Jahre nach Sibirien verbannt.

In Sibirien lernte er nicht nur Nadeschda K. Krupskaja kennen und heiratete sie 1898, Lenin verfasste hier auch erste theoretische und programmatische Schriften.

Das erste Exil

In der Fremde begründete Lenin ab 1900 mit anderen russischen Revolutionären (Martow und Plechanow) eine russischsprachige Zeitung, die in München unter dem Titel *Iskra* erschien. Sie bot die theoretisch-programmatische

Plattform, auf der Uljanow, nun unter dem Decknamen „Lenin", die Ideologie des späteren Leninismus entwickelte.

Der Leninismus sah die Bildung einer Partei von Berufsrevolutionären, einer revolutionären Elite also, vor, die sich an die Spitze der Revolution setzen und die Arbeiterklasse an das revolutionäre Bewusstsein heranführen sollte. Diese Auffassung wurde aber noch lange nicht von allen sozialistischen Aktivisten geteilt. Daher kam es auf dem II. Parteitag der Sozialdemokratischen Arbeiterpartei Russlands (SDAPR) 1903 in Brüssel zur Spaltung in die Menschewiki und Bolschewiki. Während die Menschewiki auf die Entwicklung eines proletarischen Klassenbewusstseins und eine antizaristische, bürgerlich-demokratische Revolution in Russland setzten, galt Lenins Bestreben der Etablierung einer „Kampfpartei", wie sie der Leninismus vorsieht.

Als es in Russland 1905 zu ersten revolutionären Aufständen kam, kehrte Lenin flugs in sein Heimatland zurück, doch die Zeit war für eine „richtige" Revolution noch nicht reif.

Das zweite Exil

Schon im Dezember desselben Jahres musste Lenin ein weiteres Mal ins Exil gehen. Bis 1914 hielt er sich in der Schweiz, in Frankreich und in Polen auf, wo er die philosophischen Grundzüge des Leninismus weiterentwickelte. Als der Erste Weltkrieg ausbrach, entwickelte er seine ganz eigene Utopie – der Krieg sollte sich in einen sozialrevolutionären Bürgerkrieg umwandeln und sich so gegen die Herrschenden, die ihn angezettelt hatten, wenden.

Lenins große Stunde war aber dennoch bereits nah. Als 1917 die russische Revolution ausbrach, konnten Lenin und andere Revolutionäre mit deutscher Hilfe – das Deutsche Reich versprach

Lenin und Stalin

sich davon eine Schwächung Russlands – über Deutschland nach Schweden und schließlich nach Russland gelangen. Dort arbeitete er unermüdlich für das Fortleben der Revolution. Nach einigen Rückschlägen war es im November 1917 endlich so weit: Durch einen von Leo Trotzki organisierten Putsch gelangten die Bolschewiki an die Macht. Lenin rief daraufhin die Räterepublik aus und wurde selbst Vorsitzender des Rats der Volkskommissare.

Oberster Revolutionär

Seine erste außenpolitische Amtshandlung bestand in der Annahme des Friedensvertrages von Brest-Litowsk. Das stieß zwar bei vielen Bolschewiki auf Ablehnung, gewährte der jungen Sowjetunion außenpolitisch aber eine wichtige Atempause.

Unter Lenins Führung gelang bis 1920 die Machtkonsolidierung der Bolschewiki, die mithilfe der von Trotzki aufgebauten Roten Armee im Bürgerkrieg siegten. 1919 diente die Gründung des Politbüros der Machtkonzentration in einer kleinen Führungsgruppe. Dies war eine entscheidende Voraussetzung für die Bürokratisierung der Partei. 1922 erlitt Lenin einen Schlaganfall, der ihn in der folgenden Zeit immer mehr bei der politischen Gestaltung der Sowjetunion beeinträchtigen sollte. Lenin starb am 21. Januar 1924 in Gorki bei Moskau.

Das Mausoleum, in dem Lenin beigesetzt wurde, entwickelte sich zur zentralen Stätte des Personenkults, der sich posthum um den Revolutionär entfachte. Ihm selbst wäre das wohl nicht recht gewesen, denn laut seiner Weggefährten war ihm jegliche Form der Verherrlichung der eigenen Person zuwider.

Mausoleum in Moskau

Marcel Proust

Bedeutender französischer Romanautor

* 10. Juli 1871 in Auteuil
† 18. November 1922 in Paris

Marcel Proust

Marcel Proust 1892

■ Proust gilt mit seinem literarischen Hauptwerk *Auf der Suche nach der verlorenen Zeit* als einer der wichtigsten Romanautoren der Moderne.

Erfolg durch Einsamkeit

Proust wuchs in einer wohlhabenden Familie in Paris auf. Bereits als Kind wurde der Sohn eines Medizinprofessors von chronischem Asthma heimgesucht. Obwohl kontinuierlicher Schulbesuch aufgrund der Krankheit nicht möglich war, machte Proust dennoch seinen Abschluss und ging 1889 für ein Jahr zum Militär. Proust absolvierte keine berufliche Ausbildung, da ihm der Reichtum seiner Eltern ein sorgenfreies Leben ermöglichte. Nach dem Tod seines Vaters (1903) und seiner Mutter (1905) wandte er sich verstärkt dem Schreiben zu, das er vorher eher als eine Art Alibi gegenüber seinem sozialen Umfeld betrieben hatte. Unter chronischem Asthma leidend und in völliger Zurückgezogenheit verfasste Proust sein siebenteiliges Hauptwerk *Auf der Suche nach der verlorenen Zeit*. Die einzelnen Bände erschienen 1913–27.

Bewusstseinsinhalte und Assoziationen

Proust benutzt in seinem Roman eine besondere Schreibtechnik, bei der auf eine streng chronologische Ordnung der erlebten Ereignisse zugunsten einer Verknüpfung von unmittelbar zusammenhängenden Bewusstseinsinhalten und Assoziationen verzichtet wird. Durch die permanenten Rückblenden entsteht ein unendlicher Erzählkreislauf, bei dem bestimmte Motive und Themen mehrmals wiederholt werden. Stilistisch fallen vor allem die sehr langen Satzkonstruktionen unter häufiger Verwendung des Konjunktivs auf. Da der Autor ein komplexes Netz von Wiederholungen und Andeutungen auf bereits Gesagtes ausbreitet, wird dem Leser ein hohes Maß an Aufmerksamkeit bei der Lektüre des Romans abverlangt. Am Ende seines Werkes entscheidet sich der Autor, noch einmal von vorne zu beginnen und den Roman seines Lebens noch einmal neu zu verfassen.

AUF DER SUCHE NACH DER VERLORENEN ZEIT

Der erste Teil des Werkes *In Swanns Welt* erschien 1913. Es folgten bis 1927 die Bände *Im Schatten junger Mädchenblüte*, *Die Welt der Guermantes*, *Sodom und Gomorrha*, *Die Gefangene* und *Die wiedergefundene Zeit*. Prousts Romanzyklus trägt autobiografische Züge und ist auf zwei Ebenen angelegt. Einerseits wird der Vorgang des Schreibens und andererseits der des Erinnerns thematisiert. Aus den einzelnen Episoden aus dem Leben des Autors ergibt sich ein einfühlsames und detailliertes Panorama der bürgerlichen Gesellschaft zu Beginn des 20. Jahrhunderts und des Niedergangs der Aristokratie.

Roald Amundsen

Polarforscher

* 16. Juli 1872 in Borge
† vermutlich 18. Juni 1928 im Arktischen Meer

■ Der Norweger Roald Amundsen war der erste Mensch am Südpol. Mit seinem Expeditionsteam lieferte er sich 1911 mit dem Briten Robert F. Scott ein regelrechtes Wettrennen zum Pol.

Auf See

Roald Amundsen plante zuerst, eine medizinische Karriere einzuschlagen. Doch mit dem Medizinstudium war er unzufrieden. Im Jahr 1894 entschloss er sich, seine Studien an der Universität Christiania in Oslo vorzeitig zu beenden. Anstatt einen Abschluss zu machen, meldete er sich bei der Marine und verbrachte die folgenden Jahre auf hoher See. Dabei nahm er an ersten Expeditionen ins ewige Eis teil. So überwinterte er 1897 auf der Belgica in der Antarktis. Damit war er bei der ersten Expedition dabei, die dieses Risiko erfolgreich wagte. Expeditionen in die Polregionen der Erde faszinierten Roald Amundsen so sehr, dass er eine eigene Forschungsreise in Angriff nahm. Mit einem kleinen wendigen Schiff segelte er 1903 als erster Mensch über die Nordwestpassage vom Atlantik in den Pazifik. Die Reise dauerte drei Jahre und ermöglichte Amundsen, sich die Überlebenstechniken der Inuit im Eis anzueignen.

Wettlauf

Wenngleich die Fahrt durch die Nordwestpassage eine Sensation war, machte eine andere Expedition Amundsen für die Nachwelt unvergesslich. Am 9. August 1910 stach Amundsen mit dem diesmal deutlich größeren Expeditionsschiff Fram in See. Sein Ziel hatte er geheim gehalten und weihte sogar die Mannschaft erst auf der Fahrt ein: Es sollte zum Südpol gehen. Nach vier Monaten Fahrt erreichte das Schiff das Schelfeis. Dort schlug Amundsen ein Basislager auf, bereitete die Expedition vor und überwinterte dort. Im Oktober 1911 brachen die Forscher auf und konnten am 14. Dezember 1911 die norwegische Fahne in das Eis am Südpol stecken. Damit waren sie dem Engländer Robert F. Scott um 35 Tage zuvorgekommen, obwohl dieser Wochen vor Amundsen aufgebrochen war. Dem Norweger kamen in der Antarktis seine Kenntnisse des ewigen Eises von früheren Expeditionen zugute. Amundsen kehrte im Gegensatz zu Scott lebendig aus der Antarktis zurück und versuchte sich an weiteren Forschungsreisen. So überflog er 1926 mit einem italienischen Luftschiff und mit dessen Konstrukteur Umberto Nobile den Nordpol.

Roald Amundsen

> **Roald Amundsen kam von allen seinen Expeditionen zurück, dennoch starb er im Eis. Als 1928 der Italiener Umberto Nobile in der Arktis vermisst wurde, versuchte Amundsen, ihn zu retten. Bis heute ist weder sein Flugzeug noch der Leichnam gefunden worden.**

Amundsen (links) am Südpol vor dem Zelt mit der norwegischen Flagge

Arnold Schönberg

Genialer Komponist und Schöpfer der Zwölftonmusik

* 13. September 1874 in Wien
† 13. Juli 1951 in Los Angeles

Arnold Schönberg

■ Schönberg gehört als Schöpfer des Zwölftonsystems zu den wichtigsten Komponisten der Moderne.

Karriere mit Hindernissen

Als erstes von drei Kindern wuchs Schönberg in einer Wiener Kaufmannsfamilie auf. Obwohl seine Eltern seine künstlerischen Interessen in keinster Weise förderten, interessierte er sich schon als Kind intensiv für Musik und brachte sich im Alter von acht Jahren selbst das Violinspiel bei. Den Besuch des Gymnasiums musste Schönberg ein Jahr nach dem Tod seines Vaters 1891 vorzeitig abbrechen. Es folgte eine Banklehre, die Schönberg ebenfalls mit großer Erleichterung abbrach, nachdem das Bankhaus Konkurs gegangen war. Er nutzte somit die Gunst der Stunde und verkündete seiner Familie, dass er Musiker werden wolle. Seine musikalischen Kenntnisse erwarb sich Schönberg überwiegend im Selbststudium. Schönberg entwickelte einen expressionistisch-atonalen Musikstil. Höhepunkte seiner freien atonalen Schaffensperiode sind die Musikdramen *Erwartung* (1909) und *Die glückliche Hand* (1913). 1925 wurde er an die Preußische Akademie der Künste in Berlin berufen. 1933 floh Schönberg vor dem NS-Re-

gime über Frankreich in die USA, wo e bis zu seinem Lebensende blieb.

Musikalisches Neuland

Schon mit seinen frühen Kompositione sprengte Schönberg die Grenzen de herkömmlichen tonalen Systems un schuf damit die sogenannte atonale Mu sik. Das freie atonale Komponiere führte auf die Dauer jedoch in eine Sack gasse, weshalb Schönberg 1923 die vo Josef Matthias Hauer stammende *Me thode des Komponierens mit zwölf au einander bezogenen Tönen*, kur Zwölftonmusik, adaptierte.

Zwölftonmusik

Die Zwölftonmusik hat vor allem durch Schönbergs Schüler Anton Webern un Alban Berg eine enorme Wirkung au die moderne europäische Musikkultu der Nachkriegszeit entfaltet. Die mus kalische Technik der Zwölftonmusik ba siert darauf, in einem Werk neue Reihe zu erfinden, in denen alle zwölf Tön der Tonleiter vorkommen. Diese Reih legt die jeweils notwendigen Intervallbe ziehungen fest und erscheint in vie gleichwertigen Gestalten: der Grundge stalt, dem Krebs, der Umkehrung un der Krebsumkehrung. Die vier Gestalten können von jedem der zwölf Töne de chromatischen Skala ausgehen.

VARIATIONEN DER ZWÖLFTONREIHE

Während Schönberg überwiegend Reihen mit einem hohen atonalen Spannungsgehalt in seinen Kompositionen benutzte, tendieren die Reihen seines Schülers Alban Berg zu eher harmonischen Intervallen. Die Reihen Weberns zeichnen sich dagegen durch ein Höchstmaß an Beziehungsdichte in ihrer inneren Struktur aus.

Schönbergs Grab am Wiener Zentralfriedhof

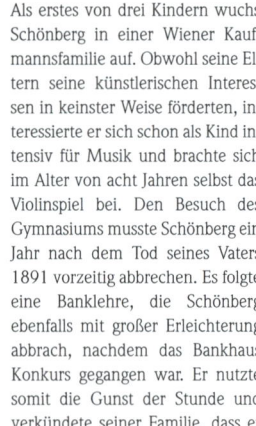

Winston Churchill

Politiker und Schriftsteller

* 30. November 1874 in Blenheim Palace
† 24. Januar 1965 in London

■ Sir Winston Leonard Spencer Churchill war während des Zweiten Weltkriegs Premierminister Großbritanniens und wurde zur Symbolfigur des britischen Widerstands gegen Nazideutschland.

Erste Schritte in der Politik

Die politische Karriere Winston Churchills begann 1900 mit seiner Wahl ins britische Unterhaus – damals war er Mitglied der Konservativen Partei. Bis zum Jahr 1904 blieb es ruhig um den Abgeordneten, dann aber machte Churchill durch eine erste spektakuläre Aktion auf sich aufmerksam und trat zur Liberalen Partei über.

Damit hatte der junge Parlamentarier auch machtpolitisch gesehen ein gutes Näschen bewiesen, denn die Liberalen gewannen die Wahl 1906 und Churchill bekam seine ersten Regierungsämter: u. a. 1908–10 Handelsminister, 1910/11 Innenminister.

Als Erster Lord der Admiralität trieb er ab 1911 die Aufrüstung der britischen Kriegsflotte voran. Im Ersten Weltkrieg bestand Churchill auf einer Offensive gegen Konstantinopel. Als sie nach neun Monaten gescheitert war, musste er 1915 von seinen Ämtern zurücktreten.

Zwei Jahre später ging es politisch für ihn weiter. David Lloyd George berief ihn in die Regierung zurück, er war 1917/18 Munitionsminister, 1918–21

Kriegs- und Luftfahrtminister und 1921/22 Kolonialminister. 1924 kehrte er, da die Liberale Partei dem Zerfall nahe war, wieder in den Schoß der Konservativen zurück und wurde auch von dieser Partei mit Regierungsämtern betraut.

Weltkriegsheld

In den 30er-Jahren war Churchill politisch weitgehend isoliert. So verhallten seine frühen Warnungen vor Hitler weitgehend ungehört. Nach der Kriegserklärung Großbritanniens an Deutschland fand seine Position schließlich doch Gehör. Churchill kehrte 1939 als Erster Lord der Admiralität in die Regierung zurück und wurde schließlich 1940 Premierminister und Verteidigungsminister.

Durch seine patriotischen Reden wurde er schnell zum Motor des britischen Widerstands gegen den deutschen Feind. Churchill bildete zunächst eine Allianz mit den USA und schmiedete dann die „Große Allianz" zwischen England, Russland und den Vereinigten Staaten, die Deutschland schließlich in die Knie zwingen konnte.

Nach einer Wahlniederlage der Konservativen musste Churchill 1945 als Premierminister zurücktreten. Er hatte dieses Amt aber noch einmal zwischen 1951 und 1955 inne.

Winston Churchill

Churchill konnte sich nicht nur als Politiker, sondern auch als Schriftsteller einen Namen machen. 1953 erhielt er den Nobelpreis für Literatur.

Churchill, Roosevelt und Stalin auf der Konferenz von Jalta

Thomas Mann

Buddenbrooks

Thomas Mann

Deutscher Meisterautor und Literaturnobelpreisträger

* 6. Juni 1875 in Lübeck
† 12. August 1955 in Zürich

■ Thomas Mann gilt als einer der wichtigsten deutschen Autoren des 20. Jahrhunderts. Er wuchs in einer Kaufmannsfamilie auf. Er war ein ziemlich schlechter Schüler, da ihn die Schule nicht interessierte. Zwei Jahre nach dem Tod des Vaters (1891) zog die Familie nach München, wohin Thomas Mann ein Jahr später folgte. Er arbeitete zunächst bei einer Versicherungsgesellschaft und besuchte 1895/96 die Technische Hochschule. Da sein Vater ein beträchtliches Vermögen hinterlassen hatte, brach Mann, nachdem er volljährig geworden war und somit seine finanziellen Ansprüche

kannt wurden. Mann zeigt, wie die Kaufmannsfamilie, die sich durch typische bürgerliche Ideale wie Fleiß und Pflichterfüllung hochgearbeitet hat, im Laufe der Zeit immer mehr durch Schicksalsschläge und Dekadenz verfällt. Die große Familiensaga gehört zu den bedeutendsten literarischen Werken des 20. Jahrhunderts.

Novellen

Im Rahmen der Novellensammlung *Tristan* (1903) ist die Erzählung *Tonio Kröger* zu finden, die ebenfalls vom Gegen-

Thomas Manns große Familiensaga der Buddenbrooks gehört zu den bedeutendsten literarischen Werken des 20. Jahrhunderts

geltend machen konnte, das Studium ab, um freier Schriftsteller zu werden.

Buddenbrooks

Auf einer Italienreise (1897) begann Mann mit der Arbeit an dem Roman *Buddenbrooks – Verfall einer Familie* (1901), der nach gewissen Anlaufschwierigkeiten zu einem Welterfolg wurde. Mann schildert in seinem ersten Roman das fiktive Schicksal einer Lübecker Kaufmannsfamilie, wobei durchaus reale Vorbilder in den Romanfiguren er-

satz zwischen Kunst und bürgerlichem Leben erzählt. 1912 folgte mit *Der Tod in Venedig* die Geschichte eines Künstlers, dessen Leben an ebendiesem Konflikt zerbricht.

Der Zauberberg

Weltberühmt ist auch Manns Roman *Der Zauberberg* (1924), in dem die Geschichte des Ingenieurs Hans Castorp erzählt wird, der seinen Vater im Sanatorium besucht und dort selbst zu einem pathologischen Fall wird. Castorp lernt während seines Aufenthalts im Sanatorium zahlreiche Personen kennen, die großen Einfluss auf ihn ausüben. Einer der wichtigsten ist der Pädagoge Lodovico Settembrini, der Castorp mit dem Gedankengut des Humanismus vertraut macht. Settembrinis Gegenspieler ist der Jesuit Leo Naphta, der als asketischer Fanatiker einen heiligen Krieg gegen die kapitalistische Gesellschaft predigt. Der Konflikt zwischen Castorps vermeintlichen Erziehern gipfelt in einem Pistolenduell, bei dem sich Naphta selbst tötet. *Der Zauberberg* stellt eine kunstvolle Satire auf den klassischen bürgerlichen Bildungsroman dar. Der Protagonist wird nicht dem klassischen Muster folgend im Verlauf der Handlung durch seine Heldentaten zu einem tragenden Mitglied der bürgerlichen Gesellschaft, sondern er verliert im Sanatorium und durch den anschließenden Einzug an die Front des Ersten Weltkriegs seine individuelle Identität.

Doktor Faustus

1944 nahm Mann schließlich die US-Staatsbürgerschaft an. In seinem Roman *Doktor Faustus* (1947) verarbeitet der Autor in kritischer Form die Zeit des NS-Regimes in Deutschland. Er versucht in diesem Werk zu zeigen, dass die Nazizeit kein zufälliges Ereignis war, sondern eine logische Konsequenz des bisherigen Verlaufs der deutschen Geschichte.

Die Bekenntnisse des Hochstaplers Felix Krull

Die geplante Fortsetzung seiner humorvollen Lebensbeichte des Hochstaplers Felix Krull konnte Mann nicht mehr vollenden, da er im Alter von 80 Jahren in Zürich starb, nachdem ihm kurz zuvor noch der Orden Pour le Mérite für

Heinrich und Thomas Mann

Wissenschaft und Kunst verliehen worden war.

Wirkung

Mann gilt als einer der größten deutschen Romanautoren und kulturkritischen Essayisten des 20. Jahrhunderts. Eines der Leitmotive seines Schaffens war der Gegensatz zwischen der bürgerlichen Gesellschaft und der Gegenwelt des Künstlers. Die Protagonisten seiner Erzählungen sind zumeist gebrochene, sensible, nervöse Künstlernaturen, die dennoch ein verzweifeltes Sehnen mit der geordneten Welt des Bürgertums verbindet. Mann verteidigt einerseits die Werte der bürgerlichen Gesellschaft, andererseits zeigt er auch, wie diese zum Scheitern verurteilt sind. Als Reaktion auf die Erfahrungen des Nationalsozialismus vertritt er in seinem Spätwerk die „Idee eines neuen sozialen Humanismus".

Thomas Mann in der Frankfurter Paulskirche 1949

Rainer Maria Rilke

Meister der modernen Lyrik

 * 4. Dezember 1875 in Prag
† 29. Dezember 1926 bei Montreux

Rainer Maria Rilke

■ Rilke gilt als einer der wichtigsten deutschsprachigen Lyriker des 20. Jahrhunderts. Rilke verbrachte eine unglückliche Kindheit, da die Ehe seiner Eltern 1884 scheiterte. Rilkes Mutter wollte, dass ihr Sohn Karriere macht, und schickte ihn deshalb 1886 in eine Kadettenanstalt zur Vorbereitung auf eine militärische Laufbahn. Rilke fühlte sich den Herausforderungen und der Härte der militärischen Männergesellschaft jedoch weder körperlich noch seelisch gewachsen. Er brach die Ausbildung ab und ging nach Linz auf eine Handelsschule. 1895 holte Rilke das Abitur nach und studierte anschließend Literatur, Kunstgeschichte und Philosophie in Prag und München. 1896 änderte Rilke seinen Vornamen René in Rainer, um sich von seiner ursprünglichen familiären Herkunft zu distanzieren.

Über Nacht berühmt

In nur einer Nacht entstand 1899 das Werk, das Rilke schlagartig berühmt machen sollte: *Die Weise von Liebe und Tod des Cornets Christoph Rilke* handelt von der ersten Liebe und dem Tod eines jungen Offiziers im Zeitalter der Türkenkriege. Während des Ersten Weltkriegs gehörte das Werk zu den meistgelesenen Büchern an der Front, da in ihm der Heldentod glorifiziert wird.

Experimenteller Roman

Rilke verfasste neben einer Vielzahl lyrischer Werke auch einen experimentellen Roman. Bei *Die Aufzeichnungen des Malte Laurids Brigge* (1910) handelt es sich um das fiktive Tagebuch eines dänischen Künstlers in Paris, der ein kritischer Beobachter seiner sozialen Umwelt ist. Die bedrohliche Wirklichkeit der Großstadt versucht der Protagonist in Rilkes Roman, in seinem Tagebuch zu verarbeiten, um einer tiefen Identitätskrise zu entgehen. Rilke bricht mit dem traditionellen Schema des Romans und fügt Erinnerungsbruchstücke assoziativ zusammen, womit der Identitätskonflikt, aus dem der junge Dichter letztlich keinen Ausweg findet, auch auf formaler Ebene widergespiegelt wird.

Rainer Maria Rilke

Konrad Adenauer

Der erste Kanzler

 * 5. Januar 1876 in Köln
† 19. April 1967 in Bad Honnef

Konrad Adenauer

■ Als erster Bundeskanzler, der die BRD von 1949–63 regierte, prägte Konrad Adenauer die Politik Nachkriegsdeutschlands und stellte entscheidende Weichen.

Bürgermeister von Köln

Konrad Adenauer wurde als eines von fünf Kindern des katholischen Kanzleirats Konrad Adenauer und seiner Frau Helene geboren und wuchs in bescheidenen Verhältnissen auf. Nach dem Abitur studierte Adenauer Rechtswissenschaften und Volkswirtschaft an den Universitäten Freiburg, München und Bonn. 1905 trat er der Zentrumspartei bei, 1906 wurde er Beigeordneter der Stadt Köln mit den Aufgaben des Finanz-, Personal- und Ernährungsdezernenten, 1917 wurde er schließlich zum Oberbürgermeister der Domstadt gewählt. Diesen Posten behielt er bis zu seiner Absetzung durch die Nationalsozialisten 1933 bei.

Während seiner Amtszeit sprach sich Adenauer u. a. für die Trennung der Rheinprovinz von Preußen und für die Schaffung eines katholisch bestimmten Rheinlandes als Gliedstaat des Deutschen Reichs aus.

Von 1920–33 war er Präsident des Preußischen Staatsrats. Adenauer tat sich 1933 als entschiedener Gegner der Nationalsozialisten hervor. So weigerte er sich, Adolf Hitler zu einer Wahlkampfrede in Köln zu empfangen. Während der nationalsozialistischen Herrschaft wurde Adenauer zweimal verhaftet und versuchte sich, so gut es ging, mit den Machthabern zu arrangieren, ohne dabei seine demokratische Gesinnung verleugnen zu müssen.

Kanzler der Bundesrepublik

Am 15. September 1949 wählte der Bundestag Adenauer zum Bundeskanzler. In den folgenden 14 Jahren prägte er die Politik der jungen Republik ganz entscheidend. Im Petersberger Abkommen vom November 1949 rang er den alliierten Besatzungsmächten Zugeständnisse bei der Industriedemontage und in der Währungsfrage ab. Seine Politik war auch von einer starken Annäherung an die westlichen Alliierten geprägt. Eine Aussöhnung mit Frankreich stand ebenso auf Adenauers außenpolitischer Tagesordnung wie die Wiederbewaffnung der Bundesrepublik 1954 und der Beitritt zur NATO im selben Jahr.

Innenpolitisch unterstützte Adenauer die Wirtschaftspolitik Ludwig Erhards, die sich der sozialen Marktwirtschaft verpflichtet fühlte. Am 15. Oktober 1963 trat er als Bundeskanzler zurück, blieb jedoch politisch aktiv.

Adenauer und John F. Kennedy

Das Ergebnis von Adenauers erster Wahl zum Bundeskanzler war mit einer Mehrheit von einer einzigen Stimme denkbar knapp. Die ausschlaggebende Stimme stammte hierbei von ihm selbst.

Albert Einstein

Albert Einstein

So talentiert Albert Einstein war, so sehr langweilten ihn die Vorlesungen an der Universität Zürich. Nur zu wenigen Vorlesungen erschien er selbst, meist besorgte er sich Mitschriften seiner Freunde.

Albert Einstein 1921

Albert Einstein

Vater der Relativitätstheorie

* 14. März 1879 in Ulm
† 18. April 1955 in Princeton

■ Albert Einstein revolutionierte mit seiner speziellen und allgemeinen Relativitätstheorie das physikalische Weltbild und die bis dahin vorherrschenden Vorstellungen über Zeit und Raum. Des Weiteren forschte er über fotoelektrische Phänomene. Für seine Arbeiten erhielt er 1921 den Nobelpreis in Physik.

Patente

Albert Einsteins Familie zog im Jahr nach seiner Geburt nach München. Dort eröffnete sein Vater ein kleines Geschäft für Elektroartikel. Der spätere Physiker verbrachte seine Kindheit in der bayerischen Metropole und besuchte hier die Schule. In der Schule fiel Einstein nicht durch überragende Leis-

thematik- und Physiklehrer. Doch im Lehrerberuf schien Einstein nicht seine Berufung zu sehen. Er nahm nach kurzer Zeit als Lehrer 1903 eine Stelle am Patentamt in Zürich an.

Wissenschaft

Neben seiner Arbeit am Patentamt schrieb Einstein an verschiedenen wissenschaftlichen Abhandlungen zur theoretischen Physik. Seine ersten Schriften erschienen 1905 in der angesehenen Zeitschrift *Annalen der Physik*. Einstein erklärte theoretisch die Teilchenbewegung in Flüssigkeiten und führte aus, dass Licht aus Teilchen besteht. In diesem Rahmen wurde auch sein Ansatz zur speziellen Relativitätstheorie veröf-

Ein Sachbearbeiter für Patentfragen stellte die Physik auf den Kopf.

tungen auf. Allerdings befasste er sich in seiner Freizeit mit mathematischen und naturwissenschaftlichen Fragen. Mit seinen Onkeln führte er angeregte Gespräche und Diskussionen. Als Einstein 15 Jahre alt war, zog die Familie von München nach Mailand, da die Geschäfte des Vaters in München schlecht liefen. Doch Einstein blieb nicht lange in Italien, sondern zog nach Zürich und holte dort seinen Schulabschluss nach. Im Anschluss begann er 1896 ein Studium und machte vier Jahre später seinen Abschluss als Ma-

fentlicht. Die Arbeiten Einsteins sorgten für Aufruhr in der Physikergemeinde, setzten sich aber schnell durch. Als Anerkennung seiner Arbeiten erhielt Albert Einstein 1907 die Habilitation an der Universität Zürich und zwei Jahre später eine außerordentliche Professur für Physik. Seine Arbeit am Patentamt gab er auf. In den folgenden Jahren widmete er sich der Forschung und Lehre und war zeitweise nicht nur in Zürich, sondern auch an der Hochschule in Prag tätig. Doch seine Verpflichtung, auch Studierende zu unterrichten, schränkte die Zeit für die Forschung ein. Daher nahm Einstein 1914 das Stellenangebot der Preußischen Akademie der Wissenschaften begeistert an und zog nach Berlin. Nun konnte er ausschließlich forschen.

Relativitätstheorie

Albert Einstein veröffentlichte 1905 in seinem Artikel *Zur Elektrodynamik bewegter Körper* die sogenannte spezielle Relativitätstheorie. In diesem Artikel formulierte der Physiker die Annahme, dass die Lichtgeschwindigkeit eine physikalische Konstante sei. Wenn die Geschwindigkeit des Lichtes in allen physikalischen Systemen gleich wäre, müsste Zeit und Bewegung je nach Position des Beobachters unterschiedlich, also relativ sein. Noch im selben Jahr lieferte Einstein eine mathematische Begründung seiner Theorie nach. Auch diese Arbeit wurde in den *Annalen der Physik* veröffentlicht. In diesem Aufsatz fand sich zum ersten Mal die bekannte Formel $E=mc^2$. Diese Formel besagt, dass die Energie eines Körpers gleich der Masse des Körpers, multipliziert mit dem Quadrat der Lichtgeschwindigkeit, ist. Die spezielle Relativitätstheorie wurde von Einstein in Berlin weiter ausformuliert und 1916 in der Veröffentlichung *Über die spezielle und allgemeine Relativitätstheorie* als allgemeine Relativitätstheorie vorgestellt. In dieser erweiterten Theorie beschreibt Einstein das wechselseitige Verhältnis von Energie, Materie und Zeit. Dabei kommt er zu dem Schluss, dass Masse das Raum-Zeit-Kontinuum krümmt und dadurch den Effekt der Gravitation verursacht. Damit widersprach Einstein Newton, der Gravitation als Kraft zwischen zwei Körpern definiert hatte. Einstein stellte aber nicht nur Behauptungen auf, sondern lieferte auch mathematische Beweise. Er konnte mit seinen Annahmen Abweichungen der Bahn Merkurs in Sonnennähe erklären.

Amerika

Albert Einstein war kein Wissenschaftler im „Elfenbeinturm". Stets zeigte er sich politisch engagiert und setzte sich für pazifistische Ideale ein. So verurteilte er während des Ersten Weltkriegs die deutsche Außenpolitik und musste sich dafür scharfe Kritik gefallen lassen. Auch in der Weimarer Republik sah sich Einstein zunehmenden Anfeindungen ausgesetzt. Seine exponierte öffentliche Stellung als Physiker und seine politischen Äußerungen machten ihn zum Ziel antisemitischer Angriffe. Seine jüdische Herkunft schien ihm in der aufgeheizten politischen Situation in Deutschland zum Risiko zu werden. Daher entschied er sich 1933, nach der Machtübernahme der Nationalsozialisten von einem Forschungsaufenthalt in den USA nicht zurückzukehren. Einstein ließ sich in Princeton nieder, wo er bis an sein Lebensende wohnte.

Albert Einstein bei einer Rede

Einstein (Zweiter von rechts)

Hermann Hesse

Herausragender Dichter, Maler und Kritiker

* 2. Juli 1877 in Calw
† 9. August 1962 in Montagnola, Schweiz

Hermann Hesse

■ Hesse gilt als einer der meistgelesenen europäischen Autoren des 20. Jahrhunderts und wurde mit seiner Kritik an den Idealen der bürgerlichen Gesellschaft zur Identifikationsfigur der studentischen Protestbewegung der 68er.

Flucht aus den bürgerlichen Strukturen

Hesse wuchs in einer christlichen Missionarsfamilie auf und sollte nach dem Willen seines Vaters eine theologische Laufbahn einschlagen. Er flüchtete jedoch 1892 aus dem evangelisch-theologischen Seminar in Maulbronn. Es folgte eine Irrfahrt durch verschiedene pädagogische Anstalten. 1892 beging Hesse einen Selbstmordversuch. Über eine Lehre als Buchhändler in Tübingen (1895) fand Hesse schließlich den Weg zur Schriftstellerei.

Der Weg zum Schriftsteller

Nach Feierabend vertiefte sich Hesse in das Studium der Bücher, die er von der Buchhandlung mit nach Hause brachte, wobei ihn vor allem die Werke Goethes und Schillers stark beeindruckten. 1898 kam es zur Veröffentlichung von Hesses

erstem Gedichtband *Romantische Lieder*, auf den 1899 die Prosasammlung *Eine Stunde hinter Mitternacht* folgte. Der literarische Durchbruch erfolgte bald darauf, als der Verleger Samuel Fischer Hesses Roman *Peter Camenzind* 1904 im renommierten Fischerverlag veröffentlichte. Ab diesem Zeitpunkt war es Hermann Hesse möglich, seinen Lebensunterhalt als freier Schriftsteller zu bestreiten.

Kreative Krise

Während des Ersten Weltkriegs durchlitt Hesse eine schwere Existenzkrise. Er begab sich in therapeutische Behandlung und konnte anschließend den Roman *Demian* (1917) vollenden, der unter dem Pseudonym „Emil Sinclair" erschien.

Welterfolge

Nach einer weiteren Psychotherapie wegen anhaltender Depressionen erschien 1927 der äußerst erfolgreiche Roman *Der Steppenwolf*. Auch in diesem Roman übt Hesse Kritik an der bürgerlichen Gesellschaft, indem er zeigt, wie sein Protagonist sich einer qualvollen Selbstanalyse unterzieht, um herauszufinden, warum er in der Gesellschaft nicht bestehen kann. 1946 wurde Hesse nicht zuletzt für sein Spätwerk *Das Glasperlenspiel* (1943) mit dem Nobelpreis für Literatur ausgezeichnet.

HESSE ALS GURU

Großen Einfluss auf die antiautoritäre Studentenbewegung übte der Roman *Siddhartha* (1922) aus, in dem Hesse die spirituellen Erkenntnisse seiner 1911 unternommenen Indienreise verarbeitete. Hesse bringt in dem Roman seine große Bewunderung gegenüber den asiatischen Weisheitslehren zum Ausdruck und bekennt sich zu Humanität und Menschenliebe.

Hermann Hesse

Otto Hahn

Mitentdecker der Kernspaltung

 * 8. März 1879 in Frankfurt am Main
† 28. Juli 1968 in Göttingen

■ Otto Hahn arbeitete als Chemiker mit radioaktiven Substanzen. Zusammen mit Fritz Straßmann gelang ihm der Nachweis der Kernspaltung von Uran.

Ausbildung

In Frankfurt am Main wuchs Hahn als Sohn eines Glasermeisters auf. Mit seinem Schulabschluss in der Tasche ging er 1897 zum Studium der Chemie nach Marburg. Dort machte er seinen Abschluss, promovierte und begann als wissenschaftlicher Assistent zu arbeiten. Um neue Arbeitsweisen kennenzulernen und um seine Sprachkenntnisse zu verbessern, verbrachte er 1904 in Laboren in London und das folgende Jahr in Montreal. Während seiner Arbeiten im Ausland entdeckte er das Isotop Radiothorium. Seine Forschungserfolge und die Ermutigungen seiner Professoren bestärkten ihn in seiner Fokussierung auf Forschungsarbeiten zur Radioaktivität. Auch nach seiner Rückkehr nach Europa arbeitete er weiter in der Forschung und nahm 1906 eine Laborstelle in Berlin an. Von der Universität wechselte der mittlerweile zum Professor ernannte Forscher an das Kaiser-Wilhelm-Institut für Chemie. Doch der Erste Weltkrieg unterbrach Hahns Forschungen. Er wurde eingezogen und einer Einheit für chemische Kriegsführung zugeteilt. Nach dem Krieg setzte Hahn seine Arbeiten fort und übernahm ab 1928 die Leitung des Kaiser-Wilhelm-Instituts.

Kernspaltung

Neben seiner ehemaligen Kollegin Lise Meitner, die als Jüdin aus Deutschland floh, war Fritz Straßmann maßgeblich am Durchbruch Otto Hahns beteiligt. In Zusammenarbeit gelang es 1938 nach dem Beschuss eines Uranatom mit Neutronen, die Spaltung des Atoms nachzuweisen. Bei dem Experiment war das leichte Element Barium entstanden und erhebliche Energie freigesetzt worden. Otto Hahns Veröffentlichung zu diesem Experiment wurde weltweit mit großem Interesse wahrgenommen. Als dann der Zweite Weltkrieg ausbrach, entbrannte ein militärischer Forschungswettlauf um die militärische Nutzung der Kernspaltung. An der Entwicklung einer Atombombe war Hahn jedoch nicht beteiligt. Er forschte weiter und suchte weitere Produkte der Spaltung. 1944 erhielt er den Nobelpreis in Chemie. Nach dem Zweiten Weltkrieg wurde Hahn in England interniert.

Otto Hahn

Otto Hahn setzte sich vehement für die friedliche Nutzung der Kernspaltung ein. Seine Entdeckung hatte die Entwicklung der Atombombe zwar ermöglicht, seine Zustimmung fand die militärische Nutzung aber nicht.

Otto Hahn und Fritz Straßmann

Stalin

Stalin

Stalin auf dem Totenbett

Stalin

Diktator der Revolution

*18. Dezember 1879 in Gori
† 5. März 1953 in Kunzewo, Moskau

■ Geboren als Sohn eines Schuhmachers in Georgien, machte Josif Wissarionowitsch Dschugaschwili, genannt Stalin, eine steile Karriere als Revolutionär und in der Kommunistischen Partei Russlands.

Vom Priester zum Revolutionär

Im Alter von 16 Jahren trat Stalin in das orthodoxe Priesterseminar in Tiflis ein. Anstatt sich mit dem Wort Gottes auseinanderzusetzen, befasste er sich aber lieber mit revolutionärer Literatur, u. a. mit den Schriften von Karl Marx. So wundert es nicht, dass er 1898 der Sozialdemokratischen Arbeiterpartei Russlands beitrat.

Unter dem Decknamen „Koba" machte sich Stalin daran, allerlei umstürzlerische Aktivitäten zu planen und anzuleiten, und so schloss man ihn 1899 schließlich aus dem Priesterseminar aus. Nach der Spaltung der russischen Sozialdemokratie im Jahr 1903 schloss sich Stalin den Bolschewiki an.

Karriere in der Revolution

1905 lernte Stalin auf dem Parteitag der Bolschewiki im finnischen Tampere Lenin kennen. Der schätzte sein Organisationstalent und sorgte dafür, dass Stalin parteiintern Karriere machen konnte. Während der Oktoberrevolution und deren Vorbereitung zählte Stalin zu den zuverlässigsten Genossen Lenins. Nach dem Sieg der Bolschewiki in der Oktoberrevolution gehörte er in verschiedenen Funktionen der Regierung unter Lenin an.

Nachrevolutionärer Despot

Langsam und zielstrebig baute Stalin nun seine Machtposition aus und übernahm nach Lenins Tod die alleinige Herrschaft über die Sowjetunion. Seiner Gegner entledigte er sich dabei zumeist auf äußerst brutale Weise in mehreren Säuberungswellen.

Innenpolitisch war Stalins Herrschaft von Terror gegen seine Gegner, außenpolitisch von großem Machtstreben geprägt. Dabei scheute er auch nicht davor zurück, einen Pakt mit Hitler einzugehen. Nach dem Ende des Zweiten Weltkriegs erweiterte er durch zielbewusste Verhandlungsstrategien auf den Konferenzen von Teheran, Jalta und Potsdam die sowjetische Macht- und Einflusssphäre in Europa und Asien geschickt.

Innenpolitisch übte Stalin bis zu seinem Tod eine äußerst repressive Herrschaft aus.

Alexander Fleming

Britischer Bakteriologe

* 6. August 1881 in Lochfield
† 11. März 1955 in London

■ Der in Schottland geborene Bakteriologe Alexander Fleming forschte besonders auf dem Gebiet der Chemotherapie und der Immunologie. Er entdeckte die antibakterielle Wirkung verschiedener Pilze und dabei auch das Penizillin. Für seine Arbeiten erhielt er 1945 den Medizinnobelpreis.

Laufbahn

Alexander Fleming verließ 1901 seinen schottischen Geburtsort und begann im Londoner Stadtteil Paddington Medizin zu studieren. Er blieb auch nach seinem Abschluss 1906 an dem Krankenhausinstitut und forschte nach antibakteriellen Mitteln. Seine Studien wurden vom Ersten Weltkrieg unterbrochen. In dieser Zeit diente Fleming bei einer medizinischen Einheit. Nach seiner Rückkehr aus dem Krieg konnte er seine Arbeiten fortsetzen und wurde 1919 Inhaber eines Lehrstuhls am Königlichen College für Chirurgie.

Entdeckung

Seine bekannteste Entdeckung verdankt Fleming einem Missgeschick im Jahr 1928. Eine seiner Petrischalen mit einer Bakterienkultur war verunreinigt, es hatte sich ein Schimmelpilz eingenistet. Dem aufmerksamen Blick Flemings entging nicht, dass um den Pilz keine Bakterien zu sehen waren. Schon früher hatte er beobachtet, dass manche Pilze

Bakterien töteten. Alexander Fleming veröffentlichte seine Entdeckung, wurde aber zunächst von der Fachwelt nicht wahrgenommen. Erst als es 1939 Howard W. Florey und Ernst B. Chain gelang, den Wirkstoff Penizillin zu isolieren, konnte er seinen Siegeszug in der Medizin antreten. Die drei Forscher erhielten 1945 für ihre Forschung über Penizillin den Nobelpreis. Im Vorjahr war Fleming schon für seine Forschung geadelt worden.

Alexander Fleming

Probleme

Obwohl Penizillin seine antibakterielle Wirkung 1941 zum ersten Mal an einem Erkrankten unter Beweis stellte, stand es noch lange nicht als Allheilmittel zur Verfügung. Die Produktion des Wirkstoffs war sehr aufwendig. Es dauerte einige Jahre, bis Penizillin in ausreichenden Mengen hergestellt werden konnte. Fatalerweise zeigte sich in den folgenden Jahren gerade die hohe Verfügbarkeit als weiteres Problem. Da Penizillin und andere Antibiotika sehr häufig verwendet wurden, entwickelten sich auch resistente Bakterienstämme.

Alexander Fleming

Pablo Picasso

Pazifist und künstlerisches Universalgenie

* 25. Oktober 1881 in Malaga
† 8. April 1973 in Mougins, Frankreich

Pablo Picasso

■ Picasso gilt als einer der bedeutendsten Künstler des 20. Jahrhunderts. Er begründete zusammen mit Georges Braque (1882–1963) den Kubismus und engagierte sich mit monumentalen Gemälden wie z. B. mit *Guernica* (1937) gegen den Krieg. Picasso besuchte schon im Alter von 15 Jahren die Kunsthochschule in Barcelona, wo sein Vater als Zeichenlehrer beschäftigt war. 1887 folgte ein Studium an der Kunstakademie von Madrid. Bei der Reihe von Besuchen in Paris in den Jahren 1900 und 1901 lernte Picasso die Arbeiten von sondern schuf einen Stil, der sich durch die Verwendung einer gezielten Auswahl von Farben und Formen auszeichnete. Picasso lernte in Paris den Dichter Max Jacob kennen, mit dem er ein Atelierhaus bezog, das zu einem Tempel des Kubismus und zum Treffpunkt der zeitgenössischen Boheme wurde. Prominente Persönlichkeiten der Pariser Gesellschaft wie Guillaume Apollinaire gehörten zu den ständigen Gästen des Ateliers. Picasso nahm vielfältige Inspirationen durch den Spätimpressionismus, Jugendstil und Symbolismus in sich auf

Picasso gehört zu den genialsten Künstlern aller Zeiten. Mit seinem monumentalen Gemälde Guernica schuf er ein eindrucksvolles Mahnmal gegen den Krieg.

Paul Cézanne, Edgar Degas und Henri de Toulouse-Lautrec kennen, die einen großen Einfluss auf den jungen Künstler ausübten. 1961 ließ sich Picasso in Mougins bei Cannes nieder. Als erstem lebenden Maler wurde ihm zudem 1971, zwei Jahre vor seinem Tod, die Ehrung durch eine Ausstellung seiner Werke im Louvre zuteil.

und wurde vor allem vom Werk Toulouse-Lautrecs beeinflusst. Dies zeigt sich beispielsweise an dem Gemälde *Das Blaue Zimmer* (1901). Dem einheitlichen Kolorit der Blauen Periode entspricht ein melancholischer Grundton, der sich in zahlreichen Werken dieser Epoche zeigt, so zum Beispiel bei der *Absinthtrinkerin* (1902).

Die Blaue Periode

Während seiner Reisen nach Paris wurde Picasso stark vom Impressionismus beeinflusst. Er übernahm jedoch nicht den gesamten Farbreichtum der klassischen impressionistischen Werke,

Die Rosa Periode

Während seiner Zeit in Paris (1904–06) wurde Picasso stark von dem Lebensstil der Künstler der Metropole inspiriert, den er in Werken wie *Die Gaukler* (1905) häufig in rosa Farbtönen dar-

**Picasso und seine Geliebte
Françoise Gilot**

Die Wortschöpfung Kubismus – von lat. cubus, Würfel – stammt von dem französischen Kunstkritiker Louis Vauxcelles, der die Werke von Georges Braque 1908 als „bizarre kubistische Gebilde" bezeichnete. Die zentrale Idee des Kubismus stammt von Paul Cézanne, der die These aufstellte, dass alle Formen der Natur in Form von Kugeln, Kegeln und Zylinder abbildbar seien. Unabhängig voneinander entstanden 1907/08 die ersten rein kubistischen Werke Picassos und Braques, wobei Picasso zusätzlich intensiv die Einflüsse der Kunst afrikanischer Naturvölker verarbeitete. Auf den analytischen Kubismus, der durch Picasso und Braque eingeleitet wurde und bei dem die geometrischen Teile auf der Bildfläche ausgebreitet werden, folgte der synthetische Kubismus. Bei dieser Weiterentwicklung des Kubismus gewann die Vielfarbigkeit wieder an Aktualität, wobei Gegenstände häufig nicht dargestellt, sondern durch Buchstaben, Zahlen oder andere Symbole ersetzt wurden.

stellte. Der Galerist Ambroise Vollard erwarb sämtliche Werke Picassos, die während der Rosa Periode entstanden, was sich für den Künstler als äußerst lukratives Geschäft erwies. Der Wechsel in Stil und Farbgebung ging auch auf Anregungen von Picassos Freundin Fernande Olivier zurück. In Werken wie *Die Gaukler* ist zudem der Einfluss von Gauguin und Puvis de Chavannes wahrnehmbar. Die Gestalt des Gauklers und Harlekins empfand Picasso zu einem gewissen Grad als Widerspiegelung seiner eigenen Persönlichkeit. Das Motiv ist daher auch in späteren Werkphasen des

Künstlers wieder anzutreffen. Eine wichtige Förderin Picassos war während der sogenannten Rosa Periode die ebenso reiche wie extravagante Amerikanerin Gertrude Stein, in deren Haus sich auch eine enge freundschaftliche Beziehung zu Henri Matisse entwickelte.

Pablo Picasso

Der kubistische Bruch mit der Tradition

Einen radikalen Bruch mit allen bisherigen Kunststilen bedeutete Picassos Gemälde *Les Demoiselles d'Avignon* (1907). Picasso ließ sich zu diesem bahnbrechenden Werk, das die schemenhaften Gesichter von fünf nackten Frauen zeigt, von afrikanischen Skulpturen inspirieren. Die Nasen und Brüste der Frauen haben kastenartige Formen, die klassische Bildperspektive wird von Picasso aufgelöst. Die das Bild dominierenden geometrischen Formen stießen zunächst auf Unverständnis bei anderen Künstlern. Nach einer Ausstellung des Kunsthändlers Daniel-Henry Kahnweiler fand der Kubismus, so der Name des neuen geometrisch anmutenden Malstils, zunehmend Anerkennung.

Spätwerk

Nach dem Zweiten Weltkrieg experimentierte Picasso, überwiegend in Südfrankreich lebend, mit neuen Techniken und Themen. Neben der Lithografie (1945–49) wurde vor allem die Fertigung von keramischen Figuren zu einem Schwerpunkt seines künstlerischen Schaffens.

Nach einer kurzen Hinwendung zum Surrealismus entwickelte sich bei Picasso unter dem Einfluss des spanischen Bürgerkriegs ein zunehmendes politisches Engagement. So entstand 1937 als eindringliche Anklage gegen die Schrecken des Krieges das berühmte Gemälde *Guernica*. Den Anstoß zu dem Bild lieferte die Bombardierung der baskischen Stadt Guernica durch die deutsche Legion Condor während des spanischen Bürgerkrieges. Das monumentale Ölgemälde zeigt Menschen und Tiere mit zerstörten Gliedmaßen, deren Gesichter von Furcht verzerrt sind.

Franklin D. Roosevelt

Franklin D. Roosevelt

Rekordpräsident

* 30. Januar 1882 in Hyde Park
† 12. April 1845 in Warm Springs

Konferenz von Casablanca 1943: Giraud, Roosevelt, de Gaulle, Churchill

■ Der 32. Präsident der Vereinigten Staaten steht auf der einen Seite für Wirtschafts- und Sozialreformen im eigenen Land und auf der anderen Seite für seine Bemühungen, die Alliierten bei der Besiegung Deutschlands im Zweiten Weltkrieg zu unterstützen.

Erste und zweite Legislaturperiode

Nachdem er sich 1920 erfolglos um die Vizepräsidentschaft beworben hatte, wurde Roosevelt 1928 zunächst Gouverneur von New York. 1932 gewann er dann auch die Präsidentschaftswahlen gegen Herbert C. Hoover. Im März 1933 folgte seine Vereidigung.

Bei seinem Amtsantritt hatte Roosevelt zunächst alle Hände voll zu tun, um die Folgen der Great Depression in den Griff zu bekommen. Er wirkte der Stagnation in Wirtschaft und Landwirtschaft und ihren gesellschaftlichen Auswirkungen mit einer Politik der Verknappung und gleichzeitig mit verstärkten Investitionen entgegen. Außerdem löste er am

5. Dezember 1933 die Gesetze der Prohibition auf und beschloss 1934 den Abzug der US-Truppen aus Haiti.

Außenpolitisch war er um eine gute Nachbarschaft mit den lateinamerikanischen Staaten bemüht und erkannte noch 1933 die UDSSR an.

Die USA im Zweiten Weltkrieg

Schon früh erkannte Roosevelt in der Politik Deutschlands, Italiens und Japans eine Bedrohung für den Weltfrieden und er bemühte sich, trotz der Neutralitätsgesetze vor allem die Kriegsgegner Deutschlands zu unterstützen. Im November 1939 setzte er die Freigabe der Ausfuhr von Kriegsmaterial durch. 1940 konnte er eine begrenzte Wehrpflicht und den Tausch von 50 Zerstörern gegen britische Militärbasen erreichen. Der japanische Angriff auf den US-Flottenstützpunkt Pearl Harbor auf Hawaii und die deutsche Kriegserklärung vom 11. Dezember 1941 sorgten für einen Stimmungsumschwung in den USA und ermöglichten es Roosevelt, an der Seite Großbritanniens und der Sowjetunion in den Krieg einzutreten. Während der folgenden Jahre hatte Roosevelt entscheidenden Anteil an der Definition der alliierten Kriegsziele gegen Deutschland.

Roosevelt starb noch während seiner vierten Amtsperiode am 12. April 1945 in Warm Springs im Bundesstaat Georgia.

James Joyce

Begründer des modernen Romans

* 2. Februar 1882 in Dublin
† 13. Januar 1941 in Zürich

■ Mit seinen erzähltechnisch revolutionären Werken *Ulysses* und *Finnegans Wake* gehört Joyce zu den Begründern des modernen Romans. Joyce wuchs als Sohn eines Steuereintreibers auf, besuchte die Jesuitenschule und absolvierte dann ein Literaturstudium am ebenfalls jesuitischen University College (1898–1902). Nach dem Tod seiner Mutter brach Joyce sein medizinisches Zweitstudium in Paris ab und begann, seinen Lebensunterhalt als freier Autor und Privatlehrer in Dublin zu verdienen. 1904 lernte er seine spätere Frau Nora Barnacle kennen, mit der er zwei Kinder hatte, und ging mit ihr nach Triest.

Die *Dubliners*

1907 veröffentlichte er in Triest seinen ersten Gedichtband *Kammermusik*. 1914 erschien die Kurzgeschichtensammlung *Dubliners* mit Episoden aus dem Leben der Bürger Dublins. Die Erzählungen enthalten zum Teil relativ freizügige sexuelle Schilderungen, weshalb Joyce zunächst Schwierigkeiten hatte, einen Verleger für das Werk zu finden.

Ulysses

In seinem Roman *Ulysses* wagt es Joyce, sich vollkommen neuer literarischer Ausdrucksformen zu bedienen. Seine besondere Erzählkunst zeigt sich in der Schilderung des Bewusstseinsstromes der handelnden Personen, die vom Leser exakt nachempfunden werden können. Joyce entwickelte die Technik des inneren Monologs weiter zum Stream of Consciousness und perfektionierte die sprachliche Ausgestaltung des Flusses menschlicher Eindrücke, Gedanken und Assoziationen. Mit dieser Technik übt Joyce bis heute einen großen Einfluss auf die moderne Literatur aus. *Ulysses* ist ein von der Literaturwissenschaft viel diskutiertes und für den normalen Leser nicht unbedingt einfach zugängliches Werk. Geschildert werden die Erlebnisse Leopold Blooms in der Großstadt Dublin während eines einzigen Tages im Zeitraum von acht Uhr früh bis drei Uhr morgens. Durch seine außergewöhnliche Erzähltechnik ermöglicht Joyce dem Leser, sehr tief in die seelische Welt der Hauptfigur einzutauchen.

James Joyce

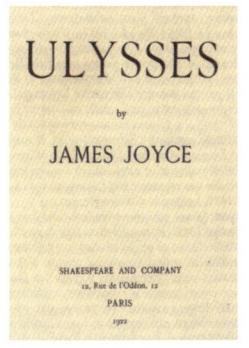

ULYSSES

by

JAMES JOYCE

SHAKESPEARE AND COMPANY
12, Rue de l'Odéon, 12
PARIS
1922

Titelseite der Originalausgabe des *Ulysses*

Walter Gropius

Begründer des Bauhauses

 * 18. Mai 1883 in Berlin
† 5. Juli 1969 in Boston

Walter Gropius

Das Bauhaus in Dessau

■ Als Gründer der architektonisch-künstlerischen Bewegung des Bauhauses gilt Gropius als einer der wichtigsten Pioniere der modernen Baukunst. Gropius wuchs als Mitglied einer weitverzweigten Architektenfamilie auf und absolvierte an den Technischen Hochschulen in München und Berlin ein Architekturstudium. 1907 wurde er Mitarbeiter im Architektenbüro von Peter Behrens. 1910 machte sich Gropius selbstständig. 1911 wurde er mit der architektonischen Planung der Fagus-Werke beauftragt, wo er erstmals seine wegweisenden gebäudebaulichen Vorstellungen in die Tat umsetzen konnte. Gropius hatte das Glück, einen Bauherrn zu finden, der offen für seine Ideen war. Carl Benscheidt, der Besitzer der Fagus-Werke, wollte einen modernen Fabrikbau errichten lassen.

Neue Wege im Industriebau

In der Grundrissgestaltung blieb Gropius bei dem bereits vorhandenen Vorentwurf. In der Fassadengestaltung beschritt er allerdings völlig neue Wege. Die nicht tragende Funktion der Außenwand wurde ästhetisch dadurch verdeutlicht, dass die Außenwand als dünne Haut aus einem Stahlwandfachwerk gebildet wurde. Diese neue Form des Industriebaus, die heute als „Curtain Wall" bezeichnet wird, ist zu einem der wichtigsten Gestaltungselemente im modernen Hochhausbau geworden.

Die Gründung des Bauhauses

1919 wurde Gropius als Nachfolger van de Feldes nach Weimar berufen. Van de Feldes hatte die Großherzogliche Kunstgewerbeschule bis zur ihrer Schließung (1915) geleitet. Seine Forderung hatte darin bestanden, Kunst und Handwerk zu verbinden. Gropius gründete das 1926 nach Dessau verlegte Bauhaus als Hochschule für künstlerische Gestaltung, in der die künstlerische mit der handwerklichen Ausbildung kombiniert wurde.

Das Bauhaus wollte alle Künste in idealer Einheit miteinander kombinieren. Gropius sah den Weg zu diesem Ziel in neuen pädagogischen Methoden und einer soliden handwerklichen Ausbildung. Indem am Bauhaus Künstler und Handwerker gemeinsam in Lehre und Produktion tätig waren, sollte die Trennung zwischen freier und angewandter Kunst aufgehoben werden.

Weitere Werke

Gropius baute ab 1928 als freier Architekt neben zahlreichen anderen Projekten die Siemensstadt in Berlin und emigrierte 1932 in die USA, wo er an der Harvard University eine Professur für Architektur erhielt. In seinen letzten Lebensjahren war Gropius bei der Errichtung des Hansa-Wohnviertels in Berlin im modernen Städtebau aktiv.

John Maynard Keynes

Ökonom und Politiker

* 5. Juni 1883 in Cambridge
† 21. April 1946 in Tilton, Sussex

John Maynard Keynes

■ John Maynard Keynes gilt als einer der bedeutendsten Nationalökonomen des 20. Jahrhunderts. In seinen Arbeiten über wirtschaftliche Zusammenhänge sprach er sich für eine aktive Wirtschaftspolitik aus.

Leben

Der junge Keynes genoss eine ausgezeichnete Schulbildung. Als Sohn eines Lehrers und Angestellten der University of Cambridge wuchs er in einem sowohl finanziell abgesicherten als auch bildungsnahen Umfeld auf. Er besuchte das renommierte Eton College und studierte danach in Cambridge. An beiden Lehranstalten erbrachte er hervorragende Leistungen und fiel durch sein Engagement in Vereinen und Clubs auf. Nach der Beendigung des Mathematikstudiums arbeitete er einige Zeit im britischen Ministerium für Indien. Dort fertigte er erste ökonomische Studien über die Kolonie an. Seine Anstellung als Regierungsbeamter unterbrach er 1915 für kurze Zeit, um in Cambridge zu dozieren. Während des Ersten Weltkriegs arbeitete Keynes dann im Finanzministerium. In dieser Rolle war er auch 1919 an den Friedensverhandlungen in Versailles beteiligt, die er jedoch verließ, da seine Kritik an den Reparationszahlungen des Deutschen Reiches kein Gehör fand. Keynes kehrte nach Cambridge zurück und nahm seine Dozentenarbeit wieder auf. In den folgenden Jahren

beriet er immer wieder die britische Regierung.

Ökonom

Seine ökonomischen Ansichten vertrat Keynes in verschiedenen Schriften. Seine zentrale Publikation *Allgemeine Theorie der Beschäftigung, des Zinses und des Geldes* erschien 1936. Darin analysiert er die Wirtschaftskrise, die nach dem Ersten Weltkrieg die ganze Welt in eine Depression stürzte. Keynes vertrat die Auffassung, dass in einer so schlechten wirtschaftlichen Situation nicht auf die Selbstregulierung durch Marktmechanismen gewartet werden dürfe. Er sah in wirtschaftlichen Schwierigkeiten und hoher Arbeitslosigkeit eine Ursache für politische Instabilität. Seiner Meinung nach müsse der Staat durch Steuerpolitik und Sozialleistungen in wirtschaftlich schlechten Zeiten die Nachfrage ankurbeln, da die privaten Haushalte zurückhaltender konsumieren würden. Diese Forderungen wurden zur Grundforderung einer Wirtschaftsauffassung, die als Keynesianismus in die Ökonomie einging.

> **Keynes' Kritik am Versailler Friedensvertrag bewahrheitete sich. Die Reparationszahlungen belasteten die deutsche Wirtschaft und begünstigten nationalistische Strömungen.**

Die Universität Cambridge

Franz Kafka

Österreichischer Schriftsteller von Weltruhm

* 3. Juli 1883 in Prag
† 3. Juni 1924 in Kierling

Franz Kafka

Felice Bauer und Kafka

■ Kafka beschreibt in seinen Texten das Ausgeliefertsein des Menschen an undurchschaubare Mächte. Kafka wuchs als Sohn einer jüdischen Kaufmannsfamilie auf. Im Alter von 15 Jahren verfasste er seine ersten Erzählungen. Nach dem Ende der Schulzeit studierte er zunächst Chemie und dann Germanistik und Kunstgeschichte, um schließlich dem Wunsch seiner Eltern entsprechend zu Jura zu wechseln. Kafka arbeitete 1907–22 bei einer Versicherungsgesellschaft. Wegen einer Kehlkopftuberkulose wurde er 1922 vorzeitig in Pension geschickt. 1924 starb er im Alter von 40 Jahren in einem österreichischen Lungensanatorium.

Freundschaft mit Max Brod

Der Schriftsteller Max Brod (1884–1968) machte Kafka 1902 mit der Prager Literaturszene bekannt und wurde ihm zum lebenslangen Freund. Die beiden Schriftsteller unternahmen zahlreiche gemeinsame Reisen in größere Städte wie Paris, Weimar oder Zürich. Kafka war häufig bei Brods Eltern zu Gast und lernte dort 1912 seine spätere Freundin und Verlobte Felice Bauer kennen, die eine Cousine von Brods Schwager Max Friedmann war. Als Nachlassverwalter leistete Brod einen maßgeblichen Beitrag zum posthumen literarischen Ruhm Kafkas. Gegen Kafkas Willen veröffentlichte er nach dessen Tod die drei Romanfragmente *Das*

Schloss (1926), *Amerika* (1927) und *Der Prozess* (1925).

Das Schloss

Der Roman *Das Schloss* entstand 1922, blieb ebenfalls unvollendet und wurde 1926 veröffentlicht. Die Hauptfigur der Erzählung ist der Landvermesser K., der für Landvermessungsarbeiten auf ein Schloss gerufen wird. Das Schloss und das umliegende Dorf bleiben für K. eine undurchsichtige feindliche Umgebung. K. bemüht sich vergeblich um eine soziale Integration in das Dorfleben. *Das Schloss* blieb zu Lebzeiten Kafkas ein Fragment, das von Max Brod in Anlehnung an Kafkas Ideen für das Ende der Erzählung fertig geschrieben wurde.

DER PROZESS

Der bekannteste Roman Kafkas entstand 1914, blieb unvollendet und wurde 1925, also ein Jahr nach Kafkas Tod, veröffentlicht. Im Mittelpunkt der Erzählung steht der Bankprokurist Josef K., der auf einmal ohne Angabe von Gründen verhaftet wird, um vor Gericht gestellt zu werden. K. wird zwar verhaftet, doch da keine Fluchtgefahr besteht, wird er nicht im Gefängnis eingesperrt. Nach einem einjährigen Gerichtsverfahren wird K. getötet, ohne die Gründe für seine Hinrichtung erfahren zu haben.

Benito Mussolini

Faschistischer Führer Italiens

* 29. Juli 1883 Predappio
† 28. April 1945 Giulino di Mezzegra

■ Benito Mussolini riss im Nachkriegschaos 1922 die Macht in Italien an sich, indem er König Viktor Emanuel III. mit einem Marsch auf Rom so beeindruckte, dass er Mussolini zum Ministerpräsidenten ernannte. Er sollte ein Jahr Zeit bekommen, um für Ordnung zu sorgen. Binnen kurzer Zeit baute er Italien zu einer faschistischen Diktatur um.

Ein Mann sucht seinen Weg

Mussolini kam aus einem politisch engagierten und bildungsorientierten, wenn auch einfachen Elternhaus. Er arbeitete zunächst als Lehrer und interessierte sich sehr für Philosophie und Staatstheorie. So hörte Benito Mussolini viele Vorlesungen und bildete sich umfassend weiter, wechselte dabei allerdings mehrfach seine Richtung. Aus heutiger Sicht würde man sagen, er konnte sich nicht zwischen Rechtsextremismus und Linksextremismus entscheiden. Während seiner Militärzeit beging er einmal Fahnenflucht, ein anderes Mal saß er

hinter Gittern, weil er seine Meinung zu offensiv vertreten hatte. Nach dem Ersten Weltkrieg gründete er eine eigene Zeitung, um seine sozial-revolutionären Ideen zu publizieren. Immer klarer wurde dabei, dass er überzeugter Nationalist war.

Der Diktator

Benito Mussolini verbot die Kritik strikt und nutzte die Presse, um den Kult um seine Person voranzutreiben. Er selbst sollte der unumstrittene Diktator sein, er hatte die Befehlsgewalt über die Miliz und die Gesetzgebungsgewalt. Außenpolitisch verbündete er sich mit dem nationalsozialistischen Deutschland und begründete die sogenannte Achse Berlin-Rom. Im Juni 1940 unterstützte Italien Deutschland im Zweiten Weltkrieg.

Das Ende

Italien musste im Zweiten Weltkrieg schon bald Verluste hinnehmen, was dazu führte, dass sich innenpolitisch Widerstand regte. Spätestens nach der Invasion der Westalliierten in Sizilien 1943 verlor Mussolini das Vertrauen des Volkes. Er wurde gestürzt und inhaftiert. Deutsche Fallschirmjäger befreiten ihn spektakulär aus seiner Haft und er erhielt von Hitler ein ständig schrumpfendes Staatsgebiet in Südtirol. Schließlich wurde Mussolini auf der Flucht von Freiheitskämpfern erschossen.

Benito Mussolini

Hitler und Mussolini

David Ben Gurion

Gründungsvater Israels

 * 16. Oktober 1886 in Plonsk
† 1. Dezember 1973 in Tel Aviv

David Ben Gurion

In seinem Ausspruch: „Wir werden mit den Briten gegen Hitler kämpfen, als ob es kein Weißbuch gäbe, und wir werden das Weißbuch bekämpfen, als ob es keinen Krieg gäbe", bringt Ben Gurion seine Politik während des Zweiten Weltkriegs treffend auf den Punkt.

Blick auf Jerusalem

■ David Ben Gurion war aktiv an der jüdischen Besiedlung Palästinas beteiligt und zählt zu den Gründervätern des Staates Israel.

Davis Gruen wird David Ben Gurion

Bereits mit 20 Jahren wanderte Davis Gruen, wie sein Geburtsname lautet, aus dem polnischen Plonsk nach Palästina aus. Er arbeitete in den jüdischen Kolonien und wurde trotz seiner Jugend schnell zu einem führenden Mitglied der Partei Poalei Zion – die Arbeiter von Zion – und entwickelte sich zu einer bedeutenden Persönlichkeit heran. 1910 nahm er den Namen Ben Gurion an.

Wegen seiner zionistischen Gesinnung wurde Ben Gurion von der türkischen Regierung aus Palästina ausgewiesen. Nach Ausbruch des Ersten Weltkriegs schloss er sich einem jüdischen Bataillon in der britischen Armee an, um für die Befreiung Palästinas von der türkischen Herrschaft zu kämpfen.

Zionismus

Nach dem Krieg wurde der Sozialist Generalsekretär der jüdischen Arbeitsbewegung in Palästina. 1930 wurde er außerdem Leiter der sozialistischen Mapai-Partei. 1935 ging der politische Aufstieg in der World Zionist Organisation weiter. Von 1935–48 führte Ben Gurion während der britischen Mandatsherrschaft über Palästina den Vorsitz über die Jewish Agency, das bedeutendste jüdische Repräsentativorgan.

Als die Briten kurz vor dem Ausbruch des Zweiten Weltkrieges im Weißbuch von 1939 die jüdische Einwanderung nach Palästina empfindlich einschränkten, begann ein Jahrzehnt des zionistischen Kampfes.

1942 entstand unter seiner Mitarbeit das sogenannte Biltmore-Programm, das eine massenhafte Einwanderung jüdischer Menschen nach Palästina plante und zur Gründung eines jüdischen Gemeinwesens aufrief. Nach dem Krieg wurden die Einwanderung und die Gründung von Siedlungen forciert. Ben Gurion führte den Kampf gegen die Briten an und hatte nur das eine Ziel vor Augen: den Aufbau einer Nation und eines Staates.

Der Staat Israel

Am 14. Mai 1948 verlas Ben Gurion die israelische Unabhängigkeitserklärung und führte die neue Nation im unmittelbar folgenden israelischen Unabhängigkeitskrieg. 1949 wurde er zum ersten Premierminister des Staates Israel ernannt. Während seiner beiden Regierungszeiten (1948–53 und 1955–63) gelang es ihm, den Staat politisch, militärisch und wirtschaftlich zu festigen.

Le Corbusier

Wegbereiter der modernen Architektur

eigentlich: Charles Édouard Jeanneret-Gris
* 6. Oktober 1887 in La Chaux-de-Fonds
† 27. August 1965 in Roquebrune-Cap-Martin

Le Corbusier

■ Le Corbusier gilt mit seinen zum Teil bis heute umstrittenen Bauwerken als einer der wichtigsten Wegbereiter der modernen Architektur. Le Corbusier wuchs in eine wohlhabenden Familie auf und besuchte 1900 die Kunstgewerbeschule in La-Chaux-de-Fonds, wo er ursprünglich einer Lehre als Graveur absolvieren wollte, sich dann jedoch zunehmend dem Studium der Architektur zuwandte. 1917 ging Le Corbusier nach Paris, wo er den Maler Amédée Ozenfant kennenlernte, mit dem er die Stilrichtung des Purismus begründete, die den Kubismus ablösen sollte.

Purismus

In ihrem gemeinsamen Manifest *Nach dem Kubismus* legten Le Corbusier und Ozenfant die Grundprinzipien des Purismus dar. Angestrebt wurde eine klare Malerei auf der Basis von einfachen, geometrischen Formen, die auf jegliches dekorative Beiwerk gänzlich verzichten sollte.

Architektur

Puristische und funktionalistische Ideen flossen auch in das architektonische Schaffen Le Corbusiers ein. Beispiele sind der Pavillon de l'Esprit Nouveau auf der Pariser Ausstellung (1925) und Teile der Weißenhofsiedlung in Stuttgart

(1927). Le Corbusier schuf im Laufe seines Lebens eine Vielzahl von architektonisch herausragenden Gebäuden auf der ganzen Welt. Zentrale Merkmale seines Stils sind der Kubus als Grundform mit einem Flachdach und großen Fenstern. In seinem Spätwerk distanzierte sich Le Corbusier von der rationalen Strenge seines bisherigen Stils und schuf mit der Wallfahrtskapelle Ronchamp bei Belfort (1955) ein experimentell-expressionistisch gestaltetes Bauwerk. Für die Sakralarchitektur des 20. Jahrhunderts ist der weltberühmte Kirchenbau wegweisend. Die beinahe fließenden Formen der Fassade stehen in starkem Kontrast zu den sonst streng geometrisch strukturierten Bauten Le Corbusiers.

Wallfahrtskapelle Ronchamp

Architektonische Erneuerung

Während des Zweiten Weltkriegs gründete Le Corbusier in Paris die Vereinigung der Konstrukteure für eine architektonische Erneuerung, um nach Kriegsende mit jungen Architekten den Wiederaufbau zu gestalten. Er schuf zudem mit dem *Modulor* ein am Maß des Menschen orientiertes Proportionssystem, das sowohl in der Technik als auch in der Architektur angewendet werden sollte.

Adolf Hitler

Auslöser der größten menschlichen Katastrophe in Europa

 * 20. April 1889 in Braunau am Inn, Österreich
† 30. April 1945 in Berlin

Adolf Hitler

■ Der Faschist Adolf Hitler beendete mit der Errichtung der nationalsozialistischen Diktatur die Weimarer Republik, löste eine unvorstellbare Verfolgung und Vernichtung der Juden aus und verursachte den Zweiten Weltkrieg.

Gesinnung

Hitler hing einer Ideologie an, die die Menschen in Rassen einteilt. Er verknüpfte charakterliche und konstitutionelle Eigenschaften mit rein äußerlichen Merkmalen. So eine Einteilung ist wissenschaftlich nicht haltbar. Darüber hinaus war er der Auffassung, dass die Deutschen der nordischen Rasse zuzuordnen seien, die allen anderen überlegen und besonders wertvoll sei. Er nannte sie Arier, und ihre typischen Merkmale waren helle Haare und Augen, Größe, Kraft und Belastbarkeit.

Hitler fühlte sich dazu berufen, Menschen, die seinen Vorstellungen von der nordischen Rasse entsprachen, dazu zu veranlassen, sich möglichst rege fortzupflanzen. Mütter bekamen Orden und Festtage. Der Höhepunkt der Rassenperversion war natürlich die Behandlung dessen, was als „lebensunwert" galt wie etwa erblich kranke oder behinderte Menschen und Juden. Aber auch die Einrichtung von sogenannten Lebensborn-Heimen, in denen „arische" Männer und Frauen zusammenkamen, um Kinder zu zeugen, die dann eine staat-

lich organisierte Erziehung erleiden mussten.

Hitlers Ziel war die Ausbreitung der nordischen Rasse. Um neuen Lebensraum im Osten für diese „Arier" zu gewinnen, begann er den Zweiten Weltkrieg.

Judenverfolgung

Die Nationalsozialisten machten die Juden einerseits für die Wirtschaftskrise der 20er-Jahre verantwortlich und andererseits fürchteten sie, dass das Erbgut der sogenannten Arier durch Vermischung mit jüdischem Schaden nehmen könnte. Umso erstaunlicher ist es, dass sich so viele Menschen vom Judenhass anstecken ließen und sich an der Verfolgung der Juden beteiligten.

Zunächst kam es zum Ausschluss der Juden vom öffentlichen Leben, sie wurden wegen ihres Glaubens und ihrer Abstammung ihrer Ämter enthoben. Im nächsten Schritt wurden wohlhabende Juden enteignet. Firmen- und Geschäftsinhabern wurde ganz offiziell ihr Hab und Gut entwendet und teilweise für einen Spottpreis an stramme Nazis verkauft. Schließlich mussten alle Juden, wenn sie ihre Wohnung verließen, den sogenannten Judenstern als Erkennungsmerkmal tragen. Jüdische Menschen waren damit jeglicher Persönlichkeitsrechte beraubt, ihnen Unrecht zu tun, war erlaubt. Ihren grausamen Höhe-

Hitler am Obersalzberg

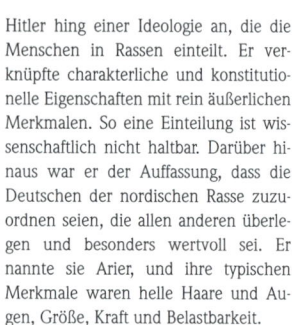

punkt fand die Judenverfolgung in der Deportation und systematischen Ermordung der jüdischen Bevölkerung in Konzentrationslagern. Im nationalsozialistischen Deutschland wurden sechs Millionen Menschen umgebracht, weil sie Juden waren.

Zweiter Weltkrieg

Hitler begann den Krieg mit einem Betrug. Er behauptete, polnische Soldaten hätten einen Wachturm angegriffen. Diese Lüge benutzte er 1939 als Legitimation für den Einmarsch in Polen. Zunächst konnte Hitler viele Siege verbuchen. Er bot England ein Bündnis an, das aber verweigert wurde. Hier erlebte Nazideutschland seine erste Niederlage, denn es verlor die Luftschlacht um England. 1941 kämpfte Hitler zusammen mit seinen Verbündeten Italien und Japan gegen Russland, England, Frankreich und die USA. Als Wendepunkt im Zweiten Weltkrieg wird allgemein die verlustreiche Schlacht von Stalingrad 1943 gesehen. Kurz danach erlangten die Alliierten die Lufthoheit über Deutschland und viele Städte wurden zerbombt. 1944 schließlich kam es zur Invasion an der Küste der Normandie. Dadurch musste Deutschland an zwei Fronten kämpfen. Es war schon lange offensichtlich, dass der Krieg nicht mehr zu gewinnen war, aber Hitler weigerte sich zu kapitulieren und schickte immer mehr Menschen in den Tod. Erst als die Alliierten von Osten her in Berlin ankamen und vom Westen aus an der Elbe standen, kapitulierte er, indem er sich das Leben nahm.

Wie konnte das passieren?

Heute fragen sich viele, wie es passieren konnte, dass so viele Menschen einer

Nationalsozialistischer Aufmarsch

völlig irrsinnigen Theorie auf den Leim gingen und sich vereinnahmen ließen oder sich zumindest nicht widersetzten. Dafür mag es mehrere Gründe geben. Zum einen verschaffte Hitler den Menschen in Deutschland, die unter dem verlorenen Ersten Weltkrieg, den schwer zu leistenden Reparationszahlungen und der Weltwirtschaftskrise litten, eine willkommene Aufwertung. Zum anderen überzeugte er dadurch, dass er mittels Staatsverschuldung vielen Arbeitslosen in der Rüstungsindustrie und im Straßenbau Arbeit verschaffte. Außerdem galt Gehorsam als Tugend, und es widersprach der deutsch-militärischen Erziehung, sich gegen Hitler und seinen autoritären Habitus aufzulehnen. Letztlich arbeitete die NSDAP auch sehr intensiv mit dem Mittel der Einschüchterung und Oppositionelle wurden verhaftet und womöglich umgebracht.

Ein Volk, ein Reich, ein Führer!

Propagandaplakat

Charlie Chaplin

Charlie Chaplin

Komikergenie der Stummfilmzeit

* 16. April 1889 in London
† 25. Dezember 1977 in Vevey

Chaplin in *Der große Diktator*

■ Chaplin gilt mit seinen filmischen Meisterwerken bis heute als einer der besten Komiker aller Zeiten. Chaplin wuchs als Sohn einer Künstlerfamilie auf und stand bereits im Alter von drei Jahren auf der Bühne. Chaplin tingelte als Komiker durch die USA und wurde 1913 auf seiner zweiten Tournee vom Slapstick-Produzenten Mack Sennett entdeckt. Chaplin arbeitete zunächst für ein Gehalt von 150 Dollar pro Woche für Sennetts Produktionsfirma.

Der Tramp

In seinem zweiten Film fand Chaplin die Verkleidung, die ihn weltberühmt machen sollte. Er zog ein Paar viel zu weite Hosen und viel zu große Schuhe an und trug dazu eine Melone auf dem Kopf sowie einen Stock in der Hand. In den Filmen *The Tramp* (1915) und *The Kid* (1921) spielte Chaplin meisterhaft die Rolle des in Würde verarmten, dandyhaften Tramps und kassierte dafür Millionengagen.

Filmproduktion mit United Artists

Mit einem ansehnlichen Vermögen ausgestattet, gründete Chaplin gemeinsam mit Mary Pickford und Douglas Fairbanks 1919 die Produktionsfirma United Artists. Der Charakter des Tramps wurde in den nun selbst produzierten Filmen kunstvoll weiterentwickelt. Es entstanden abendfüllende Spielfilme wie *Goldrausch* (1925), die beim Publikum großen Erfolg hatten.

Der große Diktator

Unverhohlene Kritik am NS-Regime übte Chaplin in dem Film *Der große Diktator* (1940), in dem er sich über die Person Adolf Hitlers lustig macht. Zum Zeitpunkt der Premiere wurde Hitler in der amerikanischen Öffentlichkeit jedoch noch unterschätzt, sodass dem Publikum erst später die ganze Tragweite von Chaplins genialer Persiflage auf den größenwahnsinnigen Diktator bewusst wurde. Als Chaplin 1952 nach England reiste, um einen Film zu promoten, wurde ihm die Wiedereinreise in die USA verwehrt. Er blieb daraufhin in Europa und bezog ein Landschloss am Genfer See.

Spätwerk

Das Spätwerk Chaplins erreichte mit Filmen wie *Ein König in New York* (1957) nicht die Qualität seiner frühen Werke. Nach seinem Tod wurde Chaplins Leiche vom Friedhof gestohlen. Nachdem die Leichenschänder gefasst worden waren, wurde seine Leiche im Friedhof von Vevey in der Schweiz erneut beerdigt.

Charles de Gaulle

Vater der Fünften Republik

* 22. November 1890 in Lille
† 9. Dezember 1970 in Colombey-les-Deux-Églises

Charles de Gaulle

■ Charles de Gaulle gilt als eine der führenden Figuren des französischen Widerstands gegen die deutschen Besatzungstruppen im Zweiten Weltkrieg.

Militärische Laufbahn

De Gaulle schlug nach Beendigung der Schule sofort eine militärische Laufbahn ein. 1909 trat er in die französische Armee ein und besuchte ab 1910 die angesehene Militärschule von Saint-Cyr.

Nach dem Ersten Weltkrieg wurde er Dozent für Militärgeschichte in Saint-Cyr. In dieser Zeit begann er, seine militärische Führungsphilosophie zu entwickeln, die auf der nationalen Anerkennung des Offiziers und seiner inneren Distanz zum Volk beruhte. Seit 1925 war de Gaulle im Obersten Kriegsrat vertreten. In seinen militärtheoretischen Werken favorisierte er den Einsatz von Panzern entgegen der vorherrschenden französischen Militärstrategie.

Im Frühjahr 1940 konnte de Gaulle bei der deutschen Invasion in Frankreich seine Theorie der mobilen Verteidigung erstmals in der Praxis erproben. Sie funktionierte zwar im Prinzip recht gut, konnte aber den Sieg der deutschen Wehrmacht nicht verhindern. De Gaulle musste nach Großbritannien fliehen, sein alter Befehlshaber Petain wurde unter der Vichy-Regierung zum Staatschef ernannt.

Résistance

Von London aus rief de Gaulle seine Landsleute über das Radio dazu auf, ihren Widerstand gegen die Besatzer nicht aufzugeben. Dadurch avancierte der Exilgeneral zur Symbolfigur der Résistance. 1940 wurde de Gaulle wegen seines Engagements für das von ihm gegründete Komitee France libre in Abwesenheit zum Tode verurteilt.

Nach der alliierten Invasion in die Normandie und der Befreiung Frankreichs hielt de Gaulle am 26. August 1944 einen triumphalen Einzug in Paris und wurde zum Chef der französischen Interimsregierung ernannt. Bereits 1946 reichte er aber seinen Rücktritt ein, da er in Verfassungsfragen eine andere Auffassung vertrat als das Parlament.

Während der französischen Staatskrise 1958 war er als letzter Ministerpräsident der Vierten Republik wieder zur Stelle. Er wurde mit weitreichenden Befugnissen ausgestattet und änderte die Verfassung. Die Fünfte Republik war geboren, ihr erster Präsident hieß Charles de Gaulle.

Nach einer gescheiterten Verfassungsreform trat er 1960 von seinem Amt zurück.

„Es ist schwer, ein Volk zu regieren, das 246 Sorten Käse hat", soll de Gaulle einmal über sein Amt gesagt haben.

Charles de Gaulle

Mao Tse-tung

Großer Vorsitzender und Steuermann

 * 26. Dezember 1893 in Shaoshan
† 9. September 1976 in Peking

Mao Tse-tung

■ Mao Tse-tung wurde als Sohn eines Bauern in der chinesischen Provinz Huang geboren und avancierte zum unangefochtenen Führer der chinesischen Revolution.

Bekanntschaft mit dem Marxismus

Nach dem Schulbesuch in seiner Heimat absolvierte er 1913–18 ein Lehrerseminar in Changsha, ging dann aber nach Peking und hielt sich dort als Aushilfsbibliothekar über Wasser.

Zu dieser Zeit machte der junge Mao Bekanntschaft mit dem Marxismus. Von nun an bekannte er sich zu dieser politischen Richtung. Als 1921 die Kommunistische Partei Chinas (KPC) gegründet wurde, war Mao mit von der Partie, zwei Jahre später trat er in deren Zentralkomitee und Politbüro ein. Zu dieser Zeit hatte sich die KPC mit der größten Partei Chinas, der Kuomintang (KMT), zusammengeschlossen.

Mitte der 20er-Jahre geriet Mao in Opposition zur Parteilinie und wurde zeitweise aus der Partei ausgeschlossen. Die Lage verschärfte sich, als KPC und KMT sich spalteten und Letztgenannte einen blutigen Feldzug gegen die Kommunisten begann.

> **MAOBIBEL**
>
> Mao sammelte und veröffentlichte eine Auswahl seiner Gedanken im sogenannten *Roten Buch*, das auch als *Maobibel* bezeichnet wurde.

Mao und Lin Piao

Vom langen Marsch zur Kulturrevolution

Mao gründete in der südöstlichen Provinz Jiangxi indessen eine Räterepublik und die Rote Armee. Auch hier schlug die KMT zu und so begab sich Mao mit seinen Anhängern auf den „langen Marsch" in den Nordwesten Chinas. Auf diesem Marsch festigte sich seine Position innerhalb der KPC, Mao wurde zum unangefochtenen Führer.

Nach dem Ende des Zweiten Weltkriegs eroberte die Rote Armee das gesamte chinesische Territorium, das Mao am 1. Oktober 1949 in Peking zur Volksrepublik China proklamierte. Mao nutzte seine enorme Machtfülle, um seine Position weiter zu festigen. Aufgrund des Misserfolgs seiner Wirtschaftspolitik, die keinen Durchbruch zur Industrialisierung zeitigte, trat Mao auf parteiinternen Druck 1959 als Staatspräsident zurück.

Ab 1962 eröffnete Mao mit Unterstützung der Armee eine „sozialistische Erziehungskampagne" unter der Bevölkerung. 1965/66 meldete er sich dann auch wieder an der Spitze seines Landes zurück, startete mit der „Kulturrevolution" eine beispiellose Säuberungsaktion und förderte den Führerkult um seine Person. Nach seinem Tod 1976 kam es zu einer weiteren Säuberungswelle, der nun seine Anhänger zum Opfer fielen. Erst in den 1980er-Jahren entspannte sich das Verhältnis wieder.

Bertolt Brecht

Meister des gesellschaftskritischen Dramas

* 10. Februar 1898 in Augsburg
† 14. August 1956 in Berlin

■ Brecht gehört mit seinem revolutionären Konzept des epischen Theaters zu den wichtigsten gesellschaftskritischen Dramatikern und Lyrikern des 20. Jahrhunderts. Brecht wuchs als Sohn des Direktors einer Papierfabrik auf und zeigte bereits als Kind Tendenzen zur Auflehnung gegen Autoritäten wie Elternhaus und Schule. In München studierte Brecht zeitweise Naturwissenschaften, Medizin und Literatur (1917). Er brach das Studium jedoch schon bald ab, um sich vornehmlich der Schriftstellerei zu widmen.

Erfolg mit Dramen

Scharfe Kritik an der bürgerlichen Gesellschaft äußerte Brecht bereits in seinem ersten Drama *Baal* (1919). Weitere noch stark expressionistisch geprägte frühe Stücke sind *Trommeln in der Nacht* (1919) und *Im Dickicht der Städte* (1923).

Marxistische Einflüsse

Das Werk Brechts weist deutliche marxistische Einflüsse auf, die aus Brechts 1924 beginnender Tätigkeit als Dramaturg an Max Reinhardts Deutschem Theater in Berlin stammen. In Berlin kam Brecht zunächst eher zufällig mit dem Marxismus in Berührung. Er vertiefte sich in das Studium der Schriften Hegels und Marx' und entwickelte sich

in den folgenden Jahren zum überzeugten Marxisten.

Die Dreigroschenoper

Der Durchbruch als Dramatiker gelang Brecht 1928 mit dem antibürgerlichen Bühnenstück *Die Dreigroschenoper*. Das Stück spielt im Londoner Stadtteil Soho des 18. Jahrhunderts, der von kriminellen Gestalten kontrolliert wird. Im Mittelpunkt steht der Konflikt zwischen Bettlerkönig Peachum und dem schmierigen Halsabschneider Macheath. Berühmt ist vor allem der Song *Die Moritat von Mackie Messer*.

Gang ins Exil

Nach dem Reichstagsbrand von 1933 ging Brecht ins Exil. In Dänemark entstand mit *Leben des Galilei* (1939) ein weiteres bedeutendes Drama. Zentrales Thema ist der unerschütterliche Glaube an die Kraft der Vernunft. Andere bis heute häufig gespielte Bühnenstücke, die um dieses Thema kreisen, sind die Dramen *Der gute Mensch von Sezuan* (1939) und *Mutter Courage und ihre Kinder* (1939). Ab 1941 lebte Brecht in Kalifornien, wo er den *Kaukasischen Kreidekreis* (1944) in Anlehnung an eine chinesische Legende verfasste. Während seiner letzten Lebensjahre kehrte Brecht wieder nach Europa zurück. 1949 gründete er mit Helene Weigel das Berliner Ensemble.

Bert Brecht

Brechts und Weigels Grab in Berlin

Ernest Hemingway

Meister der Kurzgeschichte

* 21. Juli 1899 in Oak Park
† 2. Juli 1961 in Ketchum

Ernest Hemingway

■ Hemingway gilt als Meister der Kurzgeschichte und zählt zu den erfolgreichsten Schriftstellern des 20. Jahrhunderts. Hemingway wuchs gemeinsam mit fünf Geschwistern als Sohn eines Arztes und einer Opernsängerin auf. Er war während seiner Schulzeit ein begeisterter Sportler, entschloss sich jedoch, Journalist zu werden. Ein Volontariat beim *Kansas City Star* brach Hemingway ab, um sich 1918 freiwillig beim Roten Kreuz zu melden. Als Sanitäter an der norditalienischen Front wurde er zweimal schwer verwundet. Ein traumatisches Erlebnis, das für Hemingway zu einem wichtigen literarischen Motiv wurde. Viele seiner Werke kreisen um die Angst vor dem Tod.

DER ALTE MANN UND DAS MEER

Der Roman handelt von dem armen kubanischen Fischer Santiago, der nach 84 erfolglosen Ausfahrten einen riesigen Schwertfisch fängt. Bei der Rückfahrt wird sein Fang, den er am Boot befestigt hat, jedoch von Haien aufgefressen. Trotzdem macht sich der Fischer wieder auf den Weg. Der Roman stellt eine Parabel über das vergebliche Streben des Menschen nach Erfolg dar.

Reporter und Schriftsteller

Hemingway war nach dem Ersten Weltkrieg als Reporter und Schriftsteller tätig. Er berichtete von internationalen Krisenherden wie dem Griechisch-Türkischen Krieg (1922), dem Spanischen Bürgerkrieg (1936–39) und er nahm als Kriegsberichterstatter während des Zweiten Weltkriegs an der Landung in der Normandie und der Befreiung von Paris teil. 1939 ging Hemingway nach Kuba, wo auch sein Meisterwerk *Der alte Mann und das Meer* (1952) spielt, für das er 1954 den Literaturnobelpreis erhielt. Nach der kubanischen Revolution verließ Hemingway die Antilleninsel und kehrte in die USA zurück.

Tollkühner Abenteurer

Hemingway war ein begeisterter Großwildjäger. Neben der Jagd liebte er auch den Boxkampf und vor allem den Stierkampf, den er in *Tod am Nachmittag* (1931) beschreibt. Hemingway riskierte während seiner Einsätze als Kriegsberichterstatter oftmals sein Leben. Es erscheint somit umso tragischer, dass sich der große Schriftsteller schließlich selbst das Leben nahm.

Depressionen, Alkoholsucht und Selbstmord

Hemingway litt zeitlebens an Depressionen. Genau wie sein Vater beging Hemingway, der auch an Arteriosklerose erkrankt war, im Alter von 61 Jahren Selbstmord. Weitere wichtige Werke Hemingways sind *Die grünen Hügel Afrikas* (1935), *Schnee am Kilimandscharo* (1936) und *Wem die Stunde schlägt* (1940).

Hemingway als Großwildjäger

Alfred Hitchcock

Der Meister des Thrillers

* 13. August 1899 in London
† 29. April 1980 in Los Angeles

Alfred Hitchcock

■ Hitchcock gilt zwar unbestritten als bedeutendster Thriller-Regisseur der Filmgeschichte, trotzdem gewann er niemals einen Oscar als Regisseur. Zumindest erhielt sein Film *Rebecca* 1940 als bester Film und für die beste Kameraführung zwei der begehrten Filmpreise. Kurz vor seinem Tod wurde Hitchcock zudem noch mit einem Ehrenoscar für sein Lebenswerk ausgezeichnet. Zu den herausragenden Leistungen Hitchcocks als Regisseur gehört die Schaffung einer konsequenten visuellen Filmsprache sowie die perfekte Handhabung des Suspense-Prinzips, mit dem der Zuschauer bis zum Schluss in einen intensiven Spannungszustand versetzt wird.

Die Tricks des Meisters

Hitchcock begann seine Karriere als Regisseur in England und ging in den 1930er-Jahren nach Hollywood, wo er bald den Ruf erlangte, Meister seines Fachs zu sein. Bemerkenswert an den Thrillern von Hitchcock ist neben seinem fein dosierten britischen Humor die Rolle der Polizei, die, von wenigen Ausnahmen abgesehen, nicht zur Klärung eines Falles beiträgt, sondern zumeist relativ unfähig erscheint. Die Helden von Hitchcock sind meistens durchschnittliche Alltagsmenschen, die dem Zuschauer ein großes Identifikationspotenzial bieten. Ein sehr häufig von Hitchcock angewandter Trick, um einer Handlung eine unvorhergesehene Wendung zu geben, ist der sogenannte „MacGuffin". Dabei handelt es sich um Objekte oder Personen, welche die Handlung vorantreiben, ohne selbst wirklich von Bedeutung zu sein, oder um ein Geheimnis, das der Mörder mit dem Zuschauer teilt. In dem Film *Cocktail für eine Leiche* (1948) bringen beispielsweise zwei Studenten einen Kommilitonen um und verstauen die Leiche in einer Truhe, auf der später das Buffet serviert wird. Der Zuschauer teilt auf diese Weise die Sorge der Mörder, dass die Leiche entdeckt werden könnte.

Oscar-Statue

Linus Pauling

Amerikanischer Chemiker

* 28. Februar 1901 in Portland
† 19. August 1994 in Big Sur, Kalifornien

Linus Pauling

Pauling um 1954

■ Der zweifache Nobelpreisträger Linus Pauling verband die Erkenntnisse aus der Quantenmechanik mit Kenntnissen aus der Chemie zu molekularen Verbindungen. Des Weiteren erforschte er die biologischen Funktionen von Molekülen, vor allem von Proteinen, und lieferte damit wichtige Beiträge zur chemischen Biologie.

Studien

Linus Pauling war schon zu Schulzeiten begeistert von chemischen Experimenten. Dementsprechend war es für ihn naheliegend, sich 1971 in Portland für ein Chemiestudium einzuschreiben. Allerdings hatte weder seine Familie noch er besonders viel Geld, sodass er nebenher arbeiten musste. Mehr als einmal stand er kurz davor, sein Studium aus Geldnöten abzubrechen. Trotzdem gelang es ihm 1922, sein Studium zu beenden und sogar noch eine Promotion in Pasadena anzuschließen. Nach einem Forschungsaufenthalt in Europa, u. a. bei Bohr in Kopenhagen, nahm er eine Dozentenstelle an der Universität von Pasadena an, die 1931 zu einer Professur aufgestockt wurde.

> Linus Pauling ist neben Marie Curie der einzige Wissenschaftler, der jemals zwei Nobelpreise in unterschiedlichen Kategorien erhielt. Er war der zweite Mensch überhaupt, der doppelt ausgezeichnet wurde.

Forschung

Linus Pauling war einer der Ersten, der die Quantenmechanik zur Beschreibung von Molekülen und deren Bindungen heranzog. Ein zentraler Aspekt seiner Untersuchungen war dabei die Polarität der Moleküle. Mit dem Konzept der Elektronennegativität konnte er ein Maß für diese Polarität und damit für die Neigung, Bindungen einzugehen, entwickeln. Seine Untersuchungen veröffentlichte er 1939 in dem Buch *The Nature of the Chemical Bond*. Darüber hinaus befasste sich Pauling intensiv mit der biologischen Funktion von Molekülen. Er konnte z. B. nachweisen, dass sich die Molekularstruktur von Hämoglobin verändert, wenn es Sauerstoff bindet. Für seine Arbeiten zur molekularen Chemie erhielt Pauling 1954 den Nobelpreis.

Pazifist

Der Atombombeneinsatz im Zweiten Weltkrieg alarmierte zahlreiche Wissenschaftler, so auch Linus Pauling. Der zutiefst beunruhigte Chemiker wies auf zahlreichen Konferenzen auf die biologischen Gefahren der radioaktiven Strahlung hin und organisierte Petitionen gegen die militärische Nutzung dieser Technik. Seiner Initiative schlossen sich weltweit zahlreiche Wissenschaftler an. Für sein pazifistisches Engagement erhielt er 1962 den Friedensnobelpreis.

Louis (Satchmo) Armstrong

Die Stimme des Jazz

* 4. August 1901 in New Orleans
† 6. Juli 1971 in New York

■ Aufgrund seiner stilbildenden instrumentalen Kompetenz gilt Armstrong bis heute als der populärste Jazzmusiker.

Von ganz unten in den Jazz-Olymp

Armstrong wuchs in ärmlichsten Verhältnissen auf und wurde 1913 in eine Besserungsanstalt für Jugendliche gesteckt, nachdem er zu Silvester mit einem Revolver einige Schüsse in die Luft abgegeben hatte. Um die ärmliche Kindheit Armstrongs ranken sich zahlreiche Legenden. Seine Mutter arbeitete zeitweise als Prostituierte. Die ersten musikalischen Schritte machte er im Alter von sieben Jahren, als er gemeinsam mit Freunden auf der Straße sang. In einer Dancehall in der Nähe seiner Wohnung hörte er erstmals die Musik, die später unter der Bezeichnung „Jazz" bekannt wurde. 1920–22 spielte Armstrong bei Joe „King" Oliver in Chicago und 1924 in der berühmten Band von Fletcher Henderson in New York. In der Folgezeit bildete „Satchmo" eigene Bandformationen wie die *Hot Five* und die *Hot Seven,* mit denen er auch seine ersten Platten aufnahm. Viele der Aufnahmen, die Armstrong mit seinen ersten Bands einspielte, haben bis heute den Status absoluter Meilensteine der Jazzgeschichte.

Weltruhm

Im Laufe der 30er-Jahre entdeckte Armstrong den Swing-Jazz für sich und trat mit Big Bands wie dem Orchester von Luis Russell auf. Sein unvergleichlicher Trompetenstil in Verbindung mit seiner markanten rauchigen Stimme wurde bald weltbekannt. Ab Mitte der 40er-Jahre kehrte Armstrong wieder zu seinen musikalischen Wurzeln zurück, um mit kleineren Bands den New-Orleans-Jazz und den Dixielandstil erneut zu kultivieren.

Louis Armstrong

Einsatz für die Rassenintegration

Armstrong wurde von so manchem schwarzen Musiker vorgeworfen, sich zu stark an die weiße Kultur angepasst zu haben. Er war jedoch keinesfalls ein Opportunist, denn er kritisierte mehrmals öffentlich den in den USA grassierenden Rassismus und setzte sich aktiv für den Abbau der Rassendiskriminierung ein.

Ausnahmetrompeter

Armstrong gilt als bester Trompeter in der Geschichte der Jazzmusik. Mit seiner Spieltechnik vermochte er dem Jazz völlig neue Impulse zu geben. Darüber hinaus war Armstrong auch ein glänzender Entertainer mit einem ausgeprägten Sinn für Humor. Armstrongs instrumentaler Stil war wegweisend für alle nachfolgenden Musikergenerationen. Das Jazzsolo, der Scat-Gesang, das Vocalese, das Glissando und nicht zuletzt der Swing waren jazzmusikalische Innovationen, an deren Durchbruch Armstrong entscheidend beteiligt war.

Louis Armstrong

Walt Disney

Genialer Grenzgänger zwischen Kunst und Kommerz

eigentlich: Walter Elias Disney

 * 5. Dezember 1901 in Chicago
† 15. Dezember 1966 in Los Angeles

Walt Disney

Disney mit einigen seiner Schöpfungen

Walt Disney und Wernher von Braun, 1954

■ Disney ist einer der größten Pioniere der Trickfilmkunst und zugleich der Schöpfer eines gewaltigen Vermarktungsimperiums für seine Figuren. Disney wuchs als Sohn eines Bauunternehmers auf und absolvierte am Kansas City Art Institute eine Ausbildung als Zeichner. 1923 ging Disney nach Los Angeles. Gemeinsam mit dem Zeichnerkollegen Ub Iwerks gründete er in Hollywood eine Produktionsfirma für Zeichentrickfilme.

Micky Maus

Es entwickelte sich eine Arbeitsaufteilung, bei der Disney für die Konzeption der Figuren und Iwerks für die Ausführung zuständig war. 1927/28 schufen beide die weltberühmte Micky Maus, die durch den überwältigend erfolgreichen Film *Steamboat Willie* (1928) zum Star wurde. Der Film stellte eine Sensation dar, da es sich um den ersten tonunterlegten Zeichentrickfilm handelte.

Das Disney-Animation-Studio

Disney wollte in seinen Zeichentrickfilmen die Bewegung der Bilder mit dem Rhythmus der Musik synchronisieren. Ein hoher technischer und künstlerischer Anspruch, der in der Serie *Silly Symphonies* perfekt umgesetzt wurde.

Es entstanden über 70 Kurzfilme, in denen die Bewegungsabläufe meisterhaft mit der Musik harmonierten. Beispiele sind *The Skeleton Dance* (1929) und *Das hässliche Entlein* (1938). Der erste farbige Zeichentrickfilm war 1932 *Blumen und Bäume*. Der große Erfolg seiner Filme erlaubte Disney die Einrichtung eines eigenen Filmstudios. 1934 beschäftigte das Disney-Animation-Studio bereits über 7000 Mitarbeiter.

32 Oscars

Begleitet wurden Disneys Filmerfolge von einem immer größer werdenden Vermarktungsapparat, der sich um die weitere kommerzielle Verwertung des Filmmaterials zum Beispiel in Form von Spielzeugfiguren kümmerte. Mit dem Film *Die drei kleinen Schweinchen* (1932) landete Disney ebenfalls einen Riesenerfolg und erhielt den ersten von insgesamt 32 Oscars. In der Folgezeit entstanden weltberühmte Comicfiguren wie Minni Maus, Pluto, Goofy und vor allem der ewig mürrische Donald Duck.

Der erste abendfüllende Trickfilm

Disney verfolgte beharrlich das Ziel, einen abendfüllenden Zeichentrickfilm zu verwirklichen. Dies gelang ihm 1937 nach dreijähriger Produktionszeit mit

Disneyland in Anaheim

Schneewittchen und die sieben Zwerge, was wieder ein absoluter Kassenschlager wurde. Disney wusste, dass die noch sehr kurzen Trickfilme nur im Vorprogramm der Kinos liefen und dass ihr Erfolg von der Qualität des Hauptfilms abhängig war. Um einen größeren Markt zu erreichen, investierte er enorm viel Zeit und Geld. Für seinen ersten abendfüllenden, farbigen und vertonten Trickfilm setzte Disney sein gesamtes Vermögen ein. Als der Film fertig war, standen die Disney-Studios am Rande des Ruins. Ein Team von 570 Zeichnern erstellte für den Film über eine Million einzelner Bilder. Die Produktion hatte insgesamt rund 1,5 Millionen Dollar verschlungen. An der Kinokasse spielte die Verfilmung des Stoffes der Brüder Grimm allerdings über acht Millionen Dollar ein, womit die Disney-Studios mehr als saniert waren.

Neue Ideen

Nach dem Zweiten Weltkrieg wandte sich Disney verstärkt dem Realfilm zu und produzierte u. a. die Jules-Verne-Verfilmung *20.000 Meilen unter dem Meer*. Disney drehte 19 Filme wie zum Beispiel das Musical *Mary Poppins* (1964) mit dem Regisseur Robert Ste-

venson. Daneben entstanden Klassiker des Zeichentrickfilms wie *Alice im Wunderland* (1951), *Peter Pan* (1953), *Susi und Strolch* (1955) und *Dornröschen* (1959). James Algar, ein Mitarbeiter Disneys, begründete zudem mit *Die Wüste lebt* (1953) das neue erfolgreiche Genre des Naturfilms.

Disney schuf unsterbliche Figuren wie Micky Maus und Donald Duck, mit denen er die Grundlage für ein riesiges Medienimperium legte.

Vom Kino zum Fernsehen

Die Walt Disney Studios waren die erste Filmgesellschaft, die in das neue Medium Fernsehen einstieg und deren Serie *Disneyland* so erfolgreich war, dass Disney mit den Einnahmen endlich einen lang gehegten Traum in die Tat umsetzen konnte: 1955 entstand der Disneyland-Vergnügungspark in Anaheim, Los Angeles. Bereits 1951 erschien die erste Ausgabe der Micky-Maus Heftreihe und 1967 das erste *Lustige Taschenbuch*. Das idyllische Entenhausen und andere Schauplätze der Geschichten sind an die Kleinstadt Marceline, in der Disney aufwuchs, angelehnt. Kurz vor der Fertigstellung von *Das Dschungelbuch* starb Disney 1966 in Burbank an Lungenkrebs. In Orlando, Florida wurde 1971 der zweite Disney-Vergnügungspark eröffnet.

Werner Karl Heisenberg

Mitbegründer der Quantenmechanik

* 5. Dezember 1901 in Würzburg
† 1. Februar 1976 in München

Werner Heisenberg

Werner Heisenberg

■ Der deutsche Physiker Werner Karl Heisenberg erforschte in seinen Arbeiten die Struktur und Mechanik atomarer Teilchen. Seine Unschärferelation widerlegt die Annahme von absoluter Genauigkeit in der Quantenmechanik.

Professoren

Heisenbergs Vater August war ein bekannter Byzantinist, der in München einen Lehrstuhl innehatte. Der Professorensohn begann 1920 in München ein Studium der Physik, das er in Göttingen fortsetzte und 1924 mit einer Promotion über die Bewegung von Teilchen in Flüssigkeiten beendete. Im Anschluss nahm er eine Assistentenstelle an und habilitierte sich. Einen tiefen Einfluss auf Heisenbergs weiteren Werdegang hatten die Jahre 1924/25, in denen er in Kopenhagen mit Niels Bohr arbeitete. Bohrs Atommodell, ein Kern, um den sich in genau definierten Bahnen Neutronen bewegen, stand experimentellen Ergebnissen entgegen. Dieser Widerspruch ließ Heisenberg keine Ruhe. Er entwickelte 1924–27 eine neue theoretische Grundlage für die Mechanik der kleinsten Teilchen.

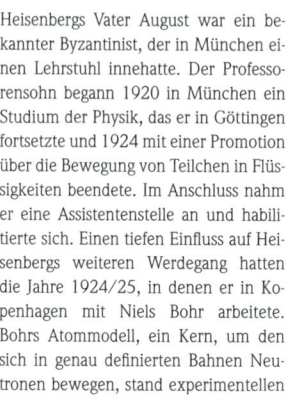

Heisenberg arbeitete während des Krieges unengagiert an der Forschung zur Kernspaltung und damit an Techniken zum Bau der Atombombe. Von nationalsozialistischer Seite wurde er vorher wegen seiner Theorien angefeindet.

Unschärfe

Heisenberg bestritt die Möglichkeit, Ort und Impuls eines Teilchens gleichzeitig mit absoluter Genauigkeit bestimmen zu können. Je genauer der Ort eines Teilchens bestimmt wird, desto ungenauer wird die Bestimmung des Impulses, also der Bewegung. Dasselbe gilt umgekehrt für die Bestimmung der anderen Größe. Dieses Prinzip der Unschärfe gilt auch für weitere sich gegenseitig beeinflussende physikalische Größen der Quantenmechanik. Damit stellte Heisenberg die genaue Berechenbarkeit und die deterministische Abhängigkeit von physikalischen Größen in Frage. Diese Theorie konnte Heisenberg mittels Matrizenrechnung mathematisch beschreiben. Für seine revolutionären Arbeiten zur Quantenmechanik erhielt er 1932 den Physik-Nobelpreis.

Werdegang

Heisenbergs Publikationen waren bahnbrechend und rückten ihn ins Rampenlicht der Physikergemeinde. Er erhielt einen Ruf nach Leipzig und trat dort 1927 eine Professorenstelle an. Diese hatte er inne, bis er 1941 an das Kaiser-Wilhelm-Institut nach Berlin wechselte und an der dortigen Universität lehrte. Nach dem Krieg wurde er in England interniert. Nach seiner Rückkehr übernahm er die Leitung des Max-Planck-Instituts für Physik.

Karl Raimund Popper

Begründer des kritischen Rationalismus

* 28. Juli 1902 in Wien
† 17. September 1994 in Croyden

■ Der österreichisch-britische Sir Karl Raimund Popper ist einer der einflussreichsten Wissenschaftstheoretiker des 20. Jahrhunderts.

Wiener Kreis

Popper lebte, lernte und lehrte die ersten 35 Jahre in Wien. Dort begann er Psychologie, Mathematik und Physik zu studieren. Seine Studienzeit schloss er 1928 mit der Promotion ab. Doch auch danach beteiligte er sich am wissenschaftlichen Diskurs. Er suchte die Nähe zu einer Gruppe von Philosophen und Wissenschaftlern, die überwiegend Vertreter einer positivistischen Wissenschaftstheorie waren. Doch Popper suchte keine Brüder im Geiste, sondern die Auseinandersetzung. In der Schrift *Logik der Forschung* kritisierte er 1934 den Standpunkt der Positivisten. Seine Auseinandersetzung mit dem sogenannten „Wiener Kreis" wurde durch die politischen Ereignisse beendet.

Neuseeland und London

Um sich dem Einfluss der Nationalsozialisten zu entziehen, zog der gebürtige Jude Popper nach Neuseeland. Dort unterrichtete er an der Canterbury University in Christchurch. Doch Popper fühlte sich in Neuseeland nicht zu Hause und zog nach dem Ende des Krieges nach London. Er nahm eine Dozentenstelle an der London School of Economics an. In dieser Position brachte er es zu großem Ansehen. Ausdruck seines Erfolges ist nicht nur die Mitgliedschaft in der Royal Society, sondern auch der Adelsschlag, der ihn 1965 zum Ritter der Königin machte.

Karl Popper

Kritischer Rationalismus

In Wien setzte sich Popper mit den Theorien der Positivisten des Wiener Kreises auseinander. Diese vertraten eine induktive Methode der Forschung. Danach soll eine Theorie überprüft werden, indem eine zu der Theorie passende Beobachtung wiederholt wird. Doch Popper wies auf die Fehlbarkeit des menschlichen Verstandes hin. Um die allgemeine Gültigkeit einer Theorie zu beweisen, seien Beobachtungen unter allen möglichen Situationen nötig. Eine unendliche Anzahl an Beobachtungen könne aber nicht erbracht werden. Daher forderte er, nicht nach Beweisen für eine Theorie zu suchen, sondern nach Beobachtungen, die diese Theorie widerlegen. Solange solche Beobachtungen nicht gemacht würden, sei eine Theorie wahr. Endgültig unwiderlegbares Wissen könne allerdings nie erreicht werden.

POSITIVISMUSSTREIT

In den 60er-Jahren wurde die Soziologie von einem Streit um den richtigen Weg zur Erkenntnis bestimmt. Den kritischen Rationalisten standen Vertreter der neomarxistischen Frankfurter Schule gegenüber, darunter Adorno und Habermas.

Karl Popper

Theodor W. Adorno

Deutscher Philosoph und Gesellschaftskritiker

* 11. September 1903 in Frankfurt am Main
† 6. August 1969 in Visp, Schweiz

Theodor Adorno

Theodor Adorno

■ Theodor Wiesengrund Adorno ist der wichtigste Vertreter der sogenannten Frankfurter Schule. Neben Philosophie und Soziologie beschäftigte er sich mit Musik und Literatur. Bekannt wurde er aber für seine gesellschaftskritischen Schriften.

Frankfurt

Der spätere Philosoph wuchs in Frankfurt am Main in bürgerlichem Umfeld auf. Schon früh offenbarte sich sein vielfältiges Talent. Am heimischen Klavier übte er das Spiel und die Komposition. Auch mit philosophischen Texten Kants beschäftigte sich Adorno schon als Schüler. Das Gymnasium verließ er 1921. Sein Abitur war mit Abstand das beste des Jahrgangs. Auch sein Studium in Frankfurt beendete er mit Bravour. Adorno benötigte nur drei Jahre für seine Universitätszeit und Promotion. Seinen Doktor machte er in Philosophie. Nach dem Erwerb dieses akademischen Grades lehrte er einige Jahre in Frankfurt. Dort war er nach seiner Habilitation ab 1931 einige Jahre am renommierten Frankfurter Institut für Sozialforschung beschäftigt.

Flucht

Am Institut befasste sich Adorno mit marxismustheoretischen Fragen. Doch nach der Machtübernahme durch die Nationalsozialisten drohte dem jüdischstämmigen Philosophen Gefahr. Adorno war zur Flucht nach England gezwungen. Dort kam er kurz in Oxford unter bevor er 1938 nach Amerika weiter reiste. Dort arbeitete er zunächst am neuen Institut für Sozialforschung in New York und einem Princeton Radio Research Project, wo er ein musiktheoretisches Forschungsprojekt leitete. Nach drei Jahren an der Ostküste Amerikas zog es ihn in den Westen. Dort fand er in Los Angeles eine große Gemeinde deutscher Immigranten und in Max Horkheimer einen Partner des intellektuellen Austausches. Zusammen mit diesem schrieb er 1947 sein Hauptwerk *Dialektik der Aufklärung*.

Rückkehr

Adornos enge Beziehung zu Horkheimer setzte sich auch nach Ende des Zweiten Weltkrieges fort. Beide zogen 1949 nach Frankfurt. In seiner Geburtsstadt nahm Adorno eine Professur an der Universität an. Als das Institut für Sozialforschung 1953 wieder eröffnete, übernahm der Philosoph dessen Leitung. Seine Zeit als Professor in Frankfurt wurde Ende der 60er-Jahre von den Studentenunruhen bestimmt. Adornos kritische Gesellschaftstheorien fanden unter den Studenten anfänglich großen Zuspruch. Doch als sich nach der Zuspitzung der politischen Situation 1967 die „Außerparlamentarische Opposition" radikalisierte, waren einige der radikaleren Studenten von Adorno enttäuscht.

Sie warfen ihm politische Zurückhaltung vor, störten seine Vorlesungen und besetzten das Institut. Es kam sogar zu ei-

> Als Musterschüler und schneller Student glänzte Adorno schon früh mit seiner Begabung.

nem Gerichtsprozess, in dem Adorno einem seiner Studenten gegenüberstand. Auf dem Höhepunkt der Auseinandersetzungen suchte Adorno Erholung und machte Urlaub in der Schweiz. Doch dort erlag er einem Herzversagen.

Hauptwerk

In seinem Hauptwerk *Dialektik der Aufklärung* setzten sich Adorno und Horkheimer mit gesellschaftlichen Phänomenen ihrer Zeit auseinander. Die Schrecken von Nationalsozialismus und Stalinismus werden dabei als Folge der Aufklärung interpretiert. Nach Adorno sei eine Folge der Aufklärung die Idee, die Natur verstehen und gestalten zu können. Dieser Gedanke beschränke sich aber nicht auf die Natur, sondern richte sich gegen den Menschen selbst. Aus dem eigentlich optimistischen Ideal einer zum Besseren gestaltbaren Welt entstehen nach Adorno neue Zwänge. Die Technik zur Naturbeherrschung richte sich gegen ihren Schöpfer. Auch in der modernen Gesellschaft finde sich dieser ungewünschte Effekt der Aufklärung. Hier sei es die rationale Tauschlogik des Kapitalismus, die dem Menschen neue Zwänge auferlege. Adorno sah also in der Aufklärung, die den Menschen befreien sollte, gleichzeitig neue Beschränkungen. Daher forderte er, die Aufklärung kritisch zu analysieren und diese sozusagen „aufzuklären".

Streit

Mit Adornos kritischer Einstellung gegenüber dem fortschrittsgläubigen Optimismus der Aufklärung war eine Ablehnung der positivistischen Methodenlehre verbunden. Adorno sah nicht, wie durch Wiederholung von Experimenten und Beobachtungen Theorien für die Sozialwissenschaften gewonnen werden könnten. So sei Erkenntnis nur auf Basis der schon vorhandenen Erfahrungen möglich, denn Theorien und Experimente könnten so ja nicht völlig neu entwickelt werden. Als Vertreter der Frankfurter Schule forderte Adorno hingegen, auch den historischen und gesellschaftlichen Hintergrund in die Theoriebildung einzubeziehen und dialektisch zu neuer Erkenntnis zu gelangen. Damit stand Adorno im Gegensatz zu Karl Popper, der als Begründer des kritischen Rationalismus eben empirische Methoden als Weg zu neuem Wissen sah. Der Methodenstreit zwischen den Vertretern dieser beiden Standpunkte ging als Positivismusstreit in die Wissenschaftsgeschichte ein.

In Adornos Leben nahm die klassische Musik stets einen hohen Stellenwert ein. Er spielte selbst begeistert Klavier und komponierte. Allerdings war seinen Werken zu Lebzeiten kein Erfolg beschieden. Nach seinem Tod wurden einige seiner Klavierkompositionen aufgeführt.

MUSIK

In Adornos Leben nahm die klassische Musik stets einen hohen Stellenwert ein. Er spielte selbst begeistert Klavier und komponierte. Allerdings war seinen Werken zu Lebzeiten kein Erfolg beschieden. Nach seinem Tod wurden einige seiner Klavierkompositionen aufgeführt.

Theodor Adorno

Konrad Lorenz

Begründer der Verhaltensforschung

* 7. November 1903 in Wien
† 27. Februar 1989 in Altenberg

Konrad Lorenz

■ Konrad Lorenz begründete die Ethologie, die Verhaltensforschung bei Tieren. Der Österreicher bezeichnete sich selbst als „Tierpsychologe".

Medizin und Zoologie

Schon früh zeigte sich das Interesse des jungen Konrad Lorenz an Tieren. Er hielt sich Fische, Vögel, Affen, Katzen und Hunde; über seine Vogelbeobachtungen führte er schon als Kind Tagebuch. Dennoch folgte er zunächst dem Wunsch seiner Eltern und studierte wie sein Vater Humanmedizin, machte aber später seinen Doktor in Zoologie. 1935 publizierte Lorenz mehrere Artikel über das Verhalten von Graugansküken. Dabei konnte er beobachten, dass es eine bestimmte Zeitspanne gibt, die entscheidet, wer von den Küken als Elternteil wahrgenommen wird. Dieser Prozess nennt sich Prägung. Lorenz wurde berühmt für seine Demonstration dieser These: Vor einer Gruppe sehr junger Küken imitierte er die Laute einer Graugans. Die Küken betrachteten ihn fortan als Mutter und folgten ihm überallhin.

UMSTRITTENE VERGANGENHEIT

Lorenz war Mitglied der NSDAP, obwohl er dies stets leugnete. Selbstkritisch räumte er hingegen ein, dass seine Wortwahl in den 30er- und 40er-Jahren eine gewisse Nähe zum nationalsozialistischen Wortschatz gezeigt habe.

Konrad Lorenz

Akademische Karriere

Lorenz erlangte durch seine Publikationen einige Berühmtheit in der Wissenschaftsszene. Seine akademische Karriere führte ihn von Wien nach Königsberg. Sie wurde allerdings durch seinen Einsatz als Arzt im Zweiten Weltkrieg und seine Kriegsgefangenschaft in der Sowjetunion unterbrochen. Nach seiner Rückkehr arbeitete er in Österreich und Deutschland. Unter anderem leitete er das Max-Planck-Institut in Buldern. 1972 erhielt er zusammen mit Karl von Frisch und Nikolaas Tinbergen den Nobelpreis für Medizin für seine Forschung über die Verhaltensmuster von Tieren. Lorenz' Arbeiten boten wichtige Impulse für die Erforschung der Evolution und die Frage, wie bestimmte Verhaltensmuster einer Spezies entstehen. Er beobachtete, dass die genetische Konstruktion einer Spezies mitbestimmt, welche Verhaltensweisen sie zeigt. In den letzten Jahren seines Wirkens wandte er einige seiner Erkenntnisse auch auf menschliches Verhalten an und erzeugte damit eine heftige Kontroverse. So schrieb er 1963, dass bei Tieren Kämpfe eine positive soziale Funktion hätten (z. B. die Verteilung des Territoriums) und auch dem Menschen kriegerisches Verhalten angeboren sei. Gleichzeitig betonte er jedoch, dass Aggressivität durch die Gesellschaft eingedämmt werden könne.

Robert Oppenheimer

Vater der Atombombe

* 22. April 1904 in New York
† 18. Februar 1967 in Princeton

Der Physiker arbeitete in Amerika an dem sogenannten „Manhattan Project". In einem Team aus Wissenschaftlern wurde unter seiner Leitung die Atombombe entwickelt und die erste Sprengung durchgeführt.

Vielseitiger Wissenschaftler

Oppenheimer entstammte einer Familie mit deutsch-jüdischen Wurzeln. Als Student in Harvard interessierte er sich für alte Sprachen und Philosophie. Sein Hauptaugenmerk galt allerdings der Physik. 1925 ging er nach Cambridge, um die Struktur von Atomen zu erforschen. Seine Doktorarbeit schrieb er in Göttingen, wo er mit Max Born und Niels Bohr zusammenarbeitete. Später nahm er eine Professur in Kalifornien an und erwarb sich den Ruf eines exzellenten Hochschullehrers.

Wettrennen

Oppenheimer forschte auf dem Gebiet der Quantenphysik und untersuchte Energieprozesse in subatomaren Partikeln. Als jedoch 1939 Nazideutschland Polen überfiel, wuchsen die Sorgen in Amerika, dass die Deutschen nukleare Waffen entwickeln könnten. Oppenheimer bekam daraufhin die Leitung des „Manhattan Projects" übertragen, das sich unter der Führung des Militärs mit der Entwicklung der Atombombe befasste. In einem Labor in Los Alamos in Kalifornien forschte ein Team renommierter Physiker. Die ersten nuklearen Explosionen fanden im Juli 1945 in New Mexico statt. Nur wenige Wochen später wurden zwei Atombomben über Japan abgeworfen. Der Stolz, der Oppenheimer bei den ersten erfolgreichen Tests erfüllt hatte, wurde angesichts des Leids und der Zerstörung bald durch Schuldgefühle ersetzt.

Hexenjagd

Oppenheimer sympathisierte in den 30er-Jahren mit kommunistischen Ideen, wandte sich allerdings davon ab, als er von der Verfolgung von Wissenschaftlern durch Stalin erfuhr. Dennoch wurden seine früheren politischen Überzeugungen für ihn zum Problem: Mit dem Beginn des Kalten Krieges kam es in den USA zu einer regelrechten Hexenjagd auf angebliche Sympathisanten des Kommunismus. Die Vorwürfe führten dazu, dass Oppenheimer keine militärischen Projekte mehr leiten durfte. Erst 1963 wurde er offiziell rehabilitiert. Er widmete die letzten Jahre seines Lebens den moralischen Fragen des Zusammenwirkens von Wissenschaft und Politik.

Robert Oppenheimer

Obwohl es widersprüchliche Angaben darüber gibt, ob sich Oppenheimer tatsächlich über die Entwicklung der Atombombe gefreut hat, ist klar, dass er sich in den Jahren nach den Atombombenabwürfen stark für Rüstungskontrolle einsetzte.

Explosion einer Atombombe

Salvador Dali

Meister des Surrealismus

* 11. Mai 1904 in Figueres
† 23. Januar 1989 in Figueres

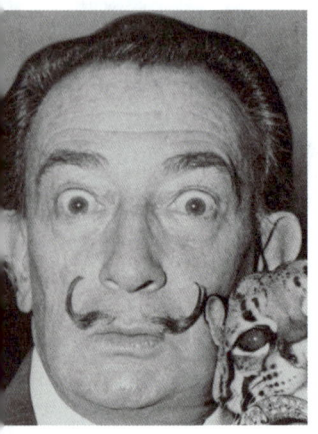

Salvador Dali

■ Dali gilt als einer der wichtigsten surrealistischen Maler und eine der wichtigsten Künstlerpersönlichkeiten des 20. Jahrhunderts. Dali wuchs als Sohn eines angesehenen Notars auf und fiel schon als Kind durch sein künstlerisches Talent auf. Bereits im Alter von 16 Jahren wurde Dali von der Kunstakademie in Madrid aufgenommen. Dort lernte Dali u. a. den surrealistischen Regisseur Luis Buñuel und den Schriftsteller Federico Garcia Lorca kennen. An der Akademie studierte Dali auch die psychoanalytischen Schriften Sigmund Freuds. Aus der Kunstakademie wurde er allerdings 1926 wegen seines rebellischen Geistes verwiesen. Bei einem Parisbesuch im selben Jahr machte er die Bekanntschaft Picassos.

Surrealistische Kunst

Dali reiste 1929 erneut nach Paris und schloss sich dort den Surrealisten um André Breton an. Es entstanden erste surrealistische Werke wie *Blut ist süßer als Honig* (1928) und *Erleuchtete Lüste* (1929). Dali verliebte sich in Helena Eluard, genannt Gala, die mit dem Schriftsteller Paul Eluard verheiratet war. Gala verließ ihren Mann und wurde Dalis lebenslange Muse. Mit Meisterwerken des Surrealismus wie *Zerrinnende Zeit* (1930) und *Die Beständigkeit*

der Erinnerung (1931) wurde Dali bald zum weltberühmten Künstlergenie.

Raffinierte Doppelbilder

Nach dem Vorbild der Umkehrbilder Giuseppe Arcimboldos aus dem 16. Jahrhundert schuf Dali sogenannte Doppelbilder, in denen je nach Blickwinkel zwei verschiedene Motive erkennbar sind. In dem Doppelbild *Spanien* (1938) gestaltete Dali z. B. die Szene eines Reiterkampfes so, dass gleichzeitig das Gesicht einer Frau erkennbar wird.

Wende zur Klassik

1943 verkündete Dali, dass er vorhabe, in Zukunft ein „klassischer Künstler" zu sein. Im Zentrum seines Schaffens standen nach dem Zweiten Weltkrieg religiöse und fantastische Themen wie das sakrale Bildnis *Die Madonna von Port Lligat* (1949), das sogar vom Papst gesegnet wurde.

Zu Lebzeiten unsterblich

Dali wurde 1979 von der französischen Kunstakademie in die Reihe der unsterblichen Künstler aufgenommen. In seiner Dankesrede äußerte er die Absicht, sich nach seinem Tod einfrieren zu lassen, um eines Tages wieder lebendig gemacht zu werden.

Sartre und de Beauvoir

Eine existenzialistische Beziehung

Jean-Paul Sartre
* 21. Juni 1905 in Paris
† 15. April 1980 in Paris

Simone de Beauvoir
* 9. Januar 1908 in Paris
† 14. April 1986 in Paris

■ Jean-Paul Sartre und Simone de Beauvoir, die auch privat ein Paar waren, zählen zu den wichtigsten Vertretern des französischen Existenzialismus. Sartre wuchs bei seinen Großeltern auf und lernte in Paris seine Lebensgefährtin Simone de Beauvoir kennen. Sartre und seine langjährige Weggefährtin bestanden beide die Abschlussprüfung für Philosophie an der Sorbonne (1929). Sartre belegte bei der Prüfung den ersten Platz, de Beauvoir war direkt hinter ihm die Jahrgangszweite. De Beauvoir wurde damit eine der ersten Philosophielehrerinnen in Frankreich. Bekannt wurde de Beauvoir mit ihren an die Philosophie des Existenzialismus angelehnten Romanen *Sie kam und blieb* (1943) und *Das Blut der anderen* (1945).

Vereint bis zum Tod

Sartre und seine Lebensgefährtin führten zeitlebens eine offene Beziehung mit getrennten Wohnungen. Als Existenzphilosophen haben sich beide sicherlich gegenseitig inspiriert, konkret lässt sich die gegenseitige Beeinflussung jedoch nur schwer nachweisen. Gemeinsam mit seiner Lebensgefährtin engagierte sich Sartre gegen den Vietnam- und Algerienkrieg. Auch als Sartre schwer krank wurde, kümmerte sich Simone de Beauvoir bis zu seinem Lebensende um ihn. Den Schmerz über Sartres Tod (1980) verarbeitete sie in ihrem Werk

Die Zeremonie des Abschieds (1981).

Feminismus

Simone de Beauvoir wurde durch ihren Welterfolg *Das andere Geschlecht* (1949) zu einer der wichtigsten Persönlichkeiten des Feminismus. Es folgte eine Vielzahl von weiteren Beiträgen und öffentlichen Auftritten im Dienste der feministischen Bewegung, wobei sie u. a. für die Möglichkeit der legalen Abtreibung kämpfte.

Existenzialismus

Sartre veröffentlichte seine existenzphilosophischen Gedanken erstmals 1938 in ausführlicher Form in dem Roman *Der Ekel* und schloss sich 1941 der französischen Widerstandsbewegung an. Nach dem Ende des Zweiten Weltkriegs trat er aus dem Schuldienst aus und lebte als freier Schriftsteller. Mit seinem philosophischen Werk löste Sartre in ganz Europa ein breites Interesse für den Existenzialismus aus. Eine zentrale Idee in Sartres Hauptwerk *Das Sein und das Nichts* (1943) ist die Geworfenheit des Menschen in eine an sich sinnlose Welt. Die menschliche Existenz ist dadurch bestimmt, dass der Mensch sich selbst frei verwirklichen kann. Er ist, wie Sartre sagt, „zur Freiheit verurteilt".

Jean-Paul Sartre

Simone de Beauvoir

Samuel Beckett

Meister des modernen absurden Theaters

* 13. April 1906 in Dublin
† 22. Dezember 1989 in Paris

Samuel Beckett

■ Beckett gilt als einer der wichtigsten Vertreter des absurden Theaters. Beckett wuchs als Sohn eines Kaufmanns auf und studierte in Dublin Literaturwissenschaft, Französisch und Italienisch. Ein Lehrauftrag führte Beckett nach Paris, wo er die Bekanntschaft von James Joyce (1882–1941) machte, der gerade an seinem großen Roman *Finnegans Wake* arbeitete. Beckett unterstützte Joyce zeitweise bei der Arbeit am Manuskript und kehrte anschließend nach Dublin zurück, wo er 1931 promovierte.

Langer Weg zum Erfolg

Nach dem Tod seines Vaters verfiel Beckett 1933 in Depressionen, die er in der Sammlung von Erzählungen *Mehr Prügel als Flügel* (1934) verarbeitete, die in London entstand, jedoch wenig erfolgreich war. 1937 kehrte Beckett nach Paris zurück, wo er seine zukünftige Frau, die Pianistin Suzanne Dumesnil, kennenlernte. Zur Heirat mit ihr kam es jedoch erst 1961. Der erste Versuch Becketts als Romanautor war ebenfalls nicht von Erfolg gekrönt. Sein erster Roman *Watt* (1953) fand bei Kritik und Publikum keine positive Resonanz.

Widerstandskämpfer

Zu Beginn des Zweiten Weltkriegs verließ Beckett Frankreich und reiste nach Irland. Er kehrte jedoch bereits 1941 nach Paris zurück und trat der französischen Widerstandsbewegung Résistance bei. Als die Mitglieder der Résistance verraten und gejagt wurden, setzte sich Beckett in das unbesetzte Gebiet von Südfrankreich ab.

Literarischer Durchbruch

Der lang erhoffte Durchbruch gelang Beckett mit seinem in französischer Sprache verfassten, absurden Schauspiel *Warten auf Godot* (1953), für das ihm 1969 der Nobelpreis für Literatur verliehen wurde. Im Zentrum des Stückes stehen die beiden Landstreicher Estragon und Wladimir. Sie warten auf Godot, ohne diesen jedoch zu kennen oder zu wissen, ob er überhaupt existiert. Godot taucht während des Stückes auch nicht auf und das Warten auf ihn scheint somit völlig sinnlos zu sein. Die absurde Wirkung des Stückes wird dadurch gesteigert, dass am Ende jeden Akts ein Junge erscheint, der verkündet, dass sich die Ankunft von Godot noch etwas hinauszögern werde.

Beckett hat mit Werken wie Warten auf Godot das Absurde auf der Bühne hoffähig gemacht.

Szene aus Becketts *Warten auf Godot*

Absurdes Theater

Am Ende des Stückes weiß der Zuschauer weder wer Godot ist noch warum die beiden Landstreicher die ganze Zeit auf seine Ankunft gewartet haben. Godot steht damit symbolisch für die Ungewissheit, mit der die menschliche Existenz unvermeidbar stets behaftet ist. Becketts Welterfolg erhebt Sinnlosigkeit und Chaos zur höchsten Kunstform. Gleichzeitig wird *Warten auf Godot* auch als existenzialistisches Werk betrachtet, da der Existenzialismus darauf abzielt, dass das Leben des Menschen keinen tieferen Sinn hat. Der Mensch wird nach Meinung der Existenzialisten vielmehr in seine Existenz hineingeworfen und muss selbst versuchen, ihr einen Sinn zu verleihen.

Endspiel

Das ebenfalls sehr erfolgreiche Drama *Endspiel* (1957) handelt von dem schwerbehinderten Hamm und seinem Diener Clov, die sich beide zutiefst hassen. Trotzdem gelingt es Clov nicht, seinen tyrannischen Herrn zu verlassen. Aus diesem Zwiespalt zieht die absurde Komödie ihre Spannung.

Spätwerk

Auch in Becketts Spätwerk steht das Anliegen im Vordergrund, mit minimalistischen sprachlichen und dramatischen Mitteln absurdes Theater zu schaffen. So handelt zum Beispiel *Nicht ich* (1973) von einer alten Frau, die stumm auf der Bühne steht, während ein großer beleuchteter Mund ihre Geschichte erzählt. Einige Monate nach dem Tod seiner Frau starb Beckett 1989 in Paris.

Wirkung und Interpretation

Beckett ist mit seinen absurd-existenzialistischen Theaterstücken einer der bedeutendsten Autoren des 20. Jahrhunderts. Er hat absurde Themen bühnenfähig gemacht und erweist sich zugleich als großer Sprachkünstler. Becketts Sympathien gelten in seinem Werk stets den ausgegrenzten Underdogs der Gesellschaft. Der Versuch des Menschen, in seiner Existenz einen Sinn zu finden, bleibt in Becketts Stücken ergebnislos. Aus diesem Grund erscheinen Becketts Figuren wie Clowns, die nichts mehr tun können, als zuweilen einen Ulk zu treiben. Dem menschlichen Dasein und dem Dasein der Welt wird von Beckett erbarmungslos jeglicher Sinn abgesprochen. Gut und Böse sind genauso wenig unterscheidbar wie Anfang und Ende. Beckett weigert sich, irgendetwas zu verstehen, zu erklären oder zu verantworten.

Samuel Beckett

WICHTIGE ROMANE UND BÜHNENWERKE

Romane:
Mehr Prügel als Flügel (1934)
Murphy (1938)
Molloy (1951)
Malone stirbt (1951)
Der Namenlose (1953)
Watt (1953)
Wie es ist (1961)
Mercier und Camier (1970)
Bühnenwerke:
Warten auf Godot (1952)
Endspiel (1957)
Spiel ohne Worte 1, 2 (1957, 1959)
Das letzte Band (1959)
Glückliche Tage (1961)
Spiel (1963)
Atem (1969)
Nicht ich (1973)
Damals (1974)
Tritte (1975)
Drei Gelegenheitsstücke (1983)
Was Wo (1983)

Astrid Lindgren

Weltberühmte Kinderbuchautorin

* 14. November 1907 in Vimmeby
† 28. Januar 2002 in Stockholm

Astrid Lindgren

ERFOLGSGEHEIMNIS

Das Geheimnis ihres Erfolgs ist nach Ansicht der weltberühmten Autorin ihre glückliche Kindheit. Gemeinsam mit ihren Geschwistern wuchs Lindgren in einer harmonischen Umgebung auf, wobei den Kindern viel Platz zum Spielen in Wiesen, Wäldern und Scheunen zur Verfügung stand. In ihren *Bullerbü*-Geschichten hält Lindgren die idyllische Atmosphäre ihrer Kindheitstage fest.

■ Lindgren ist die weltweit erfolgreichste Kinderbuchautorin. Ihre Werke wurden in alle wichtigen Sprachen übersetzt, millionenfach aufgelegt und zum größten Teil auch verfilmt. Lindgren wuchs als Tochter eines Bauern auf und ging, nachdem sie im Alter von 18 Jahren schwanger geworden war, nach Stockholm, wo sie eine Ausbildung als Sekretärin absolvierte. 1926 brachte sie ihr erstes Kind zur Welt und lernte zwei Jahre später Sture Lindgren kennen, den sie 1931 heiratete. 1934 folgte ein zweites Kind.

Pippi Langstrumpf

Lindgren konzentrierte sich zunächst auf ihre Pflichten als Hausfrau und Mut-

kindern Tommy und Annika spannende Abenteuer erlebt. Geschickt, sensibel und humorvoll spielt Lindgren mit dem Kontrast zwischen den bürgerlich wohl erzogenen Nachbarskindern Tommy und Annika und der temperamentvollen, freiheitsliebenden Pippi Langstrumpf, die sich keiner Autorität unterordnet. Bevor aus *Pippi Langstrumpf* ein absoluter Welterfolg wurde, hatte Lindgren jedoch große Probleme damit, einen Verlag für ihr Manuskript zu finden. Konservativ eingestellte Lektoren sahen in der Figur der Pippi Langstrumpf eine gefährliche Anarchistin, die einen schädlichen Einfluss auf Kinder ausüben würde. Bei einem Besuch in Stockholm lernte der Verleger Friedrich Oetinger die Autorin kennen und brachte das

Eine glückliche Kindheit legte den Grundstein zur Karriere als berühmteste Kinderbuchautorin der Welt.

Illustration zu *Pippi Langstrumpf*

ter, ohne Ambitionen zur Schriftstellerei zu entwickeln. Eher nebenbei erfand sie Geschichten für ihre Tochter Karin, die 1944 in dem Sammelwerk *Britt-Mari erleichtert ihr Herz* erschienen. Zu einem phänomenalen Erfolg wurden dann 1945 die Geschichten von *Pippi Langstrumpf*, dem stärksten Mädchen der Welt, das mit einem Pferd und einem Affen die Villa Kunterbunt bewohnt und mit den Nachbars-

Buch anschließend in deutscher Sprache heraus.

Meilensteine der Kinderbuchliteratur

Zu Meilensteinen der Kinderbuchliteratur wurden auch *Meisterdetektiv Blomquist* (1946) und *Wir Kinder aus Bullerbü* (1947). Der Grundtenor der Erzählungen wird auch hier von einem Plädoyer für eine einfühlsame, humorvolle Erziehung bestimmt.

Karlsson vom Dach

Michel aus Lönneberga

Die *Michel*-Geschichten erzählen von einem kleinen Bauernjungen aus Südschweden, der nur Unsinn im Kopf hat. Lindgren war selbst ein Bauernmädchen und musste auf dem Hof oft mitarbeiten. Um sich die Zeit zu vertreiben, erzählten sich die Leute auf dem Land lustige Geschichten und die meisten dieser Geschichten sammelte sie in den *Michel*-Büchern.

Ronja Räubertochter

Ronja Räubertochter erschien erstmalig 1981 in Schweden. Es ist der einzige Roman Lindgrens, der vollständig in einer fiktiven Welt angesiedelt ist. Erzählt wird die Geschichte von zwei verfeindeten Räuberbanden. Ronja ist die Tochter des Räuberhauptmanns Mattis, die eines Tages den Sohn einer feindlichen Räuberfamilie kennenlernt. Durch die Freundschaft, die sich zwischen den beiden Kindern entwickelt, werden die verfeindeten Banden wieder zusammengeführt und schließen Frieden.

Pomperipossa in Monismanien

1976 kam es dazu, dass Lindgren mit *Pomperipossa in Monismanien* eine Satire auf das schwedische Steuerwesen verfasste. Der Hintergrund war, dass sie als selbstständige Schriftstellerin mehr als 100 Prozent an Steuern und Sozialabgaben zahlen sollte. Lindgren rief deshalb zur Abwahl der Sozialdemokraten unter Führung von Olof Palme auf, die dann tatsächlich bei den nächsten Wahlen nicht mehr wiedergewählt wurden.

Alternativer Nobelpreis

1978 erhielt Lindgren den Friedenspreis des Deutschen Buchhandels. In Deutschland tragen über 90 Schulen Lindgrens Namen. Nachdem sie wegen zunehmender Erblindung im Alter mit dem Schreiben aufgehört hatte, wandte Lindgren sich dem Kinderschutz und dem Tierschutz zu. Sie trat mehrfach öffentlich für die Rechte der Kinder ein. 1992 schenkte ihr der damalige schwedische Ministerpräsident Ingvar Carlsson zum 85. Geburtstag ein neues Tierschutzgesetz. Im Alter von 86 Jahren erhielt Lindgren für ihre Verdienste um den Humanismus den Ehrenpreis des Alternativen Nobelpreis. Im Beisein ihrer beiden Töchter starb Lindgren im Alter von 94 Jahren in Stockholm.

Anhaltender Erfolg

Bisher sind mehr als 120 Millionen Exemplare von Lindgrens Kinderbüchern verkauft worden, davon rund 25 Millionen im deutschsprachigen Raum. Nach Angaben des Oetinger Verlags ist *Pippi Langstrumpf* nach wie vor das beliebteste Werk der schwedischen Autorin. Weiterhin äußerst beliebt beim jungen Lesepublikum seien zudem *Wir Kinder von Bullerbü* und die *Michel*-Geschichten. Viele der Bücher Lindgrens sind auch verfilmt worden, wobei es den Regisseuren jedoch nicht immer gelang, den Fantasie anregenden Zauber der literarischen Werke auf die Leinwand zu übertragen.

Statue von Astrid Lindgren in Stockholm

Mutter Teresa

Ordensgründerin

* 27. August 1910 in Skopje, Albanien
† 5. September 1997 in Kalkutta

Mutter Teresa

■ Die gebürtige Agnes Gonxha Bojaxhiu wurde als Nonne und Ordensmutter Teresa weltberühmt. Sie setzte sich in Indien für Kranke und Arme ein. Ihr Orden gründete weltweit neue Ordenshäuser.

Gelübde

Im zur damaligen Zeit albanischen Skopje wuchs Agnes Gonxha Bojaxhiu in finanziell abgesicherten Verhältnissen auf. Ihr Vater war Bauunternehmer und vergleichsweise erfolgreich. Seine Tochter strebte jedoch keine weltliche Laufbahn an, sondern entschied sich schon früh, Nonne zu werden. So zog sie 1928 nach Irland, wo sie der Loretoschwesternschaft beitrat. Während ihrer Schwesternschaft nahm sie in Anlehnung an die heilige Teresa von Ávila den neuen Namen an, unter dem sie so bekannt werden sollte. Nach zwei Jahren in Irland erhielt sie die Erlaubnis, nach Indien zu reisen. Dort beendete sie ihre Ausbildung und legte 1937 ihr Gelübde als Nonne ab.

Berufung

Mutter Teresa blieb in Indien und unterrichtete in Kalkutta an einer katholischen Schule. Nach mehreren Jahren als Lehrerin übernahm sie die Leitung der Schule. Eine entscheidende Wendung in ihrem Leben brachte jedoch eine Fahrt durch eines der Armenviertel der Metropole. Von den Verhältnissen entsetzt, bat Teresa, ihren Orden verlassen und als Nonne unter den Armen leben zu dürfen. Dieser Wunsch wurde ihr gewährt, sodass sie 1948 ihre karitative Arbeit für die Armen und Kranken in Kalkutta beginnen konnte. Schon bald fand sie Helfer und Gefolgschaft. Aus der Gruppe um Mutter Teresa entstand der Orden der Missionarinnen der Nächstenliebe.

Orden

Der Orden Mutter Teresas kümmerte sich vor allem um Kranke, die aus finanziellen Gründen oder aufgrund ihrer schweren Lepraerkrankung keine Behandlung erhielten. Besonders den Leprakranken widmete sie große Aufmerksamkeit und gründete 1962 eine Kolonie, in der diese Kranken behandelt wurden. Ihre Arbeit wurde 1967 vom Papst gewürdigt und der Orden wurde offiziell als Orden der katholischen Kirche anerkannt. In den folgenden Jahrzehnten wurden weltweit weitere Ordenshäuser gegründet, die sich karitativen Projekten widmeten. Darunter finden sich Kranken-, Armen- und Sterbehäuser. Mutter Teresa erhielt 1979 den Friedensnobelpreis. Ungewöhnlich früh nach ihrem Tode wurde sie 2003 seliggesprochen.

Mutter Teresa nahm 1949 die indische Staatsbürgerschaft an. Um ihre Verbundenheit mit ihrem neuen Heimatland auszudrücken, kleidete sich Mutter Teresa im traditionellen Sari.

Mutter Teresa

John F. Kennedy

Präsident der Jugend

* 29. März 1917 in Brookline
† 22. November 1963 in Dallas

■ Die Hoffnungen der Jugend lagen ganz bei John F. Kennedy, als er zum jüngsten Präsidenten der USA gewählt wurde. Er wollte eine neue Ära in der Politik einläuten, wurde aber nach nur zweijähriger Präsidentschaft ermordet.

Politischer Werdegang

Nachdem Kennedy, der 1917 als zweites von neun Kindern des Unternehmers und Diplomaten Joseph P. Kennedy und dessen Frau Rose geboren wurde, sein Studium der Politikwissenschaft in Harvard abgeschlossen hatte, ging er 1941 zur Marine. Nach dem Zweiten Weltkrieg wandte er sich dann der Politik zu und wurde 1946 ins Repräsentantenhaus gewählt. 1953–61 war er Abgeordneter der Demokratischen Partei im Repräsentantenhaus.

Ab 1960 galt er als Führer des liberalen Flügels der Demokratischen Partei und stellte sich der Präsidentschaftswahl. Mit knapper Mehrheit konnte er sich gegen den Kandidaten der Republikaner, Richard Nixon, behaupten und legte 1961 seinen Amtseid ab.

Die neue Politik

Kennedy fasste seine Politik selbst unter dem Begriff „New Frontier" zusammen. Dabei handelte es sich um einen neuen Aufbruch zu den traditionellen Zielen der amerikanischen Nation, der von den Angehörigen der jüngeren Generation getragen werden sollte. Er führte u. a. zur Gründung von Verbänden, die sich dem Kampf gegen die Armut oder für mehr Bürgerrechte verschrieben. Außerdem wollte Kennedy die Sozialversicherung, die Krankenversorgung und das Bildungssystem verbessern. Hier warf ihm aber der konservativ dominierte Kongress immer wieder Knüppel zwischen die Beine.

Seine schwerste außenpolitische Herausforderung hatte der junge Präsident 1962 mit der Kubakrise zu bestehen, als der Kalte Krieg zwischen der Sowjetunion und den USA fast zu einem dritten Weltkrieg geführt hätte. Ansonsten war seine Politik hier von einem Streben nach Entspannung gekennzeichnet.

Am 22. November 1963 besuchte Kennedy Dallas. Dort wurde er bei einer Fahrt im offenen Auto erschossen. Lee Harvey Oswald wurde als mutmaßlicher Schütze wenige Stunden nach dem Attentat verhaftet und zwei Tage später erschossen. Die wahren Motive der Tat konnten ebenso wenig aufgeklärt werden wie die Frage, ob es sich bei Oswald wirklich um einen verwirrten Einzeltäter handelte, wie es die Ermittler zu Protokoll gaben.

John F. Kennedy

Auch als Journalist konnte Kennedy einige Erfolge verbuchen. So erhielt er 1957 den Pulitzerpreis für sein Buch *Profiles in Courage*, das Biografien von politischen Persönlichkeiten mit Zivilcourage enthält.

Kennedy bei seiner berühmten Rede in Berlin

Sophie und Hans Scholl

Weiße Rosen

Sophie Scholl
* 9. Mai 1921 in Forchtenberg
† 22. Februar 1943 in München-Stadelheim
Hans Scholl
* 22. September 1918 in Ingersheim
† 22. Februar 1943 in München-Stadelheim

■ Sophie und Hans Scholl gelten wegen ihres mutigen und aufopferungsvollen Einsatzes gegen das NS-Regime als Symbolfiguren eines gewaltlosen Widerstands. Ihre „Waffen" gegen die Nationalsozialisten waren Flugblätter.

Erste Erfahrungen im Widerstand

Die Biografie von Hans und Sophie Scholl liest sich zunächst so, wie die Lebensgeschichte Dutzender anderer Jugendlicher, die während der Naziherrschaft in Deutschland aufgewachsen sind. Zur Schulzeit hatten sie zunächst noch begeistert in den Jugendorganisationen der Nazis mitgemacht, obwohl ihre Eltern der NSDAP gegenüber eher skeptisch eingestellt waren.

Die anfängliche Begeisterung legte sich aber schnell, als Sophie und Hans von den Gräueln in den besetzten Gebieten und der systematischen Ermordung der Juden erfuhren. Großen Einfluss auf die beiden hatte der katholische Prediger Clemens August Graf von Galen. Und so führte sie eine Mischung aus religiöser Überzeugung und gesundem Menschenverstand zu einer erbitterten Gegnerschaft des NS-Regimes.

1935 trat Hans Scholl aus der Hitlerjugend aus und schloss sich wenig später der „Deutschen Jungenschaft vom 1.11.1929" bei, einer verbotenen Organisation, die sich unter der HJ-Tarnkappe mit Literatur, Musik und fremden Kulturen beschäftigte. Auch Sophie folgte diesem Beispiel. Im Herbst 1937 wurden sie erstmals verhaftet und aktenkundig. Während Sophie nach wenigen Stunden wieder auf freien Fuß gesetzt wurde, blieb der ältere Hans wegen „bündischer Umtriebe" mehrere Wochen in Haft. Diese Erfahrungen be-

Hans Scholl, Sophie Scholl und Christoph Probst

stätigten die Geschwister in ihrem Widerstand gegen das Regime.

Um diesen Widerstand schon früh zu brechen, wurden sie systematisch durch staatliche Organisation voneinander getrennt. Nachdem Sophie die Schule abgeschlossen hatte, wurde sie zum Arbeits- und Kriegshilfsdienst eingezogen. Hans wurde als Mitglied einer Studentenkompanie während der Semesterferien an die Kriegsfront entsandt. Als Sophie in München ein Studium der Biologie und Philosophie begann, konnte sie ihren Bruder, der an derselben Universität in der medizinischen Fakultät eingeschrieben war, jedoch wieder häufiger sehen.

Die Weiße Rose

Beim Medizinstudium in München lernte Hans Scholl Anfang der 40er-Jahre Gleichgesinnte kennen, darunter Alexander Schmorell, Christoph Probst und Willi Graf. Sie und andere Freunde trafen sich regelmäßig zu einem Diskussionskreis, aus dem sich dann die Weiße Rose entwickelte. Auch Sophie Scholl stieß schnell zu der Gruppe, der sich 1942 auch der Psychologieprofessor Kurt Huber anschloss. Ihren Widerstand gegen das Regime artikulierte die Weiße Rose auf einer Reihe von Flugblättern, die sie zum Teil in Münchner Straßen und Hauseingängen verstreuten, zum Teil per Post an gebildete Kreise vor allem in Süddeutschland verschickten.

Im ersten Flugblatt hieß es: „Leistet passiven Widerstand, Widerstand, wo immer Ihr auch seid, verhindert das Weiterlaufen dieser atheistischen Kriegsmaschinerie, ehe es zu spät ist." Das zweite begann mit den Worten: „Man kann sich mit dem Nationalsozialismus geistig nicht auseinandersetzen, weil er ungeistig ist." Auch die Vernichtung der Juden sprachen sie an: „Als Beispiel wollen wir die Tatsache anführen, die Tatsache, dass seit der Eroberung Polens dreihunderttausend Juden in diesem Land auf bestialische Weise ermordet worden sind."

Das sechste Flugblatt

Auf diese Weise brachte die Weiße Rose bis 1943 fünf Flugblätter heraus. Nachdem im Januar 1943 die deutsche Wehrmacht in Stalingrad schwere Verluste hinnehmen musste, begannen auch in der breiten Bevölkerung erste Zweifel aufzukeimen. Die Weiße Rose nahm die Situation zum Anlass, um mit einer besonderen Aktion auf sich aufmerksam zu machen.

Das sechste Flugblatt begann mit den Worten: „Erschüttert steht unser Volk vor dem Untergang der Männer von Stalingrad. Dreihunderttausend deutsche Männer hat die geniale Strategie des Weltkriegsgefreiten sinn- und verantwortungslos in den Tod gehetzt. Führer, wir danken dir!" Sophie und Hans Scholl verteilten die Blätter in der Universität zunächst auf Treppenstufen und Fensterbänken, dann stiegen sie die Stufen hinauf und ließen die restlichen Blätter in den Lichthof regnen.

Dabei wurden sie vom Hausmeister der Universität, Jakob Schmied, beobachtet. Er denunzierte die Geschwister bei der Gestapo. Am 18. Februar 1943 wurden beide verhaftet, vier Tage später zum Tode verurteilt und noch am selben Tag hingerichtet.

UNGEBROCHEN ZUM SCHAFOTT

Ihren Weg zur Hinrichtung traten Hans und Sophie Scholl erhobenen Hauptes an. „Es lebe die Freiheit", sollen die letzten Worte von Hans gewesen sein. Und Sophie sagte dem Volksgerichtshof kurz vor Vollstreckung des Todesurteils: „Was wir sagten und schrieben, denken ja so viele. Nur wagen sie nicht, es auszusprechen."

Mahnmal für die „Weiße Rose" vor der Münchner Universität

Sophie Scholl

Nelson Mandela

Erster schwarzer Präsident Südafrikas

* 18. Juli 1918 in Mvezo, Transkei

Nelson Mandela

■ Nelson Mandela wurde 1994 zum ersten schwarzen Präsidenten der Republik Südafrika gewählt, nachdem er zuvor für seinen Kampf gegen die Apartheid 26 Jahr lang in Haft gesessen hatte.

Ausbildung

Nelson Mandela wurde am 18. Juli 1918 in einem Dorf in der Nähe von Umtata, Transkei, als Sohn Henry Mandelas, eines Unterhäuptlings des Tembu-Stammes, geboren. Nach dem Besuch einer Methodistenschule war er Schüler des Missionscolleges von Fort Hare. Das College musste er allerdings verlassen, als er sich maßgeblich an einem Studentenstreik beteiligte.

> 1988 fand anlässlich des 70. Geburtstags von Nelson Mandela in London ein großes Konzert statt, bei dem alle namhaften Bands und Künstler der Rock- und Popszene die Freilassung des Bürgerrechtlers forderten.

Auf Umwegen gelang es dem inzwischen nach Johannisburg übergesiedelten Mandela doch noch, seinen Collegeabschluss zu bekommen. In Fernkursen studierte er daraufhin Jura.

Vor der Haft

Mandela trat 1944 dem Afrikanischen Nationalkongress (ANC) bei. Dort gründete er die Jugendliga des ANC, die sich gegenüber dem übrigen Kongress kritisch verhielt. Im Gegensatz zum ANC wollte die Jugendliga der Organisation den Widerstand auf eine Massenbasis stellen.

Durch seine disziplinierte Arbeit und sein großes Engagement brachte es Mandela schon 1947 zum Sekretär der Jugendliga. Auch im gesamten ANC wuchs sein Ansehen und Einfluss in dieser Zeit. Als im Jahr 1948 die Apartheid begann, organisierte Mandela maßgeblich den Widerstand, bei dem der ANC durch gewaltfreie Übertretung von Rassengesetzen protestierte.

1952 folgte eine erste Haftstrafe, die aber zur Bewährung ausgesetzt wurde. Allerdings durfte sich Mandela nicht mehr politisch betätigen. Gegen diesen Bann verstieß er allerdings und so wurde er 1956 des Hochverrates angeklagt, 1961 jedoch freigesprochen. Im selben Jahr gründete er schließlich die auf Sabotageunternehmen ausgerichtete Militärorganisation „Umkonto we Sizwe" (Speer der Nation) und wurde deren Befehlshaber. Im Jahr 1964 wurde der Bürgerrechtler wegen Terror, Umsturzversuches und kommunistischer Aktivitäten zu lebenslanger Haft verurteilt.

1994–99 war er der erste schwarze Präsident seines Landes, nachdem er 26 Jahre seines Lebens in verschiedenen Gefängnissen verbracht hatte. 1993 erhielt Mandela zusammen mit Frederik Willem de Klerk den Friedensnobelpreis.

Mandela und Frederik Willem de Klerk

Joseph Beuys

Pionier der Aktionskunst

* 12. Mai 1921 in Krefeld
† 23. Januar 1986 in Düsseldorf

■ Beuys zählt mit seinen vielfältigen Beiträgen als Bildhauer, Zeichner und Aktionskünstler zu den wichtigsten Künstlerpersönlichkeiten der Moderne. Beuys wuchs als Sohn eines Kaufmanns auf. Während eines Einsatzes als Kampfflieger im Zweiten Weltkrieg stürzte er über der Krim ab und entging nur knapp dem Tod (1943). Einheimische retteten ihn, indem sie ihn mit Talg salbten und mit Filz umhüllten. Eine Erfahrung die für Beuys' künstlerische Laufbahn prägend sein sollte. Filz und Fett wurden neben Wachs und Kupfer zu den am meisten von Beuys verwendeten Materialien. Nach dem Studium der Malerei in Düsseldorf wurde er Meisterschüler bei Ewald Mataré (1947–52). Beuys war später auch selbst als Professor an der Düsseldorfer Kunstakademie tätig (1961–73).

Jeder Mensch ist ein Künstler

Beuys vertrat einen erweiterten Kunstbegriff, den er in dem Motto „Jeder Mensch ist ein Künstler" zusammenfasste. Jeder Mensch sollte seine kreativen Potenziale entfalten und sämtliche Bereiche seiner Existenz mitgestalten. Beuys' Kunstverständnis beschränkte sich deshalb auch nicht auf den traditionellen Raum der Kunst, sondern beinhaltete auch das Engagement im politischen Bereich. Beuys schloss sich 1979 den Grünen an und bewarb sich mehrfach um Parlamentsmandate.

Aktionskunst

Beuys trat im Laufe seiner vielseitigen künstlerischen Laufbahn zunächst als begnadeter Zeichner in Erscheinung. In den 60er-Jahren verlagerte sich der Schwerpunkt seiner Aktivitäten hin zu spektakulären Happenings und Aktionen. Er wurde somit zu einem der wichtigsten Repräsentanten der Fluxus-Bewegung, die eine Ausrichtung der Kunst auf sozial konstruktive Zwecke fordert. Eine seiner spektakulärsten Aktionen fand wenige Jahre vor seinem Tod auf der documenta 7 statt. Beuys ließ einen riesigen Berg von Basaltblöcken anhäufen, mit dem Ziel, dass jeder, der 500 DM spendete, einen Basaltblock entfernen und dafür an einer anderen Stelle ein Eichenbäumchen pflanzen sollte. Die Aktion lief unter dem Motto *7000 Eichen – Stadt-verwaldung statt Stadt-verwaltung.* Das Ende der spektakulären Spendenaktion erlebte Beuys, der 1986 starb, jedoch nicht mehr. Sein Sohn Wenzel Beuys pflanzte 1987 zur documenta 8 die letzte Eiche.

Internationales Renommee

Beuys gilt als der erfolgreichste und zugleich international renommierteste deutsche Künstler der Nachkriegszeit. Ihm wurde somit auch die außergewöhnliche Ehre zuteil, dass ihm das berühmte Guggenheim-Museum in New York 1979 eine Werkschau ausrichtete.

Joseph Beuys

Beuys beginnt seine Aktion
7000 Eichen

Maria Callas

Göttliche Opernstimme

* 2. Dezember 1923 in New York
† 16. September 1977 in Paris

Maria Callas

■ Maria Callas gilt als eine der besten Opern- und Konzertsängerinnen aller Zeiten. Callas wuchs in einer Musikerfamilie auf. Der größte Musiker der Familie war ihr Großvater Petros, der im Balkankrieg als „Singender Kommandant" berühmt geworden war. Callas gewann als Kind zahlreiche Talentwettbewerbe und wurde 1939 von der berühmten Sopranistin Elvira de Hidalgo (1892–1980), die sofort das ungeheure Potenzial von Callas' Stimme entdeckte, als Schülerin akzeptiert. Die Sopranistin sollte in den folgenden Jahren für Callas nicht nur zur wichtigsten Lehrerin, sondern auch über Jahrzehnte hinaus zur engsten Bezugsperson werden.

Gelungenes Debüt

Callas debütierte 1941 am königlichen Theater von Athen in der Rolle der Beatrice in der Operette *Boccaccio*. Das Publikum reagierte zwar nicht grenzenlos euphorisch, aber doch positiv auf den Auftritt der jungen Sängerin, die sich damit erstmals als professionelle Künstlerin bestätigt fühlte.

Erfolg an der Oper

Die erste bedeutsame Opernrolle spielte Callas 1942 in der Oper *Tosca*, die ebenfalls in Athen aufgeführt wurde. Es gelang ihr, das Publikum mit ihrem Auftritt zu begeistern und sich als herausragende dramatische Sängerin zu etablieren.

Internationaler Durchbruch

Der internationale Durchbruch gelang Callas 1944 mit der Titelrolle in der griechischen Erstaufführung von Eugène d'Alberts Oper *Tiefland*. Das Publikum spendete Standing Ovations und die internationale Presse würdigte das Ereignis auf ihren Titelseiten. Es folgte ein weiterer triumphaler Auftritt bei den Festspielen von Verona (1947) und in der Folgezeit Auftritte in allen großen europäischen Opernhäusern – ab 1954 u. a. in der New Yorker Metropolitan Opera. Zu ihren berühmtesten Rollen zählen *La Traviata* (Giuseppe Verdi) und *Norma* (Vincenzo Bellini).

Zusammenbruch

1965 brach Callas bei einer Aufführung der Oper *Tosca* in Paris auf der Bühne zusammen. Obwohl ihr die Ärzte davon abrieten, sang sie anschließend noch einmal die Rolle der Tosca im Covent Garden. Das war ihre letzte Opernaufführung. In den 60er-Jahren zog sich Callas allmählich vom Bühnenleben zurück. 1969 setzte sie jedoch noch einen großen Höhepunkt in ihrer Karriere durch die Titelrolle in Paolo Pasolinis Film *Medea*. Danach wurde es langsam stiller um die große Künstlerin, die 1977 an Herzversagen starb.

Fidel Castro

Maximo Lider

 * 13. August 1926 in Birán

■ Fidel Castro, der von 1959–2008 als Staatschef in Kuba regierte, war der am längsten amtierende Staatsmann der Geschichte. Zugleich war er der erste sozialistische Staatschef der westlichen Hemisphäre.

Frühe revolutionäre Versuche

Seine Schulzeit verbrachte Fidel in einem Jesuitenkolleg in Santiago de Cuba, später in Havanna, wo er 1945 sein Abitur machte.

An der Universität von Havanna studierte er Jura und promovierte in diesem Fach 1950. Schon während seiner Studienzeit beteiligte sich Castro an Aktionen gegen den kubanischen Präsidenten Ramón Grau San Martin und war Mitglied der sozialdemokratischen Ortodoxo-Partei. Im März 1952 putschte General Fulgencio Batista, und Castro versuchte 1953 seinerseits einen Staatsstreich, der allerdings scheiterte. Er wurde inhaftiert und im Rahmen einer Amnestie 1955 ins Exil geschickt.

Erfolgreicher Guerillero

Im Dezember 1956 kehrte er nach Kuba zurück, um sich als Guerillakämpfer bis 1959 an der Revolution gegen das Batista-Regime zu beteiligen. In der Neujahrsnacht erreichte er schließlich durch einen Generalstreik der Bevölkerung seinen Sieg. Unter dem Jubel der Kubaner zogen Castro und seine Guerillas in Havanna ein.

Am 16. Februar 1959 übernahm Castro die Regierungsgewalt. Im Juni erfolgte die „Bodenreform", bei der er der erste sozialistische Regierungschef eines westlichen Staates wurde. Er verstaatlichte Industrie und Landwirtschaft sowie zahlreiche US-amerikanische Unternehmen. Auch ein neues Volksbildungssystem und die Einführung der Schulpflicht gehörten zu den Neuerungen, die Castro einführte.

Fidel Castro

Das konnte den USA nicht gefallen und so billigte John F. Kennedy einen von der CIA und Exilkubanern geplanten Staatsstreich. Das Manöver in der Schweinebucht scheiterte jedoch und löste die Kubakrise aus, die fast zu einem Atomkrieg zwischen der Sowjetunion und den USA geführt hätte.

In den folgenden Jahren und Jahrzehnten baute Fidel Castro seine Macht aus und orientierte sich zunächst an der Sowjetunion. Nach deren Zusammenbruch kam es auch auf Kuba zu Unruhen und einer Massenflucht. Castro leitete vorsichtige wirtschaftliche Veränderungen ein und baute fortan mehr auf den Tourismus.

Anfang 2008 trat der schwer erkrankte Castro zurück und übertrug die Amtsgeschäfte seinem Bruder Raúl.

> **Man erzählt sich, dass der 14-jährige Castro einen Brief an den damaligen amerikanischen Präsidenten Roosevelt geschickt habe, in dem er ihn bat, ihm eine 10-Dollar-Note zu schicken. Er habe nämlich noch nie eine gesehen.**

Castro und Che Guevara

James Watson und Francis Crick

Forscher des Erbgutes

James Watson
* 6. April 1928 in Chicago
Francis Crick
* 8. Juni 1916 in Northampton
† 28. Juli 2004 in San Diego

Watson (rechts) und Crick

James D. Watson

■ Die beiden Biologen erhielten 1962 den Nobelpreis für ihre Beschreibung der molekularen Struktur der Desoxyribonukleinsäure (DNS), der chemischen Substanz, die die Vererbung steuert.

Zusammentreffen

Francis Crick war eigentlich ausgebildeter Physiker. Während des Zweiten Weltkrieges unterbrach er allerdings seine Doktorarbeit, um für die britische Armee zu arbeiten. Später begann er sich für Biologie zu interessieren und schrieb eine Doktorarbeit, die sich mit dem Einsatz von Röntgenstrahlen zur Untersuchung von Molekülen beschäftigte. Der hochbegabte Watson, der schon im Alter von 22 Jahren seinen Doktortitel erhalten hatte, interessierte sich genauso wie Crick für die bis dahin mysteriöse Rolle der DNS-Moleküle. 1951 begannen die beiden Männer, in Cambridge zusammenzuarbeiten. Nur zwei Jahre später marschierte Crick in ein Pub in Cambridge und verkündete, er und Watson hätten das Geheimnis des Lebens gefunden.

Tatsächlich war es ihnen an diesem Morgen gelungen, auf der Grundlage der Arbeiten des Radiologen Maurice Wilkins ein Modell der DNS zu erstellen, das ihre physischen und chemischen Eigenschaften exakt abbildete. Die beiden Forscher bewiesen, dass die spiralförmigen DNS-Moleküle aus Zuckerphosphatmolekülen zusammengesetzt sind. Sie konnten auch den Prozess der selbstständigen Vervielfältigung der DNS-Moleküle und damit die Verdoppelung der Gene erklären, wie sie in Zellen beobachtet werden kann. Damit war der Grundstein der modernen Genetik gelegt.

Die Wege trennen sich

Watson arbeitete später in Harvard und in einem Labor auf Long Island, das er zu einem führenden Forschungsinstitut machte. Er schrieb in den folgenden Jahren mehrere wissenschaftliche Lehrwerke, aber auch ein Buch, in dem er die Geschichte der Entdeckung der DNS schilderte. Crick hingegen blieb seiner wissenschaftlichen Heimat treu und arbeitete weiterhin in Cambridge. Sein Haus taufte er in Anlehnung an die helixförmige DNS „Goldene Helix".

Andy Warhol

Ikone der Pop-Art-Kunst

 * 6. August 1928 in Pittsburgh
† 22. Februar 1987 in New York

■ Warhol gilt als künstlerisches Universaltalent und berühmtester Vertreter der von ihm mitbegründeten Pop-Art-Kunst.

Gefeiertes Popidol

Im Verlauf der 60er-Jahre des 20. Jahrhunderts begann Warhol, alltägliche Artikel aus der Massenproduktion wie z. B. Suppendosen oder Coca-Cola-Flaschen zu malen. Warhol hob auf diese Weise die herkömmliche Trennung zwischen den schönen Künsten und der kommerziellen Gebrauchskunst auf.

Die Factory

Warhol malte Artikel aus der Massenproduktion nicht nur, sondern er wollte seine eigenen Kunstwerke in ähnlicher Form vervielfältigen. Zu diesem Zweck wurde 1962 die Factory gegründet, ein chaotisches Kunststudio, in dem sogenannte Kunstarbeiter Poster und Grafiken von nach Warhol entworfene Schuhe produzierten. Warhol setzte bei seinen Bildern bevorzugt die Technik des Siebdrucks ein.

Kurzfilme

Die Factory fungierte darüber hinaus auch als experimentelles Filmstudio, in dem über 300 Kurzfilme entstanden. Warhols erster Film *Schlaf* war sechs Stunden lang und zeigte nichts anderes als einen schlafenden Mann.

Der Anschlag

Warhols glamouröse Karriere wurde 1968 unerwartet unterbrochen, als ihm eine militante Feministin namens Valerie Solanas mehrmals in die Brust schoss. Warhol wurde bei dem Attentat sehr schwer verletzt und entkam nur knapp dem Tod.

Nach der Genesung von Solanas' Attentat vollzog Warhol eine künstlerische Richtungsänderung. Er malte hauptsächlich Porträts von bekannten Stars wie dem Stones-Sänger Mick Jagger oder der Schauspielerin Brigitte Bardot. Die Factory zog 1974 auf den Broadway um. 1975 brachte Warhol sein programmatisches Werk *Die Philosophie des Andy Warhol von A bis B und zurück* heraus, in dem er sein Kunstverständnis mit den Worten zusammenfasste, dass Geldverdienen ebenso wie Arbeiten eine Kunst sei und die beste Kunst in einem guten Geschäft bestehe.

Bizarre Persönlichkeit

Warhol war homosexuell und verfügte über eine recht bizarre Persönlichkeit. Nach einer zeitweisen Phase mit blond gefärbten Haaren trug er blonde und silbergraue Perücken. Ab Mitte der 1970er-Jahre wurden auch Warhols Bilder immer bizarrer. Er arbeitete zum Beispiel mit Oxidationsbildern und einer Vielzahl weiterer ausgefallener Techniken. Das letzte Werk Warhols war 1986 die Selbstporträtserie *Camouflags*.

Andy Warhol

Andy Warhol

Martin Luther King

Friedlich gegen die Unterdrückung

 * 15. Januar 1929 in Atlanta
† 4. April 1969 in Memphis

Martin Luther King

Das Spektrum der radikalen schwarzen Bewegung reichte von der militanten, 1966 gegründeten Black Panther Party for Self-Defense über die einem schwarzen Nationalismus verbundenen Black Muslims bis hin zu den Vertretern eines Black Capitalism.

Martin Luther King in Washington

■ Martin Luther King wurde durch sein Engagement für die Rechte der schwarzen Bevölkerung in den USA zur Gallionsfigur der Bürgerrechtsbewegung in den 1950er- und 60er-Jahren. Dabei orientierte er sich streng an den Prinzipien der Gewaltlosigkeit, wie sie auch schon Mahatma Gandhi in Indien praktiziert hatte.

Jugend im Zeichen der Diskriminierung

Martin Luther King wurde 1929 in einem kleinen Ort in Atlanta geboren. Sein Vater war Baptistenpfarrer, und auch er schlug eine theologische Laufbahn ein. Bereits mit 17 Jahren wurde er zum Baptistenpfarrer geweiht. 1951 machte er am Crozer Theological Seminary seinen Abschluss. Im Anschluss studierte er Theologie an der Universität von Boston.

Die prägendsten Erfahrungen im Leben eines jeden Schwarzen in den Südstaaten gingen damals auf die dort praktizierte Rassentrennung zurück. Sie schrieb in allen Bereichen des täglichen Lebens eine strenge Trennung zwischen Menschen schwarzer und weißer Hautfarbe fest. Schulen, Kirchen, öffentliche Gebäude, Sitzplätze in Bussen und Zügen, selbst die Benutzung von Toiletten und Waschbecken wurden nach der Hautfarbe festgelegt. Wer diese Trennung missachtete, wurde schwer bestraft.

Schon früh, nämlich im Alter von 14 Jahren, wandte sich King gegen die Gesetze, die diese Form der Diskriminierung vorschrieben. Bei einem Redner-Wettbewerb in Georgia (den King übrigens gewann) sagte der Jugendliche u. a. Folgendes: „Wir können keine aufgeklärte Demokratie sein, wenn eine große Bevölkerungsgruppe ignoriert wird. Wir können keine starke Nation sein, wenn ein Zehntel der Bevölkerung schlecht ernährt und krank ist durch Bazillen, die keinen Unterschied zwischen Schwarzen und Weißen machen – befolgt die Jim-Crow-Gesetze nicht."

Montgomery-Bus-Boykott

Seither wurde der Kampf gegen diese Ungerechtigkeit ein zentrales Element im Leben Martin Luther Kings. Ab Mitte der 1950er-Jahre – King hatte inzwischen einen eigenen Pfarrbezirk in Atlanta bekommen – intensivierte er seine diesbezüglichen Bemühungen. Er rief seine Gemeindemitglieder dazu auf, Verbänden beizutreten, die sich für die farbigen US-Bürger einsetzten, so zum Beispiel der NAACP (*National Association for the Advancement of Colored People* – Nationale Vereinigung für den Fortschritt der Farbigen) oder auch der Montgomery Improvement Association, an deren Spitze er selbst stand.

Ausschlaggebend für die Gründung dieser Vereinigung war ein Vorfall, der

Martin Luther King während einer Demonstration

am 1. Dezember 1955 stattfand. An diesem Tag wurde die Schwarze Rosa Parks nämlich festgenommen, als sie sich weigerte, den für einen Weißen bestimmten Platz in einem Bus zu räumen. Diese Festnahme sorgte für landesweites Aufsehen und führte schließlich zu einem Boykott aller Busse durch die schwarze Bevölkerung. Die Koordination des Boykotts und auch anderer Aktivitäten übernahm die Montgomery Improvement Association. 381 Tage dauerte der Boykott an, dann wurden die diskriminierenden Bestimmungen abgeschafft – ein erster Erfolg für King und seine Mitstreiter.

I have a dream

Von diesem Erfolg beflügelt, initiierte King zahlreiche weitere Aktionen gegen die Rassentrennung, wobei er stets auf die Gewaltlosigkeit seines Widerstands Wert legte. Einen Höhepunkt erreichten seine Kampagnen im Jahr 1968. Im August führte King den mittlerweile legendär gewordenen „March on Washington for Jobs and Freedom" an. 250.000 Menschen beteiligten sich an diesem Demonstrationszug, der auch die Politik Kennedys unterstützen sollte, der sich für die Aufhebung der Rassentrennung einsetzte. Zu diesem Anlass hielt King

seine wohl berühmteste Rede, *I have a dream*, in der er seine Vision von einem gleichberechtigten Zusammenleben aller Menschen in Amerika entwarf. Die Rede gilt als rhetorisches Meisterwerk.

Ein Jahr später konnte der Bürgerrechtler weitere Erfolge verbuchen. So verabschiedete der Kongress eine umfangreiche Bürgerrechtsvorlage, die John F. Kennedy ein Jahr zuvor eingebracht hatte. Zudem wurde King in diesem Jahr für seine friedlichen Bemühungen der Friedensnobelpreis verliehen.

Die Einheit bröckelt

Aber trotz aller Erfolge zogen auch einige dunkle Wolken am Horizont auf. Die Bewegung, deren Aushängeschild King lange Jahre gewesen war, begann sich zu spalten. Radikale Aktivisten stellten immer häufiger den gewaltfreien Weg Kings in Frage und plädierten für einen kompromisslosen Kampf gegen die weißen Unterdrücker.

Am 4. April 1968 wurde Martin Luther King in Memphis, Tennessee, von einem Weißen namens James Earl Ray erschossen. Die Nachricht vom Mord an Martin Luther King löste weltweit einen Schock aus. In den USA kam es zu schweren Rassenunruhen, die Beerdigung Martin Luther Kings in Atlanta wurde zu einer einzigartigen politischen Demonstration.

Beerdigung Martin Luther Kings

Neil Armstrong

Mann auf dem Mond

* 5. August 1930 in Wapakoneta

Neil Armstrong

■ Mit den Worten „Das ist ein kleiner Schritt für einen Menschen, aber ein großer Schritt für die Menschheit" betrat der amerikanische Astronaut Neil Armstrong am 21. Juli 1969 als erster Mensch den Mond.

Von der Apollo-11-Crew, die die erste Mondlandung meisterte, stand Neil Armstrong natürlich im Rampenlicht. Aber ohne seine beiden Mitstreiter, Edwin Aldrin und Michael Collins, hätte auch Neil Armstrong nie Geschichte schreiben können.

Wettlauf ins All

Der Kalte Krieg zwischen den Staaten des Ostblocks und den westlichen Staaten, aber in erster Linie zwischen den USA und der UdSSR, spielte sich längst nicht ausschließlich auf der Erde ab. Auch der Weltraum wurde im Laufe der Jahre zum wichtigen Schauplatz dieser Auseinandersetzung. Viel Prestige war für denjenigen zu gewinnen, dessen Wissenschaftler die ersten Schritte ins All meisterten.

Hier hatte zunächst die Sowjetunion die Nase vorn. Am 4. Oktober 1957 brachten sie mit Sputnik 1 den ersten Satelliten auf die Erdumlaufbahn, am 12. April 1961 umrundete Juri Gagarin als erster Mensch im Weltraum die Erde. Es stand 2:0 für die Sowjetunion, nur ein spektakulärer Erfolg konnte nun die Wissenschaft der USA rehabilitieren.

Edwin Aldrin, fotografiert von Neil Armstrong, der sich im Visier spiegelt

Und dieser Erfolg stellte sich wirklich ein: Der erste Mensch, der einen Fuß auf den Mond setzte, war Amerikaner, nämlich Neil Armstrong.

Jugend und Ausbildung

Schon früh in seiner Jugend faszinierte den 1930 auf einer Farm in Ohio geborenen Neil Armstrong die Fliegerei. Als Pfadfinder baute er Modellflugzeuge und erwarb im Alter von 16 Jahren die Pilotenlizenz. Auch nach der High-School ging Armstrong unbeirrt seinen Weg weiter. Mithilfe eines Stipendiums der US-Marine nahm er an der Purdue University ein Studium auf, um Flugzeugingenieur zu werden. Nach drei Semestern Studium wurde er zum Militärdienst eingezogen und in Pensacola zum Kampfpiloten ausgebildet.

Nach dem Militärdienst konnte er sein Studium beenden und fand eine Anstellung als Testpilot für die High-Speed Flight Station (HSFS) auf der Edwards Air Force Base. 1958 wurde Armstrong schließlich mit acht weiteren Piloten für das Man-in-Space-Soonest-Projekt ausgewählt.

Während seines ersten Raumflugs im März 1966 als Kommandant der Mission Gemini 8 koppelte er zwei Raumschiffe im Weltall aneinander. Seine besonderen Leistungen qualifizierten ihn schließlich dazu, der erste Mensch auf dem Mond zu werden.

Helmut Kohl

Kanzler der Deutschen Einheit

 * 3. April 1930 in Ludwigshafen am Rhein

Helmut Kohl

■ Helmut Kohl (CDU) löste 1982 Helmut Schmidt (SPD) als Kanzler ab. Zu diesem Wechsel konnte es kommen, weil die FDP sich entschlossen hatte, die Koalition mit der SPD aufzugeben und sich stattdessen mit der CDU zusammenzuschließen. Seine Amtszeit dauerte 16 Jahre, die bedeutendsten Ereignisse seiner Kanzlerschaft waren sicher der Mauerfall 1989 und die Wiedervereinigung 1990.

kandidat gescheitert war, ließ er sich zum Fraktionsvorsitzenden seiner Partei im Bundestag wählen. Um die CDU zur Regierungspartei zu machen, verfolgte er die Idee, die FDP von der SPD zu lösen und auf die Seite der CDU zu ziehen. Diese Taktik ging schließlich 1982 auf, als der Kanzler der SPD, Helmut Schmidt, bei einem konstruktiven Misstrauensvotum abgewählt wurde. Helmut Kohl wurde nun Kanzler mit einer neuen Koalition aus CDU und FDP.

POLITISCHE ZIEHTOCHTER: ANGELA MERKEL

Helmut Kohl holte die engagierte junge Physikerin Angela Merkel zunächst als Familienministerin und später als Umweltministerin in sein Kabinett und stellte somit die Weichen für ihre spätere Kanzlerschaft.

Der Weg zur Macht

Helmut Kohl war schon als junger Mann überzeugtes Mitglied der CDU. Er gründete im Nachkriegsdeutschland die Jugendorganisation der CDU, die Junge Union, in Ludwigshafen. Als studierter Historiker und Sozialwissenschaftler arbeitete er zunächst in der Industrie, widmete sich aber schon bald ganz seinem politischen Engagement.

Verschiedene innerparteiliche Ämter führten ihn 1969 in die Staatskanzlei von Rheinland-Pfalz. Er regierte als Ministerpräsident dieses Bundeslandes, bis er 1976 in die Bundespolitik wechselte. Nachdem er es im selben Jahr nicht geschafft hatte, die Mehrheit der sozialliberalen Koalition unter Kanzler Helmut Schmidt zu verhindern, und als Kanzler-

Regierungsstil

Helmut Kohl soll einen sehr autoritären Führungsstil innerhalb seiner Partei gehabt haben. Auch als Kanzler ließ er niemanden im Unklaren darüber, dass er die Richtlinienkompetenz innehatte. Als Kanzler der Einheit ließ er sich feiern und versprach sehr optimistisch „blühende Landschaften" im Osten, auf die die Menschen teilweise jedoch noch heute warten.

Außenpolitisch erhielt Kohl die enge Bindung an die USA und sorgte dadurch für Stabilität. Sehr engagiert war er dabei, die europäische Integration voranzutreiben. Sein freundschaftliches Verhältnis zum russischen Präsidenten Michail Gorbatschow soll die Öffnung der DDR begünstigt haben.

Helmut Kohl

Michail Gorbatschow

Vater von Glasnost und Perestroika

 * 2. März 1931 in Priwolnoje

Michail Gorbatschow

Michail Gorbatschow ist insbesondere in den westlichen Ländern eindeutig der populärste sowjetische Politiker überhaupt. Liebevoll wurde (und wird) er „Gorbi" genannt und galt bisweilen fast als Popstar unter den Politikern.

■ Michail Gorbatschow wurde als letzter Generalsekretär der Kommunistischen Partei der Sowjetunion (KPdSU) insbesondere durch seine Reform- und Entspannungspolitik bekannt, an deren Ende die Deutsche Einheit, aber auch der Zerfall der Sowjetunion standen.

Erste politische Gehversuche

Nach Abschluss eines Jurastudiums trat Michail Sergejewitsch Gorbatschow in die KPdSU in Stawropol ein und wurde dort zehn Jahre später zum Abteilungsleiter des Gebietskomitees der KPdSU

Gorbatschow und Erich Honecker anlässlich der 40-Jahr-Feier der DDR

ernannt. Bis 1966 nahm er dieses Amt wahr.

Gorbatschows erste politische Gehversuche fanden in einem Klima statt,

das vom Kalten Krieg zwischen dem Ostblock und den westlichen Staaten geprägt war. Gegenseitiges Misstrauen, Wettrüsten und ökonomische, politische, propagandistische und militärische Anstrengungen, um der jeweils anderen Seite zu schaden und ihren Einfluss zu begrenzen, prägten die Politik dieser Zeit. Dabei kam es mehrfach fast zu direkten kriegerischen Auseinandersetzungen zwischen den USA und der UdSSR, wie bei der Kubakrise Anfang der 1960er-Jahre. Bei sogenannten Stellvertreterkriegen (wie in Korea oder Vietnam) trafen die Großmächte indes tatsächlich aufeinander.

Zwischen 1966 und 69 bekleidete Gorbatschow das Amt des Parteichefs der KPdSU in Stawropol. Diese Aufgabe qualifizierte ihn für höhere Weihen, und so wurde der junge Funktionär 1971 Mitglied im Zentralkomitee (ZK) der KPdSU in Moskau. 1980 machte die Partei ihn schließlich zum Mitglied des Politbüros. Gorbatschow befand sich nun – noch keine 50 Jahre alt, was für sowjetische politische Verhältnisse damals als kaum den Windeln entwachsen galt – in der Schaltzentrale der Macht.

In der Schaltzentrale der Macht

Hier fand der „junge Hüpfer" Unterstützung durch J. W. Andropow (Generalsekretär des ZK der KPdSU 1982–84). In seinem Auftrag löste Gorbatschow

Minister und Gebietssekretäre ab, die in den Verdacht geraten waren, korrupt zu sein. Dabei konnte er sich so viele Verdienste erwerben, dass Gorbatschow 1985 zum Generalsekretär der KPdSU gewählt wurde, die damit an ihrer Führungsspitze einen radikalen Generationswechsel vollzog. Gorbatschow unternahm zunächst, wie es den Gepflogenheiten entsprach, eine umfangreiche Auswechslung der Funktionärskader und ernannte neue Mitglieder des Politbüros. Damit konnte er seine eigene Position stärken und die nötigen Mehrheiten für seine eigene Politik schaffen.

Auch Gorbatschows Politik war von seinen Erfahrungen mit dem Kalten Krieg geprägt, aber sie unterschied sich radikal von allem, was bis dahin auf beiden Seiten des „Eisernen Vorhangs" geboten wurde. Außenpolitisch läutete er nämlich eine Phase der Entspannungspolitik ein, wie sie sie bislang zwischen den beiden verfeindeten Blöcken nicht gegeben hatte.

Zunächst einmal verkündete er einen einseitigen Atomwaffenteststopp, dann traf er sich mit US-Präsident Reagan, um weitere Abrüstungsschritte zu erreichen. Zwar zeigte dieses erste Treffen noch keinen direkten Erfolg, aber 1987 konnte dann der INF-Vertrag zur Reduzierung der atomaren Mittelstreckenwaffen unterzeichnet werden. Kurz darauf begann in der DDR die Demontage derartiger Waffensysteme. Zwei Monate später beschloss man im Rahmen des Afghanistanabkommens den Abzug der sowjetischen Truppen aus dem seit 1979 besetzten Land. Auch versuchte Gorbatschow, freundschaftliche Beziehungen zu China aufzunehmen.

Die Deutsche Einheit

Die von ihm betriebene Abkehr vom Vormachtstreben der Sowjetunion im Ostblock stellte die Grundlage für eine weitere Öffnung dieses „Blocks" dar, an deren Ende die Zustimmung der UdSSR zur Wiederherstellung der Einheit Deutschlands stand. Am 12. September 1990 traf sich Gorbatschow mit Helmut Kohl zur Unterzeichnung des Zwei-plus-Vier-Vertrages über die Deutsche Einheit in Moskau.

1990 erhielt Gorbatschow insbesondere für seine Verdienste zur Beendigung des Kalten Kriegs den Friedensnobelpreis.

Glasnost und Perestroika

Innenpolitisch setzte er eine grundlegende wirtschaftliche und gesellschaftliche Erneuerung der Sowjetunion in Gang, die unter den Schlagworten „Glasnost" (Öffentlichkeit, Transparenz) und „Perestroika" (Umgestaltung) bekannt wurde. Allerdings blieben viele seiner Reformen auch in Ansätzen stecken, sodass sich die wirtschaftliche Lage in der UdSSR nicht unbedingt verbesserte. Das sorgte natürlich für Unmut. Die Sowjetunion begann zu zerfallen, und es traten lange unterdrückte Konflikte zwischen einzelnen Volksgruppen zutage.

1990 verzichtete die KPdSU schließlich auf ihr Machtmonopol, 1991 kam es zu einem Putschversuch konservativer Kräfte, der jedoch scheiterte. Ende des Jahres wurde die Gemeinschaft Unabhängiger Staaten (GUS) als Nachfolger der Sowjetunion gegründet, und Gorbatschow trat von seinen Ämtern zurück. Er wurde anschließend Vorsitzender eines von ihm gegründeten Fonds für soziale, wirtschaftliche und politische Forschungen in Moskau.

Hans-Dietrich Genscher, Gorbatschow und Helmut Kohl im Juli 1996

Michail Gorbatschow

Elvis Presley

Nachdem sein erster Farbfilm *Loving You* (1957) abgedreht war, kaufte sich Presley in Memphis für rund 100.000 Dollar die ehemalige Kirche Graceland, die 1937 von Thomas Moore erbaut worden war. Zu dem fünfeinhalb Hektar großen Anwesen gehörten ein großer Garten mit Swimmingpool und eine große Garage. Mit Graceland erfüllte sich der schon in jungen Jahren sagenhaft reich gewordene Presley einen Kindheitstraum. Jährlich pilgern rund 700.000 Besucher nach Memphis, um das Anwesen, das heute ein Museum ist, zu besuchen. Zur Ausstellung gehört auch eines von fünf Flugzeugen, die Elvis Presley zu Lebzeiten besaß. Graceland ist nach dem Weißen Haus der am häufigsten besuchte Gebäudekomplex in den USA.

Elvis Presley

Der König des Rock 'n' Roll

 8. Januar 1935 in Tupelo
16. August 1977 in Memphis

■ Elvis Presley gilt als erster großer Rock-'n'-Roll-Superstar. Er erhielt deshalb zu Recht den Beinamen „King of Rock 'n' Roll". Presley wuchs in sehr ärmlichen Verhältnissen auf. Nach seinem Schulabschluss schlug sich Presley eine Zeit lang als Lastwagenfahrer und Platzanweiser im Kino durch. Er träumte jedoch von einer großen Karriere als Musiker und nahm 1953 seine erste Platte *My Happiness* auf. Der Song war seiner Mutter gewidmet und zeichnete sich durch ein hohes Maß an kitschiger Emotionalität aus, die auch während der weiteren musikalischen Laufbahn ein wichtiger Bestandteil von Presleys Erfolgsrezept bleiben sollte.

Tender mit einer Auflage von 7 Millionen. Schnell wurde Presleys Popularität auch für das Medium Film nutzbar gemacht. Den Anfang machte der gleichnamige Kinofilm zur Single *Heartbreak Hotel*. Es folgten 31 weitere Elvis-Spielfilme wie *Jailhouse Rock, Viva Las Vegas* oder auch *Speedway*, ein Streifen, in dem Elvis einen Rennpiloten spielte.

Ehe und Depression

Während seines Aufenthalts in Deutschland hatte Presley Priscilla Beaulieu kennengelernt. 1967 kam es zur Heirat, aus der 1968 Lisa Marie Presley hervorging, die 1994 mit Michael Jackson verheira-

Elvis stieg schnell zum absoluten Superstar auf. Im Laufe seines Lebens als gefeiertes Rockidol wurde er jedoch immer mehr zum Sklaven seiner Drogensucht.

Durchbruch zum Superstar

Der Durchbruch zum von den Massen hysterisch gefeierten Superstar schaffte Presley 1956 infolge eines Fernsehauftritts in der landesweit ausgestrahlten Ed-Sullivan-Fernsehshow. Nach seinem Auftritt verkaufte sich die Single *Heartbreak Hotel* innerhalb kürzester Zeit 1,5 Millionen Mal. Es folgten in schneller Abfolge weitere Riesenhits wie *Love Me*

tet war. 1973 endete Presleys Ehe, der daraufhin erneut immer häufiger versuchte, seine Depressionen mit Drogen zu mildern. Der einstige King of Rock 'n' Roll verfiel einer schweren Alkohol-, Drogen- und Fettsucht, die ihn beinahe umgebracht hätte.

Comeback

Obwohl er kein wirksames Mittel gegen die anhaltenden Depressionen, die ihn täglich quälten, finden konnte, versuchte Presley 1969 ein Comeback. Nach 14 Jahren betrat er in Memphis erstmals wieder ein Plattenstudio und nahm eine Reihe von Songs auf, die an seine Rhythm-and-Blues-Wurzeln erinnerten. Innerhalb von zehn Tagen entstanden so einige seiner besten Songs wie der Klassiker *In the Ghetto*. In seinen letzten Lebensjahren verbrachte Elvis einen Großteil seiner Zeit auf der Bühne. 1974 gab Elvis 152 Konzerte, davon über die Hälfte in großen Konzertsälen. Der Mann, der nun auf der Bühne stand, hatte allerdings nichts mehr mit dem einstigen Idol seiner Fans gemein. Presleys aufgeschwemmter Körper war von den Folgen seiner Suchtkrankheit schwer gezeichnet. Presleys letzte Jahre waren geprägt von einem ständig zunehmenden Medikamentenkonsum, sozialer Isolation und ständiger negativer Medienberichterstattung über seinen desolaten Gesundheitszustand. Trotzdem kamen die Fans, um eine lebende Legende zu sehen. Eine Woche vor dem Start einer geplanten weiteren Amerikatournee starb Presley 1977 an einem Herzinfarkt. Sein Tod stürzte Amerika in die tiefste Trauer seit der Ermordung von US-Präsident John F. Kennedy (1917–63).

Elvis in Aktion

Elvis auf der Bühne

Elvis Presley

ELVIS-DISKOGRAFIE (AUSWAHL)

Elvis Presley (1956)
Elvis (1956)
Loving You (1957)
Christmas Album (1957)
King Creol (1958)
Elvis Is Back! (1960)
G.I. Blues (1960)
Something For Everybody (1961)
Blue Hawaii (1961)
Pot Luck With Elvis (1962)
Girls! Girls! Girls! (1962)
It Happened At The World's Fair (1963)
Elvis For Everyone (1965)
Harum Scarum (1965)
How Great Thou Art (1967)

Clambake (1967)
Speedway (1968)
Let's Be Friends (1970)
That's The Way It Is (1970)
Elvis Country (1971)
You'll Never Walk Alone (1971)
Elvis Now (1972)
He Touched Me (1972)
As Recorded At Madison Square Garden (1972)
Burning Love (1972)
Separate Ways (1973)
Aloha From Hawaii via Satellite (1973)
Elvis – The Fool Album (1973)
Raised On Rock (1973)

Good Times (1974)
As Recorded Live On Stage In Memphis (1974)
Promised Land (1975)
Today (1975)
From Elvis Presley Boulevard, Memphis, Tennessee (1976)
Welcome To My World (1977)
Moody Blue (1977)
Alternate Aloha (1988)
Lost Album (1991)
An Afternoon In The Garden (1997)
Tomorrow Is A Long Time (1999)
Burning Love (1999)
The Home Recordings (1999)

Die Beatles

Weltberühmtes Popstar-Quartett aus Liverpool

John Lennon
* 9. Oktober 1940 in Liverpool
† 8. Dezember 1980 in New York

Paul McCartney
* 18. Juni 1942
  in Liverpool

George Harrison
* 25. Februar 1943 in Liverpool
† 29. November 2001
  in Los Angeles

Ringo Starr
* 7. Juli 1940
  in Liverpool

Die Beatles

■ Zeitweilige Bandmitglieder waren zudem Stuart Sutcliffe (bis 1960 am Bass) und Peter Best (bis 1962 am Schlagzeug).

Die Beatles gelten als die Pioniere der Popmusik und haben mit ihren meisterhaften Kompositionen alle Genres der Pop- und Rockmusik maßgeblich beeinflusst. Die Beatles wurden von John Lennon gegründet und hießen zunächst Johnny & the Moondogs. Lennon wählte aus einem Kreis von Musikern, die sich um einen Platz in der Band beworben hatten, zunächst McCartney und Harrison als musikalische Mitstreiter aus. Für eine kurze Zeit erweiterten Stuart Sutcliffe und Peter Best die Band zum Quintett. 1962 wurde Best als Schlagzeuger von Ringo Starr ersetzt, womit die Band in ihrer endgültigen Form als Quartett feststand. Die Beatles machten 1961 unter dem Namen Beat Brothers als Begleitband von Tony Sheridan ihre ersten Plattenaufnahmen in Hamburg.

DAS MUSIKALISCHE GEHIRN

Das musikalische Gehirn der Beatles waren John Lennon und Paul McCartney. Die meisten Songs wurden von ihnen komponiert. In der Anfangszeit der Beatles schrieben beide die meisten Songs tatsächlich in gemeinsamer Arbeit. Im Laufe der Zeit gingen sie dann zunehmend dazu über, alleine zu komponieren. Trotzdem wurden die Songs von McCartney und Lennon, auch wenn sie nicht gemeinsam verfasst worden waren, stets mit dem Copyrightvermerk „Lennon/McCartney" veröffentlicht.

Der Beginn einer Weltkarriere

Die Beatles standen von April bis Mai 1961 jeden Abend auf der Bühne des legendären Hamburger Star Clubs. Die Fotografin Astrid Kirchherr, die zu den Gästen des Clubs zählte, wurde Sutcliffes Verlobte, der daraufhin die Band verließ. Sutcliffe starb tragischerweise kurz nach dem Verlassen der Band. Kirchherr schuf später mit der Pilzkopffrisur eines der wichtigsten Erkennungszeichen der Beatles.

Beatlemania

1964 begab sich die Band auf Amerikatournee und entfachte eine Begeisterungswelle, die unter der Bezeichnung „Beatlemania" in die Musikgeschichte einging. Anfang 1964 führte die Beatles-LP *With the Beatles* die britische Hitparade an. Beim Auftritt der Beatles in der berühmten Ed-Sullivan-Show wurde eine Einschaltquote von über 70 Prozent erreicht. Auf dem US-Markt hatten die Beatles 1964 einen Anteil von 60 Prozent an allen verkauften Langspielplatten. In England ehrte Königin Elisabeth die Pilzköpfe mit dem Titel „Members of British Empire".

Kinohits

Die Beatles waren nicht nur als Musiker extrem erfolgreich, sondern auch als Darsteller in den Filmen *A Hard Day's Night* (1964), *Help!* (1965) und *Yellow Submarine* (1967). Mit Apple Records gründeten die Pilzköpfe zudem die erste von Musikern selbst geleitete Plattenfirma der Welt.

Trennung

Nach dem Tod von Brian Epstein (1934–67), der ab 1961 der Manager der Band gewesen war, begann die langsame Auflösung der Gruppe. Die Finanzen der Beatles sahen nach dem Tod des

Beatles-Dokumentarfilm an eine Vielzahl von Fernsehsendern in aller Welt verkauft. Die Beatles nahmen allein für die Filmrechte über 100 Millionen Pfund an Lizenzgebühren ein und verdienten damit mehr Geld als die nach wie vor auf der Bühne präsenten Rolling Stones. Die vier Pilzköpfe haben daneben im Laufe ihrer Geschichte eine ganze Reihe von Rekorden aufgestellt, die zum Teil bis heute Bestand haben. Die Band war zwar nur relativ kurze Zeit zusammen, doch es wurden laut Angaben der Plattenfirma EMI bisher rund 1,3 Milliarden Beatles-Platten verkauft. Mit 13 Multi-Platin-Auszeichnungen in den USA haben die Beatles auch mehr von diesen höchsten Auszeichnungen erhalten als jeder andere Künstler. Die Beatles hatten darüber hinaus auch mehr Nummer-eins-Hits als jeder

Ein geisteskranker Attentäter verübte 1980 einen tödlichen Anschlag auf John Lennon vor dessen Wohnhaus in New York. Seit Lennons Tod widmet sich Yoko Ono der Pflege seines künstlerischen Erbes, indem sie bisher unveröffentlich bisher unveröffentlichtes musikalisches Material ihres verstorbenen Ehemanns herausbringt. Der Tod Lennons löste weltweit Entsetzen und Trauer aus. Zudem kam es zu einer kurzzeitigen erneuten Beatles-Begeisterung. Die drei übrigen Bandmitglieder veröffentlichten 1995 die Single *Free as a Bird* und 1996 *Real Love*, wobei Lennons Stimme von alten Tonbandaufnahmen genommen wurde.

> Mit ihren genialen Songs schrieben die Pilzköpfe aus Liverpool wie keine andere Band Popgeschichte.

Managers nicht mehr so gut aus, weshalb die internen Konflikte zwischen den einzelnen Bandmitgliedern zunahmen. Zwischen Lennons Frau Yoko Ono und Linda McCartney bestand schon seit längerem ein angespanntes Verhältnis, das sich zunehmend negativ auf das Arbeitsklima der Band auswirkte. 1970 geschah somit die Trennung der Gruppe. In der Folgezeit verfolgten die Gruppenmitglieder ihre Solokarrieren weiter.

Spätes Comeback

Neben den beiden Songs mit Lennons Stimme veröffentlichen die Beatles 1995 den ersten Teil der *Beatles Anthology* mit zahlreichen bisher unveröffentlichten Aufnahmen und Live-Mitschnitten. Im selben Jahr wurde auch ein

andere Sänger oder jede andere Gruppe und mit 32 Nummer-eins-Hits in den USA sind Lennon und McCartney das bisher erfolgreichste Songwriter-Team aller Zeiten.

Historische Bedeutung

Auch wenn die eigentliche „Beatlemania" nur rund ein Jahrzehnt anhielt, haben die Beatles als Pioniere der Pop- und Rockmusik wie keine andere Band Musikgeschichte geschrieben. Neben ihrer musikhistorischen Bedeutung haben die vier Pilzköpfe aus Liverpool mit Filmen wie zum Beispiel *Yellow Submarine* einen starken Einfluss auf die Pop-Kultur als Wegbereiter der heutigen Videoclip-Ästhetik ausgeübt.

On Stage

John Lennon   **Paul McCartney**

Dalai Lama XIV.

Oberhaupt des tibetischen Buddhismus

 * 6. Juli 1935 in Taktser, Tibet

Dalai Lama

Der Dalai Lama setzte sich weltweit in zahlreichen Auftritten und Reden für ein friedliches Miteinander aller Menschen ein. Für seine Engagement erhielt er 1989 den Friedensnobelpreis.

Der Potala-Palast in Lhasa

■ Der 14. Dalai Lama ist das jetzige Oberhaupt des tibetischen Buddhismus und gilt als Reinkarnation Buddhas. Der gebürtige Tibeter Lhamo Dhondrub ist der jetzige Dalai Lama. Sein Mönchsname lautet Tenzin Gyatso.

Reinkarnation

Der Dalai Lama ist seit über 400 Jahren das geistliche Oberhaupt des Buddhismus tibetischer Ausprägung. Als erster Dalai Lama ging 1578 das Ordensoberhaupt Sonam Gyatso ein. Er wurde von dem zu der Zeit herrschenden Mongolenfürsten mit dem Titel Dalai Lama versehen. Damit verbunden war die geistige und weltliche Leitung Tibets, das damals allerdings unter mongolischer Kontrolle stand. Der Dalai Lama gilt als Inkarnation des Bodhisattva Avalokiteshvara, was sinngemäß „der Erleuchtete des Mitgefühls" bedeutet. Jeder Dalai Lama gilt zudem als Reinkarnation seines Vorgängers.

Auffindung

Nach dem Tod eines Dalai Lama soll der Geist des Verstorbenen in einem neuen menschlichen Körper auf die Erde zurückkehren. Daher machten sich im Jahr 1937 buddhistische Mönche in Tibet auf die Suche, um die Reinkarnation des 13. Dalai Lama zu finden. Dafür testeten sie Jungen, die kurz zuvor geboren worden waren. Der kleine Lhamo Dhondrub bestand die Tests, indem er u. a. angeblich aus einer Menge von Gegenständen Besitztümer des früheren Dalai Lama herauszog. Danach wurde er in den Potala-Palast in Lhasa gebracht, wo er eine ausführliche Ausbildung durch tibetische Mönche erfuhr. Im Alter von vier Jahren wurde er dann als neuer Dalai Lama eingesetzt.

Exil

Als Tibet 1950 von Truppen der Volksrepublik China besetzt wurde, übernahm der Dalai Lama die Verhandlungen mit den Besatzern. Doch die chinesische Regierung erkannte die Autorität das Dalai Lama als tibetisches Oberhaupt nicht an. Nach einem Aufstand gegen die Volksrepublik im Jahre 1959, der scheiterte, musste der Dalai Lama fliehen. Er ließ sich mit der Exilregierung in Indien nieder. In Indien rief er 1963 eine demokratische Verfassung für Tibet aus, die allerdings bis heute nicht in Kraft treten konnte. Die chinesische Regierung sieht Tibet nach wie vor als Teil der Volksrepublik. In den folgenden Jahren reiste der Dalai Lama um den Globus, um sich für die Unabhängigkeit seines Volkes einzusetzen. Bis heute lebt er im Exil.

Jimi Hendrix

Gitarrengott der Rockmusik

 * 27. November 1942 in Seattle
† 18. September 1970 in London

Jimi Hendrix

■ Der afroamerikanische Ausnahmegitarrist gilt als eines der größten Genies der Rockmusik. Hendrix wuchs in einer Musikerfamilie auf und begann schon früh, neben akustischen Instrumenten auch E-Gitarre zu spielen. Als Jugendlicher spielte er u. a. in den Bands von B. B. King, Little Richard und Ike & Tina Turner. Sein wichtigster Lehrmeister wurde der Blues-Gitarrist Albert King, den er nach dem Ende seiner Zeit bei der US-Navy (1951–61) in New York kennenlernte.

Die erste eigene Band

Hendrix' erste eigene Band war die 1965 gegründete Gruppe Jimmy James and the Blue Flames, die neben Rhythm-and-Blues-Klassikern auch eigene Kompositionen auf die Bühne brachte. 1966 überredete Chas Chandler, der überragende Bassist der Animals, Hendrix, nach London zu gehen. Gemeinsam mit dem Schlagzeuger Mitch Mitchell und dem Bassisten Noel Redding formierte Hendrix die Jimi Hendrix Experience (1966), die bei ihren spektakulären Auftritten in London und New York grandiose Erfolge feierte.

Drogenexzesse

Durch den großen Erfolg wurde Hendrix unter zunehmenden Stress gesetzt, den der Ausnahmemusiker immer häufiger durch Drogenkonsum zu betäuben versuchte. 1968 verwüstete Hendrix im Drogenrausch ein schwedisches Hotelzimmer. In der Folgezeit geriet sein Verhalten wegen zügelloser Exzesse immer mehr außer Kontrolle.

Triumph beim Woodstock-Festival

Beim legendären Woodstock-Festival (1969), das den Höhepunkt der Hippie-Ära markierte, gelang Hendrix noch einmal ein triumphaler Auftritt. Als Zeichen des Protestes gegen den Vietnamkrieg spielte Hendrix die US-Nationalhymne in einer völlig verzerrten und zerhackten Form und beendete sein Solo mit Maschinengewehrgeräuschen.

Früher Tod

Die Jimi Hendrix Experience wurde 1969 von Hendrix aufgelöst. 1970 wurde der begnadete Rock-Gitarrist bewusstlos in einem Londoner Appartment aufgefunden. Vermutlich ist Hendrix dann auf dem Weg zum Krankenhaus an seinem Erbrochenen erstickt.

Jimi Hendrix

Stephen William Hawking

Koryphäe der theoretischen Physik

 * 8. Januar 1942 in Oxford

Stephen Hawking

Hawking leidet seit den frühen 60er-Jahren an amyotropher Lateralsklerose, einer Krankheit, die zu fortschreitender Muskellähmung führt. Er sitzt deshalb seit einigen Jahrzehnten im Rollstuhl. Auch seine Stimme ist betroffen, sodass er über einen Sprachcomputer kommunizieren muss, den er mit Bewegungen seiner Augen steuert.

■ Stephen Hawking wird wegen seiner bahnbrechenden Beiträge zur theoretischen Physik, aber auch wegen seiner populärwissenschaftlichen Bücher als bedeutendster Physiker der Gegenwart betrachtet.

Leben

Hawking wuchs in einer kleinen Stadt nördlich von London auf. Nach der Schule besuchte er ab 1959 das Oxford College. Eigentlich wollte er Mathematik studieren; da dieses Fach aber nicht angeboten wurde, entschied er sich für Physik. Seine Eltern waren mit beidem nicht glücklich, hatten sie sich doch für ihren Sohn eine Karriere als Mediziner gewünscht. Nach drei Jahren machte Hawking seinen Abschluss, nach eigener Auskunft mit wenig Arbeitsaufwand. Dennoch hatte er einen exzellenten Notendurchschnitt und gewann einen begehrten Physikpreis. Er machte 1966 seinen Doktortitel in Physik in Cambridge. Nach verschiedenen Stellen als Dozent erhielt er den renommierten Lehrstuhl für theoretische Physik in Cambridge, einen Posten, den vor ihm schon Isaac Newton innehatte.

Theorien über das Universum

Hawking beschäftigt sich vorwiegend mit der Entstehung des Universums und einer Zusammenführung der beiden bedeutendsten Theorien der modernen Physik: der Relativitätstheorie und der Quantentheorie. In diesem Zusammenhang entwickelte er eine Theorie über schwarze Löcher. Schwarze Löcher sind kosmische Körper von enormer Schwerkraft, die alle Materie in ihrer Umgebung ansaugen. Während vorher angenommen wurde, dass sie beim Zusammenbruch eines Sterns entstünden und dann weitgehend stabil blieben, zeigte Hawking, dass es bereits seit dem Urknall auch schwarze „Mini"-Löcher geben muss, die sich im Laufe der Zeit auflösen. Diese Gebilde zeigen Eigenschaften, die sowohl den Gesetzmäßigkeiten der Relativität als auch der Quantenmechanik unterliegen.

Hawking hat mit seinen theoretischen Arbeiten höchste akademische Ehren erlangt. Einem allgemeinen Publikum wurde er durch seine populärwissenschaftlichen Bestseller, vor allem *Eine kurze Geschichte der Zeit* (1988), und seine öffentlichen Vorlesungen bekannt.

Stephen Hawking

Bill Gates

Geschäftsmann und Computerspezialist

 * 28. Oktober 1955 in Seattle

Bill Gates

■ William „Bill" Gates ist Computerprogrammierer und einer der erfolgreichsten Unternehmer der Welt. Er gründete das Unternehmen Microsoft.

Leben

Bill Gates wuchs in einem wohlhabenden Vorort von Seattle auf. Schon früh interessierte sich der intelligente Junge mit der dicken Brille für Computer. Mit Freunden betrieb er während seiner Schulzeit eine Firma, die Programme für die Schulverwaltung schrieb. Später wurde Gates an der renommierten Harvard University angenommen, brach sein Studium jedoch bald ab, um mit seinem Freund Paul Allen die Firma Microsoft zu gründen und das Betriebssystem MS-DOS zu entwickeln.

Beispielloser Erfolg

Als Anfang der 80er-Jahre die ersten Heimcomputer auf den Markt kamen, konkurrierten verschiedene Firmen um die Gunst der Nutzer. Es gelang Gates, den führenden Hardwarehersteller IBM von den Qualitäten von MS-DOS zu überzeugen. Damit begann die Erfolgsgeschichte: Andere Systeme hatten keine Chance gegen IBM und damit auch gegen MS-DOS. Weitere Hardwarefirmen griffen ebenfalls auf Software von Microsoft zurück.

Viele Heimanwender waren mit dem umständlichen Eintippen von Befehlen, wie es bei MS-DOS notwendig war, bald unzufrieden. So entstand 1985 das grafische Betriebssystem „Windows", das mit einer Maus bedient wird. Hinzu kamen zahlreiche andere Programme. In den 90er-Jahren dominierte Microsoft den Softwaremarkt fast vollständig.

Microsoft schlägt Rekorde: Es wurde zum erfolgreichsten amerikanischen Unternehmen und machte Bill Gates zum reichsten Mann der Welt. Sein Privatvermögen im Jahr 2005 wird auf 46,5 Milliarden Dollar geschätzt. Gates und seine Frau stiften Milliardenbeträge für wohltätige Zwecke.

Gates in der Kritik

Mit MS-DOS und Windows schrieb Gates Technikgeschichte. Aber viele Kritiker werfen Microsoft vor, Windows sei fehlerhaft programmiert und zu anfällig für Computerviren. Microsofts Erfolg sei nicht auf die Qualität von Windows, sondern vielmehr auf die günstige Kooperation mit IBM zurückzuführen.

Dennoch arbeiten heute mehr als 90 Prozent aller Anwender mit Software von Microsoft.

Bill Gates

Fett gedruckte Einträge verweisen auf einen eigenen Artikel.

A

B

**John F. Kennedy und
Konrad Adenauer**

Augustus

Ludwig Beethoven

Buddha-Statue

Gaius Julius Caesar

Walt Disney

Albrecht Dürer

E

Albert Einstein

Elisabeth I.

F

Jakob Fugger

Johann Wolfgang von Goethe

Michail Gorbatschow

Adolf Hitler

Alexander von Humboldt

I/J

Katharina die Große

L

Martin Luther King

Helmut Kohl

Nikolaus Kopernikus

Heinrich und Thomas Mann

Mutter Teresa

Paul McCartney

O

P

Friedrich Nietzsche

Pablo Picasso

Elvis Presley

Queen Viktoria

Rembrandt

Franz Schubert

T

U

V

William Shakespeare

Sokrates

Leo Tolstoi

Giuseppe Verdi

George Washington

Wilhelm I.